GUSTAV SCHICKEDANZ

GREGOR SCHÖLLGEN

GUSTAV SCHICKEDANZ
1895–1977

BIOGRAPHIE EINES
REVOLUTIONÄRS

BERLIN VERLAG

FSC

Mix

Produktgruppe aus vorbildlich
bewirtschafteten Wäldern und
anderen kontrollierten Herkünften

Zert.-Nr.GFA-COC-001278
www.fsc.org
© 1996 Forest Stewardship Council

© 2010 BV Berlin Verlag GmbH, Berlin
Alle Rechte vorbehalten
Umschlaggestaltung: Nina Rothfos & Patrick Gabler, Hamburg
Typografie: Birgit Thiel
Gesetzt aus der Minion von Greiner & Reichel, Köln
Druck und Bindung: CPI – Ebner & Spiegel, Ulm
Printed in Germany 2010
ISBN 978-3-8270-0948-7

www.berlinverlage.de

INHALT

VORWORT

Damit hatte ich nicht gerechnet. Als ich im Sommer 2007 von Madeleine Schickedanz, der jüngeren Tochter des Quelle-Gründers, mit der Sichtung und Ordnung seines Nachlasses beauftragt wurde und dabei die Idee einer Biographie entstand, habe auch ich nicht den vollständigen Zusammenbruch des Lebenswerks von Gustav Schickedanz vorhergesehen.

Allerdings wurde mir im Zuge der Recherche und der Niederschrift deutlich, dass dieses Lebenswerk in hohem Maße an seinen Schöpfer gebunden war. Eine Generationen überbrückende Zukunft wäre ihm wohl nur dann beschieden gewesen, wenn sich die Nachfolger des »großen Gustav« zu einer tiefgreifenden Reform hätten entschließen können oder wollen. Weil aber eine solche Reform aus ihrer Sicht eine Demontage des Mannes und seiner Lebensleistung bedeutet hätte, verharrten die Nachfolger lange in seinem mächtigen Schatten, suchten sich spät aus diesem zu lösen, um schließlich doch wieder in ihn zurückzukehren: Das neuerliche Engagement im Warenhausgeschäft erfolgte zu einer Zeit, als die Konkurrenz deren Zeichen längst anders gedeutet und sich neuen Horizonten zugewandt hatte.

Dieses Buch erzählt die ganze Geschichte. Zu ihr gehört die vielschichtige und zuletzt dramatische Entwicklung des Unternehmens wie der Familie Schickedanz seit dem Tod des Quelle-Gründers im

Frühjahr 1977. Zum ersten Mal und auf der Basis bislang nicht verfüg-
barer Einsichten und Informationen wird im abschließenden Kapitel
der Niedergang des Hauses Schickedanz bis zur Insolvenz geschildert
und gezeigt, warum und wie es zu diesem in der jüngeren deutschen
Unternehmensgeschichte beispiellosen Drama kommen konnte.

Zur ganzen Geschichte gehört aber auch der Aufbau jenes Indus-
trieimperiums, mit dem Gustav Schickedanz seinem Unternehmen
während der dreißiger Jahre ein zweites Standbein neben dem
Versandhandel verschaffte. Da es sich bei den Vorbesitzern, zum
Beispiel den Eigentümern der Vereinigten Papierwerke mit ihren
Verkaufsschlagern »Tempo«-Taschentücher und »Camelia«-Binden,
durchweg um Juden handelte, sah sich Schickedanz nach dem Krieg
mit dem Vorwurf konfrontiert, deren Lage skrupellos ausgenutzt
zu haben. Wegen der Prominenz des Namens wurde der Fall Schickedanz in einer Serie von Entnazifizierungs- und Wiedergutmachungsverfahren mit einer Gründlichkeit aufgerollt und untersucht
wie kein zweiter.

In diesem Buch wird der Fall Schickedanz erstmals im Zusammenhang dargestellt – lückenlos und nicht zuletzt auf der Grundlage
bislang unzugänglicher Dokumente. Das schließt eine Antwort auf
die Frage ein, welche Personen eigentlich als Ankläger, als Gutachter,
als Vorsitzende der Spruch- beziehungsweise Wiedergutmachungskammern oder auch als Treuhänder mit dem Fall befasst gewesen
sind. Bisher ist diese Frage für kaum eines der prominenten Verfahren gestellt worden. Das Ergebnis zeigt, dass die Anfang der
siebziger Jahre aufgestellte These von der »Mitläuferfabrik« – also
die Entlastung Belasteter durch ihresgleichen beziehungsweise durch
inkompetentes Personal – jedenfalls bei Schickedanz nicht greift.

Zur ganzen Geschichte gehört schließlich die Karriere jener
»Quelle«, mit deren Gründung 1927 alles begann und die wie kaum
ein anderes Markenzeichen zum Inbegriff der deutschen Wohlstandsgesellschaft geworden ist. Gustav Schickedanz, ihr Schöpfer,

war der Mann des diskreten und eben deshalb tiefgreifenden Wandels. Das Medium seines revolutionären Wirkens war der Katalog. Mit seiner Hilfe hat der Pionier des deutschen Versandhandels die Gesellschaft der Republik auf eine Weise und mit einer Nachhaltigkeit beeinflusst und verändert, wie kein Zweiter vor und kaum ein anderer nach ihm. Heute weiß ich, was mir vor der Arbeit an diesem Buch nicht bewusst gewesen ist: Ohne den Quelle-Katalog lässt sich die deutsche Nachkriegsgeschichte nicht erzählen.

Dass ich sie erzählen konnte, lag vor allem an dem uneingeschränkten Zugang zum Nachlass der Familie Schickedanz, den mir die jüngere Tochter des Quelle-Gründers ermöglicht hat. Madeleine Schickedanz gilt daher mein besonderer Dank. Danken darf ich auch anderen Mitgliedern der Unternehmerfamilie, Weggefährten und Mitarbeitern von Gustav Schickedanz und seiner Frau Grete sowie Geschäftspartnern und Konkurrenten des Fürther Unternehmers für ihre Gesprächsbereitschaft oder auch für die Überlassung von Dokumenten aller Art.

Nicht zuletzt und einmal mehr danke ich den Mitarbeitern am Zentrum für Angewandte Geschichte (ZAG) der Universität Erlangen (www.zag.uni-erlangen.de) für die hervorragende Zusammenarbeit. Namentlich Herr Dr. Claus W. Schäfer und Herr Matthias Braun, M.A., haben entscheidend zur Entstehung dieses Buches beigetragen.

Erlangen, im April 2010
Gregor Schöllgen

DER SUCHENDE
1895–1929

Fürth ist nicht gerade der Nabel der Welt. Aber in der zweiten Hälfte des 20. Jahrhunderts ist Fürth für einige Jahrzehnte mit dem Rest der Welt so eng verbunden wie kaum eine zweite Stadt in Deutschland. Denn hier, mitten im beschaulichen Franken, hat das größte Versandhaus Europas seinen Sitz. Die Quelle, der größte Privatkunde der Deutschen Bundespost, ist das Lebenswerk von Gustav Schickedanz.

Als der kleine Gustav am Neujahrstag 1895 in Fürth das Licht der Welt erblickt, ist diese Karriere natürlich noch nicht vorhersehbar – seine eigene nicht und die seiner Stadt auch nicht. Allerdings hat Fürth schon damals einen guten Ruf als Ort des Handels und des Gewerbes. Denn sie kann dem einen wie dem anderen einiges bieten, zum Beispiel eine gute Anbindung an das Eisenbahnnetz Bayerns, zu dem Fürth nach einem kurzen, aber für die wirtschaftliche Entwicklung der Stadt nicht unwichtigen Intermezzo unter preußischer Herrschaft seit 1806 gehört.

Wie sich überhaupt der Name Fürth in besonderer Weise mit der Eisenbahn, dem Motor der rasanten industriellen Entwicklung der Zeit, verbindet. Hier nämlich endete im Dezember 1835 – nach rund sechs Kilometern und aus Nürnberg kommend – die Reise des »Adler«, jener legendären Lokomotive mit der Achsfolge 1A1, welche die Ludwigsbahn mit ihren Passagieren nach Fürth zog und damit das Eisenbahnzeitalter in Deutschland einläutete. Zwar ging der überregionale Verkehr danach erst einmal für rund vierzig Jahre an Fürth vorbei, aber jetzt, an der Schwelle zum 20. Jahrhundert, ist die bald 50 000 Einwohner zählende Stadt unter anderem durch Strecken der Bayerischen Staatsbahnen und der Münchener Lokalbahn-Aktiengesellschaft mit der Außenwelt verbunden.

Im Übrigen ist Fürth Sitz eines Land- und eines Amtsgerichts, eines Rent- und eines Hauptzollamtes, einer Reichsbanknebenstelle und einer Agentur der Bayerischen Notenbank sowie eines Bezirksgremiums für Handel und Gewerbe. Schon Mitte des 19. Jahrhunderts wurden hier in rund 3000 Betrieben fast 7000 Beschäftigte gezählt, und seit die Maschinenfabrik Engelhardt 1844 die erste Dampfmaschine in Betrieb genommen hat, erarbeitet sich Fürth rasch einen Ruf als aufstrebende Industriestadt. 1907 sind in den dortigen Gewerbebetrieben 28 000 Beschäftigte in Lohn und Brot. Als Jakob Wassermann, der 1873 in Fürth geboren wurde und nach dem Ersten Weltkrieg zu den meistgelesenen deutschen Schriftstellern zählt, 1921 auf seine Jugend als »Deutscher und Jude« in dieser »protestantischen Fabrikstadt« zurückblickt, erinnert er sich an eine »Stadt des Rußes, der tausend Schlöte, des Maschinen- und Hämmergestampfes, der Bierwirtschaften, der verbissenen Betriebs- und Erwerbsgier«.

Neben der traditionsreichen Spiegelindustrie spielen in Fürth die Blattmetall- und die Bronzefarbenindustrie und nicht zuletzt das Holz verarbeitende Gewerbe eine bedeutende Rolle. Dort ist auch Johann Leonhard Michael Schickedanz tätig. Als sein Sohn Gustav geboren wird, arbeitet er als Geschäftsführer bei der Möbelfabrik Hemmersbach. Er selbst ist gebürtiger Nürnberger, denn dorthin hat es seinen Vater Johann Nicolaus Schickedanz, Gustavs Großvater, 1840 verschlagen.

Ursprünglich schrieb sich die Familie »Schicketanz«. Der Name stammt aus dem schlesisch-sächsischen Raum. Das mittelhoch-

deutsche »schick« stand ursprünglich nicht nur für »schicklich« und
»geschickt«, sondern auch für »ordnen« und »rüsten«, und »Schicketanz« bedeutete so viel wie »Tanzordner« oder auch »Tanzlehrer«.
In den sechziger Jahren des 19. Jahrhunderts hat Johann Nicolaus
»Schiketanz« übrigens vorübergehend von der alten Schreibweise
des Familiennamens Gebrauch gemacht, um sich von einem nicht
verwandten Namensvetter in der Stadt abzugrenzen, und auch
später, zum Beispiel in den dreißiger Jahren des 20. Jahrhunderts,
bedient sich ein Briefpartner von Gustav Schickedanz, der Maler
Matthäus Schiestl, gelegentlich der ursprünglichen Schreibweise.

Die Familie ist seit 1624 im hessischen Dietzenbach nachgewiesen.
Von Johann Mendel Schickedanz, dem Vater von Johann Nicolaus
und Urgroßvater von Gustav Schickedanz, wissen wir, dass er dort als
»Ackermann« gearbeitet hat und mit Maria, geborene Gaubatz, verheiratet war. Ihr gemeinsamer Sohn Johann Nicolaus Schickedanz,
der am 17. August 1812 in Dietzenbach zur Welt gekommen ist, tritt
zum Jahresende 1829 bei einem Schreiner- und Glasermeister in die
Lehre, wird drei Jahre später als Geselle freigesprochen und begibt
sich wohl 1833 auf Wanderschaft.

Damit folgt er nicht nur den Gepflogenheiten der Zeit, sondern
trägt auch den schweren wirtschaftlichen und sozialen Umbrüchen
Rechnung, die in jenen Jahren ganze Landstriche entvölkert. Binnen-
wanderung, Industrialisierung und Verstädterung sind gleichermaßen Folgen wie Begleiterscheinungen dieses komplexen und
folgenreichen Prozesses. Die Bevölkerung Nürnbergs beispielsweise
wächst in der ersten Hälfte des 19. Jahrhunderts jährlich um gut ein
Prozent; um die Jahrhundertmitte zählt die Stadt 54 000 Einwohner
und damit fast 50 Prozent mehr als ein halbes Jahrhundert zuvor.

Zu ihnen gehört auch der Geselle Johann Nicolaus Schickedanz.
Seit 1836 ist Gustavs Großvater bei dem »Schreinermeister und Spielwaarenmacher« Johann Nicolaus Löhner tätig, der auf der Sebalder

Seite Nr. 1159 eine Holzgalanteriewarenfabrik betreibt. Elf Jahre lang findet der Zuwanderer aus Dietzenbach, der die »Schreinerprofession« erlernt hat und unweit seines Arbeitsplatzes, auf der Sebalder Seite Nr. 1056, wohnt, hier sein Auskommen. Dann macht er sich selbständig.

Ende Juni 1847 ersucht der jetzt Fünfunddreißigjährige den Magistrat der Stadt Nürnberg um »Ertheilung eines Licenz-Scheins zur Verfertigung von Holz-Galanterie-Waaren u. Spiegel-Rahmen«. Als Galanteriewaren gelten diverse Luxusartikel, wie zum Beispiel »unechte Bijouterien«, die zu »Putz und Zier« dienen und »in Form und Wesen von der Mode abhängig« sind. So jedenfalls steht es damals im *Brockhaus* zu lesen. Dass sich Johann Nicolaus Schickedanz ausgerechnet in diesen Krisenzeiten auf die Herstellung von Luxusgütern verlegt, ist bemerkenswert. Offensichtlich handelt er antizyklisch, also so, wie man es eigentlich von einem Kaufmann mit dem rechten Gespür fürs Geschäft erwartet. Ganz ähnlich wird es später sein Enkel Gustav halten.

Schon am 9. Juli 1847 wird dem Schreiner der »Licenzschein ertheilt«. Denn Johann Nicolaus Schickedanz hat einen »guten Leumund«, gilt als »geschikter & fleißiger Mann«, hat während seiner Gesellenzeit 500 Gulden zurückgelegt und damit »einen Sinn für Fleiß und Sparsamkeit« unter Beweis gestellt. Und auch sein Geschäftssinn trägt in dieser Zeit einmal mehr Früchte. Schickedanz hat nämlich seine Ersparnisse sowie eine Erbschaft, insgesamt immerhin 1400 Gulden, einer »Bierbrauers-Witwe« geliehen. Die 1000 Gulden, die ihm die Dame im September 1847 zurückzahlt, steckt er in sein neues Geschäft, und weil er schon innerhalb weniger Monate einen Umsatz von 1200 Gulden macht und davon ein Viertel als Gewinn verbleibt, hat der Armenpflegschaftsrat der Stadt keine Einwände, als der umtriebige Unternehmer sich in Nürnberg als Schutzbürger niederlassen und in den Stand der Ehe eintreten will.

Inzwischen hat die große Krise, die als sogenannte Märzrevolution von 1848 in die Geschichte eingegangen ist, den Deutschen Bund und seine Einzelstaaten fest im Griff. Mitte des Monats zwingen die Kämpfe in Wien den österreichischen Staatskanzler Clemens Lothar Wenzel Freiherrn von Metternich zur Flucht nach England, wenige Tage später veranlassen die Barrikadenkämpfe in Berlin König Friedrich Wilhelm IV. von Preußen, seine Truppen aus der Stadt abzuziehen, am 20. März dankt Ludwig I., der König von Bayern, angesichts schwerer Unruhen in München zugunsten seines Sohnes Max II. ab, seit dem 31. März tagt in Frankfurt ein sogenanntes Vorparlament, und am 18. Mai 1848 schließlich tritt in der dortigen Paulskirche eine verfassungsgebende Nationalversammlung zusammen, um einen ersten Versuch zur Parlamentarisierung und Demokratisierung Deutschlands zu unternehmen.

Unruhige Zeiten wie diese sind eigentlich nicht der rechte Augenblick, um sesshaft zu werden und eine Familie zu gründen. Aber Johann Nicolaus Schickedanz, »Schreiner von Dietzenbach«, hat offenbar einen triftigen Grund, um auch in dieser Hinsicht, wenn man so will, antizyklisch zu handeln. Am 12. April 1848 bekundet er mit dem Gesuch an die Stadt Nürnberg seinen Willen, »als Schutzbürger dahier sich niederzulassen, und mit der ledigen Maria Barbara Amm … von hier 21 Jahre alt sich … zu verehelichen«. Die Tochter des »Güterladers« Adam Gustav Amm und seiner Frau Anna Luzia, geborene Lauermeyer, verfügt zwar über kein »baares Vermögen«, wohl aber über eine »standesgemäße Ausstattung«. Zweifellos ist ihre Hochzeit mit dem Großvater von Gustav Schickedanz eine gute Partie, und so überrascht es nicht, dass Adam Gustav Amm rasch seinen »väterlichen Consensus« zu der »vorhabenden Verehelichung« erteilt.

Offenbar ist hier Eile geboten. Denn als der »Holzgalanteriewaarenverfertiger« Johann Nicolaus Schickedanz am 3. September 1848 seine Braut heiratet, ist er bereits Vater. Im Juli 1848 hat seine Frau Maria Barbara die erste gemeinsame Tochter zur Welt gebracht. Al-

lerdings stirbt Charlotte Friederike Louise Schickedanz schon Mitte
Juni 1850 im Alter von 23 Monaten. Das gleiche Schicksal ereilt eine
zweite Tochter. Louise Friederike Charlotte Schickedanz stirbt, dreieinhalb Jahre alt, Mitte September 1854. Zu diesem Zeitpunkt wohnt
die Familie in der Schlotfegergasse.

Am 30. Juni 1848 hatte der Magistrat erwartungsgemäß dem Antrag von Johann Nicolaus Schickedanz stattgegeben, nachdem dieser
die entsprechenden Papiere beigebracht, die Aufnahmegebühren gezahlt und sich bereit erklärt hatte, regelmäßig einen Almosenbeitrag
zu entrichten sowie sich als »Landwehrmann« zu uniformieren und
zu armieren. Wenig später war ihm auch die Genehmigung erteilt
worden, als »Spiegelrahmer« tätig zu werden. Damit fiel er in die Ge-
werbegruppe der »Holzgalanteriewaarenmacher«. Seit 1863 firmiert
er als »Spielwaarenmacher«, muss aber schon vier Jahre später seine
Selbständigkeit wieder aufgeben und hat fortan die »technische
Leitung« bei »Jos. Beringer, Holzornamentefabrik« inne.

Warum der Großvater von Gustav Schickedanz der alten Reichs-
stadt Ende März 1882 den Rücken kehrt, wissen wir nicht. Gut
möglich, dass ihm die abhängige Tätigkeit trotz des relativ sicheren
Auskommens auf Dauer nicht behagt. Möglicherweise wird er auch
ein Opfer der Wirtschaftskrise, die 1873 Deutschland erfasst, als
»Gründerkrach« firmiert und ursprünglich eine Reaktion der Börse
auf jene Überhitzung der Wirtschaft ist, die sich mit der Gründung
des Deutschen Reiches Anfang 1871 eingestellt hat. Fast ein Vierteljahrhundert lang, bis 1896, dauert diese »Große Depression« an.
Jedenfalls wird die Krise von den Zeitgenossen so empfunden.

In dieser Zeit also verlässt Johann Nicolaus Schickedanz Nürnberg, macht sich auf den Weg nach Furth im Wald und baut dort
eine Fassfabrik auf. Noch einmal versucht er sich also als freier
Unternehmer, und offensichtlich ist ihm dabei auch einige Jahre
lang Erfolg beschieden. Bis die Fabrik einem Brandanschlag zum
Opfer fällt. Diesem neuerlichen Rückschlag ist der inzwischen über

Siebzigjährige nicht gewachsen. Am 25. Juli 1883 stirbt Johann Nicolaus Schickedanz nach einem Leben voller Erfolge, Niederlagen und Schicksalsschläge in Furth im Wald.

Aus seiner Ehe mit Maria Barbara sind mindestens sechs Kinder hervorgegangen. Neben den beiden früh verstorbenen Töchtern werden dem Paar zwei weitere Mädchen geboren. So gut wie nichts wissen wir von Anna Magdalena Schickedanz, die 1852 das Licht der Welt erblickt; und von der Ende Juni 1855 geborenen Jüngsten Esther Louise Schickedanz ist nur bekannt, dass sie 1884 beabsichtigt, den königlichen Eisenbahnadjunct Heinrich Bauer zu ehelichen. Nicht wesentlich besser steht es um unsere Kenntnis von Gustav Abraham Schickedanz, dem ältesten Sohn von Johann Nicolaus, obgleich dieser im Leben des gleichnamigen Fürther Neffen eine nicht unwichtige Rolle spielen wird.

Sicher ist, dass sich Gustav Abraham Schickedanz der Ältere, also der Onkel des Quelle-Gründers, Anfang November 1876 selbständig macht und in Nürnberg einen »Holzhandel« anmeldet. Das »Brennholz-, Kohlen- und Coaks-Geschäft« hat seinen Sitz an der Zufuhrstraße, das Lager befindet sich an der Kohlenhofstraße. Im Sommer 1882 folgt Gustav Abraham dem Vater nach Furth im Wald. Schon im Jahr zuvor hatte er beim Bezirksamt Cham die »Aufstellung eines Dampfkessels« beantragt. Was ihn zur Aufgabe seines Nürnberger Geschäfts bewogen hat, entzieht sich unserer Kenntnis. Vielleicht will er dem Vater geschäftlich unter die Arme greifen, vielleicht ist er auch die treibende Kraft des Neuanfangs und bewegt sowohl den Vater als auch seinen jüngeren Bruder zu dem gemeinsamen Unternehmen.

Denn auch dieser findet sich im Bayerischen Wald ein. Johann Leonhard Michael, den sie »Leo« nennen, kam am 9. April 1857 als jüngstes der sechs Kinder von Johann Nicolaus und Maria Barbara Schickedanz in Nürnberg zur Welt. Über die Kindheit und frühe Jugend von Gustavs Vater schweigen sich unsere Quellen aus.

Immerhin wissen wir, dass er 1873 in die Firma Jos. Beringer, Holz-ornamenten- & Rococoleisten-Fabrik, am Maxplatz 25 in Nürnberg eintritt, wo ja damals sein Vater, Gustavs Großvater, die »technische Leitung« innehat. Acht Jahre, so sagt es das im Oktober 1881 aus-gestellte Zeugnis, ist er hier »größtenteils an Holzbearbeitungs-maschinen« tätig, unterstützt den Vater mit »Fleiß u. Umsicht« und bewährt sich »willig, ehrlich und treu«. Kurzum, sein langjähriger Arbeitgeber kann Leo Schickedanz »Jedermann empfehlen«.

Der bleibt allerdings zunächst bei der Familie, folgt Vater und Bruder nach Furth im Wald und ist seit Frühjahr 1883 gemeinsam mit diesen Besitzer der väterlichen Fassfabrik. Nachdem diese durch den Brand weitgehend zerstört wurde und der Vater wenig später ge-storben ist, versuchen die Brüder zwar noch einmal einen Neuanfang und beantragen am Ende dieses Schicksalsjahres 1883 den Bau einer »Faßholztrockenanlage«, geben dann aber doch ein knappes Jahr später auf und verkaufen den »Besitz«.

Damit endet der kurze, in mancher Hinsicht tragische, in jedem Falle erfolglose Lebensabschnitt der Familie Schickedanz in Furth im Wald, denn danach finden wir den Jüngsten wieder in Mittelfranken. Allerdings nicht in Nürnberg, sondern im benachbarten Fürth. Hier, am Marktplatz Nummer 16, der späteren Nummer 2, ist seit 1884 der »Pfeiffendrechsler-Meister« »Schicketanz [sic], Leonhard« im Adressbuch der Stadt verzeichnet. Hier wohnt er bis 1893, ist al-lerdings nach wie vor Bürger der Nachbarstadt Nürnberg. Erst Ende Juli 1897 wird Leo Schickedanz durch Magistratsbeschluss das Hei-matrecht in Fürth verliehen, und dann gehen weitere fünf Jahre ins Land, bis dem »heimatsberechtigten Maschinenmeister« Ende September 1902 das Bürgerrecht verliehen wird.

Im August 1885 tritt Leo Schickedanz in die Fürther Rahmen-, Kehlleisten- & Möbel-Fabrik Ammersdörfer & Haas ein und ist dort bis 1892 als »Werkführer« tätig. Dann macht auch er sich – wie der Vater und wie dieser im Alter von 35 Jahren – selbständig, beliefert allerdings weiterhin seinen ehemaligen Arbeitgeber. Und wie ebenfalls schon sein Vater kehrt auch Leo Schickedanz für einige Zeit in ein Beschäftigungsverhältnis zurück.

Nicht wesentlich geradliniger stellt sich seine frühe private Lebenssituation dar. Anders als bislang angenommen, ist Gustavs Vater offenbar zweimal verheiratet gewesen. Die erste Ehe mit Sophie Emilie, geborene Roesling, hält nicht lange. Wann sie geschlossen und geschieden worden ist, wissen wir nicht. Belegt ist aber, dass seine Frau nach der Scheidung in München lebt, Mitte Juli 1887 erneut in den Stand der Ehe tritt und den Postassessor Bernhard Ernst von Abtswind heiratet.

Leo Schickedanz seinerseits heiratet am 9. Oktober 1892 ein zweites Mal, und zwar die Haushaltshilfe Eva Elisabeth Kolb, die am 17. Juli 1862 als Tochter eines Bauern in Vestenbergsgreuth, also im Steigerwald, zur Welt gekommen ist. Wie Leos Mutter macht also auch Leos zweite Frau eine gute Partie, und wie der Vater hat auch der Sohn einen triftigen Grund für die Heirat: Die Braut ist schwanger. Als Leo Schickedanz sie ehelicht, wohnt er noch im zweiten Stock des Hauses Marktplatz 2. Hier wird am 19. März 1893 das erste Kind und zugleich die einzige Tochter des Paares, Elisabeth Schickedanz, geboren, die »Liesl« gerufen wird.

Knapp zwei Jahre später, am Neujahrstag 1895, folgt ihr Bruder Gustav Abraham, das zweite Kind und zugleich der einzige Sohn von Leo und Elisabeth Schickedanz. Zu diesem Zeitpunkt wohnen der »Geschäftsführer« und seine Familie bereits im ersten Stock der Fürther Theresienstraße 23. Zur Familie zählt neben dem Elternpaar und den beiden kleinen Kindern auch die Großmutter des Stammhalters.

Als Gustav Schickedanz zur Welt kommt, befindet sich diese insgesamt in einer recht stabilen Verfassung. Selbst die internationalen Beziehungen durchlaufen eine sturmfreie Zone – nicht selbstverständlich in einer Epoche, die als Zeitalter des Imperialismus in die Geschichte eingehen und mit dem Eintritt ins 20. Jahrhundert eine Serie schwerer Krisen sehen wird. Eigentlich gibt es 1895 nur einen Konflikt, der die europäischen Großmächte in Atem hält und sie dann auch zu einer folgenreichen, wenngleich vorerst nur diplomatischen Reaktion veranlasst. Seit Japan im Juni 1894 das zwischen ihm und China umstrittene Korea angegriffen hat, verfolgen Europäer und Amerikaner gleichermaßen überrascht und fasziniert die Erfolge der bis dahin eher als schwach eingeschätzten japanischen Streitkräfte, die das geschlagene China im Vorfrieden vom April 1895 zur Abtretung erheblicher Gebiete wie Koreas und Formosas zwingen.

Mit dem chinesisch-japanischen Krieg beginnt nicht nur der Aufstieg Japans zu einer Militär- und Wirtschaftsmacht, der Konflikt rückt zudem den Großraum Ostasien dauerhaft ins Bewusstsein von Amerikanern und Europäern, auch der Deutschen, die ja nicht zu den großen Kolonialnationen der Erde zählen. Die gemeinsam mit Russland und Frankreich unternommene Intervention des Deutschen Reiches in Japan, eine Reaktion auf Nippons militärischen Erfolg über China, und die ihr folgende Festsetzung im Reich der Mitte liegen ganz im Trend der Zeit: Die 1898 vollzogene Pachtung der Bucht von Tsingtau mit dem Kriegshafen Kiautschou ist in Deutschland ausgesprochen populär. Sie gilt als Ausdruck erfolgreicher deutscher Weltpolitik, und die wiederum verbindet sich mit der Person Wilhelms II., des Deutschen Kaisers und Königs von Preußen.

So umstritten mancher seiner großspurigen Auftritte vor allem im Ausland auch ist, zu Hause nimmt die Popularität des Kaisers mit jedem tatsächlichen oder vermeintlichen Erfolg des Reiches auf der weltpolitischen Bühne zu. Verwundert stellen die Deutschen fest, dass sie dort auch ohne Otto von Bismarck zurechtkommen, der übrigens im Geburtsjahr von Gustav Schickedanz seinen Achtzigsten feiert. Allerdings profitieren dessen Nachfolger, auch der junge Kaiser, durchaus von den Vorgaben und Vorlagen des ersten Reichskanzlers. Das gilt für das insgesamt stabile Gebäude des Deutschen Reiches, das Bismarck seinen Nachfolgern hinterlässt, im Allgemeinen. Und es gilt für einzelne Projekte wie den Nord-Ostsee-Kanal im Besonderen.

Als dieser am 21. Juni 1895, dem Geburtsjahr von Gustav Schickedanz, durch Wilhelm II. eröffnet und zunächst nach dessen Großvater Kaiser-Wilhelm-Kanal genannt wird, ist das auch ein später Sieg Bismarcks über die zahlreichen Kritiker und Gegner dieses Projekts. An der Schwelle zum 20. Jahrhundert ist die knapp 100 Kilometer lange Wasserstraße ein sichtbares Symbol für die Kraft und Dynamik der jungen deutschen Wirtschafts- und Handelsmacht, eine »großartige technische Leistung« und ein »schönes, leuchtendes Beispiel dafür, daß unsere Zeit unter dem Zeichen des Verkehrs steht«, wie man im *Fränkischen Kurier* nachlesen kann.

Tatsächlich fällt die Eröffnung des Kanals ja mit dem Ende der »Großen Depression« und dem Beginn eines nahezu ungebremsten wirtschaftlichen Aufstiegs zusammen. In praktisch allen Bereichen setzt sich die deutsche Wirtschaft jetzt an die Spitze der europäischen Industrienationen – bei Kohle, Eisen und Stahl sowieso, aber auch bei den modernen Industrien, also beim Maschinenbau, der Chemie- oder auch der Elektroindustrie. Mehr oder weniger alle klassischen Industriestandorte zählen zu den Gewinnern dieser Konjunktur. Auch die fränkischen, unter ihnen Fürth.

Dass die Bevölkerung der mittelfränkischen Industriestadt zwischen 1895 und 1905, also innerhalb nur eines Jahrzehnts, von knapp 47 000 auf gut 60 000 Bewohner und damit um beinahe 30 Prozent wächst, hat mit dieser Entwicklung, aber auch mit einigen Eingemeindungen zu tun. Um die Jahrhundertwende kommen ein Teil der Gemeinde Höfen sowie die Gemeinden Poppenreuth, Unter- und Oberfürberg und nicht zuletzt Dambach zu Fürth.

Als Dambach zum 1. Januar 1901 eingemeindet wird, besitzt Leo
Schickedanz dort, also vor den Toren der Stadt, ein kleines Grundstück. Wenige Jahre später baut er hier in mühevoller Kleinarbeit
und mit Hilfe von Freunden ein bescheidenes Haus, das er und
seine Frau beziehen, nachdem Tochter Liesl die elterliche Wohnung
verlassen hat und diese aufgegeben worden ist. 1925 übernimmt
Sohn Gustav Haus und Grundstück, erweitert das Gelände Mitte
der dreißiger Jahre durch eine Reihe von Zukäufen erheblich und
errichtet hier eine Villa, die in ihrer Dimension und ihrer Gestaltung
dem Selbstverständnis eines erfolgreichen Unternehmers dieser Zeit
entspricht.

Um die Jahrhundertwende sieht das alles noch anders aus. Einstweilen pflanzt Mutter Elisabeth hier Gemüse für den täglichen Bedarf, Vater Leo züchtet Hasen, und dem kleinen Gustav und seiner
älteren Schwester Liesl dient der Garten vor den Toren der Stadt als
Spielplatz. Es ist das typische Leben in »einfachen Arbeiterkreisen«,
von denen Gustav Schickedanz 1945 im Rückblick spricht, nicht
üppig, aber auskömmlich.

Als er sechzig wird, erinnert sich Schwester Liesl an die Jahre
der Kindheit: »Unsere Eltern waren einfache, biedere und fleissige
Fürther Bürger. Meinen Bruder und mich erzogen sie von Kindheit
an zur Arbeit und Sparsamkeit. Geschenkt wurde uns nichts: wir
mussten überall mit anpacken, was uns im späteren Leben – und
noch heute – sehr zustatten kam. Mein Bruder hatte den Vorteil,
daß er jünger war als ich: Er war also der Liebling seiner Mutter,
weswegen ich manchmal Prügel einstecken musste, die zweifellos er
verdient hätte.«

Auch Gustav erinnert sich später »oft und gern« an diese Zeit.
»Da sind meine Eltern«, sagt er 1960, »mein bescheidener, fleißiger
Vater, meine sorgende Mutter in der Küche, … da sind die Fürther
Straßen, … die armseligen, geliebten Kiefern im Stadtwald. Wir
spielten leidenschaftlich gern Fußball.« Namentlich die Mutter, be-

»Einfach, bieder, fleißig«: Johann Leonhard Michael (»Leo«) Schickedanz, Jahrgang 1857,
mit seiner zweiten Ehefrau, der 1862 geborenen Eva Elisabeth Kolb, und den Kindern Elisabeth (»Liesl«) und Gustav 1898.

richtet er 1963 in einem Interview mit der Illustrierten *Quick*, gibt
ihm »etwas mit, das eine unerläßliche Voraussetzung für Erfolg ist,
um im Leben vorwärtszukommen: Sparsamkeit! ... Meine Schwester, ich und auch mein Vater mußten alles zu Hause abgeben. Außer
einem bescheidenen Taschengeld blieb für uns selbst nichts übrig.
Ich erinnere mich noch gut, daß meine Mutter mich immer auf den
Markt schickte mit dem Auftrag, angeknickte Eier zu kaufen, weil die
billiger sind.«

Die Ferien verbringen die Geschwister meist bei den Großeltern
in Vestenbergsgreuth. Die Familie der Mutter stammt von hier, und
zeitlebens empfindet Gustav Schickedanz eine enge innere Bindung
an die Ortschaft im Steigerwald. Kaum eine zweite frühe Erfahrung
hat ihn ähnlich tief und dauerhaft geprägt. Hier hat er »das tägliche
Leben und die tägliche Arbeit der Bauern kennen, achten und lieben

gelernt«, hier ist er »der Natur, dem Wald, dem Feld, den Früchten und den Blumen ganz nahe gekommen«, wie er im Oktober 1959 sagt, als ihm und seiner Schwester die Ehrenbürgerwürde von Vestenbergsgreuth verliehen wird. Der Großvater, erzählt Gustav Schickedanz in hohem Alter einem Besucher, dem Journalisten Walter Henkels aus Bonn, »sei Bauer, Imker und Dorfmedicus gewesen, der Mensch und krankes Vieh behandelte; zwei Kühe zogen noch den Pflug, er höre noch den Takt der Dreschflegel, wenn das Getreide gedroschen wurde, und das alles blieb, unauflöslich in der Erinnerung, die schönste Kindheitsidylle«.

Ganz ungetrübt sind die Kindheitserinnerungen allerdings nicht. Als Gustav vier ist und noch nicht schwimmen kann, fällt er in die Rednitz, kann in letzter Minute gerettet werden und ist »wochenlang ans Kinderspital« gefesselt. Auch daran erinnert die Schwester 1955 und fügt hinzu: »Auch in unserem späteren Leben kamen manche sehr schwere Erlebnisse und ernste Krankheiten über ihn, in denen die ›größere‹ Schwester dem ›kleineren‹ Bruder ... beistand.« In der Tat wird Schwester Liesl wiederholt zur entscheidenden, nach dem Unfalltod seiner Familie eine Zeitlang auch zur einzigen Stütze im Leben des Gustav Schickedanz. Das ist eine Erklärung für die lebenslange enge und innige Beziehung der Geschwister, die im ausgehenden 19. Jahrhundert im »schlichten Elternhaus im alten Fürth« begann.

Eine Woche nach seiner Geburt ist Gustav Abraham Schickedanz in der St. Michaelis Kirche, der ältesten Kirche Fürths, getauft worden. Taufpate des Stammhalters ist sein Onkel, der ältere Bruder des Vaters. Nicht nur weil Gustav Abraham der Ältere auch der Namensgeber für seinen Neffen ist, hat er auf diesen im Laufe der kommenden Jahre eine gewisse Faszination ausgeübt. Der Onkel hat auch einen attraktiven Beruf. Er ist Kaufmann, und das ist in der traditionell dem Handwerk zugewandten Familie eine Ausnahme.

Fürsorglich: Von Kindes-
beinen an hat Liesl Kieß-
ling ein wachsames Auge
auf ihren jüngeren Bruder
Gustav Schickedanz. Das
Bild zeigt die beiden um
die Jahrhundertwende.

Was genau Gustav Abraham der Ältere beruflich getrieben hat, lässt
sich nicht mehr feststellen. Angeblich hat er deutsche und österreichische Firmen als Agent in Budapest vertreten und dort auch ein
eigenes Kaufhaus besessen.

Im Sommer 1901 ist es mit der unbeschwerten Kindheit des
jungen Gustav erst einmal vorbei, denn Anfang September wird der
Sohn des Drechslermeisters Leo Schickedanz in der Volksschule an
der Schwabacher Straße eingeschult. Die Notenlisten bescheinigen
dem Knaben bis zum Abgang »sehr lobenswürdiges sittliches Verhalten«, außerdem »viele Geistesgaben«. Allerdings sind die Zeugnisse
auf einen gewissen »Ludwig Schickedanz« ausgestellt – und vom
Vater so per Unterschrift zur Kenntnis genommen worden. Warum

Leo Schickedanz weder auf einer Korrektur des Namens bestanden
noch die Änderung der gleichfalls falschen Anschrift angemahnt
hat, entzieht sich unserer Kenntnis. Gut möglich, dass er den Sohn
nicht in Schwierigkeiten bringen wollte. Vielleicht steckt dahinter
aber auch ein nicht sehr stark entwickeltes oder aber angeschlagenes
Selbstbewusstsein. Der berufliche Werdegang und die wechselnden
Berufsbezeichnungen deuten jedenfalls nicht auf eine Karriere hin,
aus der sich Kraft und Selbstgewissheit gewinnen lassen.

Am 18. September 1905 kommt der zehnjährige Gustav auf die
Königliche Realschule mit Handelsabschluss seiner Heimatstadt, die
damals zu den größten und angesehensten Realschulen des König-
reichs zählt. Mit der 1877 vollzogenen Umwandlung der vormaligen
Gewerbeschule in eine Realschule ist das dreiklassige in ein sechs-
klassiges Schulsystem überführt worden, das mit dem Einjährigen
abschließt. Auch deshalb nimmt die Schülerzahl rasch zu, so dass die
Realschule schon 1879 ein neues Gebäude beziehen muss, bis auch
dieses 1912 aus den Nähten platzt.

Dass Gustav Schickedanz diese Schule besucht, ist nicht selbstverständlich, denn bislang ist die Familie nicht mit der höheren Schul-
bildung in Berührung gekommen. Da gibt es Ängste und wohl auch
Standesdünkel. Außerdem bedeutet die Laufbahn des Sohnes für den
Vater eine erhebliche finanzielle Belastung. Neben dem Schulgeld
schlagen die Ausgaben für Bücher und Schulutensilien aller Art oder
auch für die Schulkleidung zu Buche. Die Empfehlung der Volksschullehrer gibt schließlich den Ausschlag, und die Entscheidung
erweist sich als richtig.

Wie viele, die später große Karrieren hinlegen, ist auch Gustav
Schickedanz nicht gerade ein herausragender Schüler. Schon im
»Weihnachtszeugnis« des ersten Schuljahres, als es in Geographie sowie in Arithmetik und Mathematik nur für ein »ungenügend« reicht,
heißt es wie so oft in den folgenden Jahren: »Muß in einigen Fächern
sich steigern.« Und wie stets in den kommenden Jahren schafft er

das dann auch. Gute oder auch sehr gute Leistungen erbringt er in Fächern wie Religion, Zeichnen oder auch Turnen, wobei das wiederum nicht selbstverständlich ist, scheint der Schüler Nr. 3064 seinen Lehrern doch »nicht ganz gesund zu sein«. Offensichtlich zeigen sich hier die Folgen seines frühen Unfalls, mit denen Gustav Schickedanz zeitlebens zu tun haben wird. Im Übrigen halten seine Lehrer mal im Grundbuch fest, dass er lediglich »mäßig begabt« und »langsam« sei, mal geben sie zu Protokoll, dass er »zerstreut« und »selten bei der Sache« sei. Unangenehm fällt »Schickedanz, Gustav« vor allem während der Pubertät auf. Jedenfalls vermerkt der Strafbogen für das Schuljahr 1909/10 insgesamt 13 Einträge. Anlass für einen Verweis oder gar einen Arrest ist in der Regel »Unfleiß«.

Aber dann schafft er es doch. Am 14. Juli 1911 erhält der Sechzehnjährige das »Realschul-Absolutorium« und ist damit einer von lediglich 36 des ursprünglich 130 Schüler starken Jahrgangs 1905/06, die dieses Ziel erreichen. Acht von ihnen, darunter der junge Schickedanz, schließen sich im Jahrgang 1910/11 der »Absolvia Fürth«, dem 1877 gegründeten Verein ehemaliger Schüler, zusammen.

Mit dem Abschlusszeugnis wird Gustav Schickedanz außerdem auch das »Zeugnis über die wissenschaftliche Befähigung für den einjährig-freiwilligen Dienst«, also für den verkürzten Militärdienst, ausgehändigt. Das Absolutorium testiert ihm mehr befriedigende als gute Leistungen, wobei die Mathematik mit ihren Einzeldisziplinen einschließlich der »Handelswissenschaften« am unteren Ende der Notenskala rangiert. Die Abschlussexamina waren offenbar nicht gerade berauschend. »In der schriftlichen Prüfung leistete er in der Religion sehr Gutes, in den übrigen Fächern Genügendes. Seine Kenntnisse in der mündlichen Prüfung waren besser. Während seines Aufenthaltes an der Anstalt«, so die Bilanz, »war sein Betragen stets lobenswert, sein Fleiß zufriedenstellend.«

Naturgemäß ändert und erweitert sich mit dem Wechsel auf die Realschule auch der Bekanntenkreis des Heranwachsenden. Dass

Absolvia: Gustav Schickedanz (vorne links im Bild) im Kreis der organisierten Fürther
Schulabsolventen des Jahrgangs 1910/11.

Gustav Schickedanz schon in dieser Zeit näher Bekanntschaft mit
Daniel Kießling, seinem späteren Schwager und lange Zeit wichtigen
Mitarbeiter im Unternehmen, gemacht hat, gehört wohl eher in das
Reich der Legende. Dass er in der Schule dem zwei Jahre jüngeren
Ludwig Erhard über den Weg gelaufen ist, ohne ihn im Übrigen zu
beachten oder gar näher kennenzulernen, ist wahrscheinlich. Sicher
ist, dass Ernst Spear, den Gustav Schickedanz zu seinen engsten
Schulfreunden zählt, mit ihm seit dem Schuljahr 1908/09 dieselbe
Klasse besucht.

Ernst Spear ist ein Spross der zu dieser Zeit in Nürnberg ansässigen
Firma J.W. Spear & Söhne, einem der bekanntesten Spieleherstellern
in Deutschland. Der Firmengründer Jacob Wolf Spier, 1832 als Sohn
einer jüdischen Familie im hessischen Merzhausen geboren, hatte
sich als junger Mann auf den Weg nach Amerika gemacht, dort 1860

die amerikanische Staatsbürgerschaft erworben und die gleichfalls
aus Deutschland stammende Sophie Rindskopf geheiratet. Aus der
Ehe gehen noch in den USA die Söhne Ralph und Joseph hervor, die
schon den anglisierten Familiennamen Spear tragen.

Im November 1861, ein halbes Jahr nach Ausbruch des amerikanischen Bürgerkriegs, kehrt Jacob Wolf Spear mit seiner Familie nach
Deutschland zurück, versucht sich im Fränkischen mit wechselndem
Erfolg als Unternehmer, geht dann aber mit seiner Familie nach
England und gründet dort ein Importgeschäft für Kurzwaren. Lange
hält es ihn auf der Insel nicht. Schon wenige Monate später, am
6. November 1879, ruft der Rastlose in Fürth ein »Import-Export-
geschäft mit Kurzwaren« ins Leben. Das ist der eigentliche Beginn
der Spielefabrik J. W. Spear & Söhne, die bald sechzig Menschen
Arbeit und Brot gibt. 1884/85 treten zunächst die älteren Söhne des
Gründers, Ralph und Joseph Spear, in das Unternehmen ein und führen dieses weiter, nachdem sich der Vater 1893 das Leben genommen
hat. Wegen der besseren Anbindung an das deutsche Eisenbahnnetz
zieht die Firma 1898/99 nach Nürnberg-Doos, nimmt gleichzeitig
mit Eugen Mayer einen weiteren Gesellschafter auf und vollzieht bei
dieser Gelegenheit die Umwandlung in eine Kommanditgesellschaft.

1919 übernehmen mit Jakob Richard und Hermann Spear zwei
Enkel des Firmengründers die Leitung der Spiel- und Galanteriewa-
renfabrik und führen sie zu neuer Blüte, bis die Nationalsozialisten an
die Macht kommen und der Betrieb zur Arisierung freigegeben wird:
1938 erwirbt der Nürnberger Unternehmer Hanns Porst, Eigentümer
des nach eigener Einschätzung »größten Photohauses der Welt«,
das Weltunternehmen J. W. Spear & Söhne für 100 000 Reichsmark.
Dass die Firma und jedenfalls Teile der Familie die folgenden Jahre
überleben, verdanken sie dem Umstand, dass sie 1930 in England
eine Tochtergesellschaft gegründet haben. 1948 erhält die Familie
ihr deutsches Unternehmen zurück. An die alten Erfolge kann sie
indessen nie mehr anknüpfen: 1984 wird der Betrieb in Nürnberg

aufgegeben; 1995 geht die englische Firma an den amerikanischen Konzern Mattel, der sie wenige Jahre später schließt.

Noch bevor er das Abgangszeugnis der Realschule in Händen hält, bewirbt sich Gustav Schickedanz bei der Firma J. W. Spear & Söhne. Ob die Lehre seinen Wunschvorstellungen entspricht, sei dahingestellt. Wäre es nach dem Jungen gegangen, hätte er sich wohl einen Beruf gesucht, der mit dem Wasser in Verbindung steht. Bis ins hohe Alter hinein hat Gustav Schickedanz erzählt, dass er wohl gerne Schleusenwärter geworden wäre. Jedenfalls geht er mit den Eltern an besonderen Feiertagen gerne nach Doos, zum Ludwigskanal, und fährt von dort mit dem »Schlagrahmdampfer« kanalaufwärts nach Fürth-Kronach.

Aber aus diesem Jugendtraum wird nichts. Möglicherweise hat Gustav Schickedanz schon während des letzten Schuljahrs als Praktikant oder Aushilfe bei Spears hineingeschaut. Jedenfalls attestiert der Geschäftsführer der Nürnberger Gesellschaft Mitte Juni 1959 dem inzwischen berühmten Fürther Unternehmer auf dessen Bitte hin, dass er bereits Anfang Juli 1910 als kaufmännischer Lehrling bei der Firma beschäftigt gewesen sei und dass sich »Herr Richard Spear, der seit 1932 in England lebt« und 1911 in die Firma eingetreten ist, noch »gut an die damalige Zusammenarbeit« erinnere.

Wie immer sich das ein halbes Jahrhundert später auf den Juli 1910 datierte Eintrittsdatum erklärt, sicher ist, dass Gustav Schickedanz den »Werten Herren« Spears am 7. Juni 1911 mitteilt, seine Eltern seien mit »den vereinbarten Bestimmungen betreff Stellung ... einverstanden« und er könne im August des Jahres seine Lehrstelle bei dem Nürnberger Spielehersteller antreten. Im ersten Lehrjahr verdient er 20, im zweiten 30 Reichsmark. Am 26. September 1913 hält das Austrittszeugnis fest: »Herr Gust. Schickedanz ... war ... als Commis bei uns beschäftigt. Derselbe war im Contor, sowie auch in der Expedition unserer Muster-Abteilung tätig und hat die ihm übertragenen Arbeiten zufriedenstellend erledigt und sich auch sonst durch Fleiss, Treue und Pünktlichkeit unsere Zufriedenheit erworben.«

Um diese Lehrzeit ranken sich – wie könnte es bei der späteren Karriere eines solchen Mannes auch anders sein – manche Legenden, darunter die, dass die Eigentümer von J. W. Spear & Söhne ihm die Vertretung ihres Unternehmens in Buenos Aires angetragen hätten. Allerdings habe der Vater den grundsätzlich an der Stelle interessierten Sohn mit Blick auf den noch abzuleistenden Militärdienst davon abgehalten. Gustav Schickedanz selbst hat wenige Jahre später eher nüchtern, aber wohl zutreffend zu Protokoll gegeben, er habe »während zwei Jahren eine ebenso gründliche, wie reichliche Ausbildung in fast allen Sparten dieses vielseitigen Berufes genießen dürfen«. Das schreibt er im Herbst 1917 in einem Lebenslauf für die Heeresverwaltung. Zu diesem Zeitpunkt trägt der inzwischen Zweiundzwanzigjährige schon seit vier Jahren Uniform. Geplant war das nicht. Aber wie viele Zeitgenossen muss auch Gustav Schickedanz die Quittung für eine Politik zahlen, die schließlich in die Katastrophe eines vierjährigen Krieges mündet.

Wer dafür die Verantwortung trägt, ist auch heute nicht eindeutig zu sagen. Die nach dem Krieg angestellte Beobachtung David Lloyd Georges, des britischen Premierministers während der Jahre 1916 bis 1922, alle Staaten seien schließlich in ihn »hineingeschlittert«, ist wohl zutreffend – wenn man davon ausgeht, dass die meisten derer, die damals in den politisch, militärisch oder auch publizistisch verantwortlichen Positionen waren, den Krieg als Mittel der Politik billigend in Kauf nahmen und folglich in der entscheidenden Situation wenig oder gar nichts taten, um seinen Ausbruch zu verhindern. Allerdings ist in Rechnung zu stellen, dass im Sommer 1914 kaum jemand mit einer langen, über Europa hinausgreifenden, zudem außerordentlich verlust- und folgenreichen Auseinandersetzung rechnet.

Hinzu kommt, dass sich die Völker Europas über die Jahre an den Gedanken des Krieges gewöhnt und viele ihn geradezu als reinigendes Gewitter herbeigesehnt haben. Denn die Zeichen stehen zusehends auf Sturm. Schon vor der Jahrhundertwende zeigt sich: Das erstaunlich reibungslose Zusammenwirken Russlands, Frankreichs und Deutschlands während des chinesisch-japanischen Krieges von 1895 ist die Ausnahme von der Regel, und die sagt, dass Russland und Frankreich auf der Basis ihrer 1892 geschlossenen Militärallianz umso enger zusammenrücken, je stärker, expansiver und vorlauter Deutschland wird oder doch zu werden scheint.

Ob das eine angemessene Reaktion auf die deutsche Hochrüstung zur See, den Drang nach einer gleichberechtigten Stellung Deutschlands im Kreis der Weltmächte oder auch die forschen Auftritte Wilhelms II. ist, sei dahingestellt. Tatsache ist, dass sich Russland, Frankreich ohnehin, immer stärker aber auch Großbritannien durch Deutschland herausgefordert und zur Reaktion gezwungen fühlen. Tatsache ist aber auch, dass diese Reaktion bei den Deutschen den Verdacht erweckt, durch die drei isoliert und »eingekreist« zu werden. Und je stärker dieser Eindruck wird, umso intensiver bindet sich das Deutsche Reich an Österreich-Ungarn, den einzigen zuverlässigen Partner, den man noch hat.

Auf keinen Fall darf dieser Partner geschwächt, gedemütigt oder gar als Großmacht in Frage gestellt werden. Koste es, was es wolle. Und so rollt der Wagen mit den Völkern Europas an Bord dem Abgrund zu, ohne dass im entscheidenden Moment der Wille oder auch der Mut vorhanden wäre, die Bremse zu ziehen. Als Österreich-Ungarn, ausgelöst durch den Mord an seinem Thronfolger Ende Juni 1914, entschieden Position auch gegen Russland beziehen will, wird es darin von seinem deutschen Partner ausdrücklich bestärkt. Und als das nicht minder unter Druck stehende Zarenreich daraufhin mobil macht, will Deutschland diesem nicht die Initiative überlassen und erklärt am 1. August 1914 Russland, zwei Tage später auch dessen

Ruhige Lage: Als Gustav Schickedanz (vorne rechts im Bild, liegend) 1913 als Einjährig-Freiwilliger seinen Wehrdienst ableistet, ahnt er nicht, dass er die Uniform erst nach sechs Jahren wieder ablegen wird.

Partner Frankreich den Krieg. Millionen ziehen jetzt in die große Schlacht.

Unter ihnen ist auch Gustav Schickedanz. Der hat nach seiner kaufmännischen Ausbildung bei J.W. Spear & Söhne am 1. Oktober 1913 seinen Militärdienst als Einjährig-Freiwilliger beim Königlich Bayerischen Infanterie-Regiment Großherzog Friedrich Franz IV. von Mecklenburg-Schwerin angetreten. Aus dem einjährigen wird schließlich ein mehr als fünfjähriger Militär- und Kriegsdienst.

Das 21. Infanterie-Regiment ist im April 1897 aufgestellt worden, also eine relativ junge Einheit. Drei Jahre später wird es dem neu errichteten III. bayerischen Armeekorps, Generalkommando Nürnberg, sowie der 5. bayerischen Infanterie-Division und gemeinsam mit dem 14. Infanterie-Regiment der nunmehr 9. Infanterie-Brigade unterstellt. Bei Kriegsbeginn zählt das Regiment, zu dem seit kurzem auch eine Maschinengewehr-Kompanie gehört, 68 Offiziere, drei Beamte, sechs Sanitätsoffiziere sowie 3240 Mann. Seit dem 6. August

1914 steht es »kriegsfertig« in seinen Standorten und kommt dann mit dem III. Armeekorps und als Teil der 6. Armee unter Kronprinz Rupprecht von Bayern in Lothringen zum Einsatz.

Der Gefreite Gustav Schickedanz nimmt mit seiner Einheit an mindestens sechs Gefechten teil, zuletzt seit dem 8. Oktober 1914 bei Aprémont. Während dieser Kämpfe wird er am Unterschenkel verletzt und daraufhin zum I. Ersatzbataillon des Regiments versetzt, wo er etwa ein Jahr lang bleibt. Als sich der »Zahlmeister-Anwärter« Ende Oktober 1917 »für ein weiteres Jahr« zum aktiven Militärdienst verpflichtet, steht er im Felde und gilt als »Gesund u. felddienstfähig«.

Offensichtlich sieht der Zweiundzwanzigjährige im Militär eine Perspektive – beziehungsweise im Zivilleben derzeit keine. Daran ändert sich bezeichnenderweise auch nach dem 11. November 1918 nichts, als der Krieg mit der Unterzeichnung des Waffenstillstandes im Wald von Compiègne zu Ende geht. Jedenfalls will der »Unterzahlmeister Schickedanz«, der zu diesem Zeitpunkt im Traindepot des III. Armeekorps in Fürth stationiert ist, auch Ende März 1919 »weiter dienen«. Erst am 20. Mai 1919 bittet er um die Entlassung aus dem aktiven Militärdienst, da er jetzt eine »geeignete Zivi[l]-anstellung« gefunden habe.

Die immerhin fast sechsjährige Militärlaufbahn von Gustav Schickedanz bildet ein bemerkenswertes Kapitel in einer schließlich von großen Erfolgen gekrönten Biographie. Denn von Hinweisen auf eine bevorstehende Karriere findet sich in diesem frühen Lebensabschnitt keine Spur. Im Gegenteil. Offensichtlich sind die Jahre beim Militär eine Zeit ohne Fortune und Perspektive, eine bleierne Zeit. Schwere Rückschläge, die ja die Chance des Neuanfangs in sich bergen, oder auch Schicksalsschläge sind leichter zu meistern. Jedenfalls für einen Mann wie Gustav Schickedanz. Das wird er in den kommenden beiden Jahrzehnten wiederholt unter Beweis stellen.

Nein, die Zeit vom Oktober 1913 bis Juni 1919 ist deshalb so schwer zu ertragen, weil sie gerade keinen Gestaltungsspielraum bietet, und das wiederum hat viel mit der allgemeinen Lage Deutschlands zu tun, die umso schwieriger wird, je länger der Krieg dauert, und die sich mit dem Kriegsende keineswegs grundlegend bessert, schon gar nicht rasch und durchgreifend.

Ob auch Gustav Schickedanz wie die meisten seiner Zeitgenossen vom sogenannten Augusterlebnis erfasst worden ist, ob er den Kriegsausbruch begrüßt, ob er damit die Hoffnung verbunden hat, dass Deutschland aus dieser Auseinandersetzung gestärkt und vom Albtraum der »Einkreisung« befreit hervorgehen werde, wissen wir nicht. Vermutlich ist es so, denn auch Schickedanz ist ein Kind seiner Zeit. Eine Alternative zum Kriegsdienst gibt es für einen, der beim Ausbruch des Krieges gerade seinen Militärdienst ableistet, ohnehin nicht.

Was der Krieg bedeutet, weiß bald jeder, der auf den Schlachtfeldern Frankreichs zum Einsatz kommt. Gescheiterte Offensiven, zermürbendes Leben unter Dauerbeschuss, ein rasch wachsendes Heer von Toten und Verwundeten. Dass einer, der das erlebt hat und dabei früh verwundet worden ist, bleiben, ja schließlich gar nicht mehr fort will, wird verständlich, wenn man bedenkt, dass es zu Hause auch nicht besser aussieht. Als der Krieg zu Ende geht, werden nicht nur zwei Millionen gefallener Soldaten gezählt, sondern auch Hunderttausende toter Zivilisten. Die allermeisten sind Opfer des Hungers und seiner Folgen.

Als im Winter 1916/17 die Steckrübe zum Hauptnahrungsmittel wird, im Frühjahr 1917 in den großen Städten die ersten Hungerödeme auftreten und Hamsterer und Bettler das Bild der Straße prägen, gehen Mitte März in Nürnberg Tausende auf die Straße und fordern Kartoffeln und Brot. Im Januar 1918 sind es schon Zehntausende, die auf dem Egidienplatz von ihrer Regierung nicht nur Essen, sondern einen sofortigen Frieden verlangen. Und am 10. Oktober dieses letzten Kriegsjahres ist es die *Fränkische Tagespost*, das Sprachrohr der Nürnberger Sozialdemokraten, die als erste Zeitung in Deutschland die Abdankung Wilhelms II. fordert.

Vier Wochen später, am 9. November 1918, ist es dann so weit. Erst gibt der Reichskanzler die Abdankung des Deutschen Kaisers und Königs von Preußen bekannt, ohne dass dieser seine Bereitschaft zu dem Schritt erklärt hätte, und dann ruft der langjährige Redakteur der *Fränkischen Tagespost*, Philipp Scheidemann, von einem Fenster des Berliner Reichstagsgebäudes aus die Republik aus. Nicht dass diese Staatsform zu diesem Zeitpunkt von den meisten Deutschen gefordert oder auch nur gewünscht würde. Die Geburt der ersten deutschen Republik ist ein Betriebsunfall der Geschichte, geschuldet einem Augenblick, in dem es andernfalls noch schlimmer hätte kommen können: Eine Räterepublik nach sowjetischem Vorbild ist auch in den Wochen und Monaten nach diesem umstürzenden Ereignis nicht vom Tisch – im Reich nicht, in Bayern nicht und in Fürth auch nicht.

Seit sich die Matrosen der vor Wilhelmshaven liegenden Hochseeflotte Anfang November 1918 geweigert haben, noch einmal in die Schlacht zu dampfen, gerät die innere Lage in Deutschland außer Kontrolle. Matrosen, Soldaten, Arbeiter tun sich zusammen, bilden Räte, fordern ein Ende des Krieges und des Elends, wollen die dafür Verantwortlichen vor Gericht sehen. Einige wollen mehr, auch nach dem 9. November. Namentlich eine Gruppe um Rosa Luxemburg und Karl Liebknecht, die sich »Spartakisten« nennen, wollen eine deutsche Sowjetrepublik und gehen aufs Ganze. Als sich die Mehrheits-Sozialdemokraten Mitte Dezember 1918 auf dem zentralen Kongress der Arbeiter- und Soldatenräte in Berlin gegen die radikale Linke durchsetzen und sich im Sinne der Berliner Übergangsregierung für Wahlen zu einer Nationalversammlung aussprechen, suchen die Kommunisten, wie sich die Spartakisten und andere radikale Linke inzwischen nennen, in der zweiten Woche des jungen Jahres 1919 die Entscheidung auf der Straße.

Sie scheitern hier wie auch anderenorts, etwa in Bayern, wenngleich die Entwicklung in München oder Fürth einen anderen Verlauf nimmt als in der Reichshauptstadt. Am 7. November 1918 ruft der unabhängige Sozialdemokrat Kurt Eisner im Münchener Mathäser Bräu die Republik aus und erklärt König Ludwig III. für abgesetzt. Bis zu seinem gewaltsamen Tod am 21. Februar 1919 amtiert Eisner, gewählt vom Arbeiter-, Bauern- und Soldatenrat, als Ministerpräsident. Die seiner Ermordung folgenden tumultuösen Entwicklungen kulminieren schließlich am 7. April in der Ausrufung der Münchener Räterepublik, die sich bis zu ihrer gewaltsamen Auflösung durch Reichswehr und Freikorps bis zum 4. Mai 1919 halten kann, also gerade einmal vier Wochen, aber länger als jede andere, zum Beispiel die Fürther.

Auch hier ist der lokale Arbeiter- und Soldatenrat die treibende Kraft. Der hatte sich am 8. November 1918 in der Gaststätte »Grüner Baum« konstituiert, noch in der Nacht sämtliche Ämter sowie den Bahnhof, die Post und das Rathaus besetzt und auf dessen Turm die rote Flagge gehisst. Allerdings bleibt der Oberbürgermeister im Amt und so gesehen einstweilen alles beim Alten. Erst als der Fürther Arbeiter- und Soldatenrat am 7. April 1919 – unter Führung der unabhängigen Sozialdemokraten und unter dem Eindruck der Vorgänge in München – erneut zentrale Institutionen der Stadt besetzt und auf die Räterepublik zusteuert, tritt er zurück. Weil sich aber noch am Abend des Umsturzes die Mehrheits-Sozialdemokraten gegen die Räterepublik aussprechen, kapitulieren die Revolutionäre am 10. April vor dem Magistrat und lösen ihre Republik am folgenden Tag auf.

An diesem 11. April 1919 spricht sich sowohl der Arbeiter- und Soldatenrat der Stadt als auch der Soldatenrat der Fürther Garnison für die Auflösung aus. Wie Gustav Schickedanz gestimmt hat, wissen wir nicht. Aber wir wissen, dass der Unterzahlmeister dem Rat angehört. Im Oktober 1945 gibt er zu Protokoll, in den Arbeiter- und Soldatenrat »gewählt« worden zu sein. »Bekanntlich wurde dieser Organisation die Schuld beigemessen[,] den Zusammenbruch von 1918 veranlaßt zu haben.« Diese Episode seiner frühen Biographie wird ihn wieder einholen, als die Nationalsozialisten nach der Macht in Deutschland greifen.

Hinter seiner Mitwirkung im Arbeiter- und Soldatenrat eine ausgeprägte politische Einstellung, auch nur eine politische Entscheidung im eigentlichen Sinne des Wortes zu vermuten, wäre wohl falsch. Gustav Schickedanz ist in diesem Sinne nie ein politischer Mensch gewesen. Damals nicht und später auch nicht. Seine Militärzeit ist ganz offenkundig eine Zeit der Suche und der Orientierungslosigkeit. Seine Bestimmung hat er jedenfalls noch nicht gefunden, wohl unter den obwaltenden Umständen auch nicht finden können. Der Arbeitsmarkt der Kriegs- und der Nachkriegszeit befindet sich in desolatem Zustand, an eine Rückkehr zu J. W. Spear & Söhne ist nicht zu denken: In Zeiten des Hungers und der Not brauchen die Menschen Brot, nicht Spiele.

Und weil sich das Militär unter solchen Umständen als sicherer Hafen erweist, bleibt Gustav Schickedanz einstweilen, wo er ist, spielt auch mit dem Gedanken, nach seinem Ausscheiden die Position eines Unterzahlmeisters gewissermaßen ins Berufsleben zu verlängern und die Militärbeamtenlaufbahn einzuschlagen. So ist die Kaserne seine Heimat, und die Kameraden, mit denen er Tag um Tag zusammen ist, bilden das Milieu, in dem er sich bewegt. Als dieses von der revolutionären Welle erfasst wird, als plötzlich Leben und Perspektiven in das stupide Soldatendasein kommen, ist auch er dabei. Alles andere wäre überraschend. Was hätte er auch sonst tun sollen? Also wird Gustav Schickedanz zum Revolutionär – zum ersten Mal in seinem Leben, aber nicht zum letzten Mal.

Die Zeit des Ersten Weltkriegs und der ihm folgenden Monate gehört neben dem noch zu schildernden tragischen Verlust seiner

Perspektiven? 1918/19
spielt Gustav Schicke-
danz, der es bis zum
Unterzahlmeister
gebracht hat, mit dem
Gedanken einer mili-
tärischen Laufbahn.

ersten Familie zu den beiden Themen, zu denen Gustav Schickedanz
zeitlebens geschwiegen hat. Mit seinen damaligen Ausflügen ins
Rätedasein hat das nichts zu tun. Eher schon mit dem Eingeständnis
frühen Scheiterns. Denn die Jahre vom Oktober 1913 bis zum Juni
1919 waren nicht nur eine verlorene Zeit, sie lassen auch nichts
von dem entschlossenen, tatkräftigen Menschen erkennen, der sich
wenig später auf den Weg macht, den Handel in Deutschland zu
revolutionieren.

Schwer zu sagen, welche äußeren und inneren Umstände schließlich den Ausschlag geben und Gustav Schickedanz auf den Weg des Erfolges führen. Neben Zufällen und Gelegenheiten, die sich ihm bieten und deren Potenzial er erkennt, und den Zeitläuften, die er zu deuten versteht, sind es wohl vor allem ein sicherer Instinkt fürs Geschäft, der unbedingte Wille zum Erfolg und nicht zuletzt seine Familie, die ihm dabei hilft – seine Eltern, seine Schwester, seine Frauen. Die Mutter freilich erlebt nur noch die Gründung des ersten Geschäfts. Eva Elisabeth Schickedanz stirbt am 2. März 1923 schwer krank im Alter von gerade einmal sechzig Jahren. Vater Leo Schickedanz, der in seinem eigenen Berufsleben nicht gerade reüssiert hat, geht dem Sohn in dessen Unternehmen mit einiger Lebenserfahrung und ganzer Tatkraft zur Hand, und auch die Schwester gehört zu den wenigen Mitarbeitern der ersten Stunde.

Liesl Schickedanz hat im Oktober 1917 den Fürther Kaufmann Daniel Kießling geheiratet, der später im Unternehmen von Schwager Gustav Schickedanz eine wichtige Rolle spielen wird. Daniel Kießling ist am 3. Januar 1890 als Sohn eines Bildhauers und Enkel eines Fotografen in Fürth geboren worden, hat nach der Schule eine kaufmännische Lehre eingeschlagen und ist dann bei der Vera Bleistiftfabrik, einem renommierten Hersteller dieser Schreibwerkzeuge in seiner Heimatstadt, untergekommen. Den Kriegsdienst leistet er wie sein zukünftiger Schwager beim 21. Infanterie-Regiment ab.

Dieser kann der Hochzeit nicht beiwohnen, da er im Feld steht. Also gratuliert er brieflich, gibt seiner Hoffnung Ausdruck, »beim nächsten Feste ›Kindertaufe‹ dabei sein zu können« – und lässt keinen Zweifel daran, »daß der oder die Erstgeborene Anna oder Gustav heißen muß!!«. Tatsächlich wird der Erstgeborene von Daniel und Liesl Kießling, der zwei Jahre später zur Welt kommt, auf den Namen »Gustav Emil« getauft, und dass Gustav Schickedanz »dabei« ist und als Pate amtiert, versteht sich von selbst.

Und natürlich hatte er seine Gründe für den alternativen Na-

mensvorschlag »Anna«. Gustav Schickedanz hat Anna Babette
Zehnder auf der Dambacher Silvesterfeier 1916 kennengelernt.
Die Begegnung mit der hübschen, zupackenden Bäckerstochter geht ihm
nicht aus dem Sinn und aus der Seele, und so gehen die beiden ein
Jahr nach ihrer Verlobung am 28. September 1919 den Bund fürs
Leben ein. Am 11. Januar 1924 kommt ihr erstes Kind, Gustavs ein-
ziger Sohn, zur Welt, den sie nach seinem Großvater benennen. Ein
gutes Jahr später, am 15. März 1925, wird Tochter Louise geboren.
Auch Gattin Anna und ihre Familie unterstützen die unternehmerischen Anfänge des Gustav Schickedanz. Seine Frau gehört wie
seine Schwester und der Vater seit 1923 zum kleinen Kreis der Mitarbeiter, und seine Schwägerinnen, Gretl Klinger und Lina Wüstendörfer, steuern ihren Anteil zu jener Einlage bei, mit der Schickedanz,
bevor er sich wenige Jahre später selbständig macht, zunächst einmal
als Teilhaber bei seinem ersten Arbeitgeber einsteigt.

Nachdem Gustav Schickedanz am 30. Juni 1919 aus dem Militärdienst entlassen worden ist, nimmt er seine Tätigkeit als Angestellter
beim Grossisten Otto Lennert auf. Die alteingesessene »Kurzwaren-
handlung en gros« hat ihr Ladenlokal in der Fürther Königstraße.
Zu den Kunden zählen Ladenbesitzer, fliegende Händler oder auch
Wochenmarktverkäufer. Schon weil er bald auch als Teilhaber
engagiert ist, sucht der Jungunternehmer nach neuen Wegen für
den Absatz und neuem Schwung für den Umsatz. Die Idee ist
einfach, ihre Umsetzung schwierig: Zu Beginn des Jahres 1922 versucht Gustav Schickedanz die Stammkunden des Geschäfts davon
zu überzeugen, sich zu einer Handelskette zusammenzuschließen,
gemeinsam einzukaufen und auf diese Weise spürbar günstiger
an die Waren zu gelangen als im Alleingang. Der Plan scheitert an
der mangelnden Solidarität und der schlechten Zahlungsmoral der
Kunden, und die wiederum geht nicht zuletzt auf das Konto der
wirtschaftlichen und politischen Verfassung Deutschlands in diesen
unruhigen Zeiten.

Zu den tiefgreifenden Folgen des Krieges zählt der desolate Zustand der Staatsfinanzen. Hatte die Staatsschuld 1914 etwa fünf Milliarden Reichsmark betragen, ist sie bei Kriegsende auf 156 Milliarden angewachsen, um im März 1922 astronomisch anmutende 337 Milliarden zu erreichen. Für diese Talfahrt gibt es eine Reihe von Ursachen und Gründen – darunter solche, auf die man in Berlin wenig Einfluss hat, wie die allgemeine Verfassung der Weltwirtschaft, aber auch andere, die jedenfalls zum Teil hausgemacht sind. Dazu wird man den Versuch zählen müssen, die Inflation in Deutschland zu instrumentalisieren, um die rigiden Bestimmungen des Friedensvertrags, allen voran die als drückend und demütigend empfundenen Reparationszahlungen, zu unterlaufen. So abträglich diese Politik für die deutsche Wirtschaft auch sein mag, im Land trifft sie auf Verständnis. Das liegt an diesem Vertrag und an der Art und Weise, wie er den Deutschen aufgezwungen worden ist.

Schlimm genug, dass man als Verlierer des Krieges gebrandmarkt war, obgleich an seinem Ende praktisch kein Soldat des Feindes auf deutschem, wohl aber die deutschen Truppen noch in Frankreich, Belgien und Luxemburg standen und vor allem riesige Gebiete des alten Russland besetzt hielten. Dass es die Oberste Heeresleitung gewesen war, die eine Fortsetzung des Krieges für aussichtslos gehalten und die Politiker in Berlin zu den Verhandlungen über einen Waffenstillstand gedrängt hatte, erfahren die Deutschen erst später. An ihrem Urteil über den Vertrag, den ihre Vertreter am 28. Juni 1919 im Spiegelsaal des Schlosses von Versailles hatten unterzeichnen müssen, ändert das im Übrigen wenig.

Denn der sieht nicht nur die Abtretung erheblicher Territorien, insgesamt von etwa 13 Prozent des Reichsgebiets, vor, sondern auch die fast vollständige Auflösung der deutschen Militärmacht zu Lande und zur See, den Verlust sämtlicher Kolonien – und nicht zuletzt: die Zuweisung der alleinigen Verantwortung für den Ausbruch des Krieges und die Folgen an Deutschland und seine damaligen

Verbündeten. Das halten die Deutschen schon deshalb für nicht
akzeptabel, weil mit diesem berüchtigten Artikel 231 des Versailler
Vertrages die exorbitanten Reparationsforderungen der vormaligen
Kriegsgegner legitimiert werden sollen.

Und damit den Verlierern des Krieges keine Zweifel an der Entschlossenheit der Sieger kommen, ihre Forderungen auch einzutrei-
ben, besetzen diese im März 1921 Düsseldorf, Duisburg und Ruhr-
ort und dekretieren wenige Wochen später, Anfang Mai, ultimativ
einen Zahlungsplan. Die Reaktion der Regierung in Berlin ist ebenso
einfach wie gefährlich: Indem man die Forderungen der Alliierten
erfüllt, will man diesen die engen Grenzen der deutschen Leistungs-
und Zahlungsfähigkeit vor Augen führen – koste es, was es wolle, und
sei es die Lebensfähigkeit der deutschen Wirtschaft.

Daran ändert sich in den kommenden Monaten wenig. Zwar
wechseln die Regierungen in Berlin und mit ihnen die Strategien,
aber das Ziel bleibt im Visier – auch nach dem 11. Januar 1923, als
französische und belgische Truppen unter einem Vorwand das Ruhr-
gebiet, eine der Lebensadern der deutschen Wirtschaft, besetzen
und damit eine der schwersten Krisen der Weimarer Republik aus-
lösen, wie die Deutschen ihr junges Staatswesen inzwischen nennen.
Trägt der »passive Widerstand« gegen die Besatzer entscheidend zur
Zerrüttung von Wirtschaft und Finanzen bei, so ruft der Abbruch
dieses ruinösen Ruhrkampfes gut acht Monate später die radikalen
Kräfte auf den Plan.

In Thüringen und Sachsen proben die Kommunisten den Um-
sturz, in Bayern sehen Erich Ludendorff, einer der verantwortlichen
Generäle während des Krieges, und ein gewisser Adolf Hitler im
Chaos dieser Tage die Gunst der Stunde für einen Putsch, und in
Berlin verfolgt die Regierung hilflos den außer Kontrolle geratenden
Verfall der deutschen Währung und die sprunghafte Zunahme der
Arbeitslosigkeit. Ob die Mitte November 1923 mit der Währungs-
reform beschlossene Einführung der Rentenmark eine grundlegende

Wende herbeiführen wird, ist am Jahresende noch keineswegs ausgemacht.

In diesen bewegten Zeiten lässt der Kaufmann Gustav Schickedanz, »Sitz Fürth, Moststraße 35«, am 6. Januar 1923 einen »Großhandel mit Kurzwaren« in das Handelsregister eintragen. Der Geschäftsbetrieb läuft bereits seit dem 7. Dezember 1922. Für diese auf den ersten Blick überraschende Entscheidung hat er seine Gründe, darunter die engen Grenzen, die ihm durch die Partnerschaft mit dem grundsoliden, aber wenig experimentierfreudigen Otto Lennert gesetzt sind. Obgleich sein Plan, die Kundschaft in einer Handelskette zu organisieren, ihr so zu günstigeren Preisen zu verhelfen und sie damit dauerhaft ans eigene Geschäft zu binden, vorerst nicht aufgegangen ist, hält er ihn grundsätzlich für richtig.

Gerade weil er die Kunden aufgesucht und mit ihnen gesprochen hat, kennt Gustav Schickedanz die Faktoren, an denen seine Idee gescheitert ist, allen voran die ungünstigen wirtschaftlichen Rahmenbedingungen und insbesondere die Inflation. Dabei sind doch gerade diese Umstände das stärkste Argument für niedrige Einkaufspreise. Also geht Schickedanz in die Offensive – obwohl oder gerade weil die wirtschaftliche Lage desaströs ist, der Großhandelsbetrieb alles andere als gut dasteht und die »Preise zum Teil fast schon bis zur Hälfte herabgedrückt« sind, wie Anna Schickedanz ihrem Schwager Daniel Kießling schreibt: »[Du] kannst dir denken[,] was wir schon verlieren, wir müssen mitmachen[,] um wenigstens Geld hereinzubekommen … wir kommen schon durch, die meisten aber warten.«

So ist er, dieser Gustav Schickedanz. Nicht zum letzten Mal in seinem langen Leben als eigenständiger Unternehmer, das hier beginnt und schließlich mehr als ein halbes Jahrhundert umfassen wird, handelt er antizyklisch. Schickedanz ist ein mutiger Mann, kein Hasardeur. Jetzt nicht und später auch nicht. Er »habe keine einzige Aktie und spekuliere nicht«, sagt er noch an seinem Lebensabend.

Familienbetrieb: Nicht nur Gustav und seine Frau Anna Schickedanz, hier bei ihrer Hochzeit am 28. September 1919, arbeiten in der Firma des Jungunternehmers, sondern auch dessen Eltern Elisabeth und Leo Schickedanz (rechts im Bild), seine Schwester Liesl (Dritte von links) und ihr Mann Daniel Kießling (Fünfter von rechts). Die Schwägerinnen Gretl Klinger (links im Bild) und Lina Wüstendörfer (Siebte von links) steuern ihren Anteil zu jener Einlage bei, mit der Schickedanz als Teilhaber bei seinem ersten Arbeitgeber einsteigt.

Und was für den gestandenen Unternehmer gilt, galt schon für den jungen: Der Schritt in die Karriere eines freien Unternehmers ist wohl überlegt, wenn auch natürlich nicht ohne Risiko.

Zu den sicheren Posten des jungen Geschäfts zählen die Mitarbeiter. Wie gesehen, rekrutieren sich diese anfänglich ausschließlich aus dem Kreis der Familie – neben Gustavs Schwester Liesl und seiner Frau Anna, die für die Buchhaltung zuständig ist, wird vor allem der Vater in dieser Phase des Aufbaus und der Selbstbehauptung zu einer tragenden Säule des jungen Unternehmens. Leo Schickedanz ist für das Lager verantwortlich. In Zeiten rasanten Geldverfalls sind dessen Bestände das wichtigste Kapital der Firma.

Als sich die wirtschaftliche und politische Lage in Deutschland konsolidiert und auch die Geschäfte von Gustav Schickedanz, Kurz-

u. Wollwaren en gros, eine erfreuliche Entwicklung nehmen, können erstmals Lehrmädchen eingestellt werden. Dass eine von ihnen, dass Grete Lachner einmal zur entscheidenden Person im Leben und im Unternehmen des Gustav Schickedanz werden und nach dessen Tod die Leitung der Geschäfte übernehmen würde, hat sich damals natürlich niemand vorstellen können – der Kurzwarengrossist nicht und sein Lehrmädchen schon gar nicht.

Grete Lachner ist fünfzehn, als sie zum 1. Januar 1927 als fünftes Lehrmädchen in die Firma eintritt. Eigentlich hat sie Kindergärtnerin werden wollen, aber dafür reichen die Mittel der Familie nicht aus. Denn die junge Frau, die am 20. Oktober 1911 um vier Uhr vormittags in Fürth geboren worden ist und »Gretchen« genannt wird, kommt aus sehr bescheidenen Verhältnissen. Vater Heinrich ist Flaschnergehilfe und muss neben Gretes älteren Schwestern Maria und Betty auch noch ihre beiden jüngeren Brüder Hans und Karl durchbringen, die im Zweiten Weltkrieg fallen werden. Da das Einkommen nicht reicht, um die Familie über die Runden zu bringen, muss auch Mutter Katharina, geborene Unger, von Beruf Arbeiterin, zum Lebensunterhalt beitragen. Tochter Grete wird das nicht vergessen. Der Hunger und das Betteln bei den Bauern der Umgebung sind prägende Erlebnisse der frühen Jahre.

Die Lage verschlechtert sich weiter, als die Eltern wenige Tage vor Weihnachten 1920 geschieden werden. Grete wächst bei ihrer Großmutter auf, die wiederum im Haus eines ihrer Söhne wohnt und sich dort mit der Enkelin ein Zimmer teilt. Gretes Onkel betreibt eine Gastwirtschaft, und das Mädchen geht ihm dort gelegentlich beim Spülen der Bierkrüge zur Hand. Die Großmutter ist es auch, die der Enkelin rät, sich bei Schickedanz zu bewerben, und nachdem die Frau des Unternehmers beim Vorstellungsgespräch einen guten Eindruck von der zwar recht mageren, aber aufgeweckten Jugendlichen gewonnen hat, bekommt Grete Lachner den Zuschlag.

Die Einstellung des Lehrmädchens fällt mit einer deutlichen Ausweitung des Geschäfts von Gustav Schickedanz zusammen. Das gilt für dessen räumliche Ausdehnung, es gilt für das Angebot und es gilt schließlich auch für die Vertriebsform. Auch nach Eröffnung seiner eigenen Firma zum Jahreswechsel 1922/23 versucht er zunächst, die Einzelhändler für seine Idee der Sammelbestellung zu gewinnen. Die Aussicht, durch einen gemeinsamen Einkauf nicht nur günstiger an die Waren kommen, sondern diese auch entsprechend günstiger an die Kunden weitergeben und sie somit leichter ans Geschäft binden zu können, scheint als kaum widerlegbares Argument. Also stellt Schickedanz einen Handlungsreisenden ein, macht sich aber auch erneut selbst auf den Weg, dehnt dieses Mal seinen Aktionsradius deutlich über Fürth und dessen engere Umgebung hinweg aus und besucht – zunächst mit dem Fahrrad, später mit einem Motorrad – die Gemischtwarenhändler in den Dörfern und Kleinstädten des Steiger- und des Frankenwaldes, der Oberpfalz und des Fichtelgebirges.

Allerdings hält sich der Erfolg auch jetzt in engen Grenzen. Die Umworbenen sind schlicht nicht von dem Gedanken zu überzeugen, dass niedrigere Preise zu einem höheren Umsatz und mit diesem im Idealfall auch zu einem höheren Gewinn führen können. Dennoch bleibt die Aktion für Schickedanz unterm Strich ein Erfolg, weil er auf seinen Reisen nicht nur einen authentischen Eindruck von der lückenhaften Versorgungslage in schlecht erschlossenen und dünn besiedelten Gebieten des Landes gewinnt, sondern weil er auch mit den Endverbrauchern in Kontakt kommt, deren Bedürfnisse kennenlernt und in ihren Reihen mit dem Aufbau eines eigenen Kundenstamms beginnen kann.

Zwar darf er seine Kunden nur zu Endverbraucherpreisen beliefern, aber der Preis ist bei dem neuen, gewissermaßen in der Testphase befindlichen Geschäftsmodell gar nicht mal entscheidend. Wichtiger ist, dass Schickedanz ihnen im wahrsten Sinne des Wortes entgegenkommt. Denn in der Regel ist der Einkauf für die auf dem

Land lebende Bevölkerung recht aufwendig. Er macht mindestens
eine, in der Regel aber zwei Reisen erforderlich, weil sich der Kunde
gerade vor größeren Investitionen zunächst einmal beim Händler
über die Beschaffenheit und den Preis eines Artikels informieren
will. Um ihm diese Reisen zu ersparen, bringt Schickedanz die Informationen über sein Sortiment, vor allem aber über Neuheiten
und günstige Angebote, zu ihnen auf den Weg. Damit greift er eine
weitere, bereits erprobte Idee auf: Schon die Kurzwarengroßhandlung hatte eine erste, überschaubare und nur für Wiederverkäufer
bestimmte Preisliste in die Post gegeben.

Jetzt fehlt nur noch ein letzter Schritt, um den Kreis zu schließen:
Der Kunde wird nicht nur von der Warenquelle aus über das Angebot ins Bild gesetzt, er bestellt auch bei ihr – und wird schließlich
von ihr beliefert.»Direktversand« nennt man das System später. Es
erspart Kosten, Kräfte und Zeit, hat allerdings auch einen Haken. Das
System funktioniert nur, wenn sich die Kunden registrieren lassen.
Das Motto»Wir brauchen Adressen, Adressen, Adressen« wird zum
geflügelten Wort des jungen Unternehmens und die Kundenkartei
neben dem Lager zu ihrem wichtigsten Kapital.

Im Herbst 1927, nur vier Jahre nach der Unternehmensgründung,
nimmt Gustav Schickedanz neue geschäftliche Horizonte ins Visier.
Der Zeitpunkt ist nicht schlecht gewählt, denn Deutschland zeigt
sich für einen Augenblick in einer erstaunlich stabilen Verfassung.
Das gilt selbst für die inneren Verhältnisse: Hier herrscht nach einem
kräftezehrenden Jahrzehnt des Krieges und der inneren Verwerfungen ganz offensichtlich ein gewisses Ruhebedürfnis, das sich nicht
zuletzt in den Reichstagswahlen vom Dezember 1924 mit ihren guten
Ergebnissen für die großen, die bürgerlichen und einem deutlichen
Dämpfer für die radikalen Parteien spiegelt.

Auch in der Völkergemeinschaft fasst Deutschland in dieser nach
Gustav Stresemann benannten Ära wieder Tritt. Der hatte zunächst

1923 als Reichskanzler entscheidend zur Konsolidierung der inneren Lage beigetragen. Jetzt bemüht er sich als Außenminister um ein Arrangement mit den Franzosen. Seine Bereitschaft, deren Sicherheitsbedürfnis Rechnung zu tragen und 1925 in den sogenannten Locarno-Verträgen unter anderem die Unverletzlichkeit der gemeinsamen Grenze anzuerkennen, wird honoriert – namentlich mit dem Abzug der Besatzungstruppen aus einem Teil des Rheinlandes, aber auch mit der Aufnahme Deutschlands in den Völkerbund und der Vergabe des Friedensnobelpreises an Stresemann im Jahr 1926. Nicht zuletzt aber kommt es zeitversetzt auch zu einer gewissen Entspannung der wirtschaftlichen Lage in Deutschland. Die Zustimmung der Deutschen zu einem neuen Zahlungsplan bringt seit dem Sommer 1924 nicht nur eine gewisse Berechenbarkeit in die jährlichen Reparationszahlungen, sondern spült auch ausländische, allen voran amerikanische Kredite ins Land. Die Folge ist unter anderem eine spürbare Belebung der Konjunktur und mit ihr des Arbeitsmarkts. Nach einem drastischen Anstieg im voraufgegangenen Jahr kann 1927 ein deutlicher Rückgang der Arbeitslosigkeit registriert werden. Im September 1928 erreicht sie zum Beispiel in Fürth mit 2300 Registrierten ihren Tiefstand.

So gesehen nutzt Gustav Schickedanz die Gunst der Stunde, als er Anfang Dezember 1926 sein Geschäft auf eine breitere Grundlage stellt. Fortan firmiert es als »Gustav Schickedanz Kurz- & Wollwaren en gros« und residiert zudem in der Königswarterstraße 10. Wenig später erwirbt er von der Zichorienfabrik Cohn ein Wohn- und Geschäftshaus am Hindenburgplatz 10, der späteren Fürther Freiheit. Hier wird gut zwanzig Jahre darauf das erste Kaufhaus der Quelle eröffnet, und mit diesem wiederum beginnt nach dem Zweiten Weltkrieg ein weiteres Kapitel in der rasanten Entwicklung des Unternehmens.

Die räumliche Ausdehnung wird nötig, weil Gustav Schickedanz im Herbst 1927 die Konsequenz aus seinen gesammelten Erkenntnissen zieht und in den Versandhandel einsteigt. Am 26. Oktober dieses Jahres wird das »Versandhaus ›Quelle‹ Gesellschaft mit beschränkter Haftung« gegründet. Jahrzehnte später, als die Quelle zu den führenden Versandhäusern und Gustav Schickedanz zu den bekanntesten Unternehmern in Deutschland gehören, erzählt er in dem schon erwähnten Interview mit *Quick*, wie es zu dem Namen gekommen ist: Er habe sich damals mit Leuten, die etwas von Werbung verstanden, über seine Versandpläne unterhalten. »Ich erklärte, daß ich überzeugt sei, die Leute wollten an der Quelle kaufen[,] und forderte die Werbe-Experten auf, einmal einen Namen für ein derartiges Geschäft zu überlegen. Sie kamen dann und sagten mir, einen besseren Namen als eben ›Quelle‹ wüßten sie auch nicht.«

Dabei bleibt es – auch in einer Zeit, als zum Schickedanz-Imperium neben dem Versandhandel längst Kaufhäuser und Agenturen, Fabriken und Brauereien gehören. Er habe, sagt Schickedanz 1963 in besagtem Interview, »demjenigen 5000 DM versprochen«, der ihm einen »passenden« neuen Namen finde. Er findet sich nie.

Das »Versandhaus ›Quelle‹« wird am 7. November 1927 ins Gesellschaftsregister beim Amtsgericht Fürth eingetragen. Sitz der Firma ist die Königswarterstraße 10. Gegenstand des Unternehmens ist der »Versand mit Kurz- und Wollwaren und einschlägigen Artikeln«. Das Stammkapital beträgt 20000 Reichsmark. Als Geschäftsführer firmiert »Gustav Schickedanz, Kaufmann in Fürth«. Anna Schickedanz, »Kaufmannehefrau in Fürth«, erhält Einzelprokura. Die beiden sind auch die Gesellschafter des Unternehmens und bringen Waren von je 2500 Reichsmark als Sacheinlage ein.

Auch noch ein Vierteljahrhundert später hat Gustav Schickedanz die entscheidende Rolle seiner früh verstorbenen ersten Frau hervorgehoben. »Ich habe trotzdem, damals mit meiner ... Frau die Gründung der Quelle durchgeführt«, sagte er im Juni 1954 auf einer Versammlung der Mitarbeiter. »Es gab viele Wenn und Aber. Ich denke dabei noch heute an die vielen Debatten[,] die ich mit ihr hatte. Wir hatten ein gutgehendes Großhandelsgeschäft und plötzlich kam ich mit d[ies]er Idee … Die Geburtswehen möchte ich Ihnen gar nicht schildern. Endlich kam das Quellekind zur Welt. Es hatte ein schlechtes Dasein …, sodaß wir damals befürchteten, es nicht am Leben erhalten zu können.« Damit das »Quellekind« überlebt, müssen alle mit anpacken. Ganzer Einsatz und Leidenschaft sind gefordert, natürlich auch Konzentration. Fehler dürfen nicht vorkommen, schon gar nicht wiederholt. In diesem Sinne entschuldigt sich Anna Schickedanz im September 1928 bei einem Kunden, der solche anmahnt, und fügt hinzu: »Es tut mir sehr leid[,] daß gerade bei Ihnen wieder ein Fehler unterlaufen ist, mein Mann hat mir den Auftrag selbst ans Herz gelegt, nun sind wir aber voll beschäftigt[,] u. ein Teil Ihrer Bestellung sollte nach dem dringenden Schreiben meines Mannes sofort erledigt werden[,] u. Sie können sich denken[,] wo recht aufgepaßt werden soll, da passieren Fehler … Wenn Sie nun diesen Vorfall meinem Mann nicht sagen wollten[,] wäre ich Ihnen sehr dankbar, denn sonst gibt's einen großen Krach.«

Dieser Schritt zu neuen geschäftlichen Horizonten lässt einmal mehr erkennbar werden, wie Schickedanz operiert: mutig, aber nicht verwegen. Denn die Gründung des neuen Unternehmens geht nicht etwa mit der Auflösung des alten einher, im Gegenteil. Die Gewinne aus dem Großhandel mit den Kurz- und Wollwaren finanzieren den Einstieg in den Versandhandel und dessen erste Gehversuche. Außerdem bleibt das Stammgeschäft eine Art Rückfallversicherung für den Fall des Scheiterns. Ein solches hat Gustav Schickedanz für sich zwar zeitlebens grundsätzlich ausgeschlossen. »Sie kennen mich«, sagte er knapp zweieinhalb Jahrzehnte später seinen Mitarbeitern mit Blick auf die Gründerjahre: »zäh, ausdauernd«. Aber natürlich ist Schickedanz auch Realist genug zu wissen, dass sich die wirtschaftlichen und politischen Rahmenbedingungen des Geschäfts nicht von Fürth

aus gestalten lassen. Die konjunkturellen Talfahrten des zurückliegenden Jahrzehnts sind immer noch nicht überwunden, und was
die Zukunft bringen wird, weiß man sowieso nicht.

Daher ist es auf der einen Seite nur konsequent, dass sich die
Sortimente beider Unternehmen überschneiden. Das Gleiche gilt
einstweilen für die Mitarbeiter. Andererseits muss Schickedanz aber
peinlich darauf achten, dass die beiden Geschäfte nicht nur handels-
rechtlich, sondern eben auch räumlich getrennt operieren: Eben weil
er als Grossist nach wie vor auf die Einzelhändler namentlich der
Stadt und ihrer Umgebung angewiesen ist, darf er diese nicht durch
einen für sie ruinösen Wettlauf um den Endverbraucher verprellen.

Hier liegt einer der Gründe, wenn nicht der eigentliche und
wichtigste, warum das Versandhaus Quelle in der Anfangszeit ausgerechnet in den von Fürth aus gesehen entlegenen Teilen des Landes
mit Großhandelspreisen um Kunden wirbt. Natürlich ist auch das
keine Aktion aufs Geratewohl. Vielmehr nimmt Schickedanz diese
Gebiete zunächst in Augenschein, bereist West- und Ostpreußen,
Pommern und Brandenburg, aber auch das dicht besiedelte Indus-
trierevier an Rhein und Ruhr. Flankiert wird das Ganze von einer
intensiven Arbeit am Kundenstamm, zum Beispiel durch den Auf-
kauf von Kundenkarteien in Konkurs gegangener Unternehmen,
durch den Einsatz von Werbegeschenken oder auch durch die Kombination dieses Mittels mit der direkten Ansprache zufriedener
Kunden:»Wenn Sie die Güte haben[,] uns Adressen von Bekannten
anzugeben, an die wir ebenfalls unseren Katalog schicken dürfen[,]
werden wir uns durch Geschenke revanchieren!«

Vor allem aber ergreift Gustav Schickedanz Chancen, die sich
unerwartet einstellen. So etwa das Angebot der Steyler Missionare,
ihre Abonnentenliste für seinen Katalogversand zu nutzen. Die
Monatsillustrierte *Stadt Gottes* erreicht immerhin eine Auflage von
500 000 und ist vor allem in den katholischen Diasporagebieten
des Ostens stark vertreten. Jahrzehnte später, als die Quelle in ihrer

vollen Blüte steht, finden ihre Kataloge dann ihrerseits den Weg zu
den Missionsstationen in aller Welt: Er habe, gibt Altlandesbischof
Hermann Dietzfelbinger im März 1977, auf der Trauerfeier für den
Quelle-Gründer, zu Protokoll, dessen Katalog »persönlich noch im
Urwald von Neu-Guinea auf dem Tisch der europäischen und ame-
rikanischen Missionare … liegen sehen«.

Solche Perspektiven haben die Steyler Missionare Ende der
zwanziger Jahre natürlich nicht im Sinn. Die Patres wollen das junge
Geschäft des Fürther Unternehmers unterstützen, weil sie von seinem sozialen Engagement beeindruckt sind. Zumal in wirtschaftlich
schwierigen Zeiten gibt es ja nicht gerade viele, die sich karitativ
einsetzen. Gustav Schickedanz hat zeit seines Lebens dazu gehört,
allerdings nic Aufhebens davon gemacht. Sein Eintritt in den »Verein
zur Unterstützung Geisteskranker Fürth« zum 1. Januar 1924 ist ein
frühes Beispiel für dieses Engagement.

Als Gustav Schickedanz den Versandhandel aufnimmt, betritt er
ein in Deutschland noch wenig erschlossenes, insgesamt aber nicht
unbekanntes Terrain. »Ich habe den Versandhandel nicht erfunden«, sagt er drei Jahrzehnte später, »seine Bedeutung aber habe ich
erkannt.«

Damit der im Verlauf der zweiten Hälfte des 19. Jahrhunderts in
Schwung kommen konnte, mussten gewisse Voraussetzungen erfüllt
sein, allen voran die Möglichkeit, geordnete Waren rasch und zuverlässig zum Kunden bringen und von diesem zahlen lassen zu
können. Nicht zufällig geht der Aufbau des Versandhandels mit dem
zügigen Ausbau von Bahn und Post sowie mit der Entwicklung
der Postvorschusssendung beziehungsweise des Nachnahmever-
fahrens einher. Und natürlich spielt das quantitativ und qualitativ
verfeinerte Druckverfahren von Zeitungen, Zeitschriften und nicht
zuletzt von Katalogen eine entscheidende Rolle bei der Pflege des
auf Distanz abgewickelten Kontakts zwischen Händler und Kunden.

Versandhandel und Werbung, allen voran der Katalog, sind zwei Seiten einer Medaille.

Erste Schritte auf dem unbekannten Terrain des Versandhandels unternehmen Kaufhäuser wie Bon Marché in Paris oder Harrods in London, die ihren auf dem Land lebenden Stammkunden die Anreise in die Stadtzentren ersparen wollen. Die Karriere des Versandhandels im engeren Sinne aber beginnt 1872 in den Vereinigten Staaten, also in einem weiten und, von den Metropolen abgesehen, dünn besiedelten Land. Weil die Farmer nach dem Sezessionskrieg einen hohen Bedarf an Waren, aber in der Regel keinen entsprechend ausgestatteten Händler in ihrer Nähe haben, werden sie von der in Chicago ansässigen Firma Montgomery Ward & Co. mit Versandkatalogen über deren Angebot ins Bild gesetzt.

Und weil der Plan aufgeht und überdies Konkurrenz das Geschäft belebt, ruft Richard Warren Sears 14 Jahre später in Minneapolis die R.W. Sears Watch Company ins Leben, die seit dem Umzug nach Chicago und der Aufnahme des Uhrmachers A.C. Roebuck als »Sears, Roebuck and Co.« firmiert und sich im Laufe der Jahrzehnte zum größten Einzelhändler der USA entwickelt. Es ist Sears, der mit seinem ersten Katalog die Umtausch-Garantie in den Versandhandel einführt und von dem der für die Branche insgesamt, auch für Quelle gültige Leitspruch stammen soll: »Alles, was verpackt werden kann, können wir liefern.«

In Deutschland setzt die Entwicklung mit einiger zeitlicher Verzögerung ein. Das gilt für das Warenhaus, und es gilt für den Versandhandel. Erste Anläufe erfolgen offenbar mehr zufällig als geplant, so der Kaffee- oder auch der Bücher- und Zeitschriftenversand während der achtziger oder der Butterpostpaketversand während der neunziger Jahre des 19. Jahrhunderts. In diese Zeit fällt der gezielte Einstieg des deutschen Einzelhandels ins Versandgeschäft. August Stukenbrok ist wohl der Erste, der seine im niedersächsischen Einbeck produzierten »Deutschland-Fahrräder« ausschließlich auf dem Weg des Versands an den Endkunden verkauft. Bei Ausbruch des Ersten Weltkriegs verschickt Stukenbrok rund drei Millionen Kataloge und bietet darin inzwischen auch Auto- und Jagdzubehör, Musikinstrumente und Fotoapparate sowie andere Artikel mehr an. Etwa zur gleichen Zeit nimmt Eduard Kettner von seinem 1884 gegründeten Spezialgeschäft in Köln aus den Versand für Jagd- und Sportwaffen auf, gefolgt von Josef Witt, der seit 1907 von Weiden aus Textilien verschickt, und Richard Borek, der in Braunschweig Listen mit Angeboten von Briefmarken, Postkarten oder auch Sammelbildern auf die Post bringt.

Dass es Mitte der zwanziger Jahre zu einer zweiten, der eigentlichen Gründerwelle im deutschen Versandhandel kommt, ist kein Zufall. Mit ihren Festpreisen, die sie bis zu sechs Monaten garantieren, stehen die Versender in Zeiten der Inflationserfahrung und der Krisenangst für eine gewisse Berechenbarkeit und Stabilität. Jedenfalls die seriösen Firmen. Die aber haben es trotz ihrer Festpreisgarantien und anderer Angebote schwer, weil der Versandhandel »wirklich sehr übel beleumundet« ist. Daran erinnerte Gustav Schickedanz seine Mitarbeiter rund 25 Jahre später. »Es gab viele Inserenten und es gab nur wenige[,] die Versand beabsichtigten … Viele Leser von Zeitschriften waren meist einmal hineingefallen und dadurch so enttäuscht, daß ein ziemliches Mißtrauen und eine üble Atmosphäre im Hinblick auf die Versandgeschäfte entstand.«

Die meisten der seriösen Firmen beginnen als Spezialversender. So Eduard Schopf, der sich seit 1924 mit dem Versand des Eduscho-Kaffees einen Namen macht, Friedrich Baur, der seit 1925 in Burgkunstadt Schuhe für seine Kundschaft per Post verschickt, oder Karl Amson Joel, der 1927 in Nürnberg – also in unmittelbarer zeitlicher und räumlicher Nähe zu Gustav Schickedanz – mit 10 000 Reichsmark einen kleinen Wäscheversand ins Leben ruft.

Joel weiß, was er tut, hat er doch bis dahin als Großhändler unter anderem die Firma Witt in Weiden beliefert. Gleichwohl sind die

Anfänge bescheiden. Joel und seine Frau betreiben den Versand
zunächst von ihrer Vierzimmerwohnung aus. Dann aber nimmt das
Geschäft Fahrt auf. Bald kann eine eigene Näherei eingerichtet und
das ursprünglich auf Bett- und Weißwäsche beschränkte Angebot
auf Schürzen, Hemden und Arbeitskleidung ausgeweitet werden.
Allein mit der Fertigkleidung erwirtschaftet das Unternehmen
fünf Jahre nach seiner Gründung bis zu 120 000 Reichsmark im
Monat.

Als dann allerdings die Nationalsozialisten auch in Nürnberg
die Macht übernehmen, sieht der Jude Joel in der »Stadt der Reichsparteitage« kaum mehr eine Zukunft und bittet den Berliner Tuch-
fabrikanten Fritz Tillmann um Hilfe. Weil der nicht nur Parteimitglied, sondern auch Gauwirtschaftsberater ist, kann er sich gegen
den für Nürnberg zuständigen Gauleiter Julius Streicher durchsetzen
und eine Verlagerung des Joel'schen Betriebs nach Berlin erwirken.
So gelangen, von der Näherei abgesehen, Waren und Inventar des
Wäscheversands mit 160 Eisenbahnwaggons nach Wedding.

Auch danach hält Tillmann noch eine Zeitlang seine schützende
Hand über Joel und sein Unternehmen, auf Dauer aber kann er
ihn weder vor Übergriffen noch vor dem zunehmenden Druck auf
die jüdischen Firmenbesitzer schützen, ihren Betrieb zu verkaufen.
Wohl um die Jahreswende 1937/38 reift in Joel der Entschluss, sich der
ohnehin unumgänglichen Entscheidung zu stellen und sein Geschäft
zu verkaufen. Schon anlässlich des Umzugs nach Berlin hatten sich
Interessenten gemeldet, darunter sein ehemaliger Kunde Witt aus
Weiden. Den Zuschlag erhält dann aber ein Branchenfremder.

Am 11. Juli 1938 unterschreibt Josef Neckermann den Vertrag
zur Übernahme der Wäschemanufaktur Karl Joel. Josef Carl Peter
Neckermann stammt wie Gustav Schickedanz aus dem Fränkischen,
ist allerdings deutlich jünger als dieser. Am 5. Juni 1912 hat er in
Würzburg als Sohn des Kohlehändlers Josef Carl Neckermann das
Licht der Welt erblickt. Das väterliche Geschäft mit seinen zeitweilig

bis zu achtzig Mitarbeitern prosperiert nicht zuletzt dank einiger Großkunden wie der Reichsbahn, und so wird Josef Carl Neckermann zu einem wohlhabenden Mann, dem bei seinem Tod im Jahr 1928 neben der Kohlehandlung auch mehrere Häuser in Würzburg, außerdem Anteile am *Bayerischen Staatsanzeiger* und an der *Frankfurter Zeitung* gehören.

Der Sohn, beim Tode des Vaters gerade einmal sechzehn Jahre alt, verlässt die Schule mit der Mittleren Reife, geht bei der Bayerischen Hypotheken- und Wechselbank seiner Heimatstadt in die Lehre, tritt 1933 in die Geschäftsführung des väterlichen Unternehmens ein und lässt sich wenig später von der Mutter seinen Erbanteil an der Kohlehandlung auszahlen. Die 200 000 Reichsmark sind ein solider Grundstock, um zunächst zwei Firmen jüdischer Eigentümer in Würzburg mit mehr als 190 Mitarbeitern aufzukaufen und dann die Wäschemanufaktur Karl Joel ins Visier zu nehmen.

Nachdem der ursprünglich vereinbarte Kaufpreis in Höhe von 2,3 Millionen Reichsmark um gut eine halbe Million gedrückt worden ist, hält Neckermann eine weitere halbe Million als Sicherheit für offene Forderungen zurück, überweist gut 1,1 Millionen auf ein Treuhandkonto einer Berliner Bank und teilt der Kundschaft mit, dass er nunmehr das Geschäft des Karl Amson Joel als »Wäsche- und Kleider-Fabrik Josef Neckermann Textil-Versandhaus« weiterführe. Fortan spielen Neckermanns Betriebe in derselben Liga wie die Quelle, denn auch diese zählt inzwischen zu den größten Versandhäusern in Deutschland.

Anders als sein großer Konkurrent während der fünfziger und sechziger Jahre hat Gustav Schickedanz allerdings sein Unternehmen von den Anfängen an selbst aufgebaut und die Quelle bald danach durch die schwere Krise führen müssen, die fast auf den Tag genau zwei Jahre nach ihrer Gründung mit dem dramatischen Kurssturz an der New Yorker Börse beginnt. Vielleicht ist das der eigentliche Grund, warum er schließlich den Wettlauf mit Josef Neckermann für sich entscheiden kann.

Dass die Quelle die Krise der frühen dreißiger Jahre meistert, ja sogar gestärkt aus ihr hervorgeht, liegt wohl auch daran, dass Gustav Schickedanz gerade jetzt an seinen inzwischen erprobten Prinzipien festhält. Zu diesen zählt neben einer umfangreichen, nach amerikanischem Vorbild eingerichteten Kundenkartei »in der Hauptsache und immer wieder« die Werbung, allen voran der Katalog. Allerdings erfordert der Einsatz dieses Werbeträgers erstens Geduld und zweitens eine genaue Marktanalyse. Im Oktober 1945 hat Schickedanz diese schlichten, aber wirkungsvollen Grundprinzipien seiner Werbestrategie für die Vertreter der amerikanischen Militärverwaltung in Fürth auf den Punkt gebracht und ihnen erklärt, »daß beim Versandgeschäft die Werbewirkung sich auf eine verhältnismäßig lange Zeitspanne erstreckt … Jeder gut durchdachter [sic] Werbefeldzug, der auf einer gut geprüften Marktanalyse fußt, bringt nach einer gewißen Anlaufzeit seinen Erfolg und damit erhöhte Umsätze.«

Offenkundig steht der Einsatz dieses wichtigsten Werbeinstruments der Quelle seit ihren Anfängen in einem Zusammenhang mit dem Durchbruch der Postwurfsendung, die 1925 versuchsweise und zwei Jahre darauf endgültig zugelassen wird. Im Herbst 1928, ein Jahr nach Gründung des Versandgeschäfts, erscheint der erste Katalog – 92 Seiten stark, mit mehr als 2500 Artikeln im Angebot und mit dem aufschlussreichen Hinweis auf dem papiernen Einband: »Ein Führer durch die Sorgen des täglichen Lebens.« Tatsächlich deckt das Angebot den Grundbedarf in allen wichtigen Bereichen von Haushalt, Arbeit und Freizeit ab, und darin unterscheidet es sich von den Offerten praktisch aller übrigen deutschen Versender dieser Zeit: Der Quelle-Katalog richtet sich eben an die breite Bevölkerung, nicht zuletzt an die weniger einkommensstarken Schichten. Er ist: »Eine Fundgrube für jede Familie.«

Im Einzelnen listet der Katalog auf: »Nähgarne, Zwirne«; »Ho-

senträger, Gummibänder, Sockenhalter«; »Schürzenbänder, Schuh-
riemen«; »Nadelwaren«; »Knopfwaren«; »Kammwaren, Haar-
schmuck«; »Bijouterien«; »Seifen, Haaröl usw.«; »Schreibwaren«;
»Stahlwaren, Messer, Scheren, Bestecke, Löffel etc.«; »Lederwaren«;
»Meterstäbe, Brillen, Bandmaße, Spiegel, Bürsten etc.«; »Verschiedene Artikel«, darunter zum Beispiel Tabakspfeifen, Christbaum-
schmuck, Korkenzieher, Hosenspanner für Radfahrer – selbstverständlich »gut vernickelte Ware« – oder auch ein »sensationelles
Extra-Angebot für den Sommer«, den »Honig-Pyramiden-Fliegen-
fänger«. Im Mittelpunkt des Angebots aber stehen die Textilien, nicht
zuletzt die Wollwaren, denen Schickedanz von Anfang an eine große
Bedeutung für sein Geschäft beigemessen hat und die den Abschluss
und, wenn man so will, den Höhepunkt schon des ersten Katalogs
bilden: »Textilwaren, Taschentücher, Kopftücher, Unterwäsche«;
»Wollwaren, Strickwesten, Strümpfe etc.«; »Baumwollwaren f. Leib-,
Tisch-, Küchen- u. Bettwäsche«.

Und weil es für Wollwaren immer und unabhängig von allen
konjunkturellen Schwankungen einen Bedarf gibt, ergreift Gustav
Schickedanz im Frühjahr 1929 die Chance und erwirbt sämtliche
Rechte an der »Dukatenwolle«. Sie wird damit zur ersten eigenen
Handelsmarke der Quelle, und ihr Erwerb steht zugleich für ein weiteres wichtiges Prinzip von Schickedanz. Die »Dukatenwolle« ist seit
langem gut eingeführt und gilt bei der Kundschaft als Qualitätspro-
dukt. Für einen Händler, der den Endverbraucher zu Großhandelspreisen beliefert, ist das doppelt wichtig. Einmal wirkt er so dem Eindruck entgegen, minderwertige Produkte oder gar Ausschussware im
Programm zu führen. »In der Fabrikation schlecht ausgefallene, oder
gar angerostete Waren, welche sehr oft billiger angeboten werden,
führen wir grundsätzlich nicht«, heißt es schon im ersten Katalog.

Und dann hat Qualität immer ihren Preis. Der muss nicht unbedingt hoch sein, aber er darf das Besondere reflektieren – auch in
schwierigen Zeiten. Und damit der Kunde sieht, dass der Händler

zu seinen Artikeln steht, garantiert die Quelle ihm schon im ersten Katalog eine »anstandslose« Rücknahme, und das nicht nur bei Mängeln, sondern auch bei Nichtgefallen. Ein revolutionäres Angebot. Wenn Gustav Schickedanz Jahrzehnte später sagt, er habe den Versandhandel nicht erfunden, aber »seine Bedeutung« erkannt, dann bezieht sich das auf Weichenstellungen wie diese. Einmal mehr folgt er seinem Instinkt. Ob er richtig liegt, ob sein couragiertes Kalkül aufgeht, wird sich zeigen, wenn die Konjunktur ins Trudeln gerät oder gar die Krise kommt. Dass sie kommen wird, glauben im Frühjahr 1929 nicht wenige. Immerhin nähert sich die Arbeitslosenzahl im März der Marke von drei Millionen. Aber dass es dann so schlimm wird, dass es zu einem globalen Kollaps der Wirtschaft mit verheerenden Auswirkungen in Deutschland kommt, hat auch der Fürther Unternehmer nicht für möglich gehalten. Und dass dieses Jahr 1929 auch in seinem Leben zum *annus horribilis* wird, hat Gustav Schickedanz erst recht nicht erahnen können.

DER PROFITEUR
1929–1938

Es ist ein Albtraum. Nie wird Gustav Schickedanz diesen 13. Juli 1929 vergessen. Dabei will man nur übers Wochenende zu einem Konzertbesuch in die bayerische Hauptstadt fahren. Gewiss, es ist eine größere Gesellschaft, die sich an diesem schönen Sommertag auf den Weg nach München macht. Aber der Horch ist geräumig, und die Kinder brauchen nicht so viel Platz.

Was dann geschieht, kann man zwei Tage später unter anderem in der *Nordbayerischen Zeitung* nachlesen: »Am Samstag Nachmittag gegen 7 Uhr ereignete sich auf der Ingolstädter Landstraße, ungefähr 200 Meter vor dem Kilometerstein 6,5, ein schwerer Unfall. Die 33 Jahre alte Kaufmannsfrau Anna Schickedanz von Fürth fuhr mit einem Personenkraftwagen durch die Ingolstädter Landstraße stadteinwärts. Vor dem Kraftwagen fuhr ein Radfahrer, der ein vor ihm fahrendes Pferdefuhrwerk überholen wollte und deshalb nach links ausbog. Frau Schickedanz bog, um diesen nicht zu überfahren, nach links aus und rammte mit dem Vorderteil des Kraftwagens an einen Baum. Dabei zog sich Frau Schickedanz und ihr fünf Jahre alter Sohn Leo so schwere Verletzungen zu, daß beide sofort verstarben.«

Unverletzt bleiben nur Louise, die Tochter des Ehepaars Schickedanz, der kleine Sohn eines befreundeten Buchhalters und seiner Frau, die alle mit von der Partie sind, und das Hausmädchen. Die übrigen vier Personen – das befreundete Ehepaar, Gustav Schickedanz und sein Vater Leo – erleiden schwere Verletzungen und werden in ein Schwabinger Krankenhaus gebracht. Dort erliegt Leo Schickedanz wenige Tage später seinen Verletzungen. Sein Sohn Gustav kann die Klinik erst nach Wochen verlassen und nicht einmal der Beisetzung seiner Familie beiwohnen, die Pfarrer Ferdinand Krauß fünf Tage nach dem Unfall vornimmt.

Man ahnt, was dieses Drama, was der Verlust der Frau, des Sohnes und des Vaters für Gustav Schickedanz bedeutet. Und man wundert sich, dass der Mann danach überhaupt wieder auf die Beine kommt. »In meinem Schmerz«, schreibt er anderthalb Jahrzehnte später, »mied ich jede Gesellschaft, schloß mich der Außenwelt gegenüber überhaupt ab«. Die Menschen, die ihm nahe sind, allen voran seine Schwester, berichten von einem Zustand der Lethargie und Depression. Sie berichten auch, dass es dann vor allem Bücher sind, die zumindest zeitweilig sein Interesse wecken und ihn aus dem quälenden Zustand des Grübelns befreien. Gustav Schickedanz hat zeitlebens eine Beziehung zum Buch gehabt – als Leser, später auch als Sammler bibliophiler Kostbarkeiten. In der schweren Krise des Jahres 1929 sind die Bücher eine Hilfe – nicht weniger, aber natürlich auch nicht mehr.

Aber dann schafft er es doch. Er trägt ja Verantwortung, vor allem für die vierjährige Tochter Louise, aber auch für das immer noch junge Unternehmen, das einstweilen von seiner Schwester Liesl Kießling über die Runden gebracht wird. Die »gute brave Liesl«, sagt er 1954 seinen Mitarbeitern, »stand mir von dieser Stunde ab treu bei, betreute das Quellekind«. Für den Witwer ist das Geschäft immerhin auch eine Möglichkeit, sich abzulenken, und wenige Monate nach dem Unfall wird Gustav Schickedanz sogar gezwungen, alle Kräfte zu mobilisieren. Die Weltwirtschaftskrise stellt auch ein Unternehmen wie die Quelle vor die Existenzfrage.

Der Schmerz: Am 13. Juli 1929 verliert Gustav Schickedanz seine Frau Anna und seinen Sohn Leo. Lediglich Tochter Louise (links im Bild) überlebt die Katastrophe. Die Aufnahme entstand 1925.

Am 24. Oktober 1929 brechen an der New Yorker Wall Street die Aktienkurse ein. Innerhalb weniger Tage sackt der Dow-Jones-Index auf fast die Hälfte des Höchststandes vom September. Dieser dramatische Kurssturz ist der Anlass, wenn auch nicht die Ursache der großen Bankenkrise in Deutschland. Ausgelöst wird diese durch den Zusammenbruch der Österreichischen Creditanstalt im Mai 1931, Mitte Juli erreicht sie Deutschland. Als sich die Reichsbank am 11. des Monats weigert, Schecks der DANAT, der Darmstädter und Nationalbank, einzulösen, muss die ihre Zahlung einstellen. Drei Tage später ist auch die Dresdner Bank zahlungsunfähig. Angesichts des Ansturms der verunsicherten Kunden auf die Geldinstitute schließt die Reichsregierung sie am 14. und 15. Juli. Aber weder diese noch weitere Maßnahmen, wie die rückwirkend zum 1. Januar 1931 verordnete Verschmelzung der DANAT-Bank mit der

Dresdner Bank, vermögen den Sturzflug der deutschen Wirtschaft aufzuhalten.

Das liegt vor allem an der postwendenden Reaktion ausländischer Gläubiger: Neue Devisen gibt es nicht mehr, und die bereits geflossenen Kredite werden zurückgefordert. Jetzt zeigt sich, wie sehr der wirtschaftliche Aufschwung auf dem sandigen Fundament kurzfristiger Auslandskredite basierte. 1932 liegt das deutsche Volkseinkommen um 41 Prozent unter dem Stand von 1929; schon im Februar 1929 sind mehr als drei Millionen Arbeitslose registriert. Entsprechend dramatisch sinkt das Volkseinkommen und mit ihm die Konsumkraft der Deutschen. Eine Firma wie die Quelle muss das ins Mark treffen. Da es aber für einen Unternehmer wie Gustav Schickedanz kein Zurück gibt und angesichts seiner Geschäftsphilosophie auch gar nicht geben kann, geht er wie schon in der Krise der frühen zwanziger Jahre in die Offensive. Und das in jeder Hinsicht und auf breiter Front. Schickedanz handelt einmal mehr antizyklisch.

Vor allem investiert er – im Großen wie im Kleinen. So kauft er 1932, auf dem Tiefpunkt der wirtschaftlichen Entwicklung, vom bayerischen Staat ein Wohn- und Geschäftshaus an der Artilleriestraße 40 und 42 einschließlich der dazugehörigen Garage, Kantine sowie der Lagerhallen an der Sonnenstraße. Auf dem rund 8000 Quadratmeter großen Areal einer ehemaligen Schuhfabrik, das 1936 noch einmal durch Zukäufe erweitert wird, sind bald über hundert Mitarbeiter in neu errichteten Gebäuden für Lager und Versand tätig.

Inzwischen ist auch Schwager Daniel Kießling in die Firma eingetreten. Der Kaufmann bringt gute Verbindungen zu Industrie und Handel mit und nimmt in den kommenden Jahren wichtige Funktionen im rasch expandierenden Imperium seines Schwagers ein. Und dann arbeitet seit 1930 auch ein Grafiker für die Quelle, zunächst freiberuflich, seit 1932 fest angestellt: Ausgerechnet in der

Wirtschaftskrise soll Otto Steinlein mit dem Aufbau der wichtigen Werbeabteilung beginnen.

Denn für Gustav Schickedanz steht außer Frage: Nicht trotz, sondern gerade wegen der großen Krise muss die Kundschaft umworben werden wie nie zuvor. Das geschieht unter anderem durch das Festhalten an bewährten Prinzipien wie der »Geld-zurück-Garantie«: »Die Ware wird auch dann zurückgenommen und der volle Betrag zurückbezahlt, wenn Sie nicht der festen Überzeugung sind, dass Sie billiger als bisher eingekauft haben.« Außerdem wirbt die Quelle immer wieder mit »Sonderposten« wie der fünfteiligen »Herrenkomplettausstattung«, die 1929, also zu einer Zeit ins Angebot genommen wird, als die Arbeitslosigkeit rasant zunimmt. Für 9,95 Reichsmark erhält der Kunde nicht nur die damals populären wollenen Knickerbockerhosen im gefragten Fischgrätenmuster, sondern auch einen dazu passenden kurzärmligen Wollpullover, ein Sporthemd, einen Gürtel und einen Satz Sportstrümpfe.

Der Weg dieses Artikels in den Quelle-Katalog ist bemerkenswert, denn er zeigt, wie der Fürther Unternehmer vorgeht, wenn sich ihm eine Chance bietet: couragiert, instinktsicher und risikofreudig, dabei diszipliniert und kühl kalkulierend. Das entscheidende Element in der Komplettausstattung ist der hochwertige Wollstoff für Hose und Pullover. Als Schickedanz von einer westfälischen Weberei, die auf dem Großauftrag einer englischen Firma sitzen geblieben ist, der Posten angeboten wird, greift er zu, übernimmt das gesamte Stofflager gegen Sofortbezahlung, erzielt so einen günstigen Preis und gewinnt einen loyalen Lieferanten.

Die Herrenkomplettausstattung, die zunächst ausschließlich über Inserate an den Mann gebracht wird, ist äußerst knapp kalkuliert und selbst für Arbeitslose erschwinglich. An eben die hat Schickedanz ursprünglich gedacht. Aber dann wird die Sonderaktion zum Renner. Das Angebot ist so sensationell, dass bald auch Zeitungen und Radiosender über den Anzug aus dem Hause Quelle

berichten und damit den Werbeeffekt für das Unternehmen po-
tenzieren. So bleibt die Komplettausstattung für den Herrn über
Jahre im Angebot, und die Preislisten der Firma, die den Kunden
in unregelmäßigen Abständen ins Bild setzen, erfreuen sich fortan
rasch steigender Nachfrage. Sind 1928 maximal 30 000 Stück dieser
Neuesten Quelle-Nachrichten gedruckt worden, klettert die Auflage
der jetzt monatlich erscheinenden Prospekte bis 1932 auf 150 000
Exemplare, um sechs Jahre später mit der Weihnachtsausgabe die
Rekordmarke von zwei Millionen zu erreichen, was ziemlich genau
der Zahl der in der Kartei verzeichneten Stammkunden entspricht.

So kommen Gustav Schickedanz und seine Quelle nicht nur ohne
Blessuren durch die große Krise der frühen dreißiger Jahre, sie gehen
sogar gestärkt aus ihr hervor. Wie in anderen Krisen steigt auch in
dieser der Konsum zunächst kurzfristig an. 1930 setzt das Versandhaus gut 800 000 Reichsmark um – gut elfmal so viel wie 1929. An
diesem Trend ändert sich auch in den kommenden schweren Jahren
nichts, wenn auch die Zuwachsraten nicht mehr so atemberaubend
sind wie in diesem Ausnahmejahr: 1931 werden beinahe 1,4, 1932
schon gut 2,8 und 1933 sogar mehr als 7,2 Millionen Reichsmark
umgesetzt. Daher wandte sich Schickedanz nach dem Krieg zu Recht
gegen den Vorwurf, er sei geschäftlich »durch die Partei hochgekom-
men«.

Als die Konjunktur 1933 wieder Tritt zu fassen beginnt, hat das
Fürther Versandhaus in ganz Deutschland einen hervorragenden
Ruf – bei den Verbrauchern, aber auch bei seinen Lieferanten. So
gesehen profitiert Gustav Schickedanz von der großen Wirtschaftskrise – weil er aus der Not eine Tugend macht und weil er zur rechten
Zeit mit dem richtigen Angebot am Markt ist. Wie sich die Geschäfte
ohne diese Verwerfungen entwickelt hätten, wissen wir nicht. Aber
wir wissen, dass ein auf Umsatz und Gewinn fixierter Unternehmer,
zumal ein vom Konsum lebender Einzelhändler, Krisen dieser Art
und solcher Dimension zwar nutzt, aber dass er sie nicht sucht. Das

unterscheidet ihn von denen, deren Karriere ohne diese Krise schwer vorstellbar ist.

Dass der Erfolg der NSDAP, der Nationalsozialistischen Deutschen Arbeiterpartei, vorhersehbar und die Karriere Adolf Hitlers als ihres »Führers« oder gar als Reichskanzler, Reichspräsident und Oberbefehlshaber der Wehrmacht und des Heeres vorgezeichnet gewesen wäre, lässt sich gewiss nicht sagen. Anfänglich sieht es eher nach der Geschichte eines gemeinsamen Scheiterns aus. Für den 1889 im österreichischen Braunau geborenen Hitler ohnehin. Als ihn die NSDAP, wie sich die Partei seit Februar 1920 nennt, Ende Juli 1921 zu ihrem »Führer« proklamiert, blickt Hitler auf eine Karriere als abgewiesener Aspirant der Wiener Kunstakademie mit Überlebenserfahrungen in den Obdachlosenunterkünften der Stadt sowie als dekorierter Gefreiter in der Weltkriegsarmee des kaiserlichen Deutschland zurück.

Und auch die erste größere Aktion, der gemeinsam mit dem frustrierten Weltkriegsgeneral Ludendorff improvisierte Münchener Putsch vom 8. und 9. November 1923, endet nicht im Erfolg, sondern für Hitler mit der Festungshaft und für die Partei mit einem Verbot. Nachdem der »Führer« vorzeitig aus der Haft entlassen und die Partei Ende Februar 1925 von ihm neu gegründet worden ist, muss sich die Tarnorganisation der NSDAP in den Reichstagswahlen vom Dezember 1924 und vom Mai 1928 mit bescheidenen 3,0 beziehungsweise 2,6 Prozent zufriedengeben.

Wenn sich diese Ergebnisse in erster Linie mit der relativ stabilen Entwicklung Deutschlands jener Jahre erklären lassen, dann spiegeln sich in den spektakulären Erfolgen der NSDAP vom September 1930 und vom Juli 1932 die Verwerfungen der Republik. Allen voran die Stimmen aus dem stetig wachsenden Riesenheer der Arbeitslosen bescheren den Nationalsozialisten zunächst gut 18 und dann sogar mehr als 37 Prozent. Im Sommer 1932 stellen sie mit 230 Abgeordneten die mit Abstand stärkste Fraktion im Deutschen Reichstag und lassen damit selbst die Sozialdemokraten weit hinter sich. Insofern handelt der Reichspräsident konsequent, als er Hitler am 30. Januar 1933 zum Reichskanzler ernennt. Dabei hat die NSDAP inzwischen den Zenit ihrer Popularität überschritten. Bei den nächsten Wahlen, die nach einem krachenden Misstrauensvotum des Reichstages gegen die Regierung schon im November 1932 notwendig geworden waren, hatten die Nationalsozialisten rund vier Prozent der Stimmen und über 30 Parlamentssitze verloren, und am Horizont sind erste Anzeichen für eine Aufhellung der Konjunktur zu sehen. Aber natürlich kommt nach wie vor keine andere Partei an die NSDAP heran, und weil einflussreiche Kräfte in den Führungsetagen der deutschen Politik und Wirtschaft glauben, Hitler kurzfristig für ihre Zwecke einspannen und dann nach getaner Arbeit wieder entlassen zu können, ergreift der die ihm gebotene Chance, nimmt das Heft des Handelns in die Hand und macht sich an die Umsetzung eines rassenideologischen Vernichtungsplanes, der so ungeheuerlich ist, dass ihn jedenfalls damals kaum jemand ernst nimmt.

Vorderhand hat man ja auch andere Probleme. Und hier kann der neue Reichskanzler mit einer Reihe tatsächlicher oder vermeintlicher Erfolge punkten. Viele halten ihm zugute, dass die Wirtschaft wieder Fahrt aufnimmt und die Arbeitslosigkeit bald kein Thema mehr ist. Zu ihnen zählt auch Gustav Schickedanz. Als Hitler die Macht in Deutschland übernimmt, gehört er schon seit einigen Monaten dessen Partei an. Mit Hitler und den Entwicklungen in Berlin hat dieser Schritt indessen wenig zu tun.

Gustav Schickedanz ist der NSDAP am 1. November 1932 und als Mitglied Nummer 1355993 beigetreten, allerdings nicht in seiner Heimatstadt Fürth, sondern in Ihringen, also am Kaiserstuhl. Nach dem Krieg hat er in einem Schreiben an die amerikanische Militärregierung als einzigen »Zweck« dieses Beitritts zu Protokoll gegeben,

»als Parteimitglied vor den mit Sicherheit zu erwarte[nd]en An-
griffen geschützt zu sein«: »Die Anfeindungen gegen mein Geschäft
sowie meine konsequente Weigerung[,] größere Geldbeträge der
Partei zu geben[,] und vor allem die offen ausgesprochene Drohung,
daß ich bei der Machtübernahme Hitlers als früheres Mitglied des
›berüchtigten‹ Arbeiter- und Soldatenrates verhaftet werden sollte,
haben mich zur Abwendung von persönlichen und geschäftlichen
Schäden veranlaßt der Partei beizutreten.«

Es gibt keinen Grund, daran zu zweifeln. Maßgeblich für seine
Entscheidung war nicht die Einstellung zur NSDAP oder zu Hitler,
sondern die spezifische Situation vor Ort, also in Fürth. Mittelfranken im Allgemeinen und Fürth im Besonderen zählen zu den
frühen Hochburgen der Nazis. Bei den Reichstagswahlen vom Mai
1924 hatte der Völkische Block, die Tarnorganisation der noch ver-
botenen NSDAP, dort mehr als 25 Prozent der Stimmen einfahren
können – fast viermal so viel wie im Reich und immerhin noch neun
Prozent mehr als in Bayern. Kein Wunder, dass sich Adolf Hitler
schon im September des kommenden Jahres in Fürth zeigt und auf
dem »Deutschen Tag« zu seinen Anhängern spricht. Im Vorfeld der
Reichstags- und Landtagswahlen des Mai 1928 tritt der »Führer«
erneut in der Stadt auf, außerdem kommen Hermann Göring und
Joseph Goebbels. Bei den Reichstagswahlen vom Juli 1932 holen die
dortigen Nationalsozialisten schließlich fast 39 Prozent der Stimmen,
also noch gut ein Prozent mehr als im Reichsdurchschnitt, werden
damit auch in Fürth stärkste Partei und lösen die seit 1919 führende
SPD als dominante politische Kraft ab.

Das ist der Hintergrund und eigentliche Anlass für Gustav Schickedanz, der Partei beizutreten – fünf Tage vor den Reichstagswahlen
vom 6. November 1932, von der die meisten Beobachter den endgültigen Durchbruch Hitlers erwarten. Für diesen Fall will Schickedanz
gerüstet sein. Einstweilen hält er seine Mitgliedschaft geheim. Erst
eine anonyme Anzeige macht ihn in Fürth als »Parteigenossen«

bekannt. Zum Jahresende 1934 wird ihm dort sein Parteibuch ausgehändigt.

Für diese erstaunliche Diskretion über den Tag der Machtübernahme in Berlin hinaus gibt es Gründe, darunter den, dass Gustav
Schickedanz mit den Nationalsozialisten nichts anfangen kann und
deshalb – wenn und so lange wie möglich – nicht mit ihnen in
Verbindung gebracht werden will. Wer vermag schon zu sagen, wie
lange sie sich an der Macht halten werden? Außerdem ist Fürth
traditionell sozialdemokratisch geprägt. Nicht wenige Mitarbeiter
von Schickedanz fühlen sich der SPD oder auch der KPD verbunden,
und dass er selbst – warum auch immer – 1918 dem lokalen Arbeiter-
und Soldatenrat angehört hat, ist ja in der Stadt kein Geheimnis.
Schließlich aber ist bekannt, dass die NSDAP »den Waren- und
Versandhäusern schon lange vor 1933 sehr feindlich gesinnt war«,
wie Schickedanz auch noch im Rückblick betonte. Wie hätte er den
Beitritt unter diesen Umständen erklären sollen? Etwa so, wie er
ihn verstand, nämlich als präventive Maßnahme für den Fall, dass
die Nazis an die Macht kommen – und sich dort halten sollten?
Politische Erwägungen spielen für den Eintritt von Gustav Schickedanz in die Partei jedenfalls keine Rolle.

Eben darin hat Ludwig Erhard, als er dazu im Juni 1946 schriftlich
Stellung bezog, die eigentliche Problematik dieses Schritts gesehen.
Der damalige Wirtschaftsminister Bayerns wusste, wovon er sprach,
wohnte er doch seit Januar 1933 in Fürth-Dambach und war dem
Unternehmer in den zurückliegenden Jahren gelegentlich begegnet.
Es sei, schrieb Erhard, »ein gewisses Maß ›politischer Dummheit‹,
Schwäche, vielleicht sogar Feigheit« gewesen, »die Herrn Schicke-
danz zum Eintritt in die Partei« bewogen habe. »Seine ganzen Kräfte
gelangten auf wirtschaftlichem Gebiet zum Einsatz; für politische
Fragen fehlte ihm wohl das Interesse und auch der nötige Instinkt.«
Die »Schuld des Herrn Schickedanz« habe darin bestanden, dass er,
»um für seine geschäftliche Tätigkeit freie Hand zu behalten und

um sein Werk zu retten, mit den Nationalsozialisten Kompromisse schloß und sich durch die Parteizugehörigkeit die wirtschaftliche Freizügigkeit sichern zu können glaubte.«

Ein freundliches Urteil ist das gewiss nicht, aber es trifft den Kern. Und es macht auch deutlich, dass Gustav Schickedanz sicher kein überzeugter, schon gar kein aktiver Nationalsozialist gewesen ist. In diesem Sinne gab er im Oktober 1945 für die amerikanische Militärverwaltung zu Protokoll: »Ich war kein aktivistisches Parteimitglied und habe weder in der Partei noch bei einer ihrer Verbände ein Amt bekleidet. Ich habe weder vor 1933 noch nach 1933 weder an einem Sprechabend noch sonst an einer Zusammenkunft der Ortsgruppe, der ich angehörte, teilgenommen. Ich habe auch niemals für die nationalsozialistischen Lehren geworben. Ich habe nie jemand veranlaßt oder gezwungen der Partei beizutreten.«

Tatsächlich muss Schickedanz einer Machtübernahme durch die Nationalsozialisten mit gemischten Gefühlen entgegensehen. Denn für sein Geschäft bedeutet die wirtschaftspolitische Programmatik der Partei nichts Gutes. Schon früh haben sich die Nationalsozialisten auf die Warenhäuser eingeschossen. So fordern sie 1920 in ihrem Parteiprogramm neben der »*Brechung der Zinsknechtschaft*«, einer »Gewinnbeteiligung an Großbetrieben« oder einem Gesetz »zur unentgeltlichen Enteignung von Boden für gemeinnützige Zwecke« in Punkt 16 »die Schaffung eines gesunden Mittelstandes und seine Erhaltung. Sofortige Kommunalisierung der Groß-Warenhäuser und ihre Vermietung zu billigen Preisen an kleine Gewerbetreibende, schärfste Berücksichtigung aller kleinen Gewerbetreibenden bei Lieferung an den Staat, die Länder oder Gemeinden.«

Wohl sind die Warenhäuser eine Sache, und der Versandhandel ist eine andere. Aber Gustav Schickedanz weiß natürlich, dass dieser Unterschied in der öffentlichen Wahrnehmung kaum existiert und dass die Nationalsozialisten eben auch »den Waren- und Versand-

häusern schon lange vor 1933 sehr feindlich gesinnt war[en]«, wie
er im Oktober 1945 zu Protokoll gibt:»Meine Firma wurde durch
die Parteistellen als Warenhaus charakterisiert.« Tatsächlich muss
die Quelle seit Mitte der dreißiger Jahre auch Warenhaussteuer ab-
führen. Dass die Nationalsozialisten nicht schon 1920 ausdrücklich
zum Angriff auf den Versandhandel geblasen haben, liegt wohl an
seiner damals noch unbedeutenden Rolle. Die große Karriere des
Versandhandels – wie im Übrigen auch des sogenannten Einheits-
preisgeschäfts – in Deutschland beginnt ja erst Mitte der zwanziger
Jahre.

Die Warenhäuser sind nach dem Ersten Weltkrieg in Deutschland eine Institution. Auch hier haben die durch die Reichsgrün-
dung des Jahres 1871 freigesetzten Energien einen entsprechenden
Gründerboom bewirkt. Sicher hat es bereits zuvor Kaufhäuser wie
N. Israel, Gebr. Gerson oder R. Herzog gegeben, die auf einzelne
Artikel, namentlich auf Textilien, spezialisiert waren. Aber Warenhäuser mit einem breiten Sortiment wie die zwischen 1852 und 1865
gegründeten Pariser Konsumtempel Bon Marché, Grands Magasins
du Louvre oder Printemps, die zudem schon in den sechziger Jahren
des 19. Jahrhunderts das Versandgeschäft als zweites Standbein entdecken, sucht man in Deutschland zunächst vergeblich. Nach 1871
ändert sich das rasch. 1879 macht Leonhard Tietz in Stralsund den
Anfang, 1881 und 1882 gründen Rudolph Karstadt in Wismar sowie
Hermann und Oskar Tietz in Gera ihre ersten Kaufhäuser.

Die Einheitspreisgeschäfte wiederum sind aus dem Warenhaus
abgeleitet und gehen ähnlich wie der Versandhandel auf eine amerikanische Erfindung zurück: Franklin Winfield Woolworth konnte
rund dreißig Jahre nach der Gründung seines ersten das sechshun-
dertste Geschäft eröffnen, in dem Waren zu fünf und zehn Cent
angeboten wurden. Diese Idee greifen 1926 sowohl Leonhard Tietz
als auch Rudolph Karstadt auf. In ihren Einheitspreisgeschäften
»Ehape« beziehungsweise»Epa« bringen sie – stets im Erdgeschoss

und in der Regel auf einen Raum beschränkt – Artikel des täglichen Bedarfs in sehr niedrigen, einheitlichen Preisstufen an den Kunden mit geringer Kaufkraft.

Kein Wunder, dass sich die Nationalsozialisten nicht nur auf die Warenhäuser, sondern auch auf die Einheitspreisgeschäfte einschießen. Denn ihre Agitation spiegelt die tiefsitzenden Ressentiments jenes stattlichen Heeres deutscher Einzelhändler wider, die sich durch die einen wie durch die anderen in ihrer Existenz bedroht fühlen. Auch in dieser Hinsicht springen die Nationalsozialisten 1920 wie 1933 auf einen bereits unter Volldampf stehenden Zug. Das macht sie für die Warenhäuser, die Einheitspreisgeschäfte und nicht zuletzt auch für den ähnlichen Geschäftsregeln folgenden Versandhandel so gefährlich.

Überhaupt knüpfen die neuen Machthaber mit vielen Maßnahmen in diesem Bereich konsequent an Vorgaben und Vorlagen aus der Zeit der Weimarer Republik an. Etwa bei der Steuergesetzgebung. So hatte beispielsweise der Fürther Stadtrat, die Vorgaben der nationalen Gesetzgebung aufgreifend, am 20. Oktober 1921 die Einführung einer Warenhaus- und Filialsteuer beschlossen. Danach mussten »[g]ewerbliche Unternehmungen, deren Geschäftsbetrieb zur gewinnbringenden Verwertung größerer Betriebsmittel eine außergewöhnliche Ausdehnung hat« und – wie zum Beispiel »Versandgeschäfte« – »durch die Art des Geschäftsverfahrens von den Grundsätzen und Formen der üblichen Gewerbeausübung wesentlich abweicht«, eine Zusatzsteuer in Höhe von 200 Prozent der örtlichen Gewerbesteuer entrichten.

Im Gefolge der sich eintrübenden Konjunktur und der Weltwirtschaftskrise sowie unter dem propagandistischen Trommelfeuer mittelständischer Kampfbünde wie des 1929 gegründeten »Reichsverbandes zur Bekämpfung der Warenhäuser« wird dann Anfang der dreißiger Jahre eine neue Runde eingeläutet. So hebt der Fürther Stadtrat Ende Dezember 1930 die Warenhaussteuer auf 400 Prozent

an, und die Reichsregierung beschließt Anfang 1930 eine Sondersteuer für Einzelhandelsgroßbetriebe mit einem Umsatz von mehr
als einer Million Reichsmark sowie im März 1932 eine allgemeine
Einrichtungssperre für Einheitspreisgeschäfte in Städten mit weniger
als 100 000 Einwohnern.
      Zwar dehnt der Gesetzgeber diese Bestimmungen zum Jahres-
ende 1932 auf alle Gemeinden unabhängig von ihrer Größe sowie auf
die Kleinpreisgeschäfte aus, weiter geht man dann aber nicht – vor
dem 30. Januar 1933 nicht und danach auch nicht. Die seit 1920 er-
hobene Forderung der Nationalsozialisten nach einer »sofortigen
Kommunalisierung der Groß-Warenhäuser« wird jedenfalls nicht in
die Tat umgesetzt, wenn die Warenhäuser auch wenige Wochen nach
der Machtübernahme zunächst einmal ins Visier Julius Streichers
geraten. Der macht sich den Umstand zunutze, dass die betreffenden
Unternehmen durchweg in den Händen jüdischer Besitzer sind.

Bis er 1940 auf Druck Hermann Görings, eines seiner parteiinternen
Rivalen, weitgehend kaltgestellt wird, ist Streicher eine der treibenden Kräfte des organisierten Antisemitismus im Dritten Reich und
eine der mächtigsten Figuren in Mittelfranken. Seinen Aufstieg und
sein Überleben nach dem Sturz verdankt der 1885 in der Nähe von
Augsburg geborene Volksschullehrer der Protektion Hitlers. Streicher gehört zu den frühen Weggefährten des »Führers«, nimmt im
November 1923 an dessen Münchener Putsch teil und erledigt mit
seinem im gleichen Jahr gegründeten Hetzblatt *Der Stürmer* den
vulgären Part der antisemitischen Propaganda.
      Nachdem er 1923 vom Schuldienst suspendiert worden ist, geht
Streicher in die Politik, ist zunächst im Nürnberger Stadtrat, dann im
Bayerischen Landtag, schließlich im Berliner Reichstag als Abgeord-
neter tätig. 1925 von Hitler mit dem Neuaufbau der NSDAP in Nordbayern beauftragt und 1929 zum Gauleiter Mittelfrankens ernannt,
führt nach der Machtübernahme – jedenfalls in diesem Raum und

für einige Jahre – kein Weg mehr an Julius Streicher vorbei. Als Hitler am 28. März 1933 »alle Parteiorganisationen der NSDAP zum Boykott gegen die Juden« aufruft, wird der »Parteigenosse Streicher« mit der Koordination der Maßnahmen beauftragt.

Als Leiter des »Zentralkomitees zur Abwehr der jüdischen Greuel- und Boykotthetze« verfolgt Streicher mehrere Ziele. Einmal nutzen er und seine Genossen, bis sie durch eine von Göring eingesetzte Untersuchungskommission gestoppt werden, den Ausplünderungs- feldzug gegen die Juden des Gaus für eine ungehemmte persönliche Bereicherung. Und dann sieht Streicher in Hitlers Aufruf die Chance, um am 1. April 1933, 10 Uhr, seine lange geplante Kampagne gegen die deutschen Juden zu eröffnen. Zwar muss der Boykott unter anderem von Geschäften und Warenhäusern wegen der reservierten Haltung der Bevölkerung, aber auch wegen eindeutiger Stellungnahmen aus dem Ausland bald ausgesetzt werden, doch nimmt der Druck auf die Juden in Deutschland massiv zu.

Das gilt für ihre Ausgrenzung und Isolierung auf dem Gesetzes- wege, die am 7. April 1933 mit dem »Gesetz zur Wiederherstellung des Berufsbeamtentums« beginnt und mit den sogenannten Nürnberger Gesetzen vom 15. September 1935 einen vorläufigen Eskalationspunkt erreicht. Es gilt aber auch für ihre systematische Verdrängung aus dem Berufs- und nicht zuletzt dem Geschäftsleben, die teils mit Hilfe solcher Gesetze, teils durch Druck auf die Betroffenen oder auch auf Einrichtungen erfolgt, in denen Juden tätig sind. So nicht zuletzt die Warenhäuser. Bis Mitte des Jahres 1933 werden fast zwei Drittel der Vorstands- und mehr als die Hälfte der Aufsichtsratsmitglieder jüdischer Herkunft entlassen. Auch werden zum Beispiel in Bayern Anfang April die Errichtung, die Verlegung und die Erweiterung von Warenhäusern verboten.

Damit hat es dann allerdings sein Bewenden. Im Falle der Waren- häuser sehen sich die Machthaber sogar veranlasst, den durch die

Boykottmaßnahmen verursachten Schaden wieder zu beheben. Darauf drängen nicht nur die staatliche Bürokratie, sondern auch Kräfte in der Partei, allen voran Hitler selbst. Anfang Juli stellt der Reichskanzler in zwei Reden vor Reichsstatthaltern in Bad Reichenhall beziehungsweise in Berlin klar: »Allgemein gesprochen wird ein Nationalsozialist, der nur theoretischer Wirtschaftler ist, schädlicher wirken als ein Wirtschaftler, der nur Wirtschaftler und kein Nationalsozialist ist.« Es ist Rudolf Heß, Hitlers Stellvertreter in der Führung der NSDAP, der die Parteimitglieder in diesem Sinne davon ins Bild setzt, dass die Führung »im Hinblick auf die allgemeine Wirtschaftslage … vorerst ein aktives Vorgehen mit dem Ziele, Warenhäuser und warenhausähnliche Betriebe zum Erliegen zu bringen, für nicht geboten« halte: »Den Gliederungen der NSDAP wird daher untersagt, bis auf weiteres Aktionen gegen Warenhäuser oder warenhausähnliche Betriebe zu unternehmen.«

Offensichtlich wird aber dieser sogenannte Heß-Erlass von der Basis nicht immer vernommen oder verstanden, zumal sich ja am geschriebenen Programm der Partei nichts ändert. So versuchen örtliche Stellen in der letzten Märzwoche 1934, einen Werbefeldzug der NS-Hago – der Nationalsozialistischen Handwerks-, Handels- und Gewerbeorganisation – »für Einzelhandel und Handwerk« zu einem »Boykott gegen Waren- und Kaufhäuser, Konsumvereine, Einheitspreis- und Filialgeschäfte und gegen jüdische Geschäfte um[zu]biegen«, und veranlassen das Reichsinnenministerium, die Landesregierungen zum Einsatz der Polizei aufzufordern. Nicht nur für Schickedanz ist die Aktion ein weiterer Beleg, dass die NS-Hago den »Waren- und Versandhäusern … sehr feindlich gesinnt« ist, wie er nach dem Krieg zu Protokoll gibt.

Auf jeden Fall ist die Lage unübersichtlich und für die Betroffenen unberechenbar. Vorschriften, Erlasse oder auch Gesetze werden auf den Weg gebracht, dann aber häufig nicht befolgt, rasch wieder geändert, unvermittelt außer Kraft gesetzt oder aber auch verschärft.

So teilt zum Beispiel der Regierungspräsident von Ober- und Mittelfranken am 9. März 1934 dem bayerischen Staatsministerium für
Wirtschaft mit, dass sich zwar das Gesetz zum Schutz des deutschen
Einzelhandels vom 12. Mai 1933 »im ganzen und großen durchaus
bewährt« und seinen »Zweck« erfüllt habe. Allerdings betrachtet
es der Regierungspräsident als »erhebliche[n] Mißstand«, dass die
»Versandgeschäfte nicht von der Sperre ergriffen« seien, dass die
Sperre vielmehr, und namentlich im Textileinzelhandel, zur Errichtung von Versandgeschäften geradezu einlade. Daher erachte die
staatliche Behörde eine »Einbeziehung der Versandgeschäfte in die
Sperre … für dringend erforderlich«.

Das sieht man offenbar nicht nur in Ober- und Mittelfranken
so. Jedenfalls verbietet der Reichswirtschaftsminister am 4. Juli 1934
nicht bloß die Errichtung neuer Unternehmungen, »die den Verkauf
von Erzeugnissen der Textilwirtschaft an den letzten Verbraucher
überwiegend im Wege des Versandes betreiben (Versandgeschäfte)«.
Er untersagt auch, »die Verpackungs- und Versandräume bestehender Unternehmungen … zu erweitern oder die in diesen Räumen
bisher ausgeübte Tätigkeit in andere Räume zu verlegen oder sonst
neue Verpackungs- und Versandräume einzurichten«. Die Verordnung gilt zunächst bis zum 1. Juli 1940, wird dann aber am 20. Mai
1937 faktisch zurückgenommen, wenngleich die Errichtung neuer
beziehungsweise Erweiterung bestehender Unternehmungen des
Versandgeschäfts nunmehr ausschließlich mit »Genehmigung« des
Reichswirtschaftsministers »gestattet« ist. Außerdem gilt die Geneh-
migungspflicht fortan nicht nur für Textilwaren, sondern praktisch
für alle Waren des täglichen Bedarfs.

So gesehen hatte Gustav Schickedanz recht, als er in Punkt 16 des
NSDAP-Programms das Potenzial auch für eine Kampagne gegen
den Versandhandel sah und schon vor der Machtübernahme davon
ausging, dass auf sein Geschäft schwere Zeiten zukommen dürften.

Folgt man der Darstellung, die er Mitte Oktober 1945 für die amerikanische Militärregierung in Fürth zu Papier gebracht hat, so
liegt Schickedanz tatsächlich zwölf Jahre lang »mit der NSDAP in
ständigem Kampf«: »Meine Firma wurde durch die Parteistellen
als Warenhaus charakterisiert … Der Ein- und Ausgang jüdischer
Vertreter in meinen Betrieben und jüdischer Lieferanten, die an
mich Waren lieferten, waren eine der ersten Angriffspunkte des sich
immer mehr steigernden Haßes gegen mich.«

Das ist die eine Seite. Es gibt eine andere. »In harter Arbeit«,
heißt es in dem gleichen Dokument, »entwickelte ich mein Geschäft
zu einem in Deutschland führenden Unternehmen, das am Höhepunkt seiner Entwicklung in den letzten Friedensjahren bis zu 2500
Arbeiter und Angestellte beschäftigte und einen Umsatz von bis zu
36 Millionen Mark im Jahr erzielte. Mein Versandgeschäft … war in
seinem Sortiment das größte in Deutschland und hatte Dank der unter meiner Leitung eingekauften, qualitativ guten und dennoch sehr
preiswerten Waren einen enormen Zuspruch. Die Käuferschaft ging
über ganz Deutschland und sogar bis ins Ausland. Mein Geschäftsprinzip, Waren direkt und in enormen Mengen von Fabrikanten
einzukaufen und unmittelbar an alle Schichten der Bevölkerung,
besonders an die geringer Bemittelten, zu verkaufen[,] hat es mir
ermöglicht, große Umsätze zu erzielen, die trotz kleinster Verdienst-
spanne zu relativ hohen Gewinnen führten.«

Eine stolze Bilanz – und ein offenkundiger Widerspruch zu
der Behauptung eines sich »immer mehr steigernden Haßes« der
Partei »gegen mich«. Jedenfalls auf den ersten Blick. Bei näherem
Hinsehen ist die Schilderung aber durchaus plausibel. Denn Gustav
Schickedanz operiert auf zwei Ebenen. Da ist einmal die Stadt, in der
Schickedanz und sein Unternehmen ansässig sind. Natürlich ist auch
die Quelle unmittelbar von der allgemeinen Lage Fürths betroffen.
Das gilt für die wirtschaftliche Entwicklung, die zum Beispiel Mitte
Oktober 1933 den Stadtkämmerer veranlasst, eine neuerliche Ver-

Harte Arbeit: Versandabfertigung im Hause Quelle, Anfang der dreißiger Jahre. Hinten rechts beobachtet Liesl Kießling, die Schwester des Chefs, den Fotografen.

doppelung der Warenhaus- und der Filialsteuer zu beantragen, und es gilt für die politischen Rahmenbedingungen.

Wie andernorts toben sich nach dem 30. Januar 1933 in Fürth die lokalen Parteigrößen aus. Franz Jakob, ehemaliger Reichsbahnbeamter, Parteimitglied seit 1925 und jetzt Oberbürgermeister, ist nicht nur Ortsgruppen-, sondern auch Kreisleiter der NSDAP. Als in seiner Stadt am 9. März 1933 die »Befreiung« gefeiert wird, verkündet der Nürnberger Stadtrat Karl Holz, dass aus Fürth, »einst rot und total verjudet«, wieder eine »saubere, ehrliche deutsche Stadt« werde, und lässt keinen Zweifel, dass jeder, der sich der Bewegung entgegenstelle, »niedergetreten« werde. Diese Leute sind es, mit denen es Gustav Schickedanz fortan zu tun hat und die ihrerseits immer wieder einmal eine informelle oder auch förmliche Allianz mit »gewißen Unternehmerkreisen« eingehen, die ihm den Erfolg neiden, »starke Anfeindungen« gegen ihn richten und sich dabei »gerne der Ideologie gerade der NSDAP« bedienen. Die lokale Ebene

ist die eine, auf der Schickedanz geschäftlich operiert. Es gibt eine
zweite.

Zwar hat die Firma Quelle ihren Sitz in Fürth, doch ist das Versandhaus längst ein Unternehmen von nationalem Format. Und für die
Machthaber in Berlin sind die großen Versandhäuser ähnlich wie
die Warenhäuser oder auch die Einheitspreisgeschäfte zusehends
unentbehrlich. Das liegt an den Zielen, die Hitler verfolgt, und an
dem Preis, der dafür zu zahlen ist. Wenn es ein oberstes Ziel gibt, dem
der seit Januar 1933 amtierende Reichskanzler alle anderen unter-
ordnet, dann ist es der Eroberungs- und Vernichtungsfeldzug gegen
die Völker Ostmittel- und Osteuropas sowie gegen das europäische
Judentum.

Weil sich die neue Regierung im Zuge der Vorbereitung dieser
Operation ganz auf der vertrauten Linie der Weimarer Kabinette zu
bewegen scheint, weil es ihr offenbar vordringlich um die Revision
des Versailler Vertrages geht, hält sich der Widerspruch in Grenzen,
als im März 1935 in Deutschland die allgemeine Wehrpflicht wieder
eingeführt wird und deutsche Truppen ein Jahr später in die entmilitarisierten Zonen des Rheinlands einmarschieren. So fühlt sich
Hitler durch die zwar unterschiedlich motivierte, im Ergebnis aber
gleichermaßen abwartende Haltung von Franzosen, Engländern
oder auch Italienern in seinem Kurs bestätigt und lässt die Kriegs-
vorbereitungen forcieren.

Nichts anderes nämlich steckt hinter dem sogenannten Vierjahresplan, der am 9. September 1936 auf dem jährlich in Nürnberg stattfindenden Reichsparteitag verkündet wird und von dem
es neben der veröffentlichten auch noch eine geheime Fassung gibt.
Der Plan, für dessen Umsetzung Hermann Göring zuständig ist,
dient vor allem einem Ziel: der Vorbereitung der deutschen Volkswirtschaft auf den Krieg. Im Klartext bedeutet das einen raschen und
intensiven Ausbau der Rüstungswirtschaft zu Lasten und auf Kosten

anderer Wirtschaftsbereiche, allen voran der Konsumgüterindustrie, die während der dreißiger Jahre einen signifikanten Schrumpfungsprozess durchmacht. Lag ihr Anteil an den industriellen Gesamtinvestitionen 1929 im Jahresdurchschnitt noch bei 24 Prozent, so steigt er 1933 auf 41 Prozent, um 1938 nur noch magere 17 Prozent zu erreichen.

Das ist der Preis, den die Bevölkerung für die Umsetzung von Hitlers Zielen zu zahlen hat. Es mag ja sein, dass den Deutschen am Ende eine satte Beute, insbesondere ein riesiger »Lebensraum« im Osten Europas, ins Haus steht. Einstweilen aber bedeutet der neue Kurs Konsumverzicht, und der ist nach den Jahren der Entbehrung und in Zeiten guter Konjunktur schwer zu vermitteln. Wenn etwas Hitlers Machtstellung gefährden kann, dann ist es die Unzufriedenheit der Bevölkerung mit solchen Begleit- oder Folgeerscheinungen der nationalsozialistischen Herrschaft. Also muss der Konsum auf einem gewissen Niveau gehalten werden.

Dafür bedarf es professioneller Strukturen, wie sie die Kaufhäuser, die Einheitspreisgeschäfte und eben auch die großen Versandhäuser bieten. Das »Geschäftsprinzip«, von dem Gustav Schickedanz 1945 spricht, nämlich »Waren direkt und in enormen Mengen von Fabrikanten einzukaufen und unmittelbar an alle Schichten der Bevölkerung, besonders an die geringer Bemittelten, zu verkaufen«, ist die passende Antwort auf eine Situation, in der die Konzentration auf die Rüstungsindustrie nicht zu spürbarem Konsumverzicht führen darf.

Insofern überrascht es nicht, dass sich die Nationalsozialisten, kaum dass sie die Macht in Deutschland übernommen haben, zwar das Anliegen des kleinen Einzelhandels zu eigen machen und – ganz in der Tradition der voraufgegangenen Regierungen – administrative und legislative Maßnahmen gegen die Großen ergreifen, dabei aber nicht deren Existenz in Frage stellen. Auf der Seite der großen Handelsgeschäfte setzt dieses ungeschriebene Stillhalteabkommen

allerdings ein Arrangement mit dem ideologischen Rüstzeug der
Nazis voraus, allen voran mit dem Antisemitismus. Gefragt sind
Kompromisse, Konzessionen an die Adresse der Machthaber.

Das gilt auch für Gustav Schickedanz. Weil er sein Geschäft auch
unter den neuen Gegebenheiten nicht nur weiter-, sondern zu neuen
Horizonten führen will, aber auch weil er nicht bereit ist, ohne Not
Lieferanten, Kunden oder auch Berater jüdischer Herkunft aufzugeben oder gar ans Messer zu liefern, stellt er sich, wenn man so will,
optisch auf die neuen Gegebenheiten ein. Darauf spielte der Historiker, Diplomat und Friedensnobelpreisträger Henry Kissinger an,
als er 1995 anlässlich der Feierlichkeiten zum hundertsten Geburtstag
des Quelle-Gründers in Fürth seine Mutter zitierte. Paula Kissinger
hatte 1938 zusammen mit ihren Söhnen Heinz, wie er eigentlich hieß,
und Walter sowie ihrem Mann Louis ihre Heimatstadt verlassen, weil
sie wusste, dass die jüdische Familie in Fürth keine Chance zu überleben hatte. »Ich weiß«, so ihr Sohn Henry 1995, »daß meine Mutter
immer sagte, daß die Schickedanz-Familie zu den anständigsten
Familien in Fürth gehörte und daß sie keinen Grund hätte, irgend
etwas Schlechtes über sie zu sagen.«
    Zu den Konzessionen, die Schickedanz macht, gehören kosme-
tische Ergänzungen des Warenangebots, wie die Aufnahme eines
Bildes »unseres Volkskanzlers« in den Katalog. Angeboten zwischen
»Küchenwaage« und »Sauger«, vulgo Schnuller, ist der »mehrfar-
bige Kunstdruck« im handlichen Format von 30 × 41 cm – »ein
Schmuck für jedes Zimmer« – seit 1933 für eine Reichsmark zu
haben. Reißenden Absatz scheint er nicht zu finden. Seit dem Weihnachtsangebot 1935 ist der »Volkskanzler« jedenfalls nicht mehr im
Angebot. Ähnliches gilt für die »vorschriftsmäßige Ausrüstung des
SA- und SS-Mannes« – also »Braunhemden« oder auch Krawatten
mit »kleiner, sehr vornehmer Hakenkreuzmusterung« –, die schon
im Sommer 1934 wieder aus dem Angebot verschwindet. Vermutlich

laufen solche Artikel nicht. Jedenfalls ist der Anteil von Waren mit eindeutig nationalsozialistischem Bezug im Gesamtsortiment ganz und gar marginal.

Weiter gehen jene Konzessionen, die *de facto* den antisemitischen Kurs stützen, selbst wenn sie von der Geschäftsführung ursprünglich als kosmetische Korrekturen verstanden worden sein mögen. Umgesetzt werden sie von Daniel Kießling, der im Unternehmen seines Schwagers Schickedanz eine zusehends wichtigere Rolle spielt. Wenn man so will, ist Kießling der inoffizielle Verbindungsmann zwischen der Quelle-Geschäftsführung und der NSDAP, sorgt also dafür, dass die Partei durch diese oder jene Konzession an den Zeitgeist von Interventionen in den Geschäftsbetrieb abgehalten wird. Bezeichnenderweise tritt er selbst der NSDAP erst Mitte Mai 1939 bei; allerdings wird der Eintritt auf den März 1937 zurückdatiert. Ende der dreißiger Jahre übernimmt Kießling einige Verbandsposten und steht zum Beispiel spätestens seit 1941 der Fachabteilung Kreppapierwaren, Zellstoffwatte und Filtrierpapier innerhalb der Fachgruppe Papier der Reichsgruppe Industrie vor.

Am 8. April 1933, also nicht zufällig nach den Boykottmaßnahmen vom Monatsbeginn, lässt sich Daniel Kießling notariell bestätigen, dass Quelle ein »rein christliches Unternehmen« sei, seit der Gründung »nur mit eigenem Kapital« arbeite und »ausnahmslos deutsche Waren« verkaufe. Die notarielle »Erklärung« ist auch auf dem Titelblatt der *Neuesten Quelle-Nachrichten* abgedruckt, und 1933/34 weisen 200 000 Exemplare der *Neuesten Quelle-Nachrichten* das Unternehmen als »rein christliches Unternehmen« aus. Allerdings wird die Bezeichnung nicht konsequent durchgehalten. Im Sommer- und Herbstangebot 1937 findet sich kein Hinweis. 1938/39 taucht sowohl auf dem Katalog als auch auf Rechnungen zeitweilig der Zusatz »arisch« auf, um dann mit Kriegsbeginn wieder zu verschwinden. In einem schmalen Balken am Fuß der Titelseite des Katalogs ohnehin zurückhaltend platziert, gelegentlich auch als

»Rein christliches Unternehmen«: Mit einer notariellen Erklärung vom 8. April 1933, abgedruckt auf der Titelseite der *Neuesten Quelle-Nachrichten*, signalisiert das Unternehmen den neuen Machthabern in Deutschland seine Konzessionsbereitschaft.

Etikett auf den Paketen, signalisiert er die Konzessionsbereitschaft des Unternehmens.

So wenig diese Zugeständnisse an den Zeitgeist den Geschäftserfolg der Quelle in jenen Jahren erklären, so wenig haben sie diesem geschadet. Allein 1933 kann das Unternehmen zu seinen 200 000 Stammkunden 20 000 Neukunden hinzugewinnen, und im folgenden Jahr erwirbt Schickedanz von der Firma Geo Borgfeldt, New York, das an der Nürnberger Straße 91–95 liegende Geschäftshaus, um die ständig wachsende Verwaltung unterbringen zu können. 1934 ist auch das Jahr des rasant steigenden Umsatzes. Verglichen mit dem Vorjahr verdoppelt sich dieser glatt auf knapp 15 Millionen Reichsmark, erwirtschaftet von 1000 Mitarbeitern. 1932 sind es noch 300 gewesen.

Aus der Sicht des Unternehmers sind Referenzen an den Zeitgeist, wie die zitierten Lippenbekenntnisse, harmlose, in jedem Falle unvermeidbare Konzessionen im Interesse der Firma und ihrer Mitarbeiter – zumal der Quelle aus den Reihen der Konkurrenten und der Parteibonzen vor Ort immer wieder einmal der Vorwurf gemacht wird, sogenannte jüdische Hintermänner zu haben. Immerhin will sich Gustav Schickedanz geweigert haben, eine »ehrenwörtliche Versicherung abzugeben[,] keine Juden mehr in meinen Betrieben zu empfangen«. Tatsächlich ist am Jahresende 1933 im *Stürmer* unter der Überschrift »Sie lassen sich heute noch von Juden vertreten« zu lesen: »Das Versandhaus Quelle G.m.b.H in Fürth i.B. lässt sich in seinen Prozessen durch die Rechtsanwälte Justizräte Dr. Schopflocher und Dr. Prager in Fürth i.B. vertreten.«

Aber natürlich spielt Schickedanz, wenn auch gewiss ungewollt, mit der Charakterisierung seiner Firma als »christliches« beziehungsweise »arisches« Unternehmen denen in die Hände, die auf eine konsequente »Arisierung« setzten. Der Begriff war schon in den zwanziger Jahren in völkischen Kreisen gebräuchlich und geht während der dreißiger Jahre sowohl in den allgemeinen Sprachgebrauch

als auch in den Behördenjargon ein. Arisierung steht hier wie dort
sowohl für die Bekämpfung der Juden auf wirtschaftlichem Gebiet
im Allgemeinen als auch für die Übertragung vor allem gewerblichen
Eigentums von jüdischem in »arischen« Besitz.

Bis die Arisierung im Laufe des Jahres 1938 auf eine gesetzliche
Grundlage gestellt wird, werden namentlich jüdische Besitzer großer
Unternehmen dazu gebracht, diese auf »freiwilliger« Basis zu verkaufen. Je unhaltbarer die Lebenssituation für die Juden in Deutschland wird, umso eher sind sie bereit, ihr Hab und Gut zu veräußern
und das Land zu verlassen. Von dieser Verkaufswelle wiederum profitieren auch jene deutschen Geschäftsleute, die sich ihrerseits nicht,
jedenfalls nicht unmittelbar, an der antisemitischen Kampagne
beteiligen, ja sich sogar weigern, ihre unter zunehmendem Druck
stehenden jüdischen Geschäftspartner zu übervorteilen.

Zu ihnen gehört auch Gustav Schickedanz. Wohl hatten die Unternehmen und Immobilien, die Schickedanz zwischen 1933 und
1938 in seinen Besitz bringt, zuvor durchweg jüdische Eigentümer.
Allerdings waren diese in der Regel schon vor der Machtübernahme
der Nationalsozialisten und der beginnenden Arisierung geschäftlich
angeschlagen oder ruiniert. So gesehen werden sie durch den Verkauf
ihres Besitzes an Schickedanz aus einer misslichen Situation befreit.

In einigen Fällen hat Schickedanz schon vor der Machtübernahme der Nationalsozialisten mit dem Einkauf begonnen, so im Fall der
Fürther Brauerei Geismann AG, deren »auf dem Markt erscheinende
Aktien« er seit etwa 1930 erwirbt. Die 1722 gebaute älteste Brauerei
Fürths ist 1867 in den Besitz der Familie Geismann gelangt. Von
ihr zunächst als Offene Handelsgesellschaft geführt, nimmt sie als
Aktiengesellschaft einen beträchtlichen Aufschwung. 1884 wird das
erste Starkbier gebraut, vier Jahre später gibt es einen Neubau, der
1895 um einen Brauereisaal ergänzt wird. Der »Geismann-Saal« ist
auch noch Mitte der dreißiger Jahre des 20. Jahrhunderts der größte

Saal Fürths. Seit dem Frühjahr 1936 liegt die Leitung des Betriebs mit
100 Beschäftigten bei Brauingenieur Hans Henle. Das hat der Aufsichtsrat entschieden, dem neben Hans Böhner, dem Direktor der
Dresdner Bank in Fürth und Vorsitzenden des Aufsichtsgremiums,
Gustav Schickedanz und sein Schwager Daniel Kießling angehören.

Anfang der dreißiger Jahre ist die Brauerei in eine wirtschaftliche
Schieflage geraten. Ursache für den Rückgang des Bierkonsums ist
nicht zuletzt die »verminderte Kaufkraft der Verbraucher«. So sagt
es der Geschäftsbericht. Als vor diesem Hintergrund und angesichts
fallender Aktienkurse viele Kleinanleger aus dem Papier aussteigen,
werden mehrere Banken aktiv, darunter im Auftrag von Schickedanz
die Dresdner Bank. Ein anderes Aktienpaket kommt über einen
Umweg an das Münchener Bankhaus Gebr. Marx und von dort in
zwei Schritten gleichfalls an den Fürther Unternehmer. Zum Jahresende 1936 hält Gustav Schickedanz über seinen Großhandel und die
Quelle rund 80 Prozent des Aktienkapitals und macht sich an die
Sanierung der Brauerei Geismann. Eine politische Einflussnahme
seitens des Käufers ist nachträglich nicht festgestellt, ein Rückerstattungsanspruch ist nach dem Krieg zurückgenommen worden.
Gustav Schickedanz kannte die Vorbesitzer nicht.

1942 beschließt die Hauptversammlung die Umwandlung in
eine GmbH, an der nach einer Kapitalerhöhung die Quelle, Gustav
Schickedanz und – mit 1,5 Prozent – auch seine Tochter Louise
zusammen gut 90 Prozent halten. Mit der Überführung in eine
GmbH dürfte sich auch die Tätigkeit von Gustav Schickedanz als
Vorsitzender des Aufsichtsrats der Brauerei erübrigt haben. Vertreten
bleibt er hingegen in den Aufsichtsräten der Nürnberger Firmen
Preß-, Stanz- und Ziehwerke Rud. Chillingworth und der Ludwigs-
Eisenbahn-Gesellschaft. Vermutlich gehen die entsprechenden
Berufungen des profilierten Unternehmers auf Empfehlungen der
Dresdner Bank zurück. Auf welche Weise und wie lange er die Man-
date wahrgenommen hat, wissen wir nicht.

Der schrittweise Einkauf in die Brauerei Geismann, mit der er den Grundstein für die spätere Patrizier-Gruppe legt, ist ein frühes, genau genommen das erste Beispiel für die Strategie des Fürther Unternehmers, ein zweites Standbein neben dem Einzelhandel zu entwickeln. Ob er unter anderen Umständen so gehandelt hätte, sei dahingestellt. Sicher ist, dass die Weltwirtschaftskrise und ihre Folgen ihm diese Chance eröffnen und dass die neuen Verhältnisse in Deutschland ihm die Entscheidung für diese unternehmerische Weichenstellung erleichtern. Von Anfang an maßgeblich für die Zukäufe sind erstens eine gute Gelegenheit und zweitens eine günstige Prognose künftiger Marktchancen.

Außerdem ist das Terrain, jedenfalls im Augenblick, übersichtlicher und berechenbarer als das Feld des Einzelhandels. Anders als dieser sieht sich das produzierende Gewerbe keiner ressentiment-geladenen Kampagne des Mittelstandes, auch keiner restriktiven Gesetzgebung ausgesetzt. Wie konsequent das zitierte Verbot unter anderem zur »Erweiterung von Textilversandgeschäften« auch immer eingehalten worden ist, in jedem Falle hat Schickedanz mit den Fabriken, die er jetzt erwirbt, eine Möglichkeit, seine unternehmerischen Energien weiterhin ungebremst zur Entfaltung zu bringen.

Am 10. April 1934 erwirbt er 56 Prozent der Anteile an den Vereinigten Papierwerken Aktiengesellschaft, Nürnberg, aus dem Besitz der Brüder Emil und Oskar Rosenfelder, wenig später weitere 35 Prozent aus dem Besitz von Gustav Gerst sowie ein kleineres Aktienpaket aus dem Besitz von Dr. Ederheimer. Am 25. April 1934 ist die Transaktion abgeschlossen, so dass der Aufsichtsrat einen neuen Vorstand beruft. Ihm gehören unter anderem Gustav Schickedanz als allein Zeichnungsberechtigter und sein Schwager Daniel Kießling an, der nur mit einem weiteren Vorstandsmitglied oder einem Prokuristen zeichnungsberechtigt ist.

1940 wird dann Hanns Jüngling in den Vorstand berufen und

bildet hier mit Daniel Kießling die Geschäftsführung. Der gebürtige Lichtenfelser Jüngling, Jahrgang 1907, ist nach dem Abitur zunächst ins Bankfach gegangen, hat dann die Nürnberger Handelshochschule besucht, war danach als »Auswanderer-Referent« bei der Devisenstelle und schließlich als Prokurist der Datag, der Deutschen Allgemeinen Treuhandgesellschaft, und als Steuerberater tätig. Zum 1. Januar 1938 schließlich tritt Jüngling in die Firma Quelle ein, um zwei Jahre später zu den Vereinigten Papierwerken zu wechseln. Im Laufe der kommenden dreieinhalb Jahrzehnte, bis zu seinem unerwartet frühen Tod im Oktober 1973, wird Hanns Jüngling zu einem der wichtigsten und engsten Mitarbeiter von Gustav Schickedanz, der ihn schließlich sogar zum Mitglied des Familienvereins auf Lebenszeit ernennt.

Die VP, die Vereinigten Papierwerke AG, mit Sitz in Heroldsberg sind am 22. November 1922 in Nürnberg gegründet worden. Sie führen das Fabrikations- und Handelsgeschäft der Vereinigten Closettpapierfabriken Nürnberg weiter, zu denen sich wiederum 1906 zwei Betriebe aus Hanau und Bamberg zusammengeschlossen hatten. Zweck des Unternehmens ist der »Betrieb von Unternehm[en], die sich mit der Erzeug[ung], Verarbeit[ung] und dem Vertrieb gleicher und ähnl[icher] Artikel der Branche beschäftigen, sowie die Beteiligung an solchen«. Neben dem Toilettenpapier spielt seit 1926 die Zellstoffwattebinde zunehmend eine wichtige Rolle – zunächst als Mull-, seit 1932 auch als Schlauchbinde, die unter dem Namen »Camelia« vertrieben wird. Zwar werden unter diesem Namen auch weitere Produkte auf den Markt gebracht, so zum Beispiel Säuglingswindeln. Aber die sogenannte Wegwerfbinde für die Dame ist der mit weitem Abstand umsatzträchtigste Posten nicht nur in diesem Bereich.

Schon weil es sich um ein nicht konjunktur- oder saisonabhängiges Produkt handelt, ist die Konkurrenz groß. Als die Vereinigten Papierwerke im September 1924 ihren Patentanspruch anmelden,

stellen bereits zehn Firmen verschiedene Arten von Wegwerfbinden
her. Daher sind erhebliche Schwierigkeiten zu überwinden, ehe am
1. Oktober 1926 die Patentschrift mit der Nr. 434 867 ausgegeben
wird. Zwar dürfen fortan – und bis zum Auslaufen der achtzehnjäh-
rigen Schutzfrist – nur die VP die ihr patentierten Damenbinden
produzieren, doch sind sechs Jahre nach der Patentvergabe bereits 46
Konkurrenten, weitere zehn Jahre später sogar 135 Wettbewerber mit
ähnlichen Produkten am Markt.

Kein Wunder, dass der Anteil der »Camelia«-Werbung am
»Camelia«-Umsatz von Anfang an höher ist als der des gesamten
Werbeaufwands am Gesamtumsatz der VP, der im Übrigen bei rund
fünf Prozent liegt, allerdings nach der Einführungsphase, also seit
Mitte der dreißiger Jahre, wegen des großen Markterfolgs deutlich
abnimmt. Zu diesem trägt ein Faktor »in einer ausserordentlichen
und für die Marktbedeutung der Cameliabinde geradezu entscheidenden Weise« bei, wie es in einem Gutachten aus der Nachkriegszeit
heißt: »die staatliche Versorgung des weiblichen Arbeits- und Lan-
deshilfsdienstes, der Wehrmachtshelferinnen und anderer grosser
Verbraucherkreise mit Camelia. Hierdurch ist ein erheblicher Teil
der heranwachsenden weiblichen Generation mit diesem Artikel als
einem wesentlichen Bedarfsgut vertraut.« Auch in dieser Hinsicht
profitiert der Unternehmer Schickedanz von den Zeitumständen.

Ein zweites Standbein der prosperierenden Vereinigten Papierwerke ist die Produktion von Papierservietten, Schrank- und Fan-
tasiepapieren, Gesichts- und Handtüchern sowie nicht zuletzt von
Papiertaschentüchern: Am 29. Januar 1929 lassen die Vereinigten
Papierwerke das Warenzeichen »Tempo« für das erste Papierta-
schentuch beim Reichspatentamt in Berlin anmelden. Die Idee für
das Produkt wird Oskar Rosenfelder zugeschrieben. Die Eintragung
mit der Warenzeichennummer 407 752 erfolgt am 18. September des
gleichen Jahres. Fünfzig Jahre später produzieren alleine die VP
rund 13 Milliarden Papiertücher pro Jahr. Da die Schutzfrist auch

in diesem Fall längst abgelaufen ist, gilt für »Tempo« wie auch für »Camelia«: Die beiden Marken haben sich – nicht zuletzt dank erfolgreicher Werbekampagnen – eine singuläre Position am Markt sichern können.

Die entscheidenden Figuren in den Vereinigten Papierwerken sind lange Zeit die schon erwähnten Gebrüder Emil und Oskar Rosenfelder, die zusammen mehr als fünfzig Prozent der Anteile halten und 1933 auch im Vorstand des Unternehmens sitzen. Diesem gehören als Stellvertreter noch Paul Rosenfelder, einer der Söhne von Emil Rosenfelder, sowie Fritz Obermeyer an, dessen Onkel, Kommerzienrat Gustav Gerst, 35 Prozent des Aktienkapitals von zuletzt 1,3 Millionen Reichsmark hält und damit der größte Einzelaktionär der Firma ist.

Am 8. August 1933 verlassen Emil und Oskar Rosenfelder das Deutsche Reich, um »einer drohenden Verhaftung, wegen Devisenvergehen«, zuvorzukommen. Zu diesem Schluss kam jedenfalls nach dem Krieg Erich Preuß, Sachverständiger des Bayerischen Staatskommissariats für rassisch, religiös und politisch Verfolgte, im Zuge des entsprechenden Verfahrens gegen Gustav Schickedanz. Hingegen sagten die Brüder aus, durch massiven Druck der Gauleitung zur Flucht aus Deutschland gezwungen worden zu sein, sprachen in diesem Zusammenhang von einer Verleumdungskampagne und führten als Belege einen Artikel des *Stürmer* gegen die »Camelia-Juden« sowie eine Erpressung und einen Einbruch des Heroldsberger Ortsgruppenleiters der NSDAP in die Firma an, bei dem auch ein »Geheimjournal« entwendet worden sei.

Tatsächlich erschien der Artikel des *Stürmer*, der im Übrigen die Geschichte vom verschwundenen Geheimjournal dankbar aufgriff, erst nach der Ausreise der Rosenfelders, und die Aktion des Ortsgruppenleiters erfolgte nicht im Auftrag der Gauleitung, sondern auf eigene Initiative. Der nämlich informiert am 29. Juli 1933 einen der

örtlichen Gaubetriebszellenleiter, dass die Leitung der Vereinigten
Papierwerke dabei sei, den »gesamten Betrieb nach England zu ver-
schleppen«. Das werde rund 700 »deutsche Männer und Frauen«
in Heroldsberg und Nürnberg »brotlos« machen. Die »finanziellen
Schiebungen« liefen über eine Zweigniederlassung der VP in England, die als Kunde behandelt werde. Daher fordert die NSDAP-Orts-
gruppe die sofortige Schutzhaft unter anderem für die »Juden Emil,
Oskar und Paul Rosenfelder« sowie für Direktor Obermeyer. Als das
nicht geschieht, werden der Heroldsberger Ortsgruppenführer und
ein weiterer Gaubetriebszellenleiter am 9. August gemeinsam bei
der Kriminalpolizei vorstellig und beantragen die Festnahme der
genannten Personen.

Da Emil und Oskar Rosenfelder tags zuvor ins Ausland gereist
sind, wird lediglich Direktor Obermeyer – vorerst ohne Haftbefehl –
festgenommen. Am 10. August leitet die Devisenbewirtschaftungsstelle eine »Überprüfung der Geschäfte und Handlungen« ein.
Grundlage ist die Devisenbewirtschaftungsverordnung vom 23. Mai
1932. Am 18. August eröffnet die Staatsanwaltschaft ein Ermittlungsverfahren wegen Vergehens gegen die Devisenordnung, und noch
am gleichen Tag ergeht Haftbefehl gegen die drei inzwischen An-
geklagten, also gegen Emil und Oskar Rosenfelder sowie Direktor
Obermeyer. Das zurückgebliebene Vermögen der beiden Brüder
wird beschlagnahmt. Ihre Konten werden gesperrt. Am 18. September 1933 wird Rechtsanwalt Dr. Fritz Schmitz als Abwesenheitspfleger
eingesetzt. Im Februar 1935 werden Oskar Rosenfelder und seine
Frau Hedwig in Abwesenheit zu je 80 000 Reichsmark Geldstrafe
sowie zu zehn Monaten Haft verurteilt. Gleichzeitig wird gegen die
Brüder ein Reichsfluchtsteuerverfahren eingeleitet.

Tatsächlich haben diese ihre Flucht konsequent vorbereitet. So
transferieren sie nicht nur größere Beträge ins Ausland, sondern
sie verkaufen auch die internationalen Markenrechte der VP an
die Ende Januar 1932 gegründete englische Tochtergesellschaft St.

Andrew Mills Ltd. (STAM), geben ihre Anteile an der STAM freilich nicht an die VP weiter, sondern halten sie über eine weitere Firma, die Chappel Allen & Co. Ltd., in ihrem Besitz. Und schließlich übertragen die Brüder Rosenfelder am 31. Juli 1933, also eine Woche vor ihrer Ausreise, unter anderem das gesamte Auslandsvermögen der Vereinigten Papierwerke auf eine dritte Firma, nämlich auf die Chiswell Paper Co. Ltd.

Offenbar hat also die Flucht der Rosenfelders aus Deutschland ursprünglich nur bedingt mit der Machtübernahme durch die Nationalsozialisten zu tun, wenn auch der zunehmende Verfolgungsdruck auf die deutschen Juden die Entscheidung der Brüder bekräftigt haben dürfte. Die Überprüfung ihrer Auslandsgeschäfte, das Ermittlungsverfahren wegen Vergehens gegen die Devisenordnung sowie schließlich die Verhängung der Strafen erfolgen indessen nicht auf der Grundlage einer durch die Nationalsozialisten geschaffenen neuen, sondern auf der Basis der überkommenen, Anfang der dreißiger Jahre ergänzten Rechtsordnung, mit deren Hilfe man den Folgeerscheinungen der Bankenkrise, wie namentlich der Kapitalflucht ins Ausland, gegensteuern wollte. So wurde schon im Dezember 1931 eine sogenannte Reichsfluchtsteuer erhoben, im Frühjahr 1932 ergänzt durch die Devisenbewirtschaftungsverordnung. Die Devisenordnung des Dritten Reiches wurde erst mit dem Gesetz vom 4. Februar 1935 geschrieben und dann ständig verschärft.

Auf Grundlage der seit den frühen dreißiger Jahren bestehenden Ordnung also kommt die »Überprüfung der Geschäfte« durch die Devisenbewirtschaftungsstelle am 22. August 1933 zu einem eindeutigen Ergebnis: »Wenn man alle Vorgänge zusammenfaßt, so kann festgestellt werden, daß die Leitung der Fa. V.P. unter Umgehung der Devisenverordnung mit allen Mitteln bestrebt war, das von ihr im Anfang des Jahres 1932 gegründete Unternehmen [STAM] hoch zu [b]ringen. Zu diesem Zwecke stellte sie neben Maschinen, Rohstoffen, Fertigwaren auch flüssige Mittel zur Verfügung«, die der prüfende Oberinspektor auf gut 740 000 Reichsmark beziffert. »Alle leitenden Personen haben in Bezug auf Buchhaltung und Korrespondenz alles zu vermeiden versucht, was Einblick in die genauen Verhältnisse in England gegeben hätte.« So seien die »Geheimbücher und die vertrauliche Korrespondenz, die auf die Beziehungen mit England hinweisen und ein klares Bild ergeben hätte, von den Direktoren Rosenfelder vor ihrer Abreise vernichtet worden« – ein Befund, der die Geschichte vom gestohlenen »Geheimjournal« in einem anderen Licht erscheinen lässt.

Noch einen Schritt weiter gehen Wirtschaftsprüfer der Bayerischen Treuhand AG. Von dem neu berufenen Vorstand der Vereinigten Papierwerke mit der Aufklärung des Falles beauftragt, kommen sie am 23. November 1933 zu dem Schluss, dass es sich bei der ganzen »Englandsache um eine persönliche Bereicherung der Herren Rosenfelder auf Kosten der Vereinigten Papierwerke« handele, die überdies auch noch »zu Lasten ihrer Mitaktionäre«, namentlich von Gustav Gerst, erfolgt sei.

Angesichts solcher Befunde kamen nach dem Krieg dem Öffentlichen Kläger im Verfahren gegen Gustav Schickedanz zunehmend Bedenken gegen die Version der Rosenfelders, Opfer einer konzertierten Aktion geworden zu sein, an der sich staatliche und parteieigene Stellen sowie, im Hintergrund, auch Gustav Schickedanz beteiligt hätten. Dieser Sicht der Dinge schloss sich zwar der Berufungshauptkläger im Februar 1949 nicht in allen Punkten an, doch auch er sah keinerlei Beteiligung von Gustav Schickedanz an dem Verfahren gegen die Brüder. Und Professor Paul Deutsch, einer von drei Gutachtern, die nach dem Krieg mit dem Fall Gustav Schickedanz und seiner Unternehmen befasst gewesen sind, kam Ende 1950 und im Zuge des Rückerstattungsverfahrens zu dem eindeutigen Schluss, »dass sich der Verkauf der Aktien zwangsläufig im Interesse des führerlosen Unternehmens ergab. Er war als eine dringende, schnell zu lösende Aufgabe geboten.«

In dieser Situation also tritt Gustav Schickedanz, von der Dresdner Bank auf das Aktienpaket aufmerksam gemacht, in Verhandlungen mit dem Abwesenheitspfleger Schmitz ein. Dieser ist durch das Vormundschaftsgericht eingesetzt worden und sucht seit November 1933 nach einem Käufer für die Papiere. Ob es noch vor der Ausreise der Rosenfelders zu Verkaufsverhandlungen mit Gustav Schickedanz gekommen ist, lässt sich nicht mehr feststellen. Auszuschließen ist das nicht, da die Brüder diese ja systematisch vorbereitet haben. Aktenkundig hingegen ist, dass sie noch danach versucht haben, das Paket zu 98,75 Prozent zu verkaufen; aktenkundig ist auch, dass der Preis, den Schickedanz schließlich zahlt, für die Vorbesitzer deutlich günstiger ist, wenngleich nicht so hoch, wie vom Abwesenheitspfleger ursprünglich angesetzt.

Weil der die Aktien zu einem Kurs von 140 Prozent nicht loswird, kommen jetzt die Banken ins Spiel. Die eine, die Deutsche Bank, will ihren Teil der Aktienpakete, den sie seit 1933 als Pfand für einen früheren Kredit an die Rosenfelders hält, loswerden. Die andere, die Dresdner Bank, will Gustav Schickedanz als Kunden gewinnen. Und dann hat natürlich auch die örtliche Gauleitung ein Wort mitzureden. Da sie daran interessiert ist, die Kontrolle über die üppig sprudelnde Quelle zu behalten, besteht sie darauf, dass die VP an einen Unternehmer aus der Region verkauft wird. So sieht sich Gustav Schickedanz ohne sein Zutun gleich von zwei Seiten als Käufer umworben und greift zum Kurs von 110 Prozent zu – ein Kurs, den Gutachter Deutsch 1950 als »überdurchschnittlich hoch« bewertete.

Das alles spricht gegen die gelegentlich geäußerte, nach der Aktenlage nicht haltbare Annahme, Gustav Schickedanz habe etwa über die Gauleitung Druck auf die Rosenfelders ausgeübt. Die Aktien wurden ihm angedient. Der Kaufpreis von 830 500 Reichsmark für ein Aktienpaket mit einem Wert von 755 000 Reichsmark entspricht durchaus den zeitgenössisch üblichen Konditionen. Dass der Kauf-

preis auf ein Sperrkonto eingezahlt werden muss, dass er nie an
die Rosenfelders ausgezahlt wird, sondern unter anderem zur Begleichung der Reichsfluchtsteuerschuld und der Einlösung der bei
der Deutschen Bank liegenden Pfänder dient, hat der Käufer nicht
zu verantworten.

Vielmehr scheinen die Rosenfelders zunächst mit dem Käufer und
dem Kaufpreis durchaus zufrieden gewesen zu sein. Denn nicht nur
stehen sie unter erheblichem Druck der deutschen Strafverfolgungs-
behörden; sie wissen auch am besten um den wirtschaftlichen und
technischen Zustand ihrer Fabrik. Und der ist nicht gut. Anfang Juli
1943 bilanziert ein interner Bericht, dass seinerzeit »das Verarbei-
tungswerk … noch sehr unvollkommen, die Maschinen zu wenig
durchgearbeitet« gewesen seien, »um die höchstmögliche Leistung
zu erzielen«. Insbesondere seien sie nicht in der Lage gewesen, »die
in der Erzeugung in Tag- und Nachtschicht anfallende Zellstoffwatte
zu verbrauchen«. Wegen der »Unvollkommenheit« der Maschinen
und »hauptsächlich wegen der Verpackungsart (Handpackung)«
habe man auch bei der »Tempo«-Produktion vor großen Problemen
gestanden.

Insofern überrascht es nicht, dass die Brüder Rosenfelder mit
Schickedanz schon am 22. Juni 1934 in Amsterdam, also auf neu-
tralem Boden, einen ersten Vergleich schließen, bei dem es vor allem
um die Ansprüche der Vereinigten Papierwerke gegenüber den Brüdern und um die Frage der ausländischen Rechte der Papierfabrik
geht, welche Emil und Oskar Rosenfelder ja vor ihrer Flucht aus
Deutschland auf eigens zu diesem Zweck gegründete Firmen in England übertragen hatten. »Unter grossen Opfern«, schreibt Gustav
Schickedanz aus der niederländischen Metropole an Grete Lachner,
»wurde das Ziel endlich erreicht«: Der St. Andrew Mills Ltd. (STAM)
werden als Arbeits- und Verkaufsgebiet Großbritannien, Irland, die
Dominions und die Kolonien, außerdem Holland, Niederländisch

»Ich bin überzeugt, daß alles sehr gut gehen wird«: Am 9. November 1937 berichtet Gustav Schickedanz aus London seiner Privatsekretärin und Geliebten Grete Lachner vom Stand der Verhandlungen mit den vormaligen Eigentümern der Vereinigten Papierwerke.

Indien, Dänemark, Syrien, Palästina und Ägypten zugewiesen. Im Gegenzug treten die Vereinigten Papierwerke ihre Ansprüche gegenüber der STAM an die Chiswell Paper Ltd. ab, die sich damit für abgefunden erklärt. Offen bleiben die Ansprüche der VP gegen die Brüder Rosenfelder, die mit deren in Deutschland verbliebenem Vermögen verrechnet werden sollen.

Dass sich die weiteren Verhandlungen zusehends schwieriger gestalten und der erste sowie ein zweiter, am 13. Oktober 1934 in Amsterdam geschlossener Vergleich scheitern, liegt an Einwänden der Behörden, aber auch am Widerstand des Aufsichtsrats der Papierwerke, der im Mai 1935 »erhebliche Unregelmäßigkeiten« in der Geschäftsführung der Rosenfelders moniert. Schließlich kommt der Fall auch noch vor deutsche und englische Gerichte. Neuerliche Verhandlungen führen dann aber zu einem Verzicht der Brüder und ihrer Familien auf alle Ansprüche gegenüber den Vereinigten Papierwerken – und gegenüber Gustav Schickedanz. Am 9. November 1937 schreibt er aus London an Grete Lachner: »Der Erfolg in der schwebenden Prozess-Geschichte war wider Erwarten sehr, sehr gut. Ich bin überzeugt, daß alles sehr gut gehen wird.« So kommt es dann auch.

In einer »Generalquittung«, die am 14. Dezember 1937 in London unterzeichnet wird, erklären die Rosenfelders, dass sie »keinerlei irgendwie geartete Ansprüche gegen die Vereinigten Papierwerke und gegen Herrn Schickedanz erheben, wenn die im Schreiben des Dr. Linhardt« – des Anwalts von Gustav Schickedanz – »vom 10.12.1937 aufgeführten 3 Vergleiche abgeschlossen und erfüllt sind«. Unterzeichner sind Emil und Oskar, außerdem Paul, Hans, Erich, Selma und Hedwig Rosenfelder. Das Dokument hat nach dem Krieg für einige Irritation gesorgt, da der Käufer es nicht mehr auffinden und die Verkäufer sich nicht mehr daran erinnern konnten. Das Original bleibt bis heute verschwunden; eine Abschrift fand sich im Nachlass von Gustav Schickedanz.

Abschrift

Be s t ä t i g u n g

Wir erklären hiermit, dass wir keinerlei irgendwie geartete Ansprüche gegen die Vereinigte Papierwerke und gegen Herrn Schickedanz
erheben, wenn die im Schreiben des Dr. Linhardt vom 10.12.1937
aufgeführten 3 Vergleiche abgeschlossen und erfüllt sind.

London, den 14. Dezember 1937

Emil Rosenfelder   gez. E.R.
Oskar Rosenfelder   gez. O.R.
Paul Rosenfelder   gez. P.R.
Hans Rosenfelder   gez. H.R.
Erich Rosenfelder   gez. E.R.
Selma Rosenfelder   gez. S.R.
Hedwig Rosenfeld er   gez. H.R.

                                    gez. Dr. Ernst L i h a r d t
                                         (Rechtsanwalt)

A u t h o r i z a t i o n

We declare by this, that we make no pretensions in any form to the
"Vereinigte Papierwerke" and to Mr. Schickedanz, if the 3 agree-
ments, mentioned in the letter of dr. Linhardt of December 10th,
1937, are settled and fulfilled.

London, December 14th, 1937

Emil Rosenfelder   signed E.R.
Oscar Rosenfelder   signed O.R.
Paul Rosenfelder   signed P.R.
Hans Rosenfelder   signed H.R.
Erich Rosenfelder   signed E.R.
Selma Rosenfelder   signed S.R.
Hedwig Rosenfelder   signed H.R.

London, December 14th, 1937

                                    signed Dr. Ernst L i n h a r d t
                                           (lawyer)

»Keinerlei irgendwie geartete Ansprüche«. Mitte Dezember 1937 erklären sich die Rosenfelders mit den Absprachen einverstanden. Hier eine Abschrift aus dem Nachlass Schickedanz. Das Original gilt als verschollen.

Der Erwerb der Vereinigten Papierwerke durch Gustav Schickedanz ist nicht unproblematisch. Sicher, der Kauf des Aktienpakets der Brüder Rosenfelder war rechtens. Diese hatten sich strafbar gemacht und der Strafe, die auf Grundlage der überkommenen Gesetzgebung gegen sie verhängt wurde, durch Flucht entzogen. Auch hat Schickedanz die missliche Situation der Rosenfelders nicht genutzt und den Preis unter die Anstandsgrenze gedrückt. Im Gegenteil.

Allerdings bringt er sich mit dem Kauf in eine erhebliche Abhängigkeit von den lokalen Parteigrößen, und das wiederum macht fortan Konzessionen und Kompromisse unumgänglich. So hat er beim Erwerb eine Reihe von Auflagen zu akzeptieren, die ihm durch die Gauleitung gemacht werden und die seine Besitzrechte »in ungewöhnlicher Weise« einschränken. Beispielsweise muss die »Gewinnverteilung … nach NS-Grundsätzen erfolgen«, wie Gutachter Preuß nach dem Krieg feststellte. Ein Weiterverkauf des Aktienpakets kann nur mit Zustimmung der Gauleitung und der IHK erfolgen, und schließlich muss sich Schickedanz verpflichten, das Unternehmen auszubauen. Eine auch für die Verhältnisse des Dritten Reiches in dieser frühen Phase ungewöhnliche Situation. Sie zeigt, dass Streicher und seine Truppe zwar einerseits den solventen und versierten Unternehmer als Käufer der VP sehen wollen, dass die »Parteileitung« Schickedanz aber andererseits, wie Gutachter Preuß später festhielt, mit »großem Mißtrauen« begegnet.

Folglich tut Schickedanz in den kommenden Wochen und Monaten einiges, um sich das Wohlwollen der Gauleitung zu sichern und damit die Lage des Unternehmens zu stabilisieren, muss er doch jetzt feststellen, dass die Finanzlage »leider nicht so günstig« ist, »wie sie nach aussen hin scheinen könnte«. Das jedenfalls schreibt der Unternehmer am 25. Juni 1934 Karl Holz, dem Stellvertreter des Gauleiters Julius Streicher und Schriftleiter des *Stürmer*. Denn um auch die von Gustav Gerst gehaltenen Aktien erwerben zu können, hat Schickedanz bei der Dresdner Bank ein Darlehen aufgenommen.

Nunmehr muss er nicht nur »für beträchtliche Zinsen« aufkommen, sondern er hat auch, wie von der Gauleitung erwartet, erheblich in hochwertige Maschinen investiert und »grosse Kapitalien« in Rohstoffen und Halbfabrikaten angelegt. Und schließlich schätzt Schickedanz die »mehr als undurchsichtig[e] Prozesslage … ausserordentlich pessimistisch« ein, könne doch allein der in England anstehende Prozess um die Rechte der Vereinigten Papierwerke rund 250 000 Reichsmark verschlingen.

Hintergrund für diese Bilanz ist die Bitte um eine Spende, die Holz einige Wochen zuvor bei einer Begegnung mit Schickedanz vorgetragen hatte. Der sagt ihm dann auch 20 000 Reichsmark zu, wovon die eine Hälfte sogleich per Scheck, die andere Hälfte zum 1. Oktober 1934 gezahlt wird. Offensichtlich hatte Holz deutlich mehr erwartet, und so versucht der Unternehmer ihn nicht nur mit der Bemerkung zufriedenzustellen, dass sein »gesamtes verfügbares Vermögen im Vermögen der Vereinigten Papierwerke investiert worden ist«, sondern auch mit dem beiläufigen Hinweis, dass es schließlich darum gegangen sei, den »Aktienbesitz restlos in arische Hände« zu bringen und »das Unternehmen judenrein zu machen«.

Auch wenn es sich dabei offenkundig um taktisch bedingte Anleihen beim nationalsozialistischen Sprachgebrauch handelt, führt kein Weg an dem Ergebnis vorbei, dass Gustav Schickedanz damit Wasser auf die Mühlen der Arisierer gießt. Das gilt für dieses nicht öffentliche Lippenbekenntnis genauso wie für die öffentliche Charakterisierung der Quelle als »christliches« beziehungsweise »arisches« Unternehmen. Kein Wunder also, dass der Erwerb der Papierwerke später als Beispiel für die frühe Phase der Arisierung zitiert worden ist, obgleich er weder auf der Basis des geltenden Rechts noch gar hinsichtlich der Absicht des Käufers in diese Kategorie gehört.

Natürlich vergisst Gustav Schickedanz in seinem Schreiben an den stellvertretenden Gauleiter nicht den Hinweis auf die Schaffung neu-

er Arbeitsplätze. Hier muss er sich nicht verbiegen, hier treffen sich
die Interessen der neuen Machthaber mit denen des Unternehmers.
Die einen wie der andere sind an einer raschen Überwindung von
Wirtschaftskrise und Arbeitslosigkeit interessiert. So beschließt das
Berliner Kabinett Mitte Juli 1933, dass die Erhaltung und Mehrung
von Arbeitsplätzen durch die »Ankurbelung der Wirtschaft« sowie
die Sicherung der Rohstoffzufuhr und des Warenexports Vorrang
vor »Entjudungsmaßnahmen« haben sollten, und bis Jahresende 1935
pumpt die Regierung zum Zweck der Arbeitsbeschaffung annähernd
fünf Milliarden Reichsmark in den Wirtschaftskreislauf. Dass gleichzeitig, mit Wirkung zum 1. Januar 1935, die Umsatzsteuer für Betriebe
mit mehr als einer Million Reichsmark Umsatz von zwei auf zweieinhalb Prozent erhöht wird, ist unter solchen Umständen zu verschmerzen. 1935 wird die Quelle fast 16 Millionen Reichsmark erlösen.

Problematischer ist, dass sich der Trend bald umkehrt, dass die
Arbeitskräfte seit Mitte der dreißiger Jahre knapp werden. Das hat
mit der konjunkturellen Entwicklung, aber auch mit der Wiedereinführung der allgemeinen Wehrpflicht im März 1935 und der Ver-
längerung der Dienstzeit von einem auf zwei Jahre im August 1936
zu tun. Außerdem müssen seit Juni 1935 männliche wie weibliche
Jugendliche zwischen dem vollendeten 18. und vollendeten 25. Lebensjahr für sechs Monate einen sogenannten Reichsarbeitsdienst
ableisten. Nicht zuletzt aber macht sich jetzt der rasant zunehmende
Bedarf an Arbeitskräften in der Rüstungsindustrie bemerkbar. Mit
dem Übergang von der verdeckten zur offenen Rüstung steigt der
Anteil der Ausgaben für die Wehrmacht, wie die Streitkräfte jetzt
heißen, an den Gesamtausgaben der öffentlichen Hand 1936 auf
beinahe 40 Prozent.

Die Quelle ist von dieser Entwicklung einstweilen kaum betroffen, weil Gustav Schickedanz seine Mitarbeiter an das Unternehmen
zu binden weiß. Schon der Großhandel mit Kurzwaren, dann auch
die Quelle sind ja von Anfang an Familienunternehmen, zunächst

in dem ganz ursprünglichen Sinne, dass sich die Mitarbeiter des Unternehmers aus dem Kreis seiner nächsten Verwandten rekrutierten. Bis zu ihrem Unfalltod war seine erste Frau, wie Schickedanz noch im Oktober 1945 sagt, seine »wichtigste Mitarbeiterin im Geschäft«. Danach übernahm zeitweilig seine Schwester Liesl, dann immer stärker deren Mann, Gustavs Schwager Daniel Kießling, diese Funktion.

Diesen Charakter seines Betriebs als Familienunternehmen verliert Gustav Schickedanz nie aus dem Auge, sondern pflegt ihn im Gegenteil und gerade auch dann ganz bewusst, als die Zahl seiner Mitarbeiter während der dreißiger Jahre rasant wächst. Das für diesen Typ des Familienunternehmens charakteristische Fürsorgeprinzip ist für Schickedanz stets maßgeblich und selbstverständlich gewesen. Nach dem Krieg hat er für die amerikanische Militärverwaltung geschildert, warum das so gewesen ist und wie das im Falle der Quelle konkret ausgesehen hat.

»Da ich aus einfachen Arbeiterkreisen stamme … hatte ich stets ein großes Interesse für soziale Probleme. Ich kenne die sozialen Nöte aus meiner Kinderzeit, ich habe sie in den Arbeitergegenden meiner Vaterstadt … in allen Phasen miterlebt … Es gab nie untertarifliche Bezahlungen in meinen Betrieben. Die durch das dritte Reich neu eingeführten Weihnachtsgratifikationen z. B. waren in meinem Betrieb schon von jeher eine Selbstverständlichkeit … Ich gestattete meinen Arbeitern und Angestellten[,] in unbeschränktem Umfang Waren aus meinem Betrieb zu beziehen und zwar zu einem Preis, der 10 % unter dem *Großhandelspreis* lag … Zwei- bis drei Mal im Jahr hielt ich mit meiner Belegschaft größere Veranstaltungen mit kostenloser Bewirtung ab.«

Zu diesen Veranstaltungen gehören unter anderem Betriebsausflüge. So fährt die »gesamte Betriebsgemeinschaft«, wie die lokale Zeitung zu berichten weiß, Anfang September 1935 mit dem Boot von Doos nach Fürth, wo man weiterfeiert. Als Impresario fungiert

Vorbildliche Betriebsgemeinschaft: Neben »Betriebsführer« Gustav Schickedanz grüßt seine Schwester, »Betriebsführerin« Liesl Kießling, die »Gefolgschaft« der Quelle auf der Weihnachtsfeier 1934.

Herr Karsch, der im Übrigen bei dieser Gelegenheit auch den ersten Auftritt der »Turn- und Sportabteilung« der Quelle präsentiert. Die wiederum war Anfang des Jahres aus der Taufe gehoben worden und ist der Nukleus des Leichtathletik Club Quelle Fürth.

Natürlich bildet auch bei der Quelle die Weihnachtsfeier den Höhepunkt des jährlichen Festbetriebs, zumal der Chef dann seinen Mitarbeitern eine Bilanz des vergangenen und einen Ausblick auf das kommende Jahr gibt und sich gewohnt großzügig zeigt. Wie die *Nordbayerische Zeitung* meldet, werden 1934 Geschenke im Wert von fast 20 000 Reichsmark verteilt.

Im Fränkischen weniger geläufig sind hingegen die Maskenbälle, die Gustav Schickedanz Jahr für Jahr zur Faschingszeit mit seinen Mitarbeitern feiert und an die sich gelegentlich am folgenden Tag ein Ausflug anschließt. Auch darüber wird in der lokalen Presse ausführlich berichtet, und in der Regel sind die Blätter, wie im Februar 1934, des Lobes voll, fühle man doch förmlich die »innere wahrhafte und seelenfrohe Verbundenheit« von »Betriebsführung und Belegschaft«, nach der »wir alle streben sollten«. Im folgenden Jahr legt der Maskenball Zeugnis ab »von einer ganz ausgezeichneten, nationalsozialistischen Betriebsgemeinschaft«, so dass der Beobachter des *Fürther Anzeigers* geradezu ins Schwärmen gerät. »Möchten doch alle Betriebsführer und deren Gefolgschaft in diese Fußstapfen geraten, dann wäre Nationalsozialismus in die Wirklichkeit umgesetzt.« 1936 ist es dann das *Fürther Tagblatt*, das beim Faschingsball der Firma Gustav Schickedanz die »vorbildliche schönste Betriebskameradschaft« ausmacht.

Dass Gustav Schickedanz die Feste nicht ausrichtet, um sein Unternehmen in den Fürther Zeitungen als vorbildliche Betriebsgemeinschaft und sich selbst als mustergültigen Betriebsführer geschildert zu finden, versteht sich von selbst. Aber natürlich kommen ihm solche Berichte nicht ungelegen. Denn Fürth ist klein und eng, in allen Ecken und Winkeln von den Nationalsozialisten und namentlich der örtli-

chen Gauleitung durchsetzt und kontrolliert. Kein Wunder, dass der
größte, zudem rasch expandierende Betrieb der Stadt unter ständiger
Beobachtung steht und dass die mit dem Erfolg weiter wachsende
Schar der Neider und Gegner nur darauf wartet, dass sich der Mann an
der Spitze eine Blöße gibt. Sich unter diesen Umständen und in dieser
Position einem Ansinnen der Stadt zu entziehen, ist kaum möglich,
selbst wenn Gustav Schickedanz das gewollt hätte.

Am 3. Oktober 1935 nimmt er erstmals als »Ratsherr« an einer
Sitzung des Stadtrats teil. Grundlage für sein neues Amt ist die
Deutsche Gemeindeordnung vom 30. Januar 1935, die in Deutschland ein einheitliches Kommunalverfassungsrecht schafft und bei
dieser Gelegenheit das Führerprinzip auch auf der Gemeindeebene
etabliert. Die Ratsherren sind »gemeindliche Ehrenbeamte«, dem
Bürgermeister zum Gehorsam verpflichtet und gemäß der Durch-
führungsverordnung erstmals zum 1. Oktober 1935 auf sechs Jahre
zu berufen. Die Berufung erfolgt – »im Benehmen mit dem Bürgermeister« – durch den Beauftragten der Partei, der wiederum vom
Stellvertreter des »Führers« bestimmt wird. Dabei ist »auf nationale
Zuverlässigkeit, Eignung und Leumund« zu achten. Zu berücksich-
tigen sind »Persönlichkeiten …, deren Wirkungskreis der Gemeinde
ihre besondere Eigenart oder Bedeutung gibt oder das gemeindliche
Leben wesentlich beeinflußt«.

So gesehen hat Fürths Oberbürgermeister Jakob überhaupt keine
andere Wahl, als Gustav Schickedanz zu berufen. Und der hat keine
andere Wahl, als dem Ruf zu folgen – jedenfalls dann nicht, wenn
er sein Versandhaus mehr oder weniger unbehelligt vom Fürther
Biotop aus lenken will. Anders sieht es mit der Aufnahme in die SS
aus, die ihm 1936 angetragen worden sein soll und die er abgelehnt
haben will. Das sei ihm, wie er ein Jahrzehnt später zu Protokoll
gibt, verübelt worden, weil der SS auf diese Weise erhebliche Mittel
entgangen seien.

So bleibt der Ratsherr das einzige politische Amt, das Gustav Schickedanz in der Zeit des Dritten Reiches bekleidet. Ein Vergnügen ist die Tätigkeit des Unternehmers im Stadtrat wohl kaum – für den Ratsherrn nicht und für die Stadt auch nicht. Denn für politische Fragen fehlt ihm, wie Ludwig Erhard nach dem Krieg festgestellt hat, »das Interesse und auch der nötige Instinkt«. Wie andere Unternehmer in vergleichbarer Situation und Position auch nutzt Schickedanz seine Mitgliedschaft im Stadtrat und versucht hier und da Einfluss auf die Wirtschaftspolitik der Stadt zu nehmen.

Nach dem Krieg hat er dieses Kapitel seines Lebens so geschildert: »Als mir der damalige Oberbürgermeister Jakob mitteilte, daß ich zum Ratsherrn bestimmt sei, sträubte ich mich gegen meine Berufung. Erst als Jakob androhte[,] Maßnahmen gegen mich zu ergreifen, wenn ich der Berufung zum Ratsherrn nicht Folge leisten würde, nahm ich die Berufung an mit dem Vorsatz[,] bei der Vertretung der Fürther Bürgerschaft die groben Auswüchse des nationalsozialistischen Einflußes zu bekämpfen. In der Folgezeit nahm ich nur ab und zu an den geschäftlichen Sitzungen der Ratsherren teil. Wegen meiner häufigen Abwesenheit wurde ich mehrmals verwarnt. An keiner einzigen politischen Veranstaltung der Ratsherren nahm ich teil … ich war der einzige Ratsherr[,] der stets in Zivilkleidung erschien und der nie eine Uniform getragen oder auch nur besessen hat.«

Tatsächlich gibt es kein einziges Bild, das Gustav Schickedanz in Uniform zeigt, und in den Protokollen des Stadtrats hat er schon deshalb kaum Spuren hinterlassen, weil diese lediglich als Ergebnisprotokolle vorliegen. Sicher ist, dass Ratsherr Schickedanz als Beirat für das Stiftungswesen, für die Finanzverwaltung, für die Städtischen Werke und für das Schul- und Bildungswesen fungiert. Sicher ist auch, dass er bis Dezember 1944 lediglich an 39 von 76 Sitzungen teilnimmt.

Dafür sind nicht zuletzt gesundheitliche Probleme verantwort-

lich, die Schickedanz seit Mitte der dreißiger Jahre erheblich zu
schaffen machen. Ende Januar 1935 hält er sich mehrere Tage im Berliner Franziskus-Krankenhaus auf, um sich gründlich untersuchen
zu lassen. Dabei verdichten sich, wie er an Grete Lachner schreibt,
»immer mehr« die »Anhaltspunkte, dass es die Galle ist«. Spätestens
seit 1937 ist er zudem wegen einer »cholangenen Lebercirrhose«,
dann auch noch wegen einer »chronischen Gastroenterocolitis« in
Behandlung.

Zum Glück treten die Beschwerden nur schubweise beziehungsweise saisonal auf, so dass Gustav Schickedanz nicht über längere
Zeit vom Geschäft ferngehalten wird und – jedenfalls in den dreißiger Jahren – auch seinen sportlichen Neigungen nachgehen kann.
Aber das ändert nichts daran, dass er wiederholt für längere Zeit zur
Behandlung ins Krankenhaus muss und auch nicht um den einen
oder anderen Kuraufenthalt herumkommt. Zwar verkürzt er diesen
zum Beispiel im Januar 1936 von den ursprünglich geplanten drei
Monaten auf einen und nutzt dabei noch den halben Tag, um »die
wichtigsten u. brennendsten geschäftlichen Angelegenheiten« zu
erledigen, wie er den Fürther Oberbürgermeister wissen lässt. Doch
steht er in diesen Zeiten nicht zur Verfügung – im Geschäft nicht und
im Stadtrat auch nicht.

Daher bittet Schickedanz wegen gesundheitlicher Probleme
immer wieder um Freistellung von den Sitzungen des Stadtrates,
und während der dreißiger Jahre gibt es dabei auch keine größeren
Schwierigkeiten. Dann ändert sich das Klima. Offenbar werden die
Erkrankungen nicht mehr als Entschuldigung akzeptiert. Sicher ist,
dass der Unternehmer am 24. November 1943 zum letzten Mal an
einer Sitzung des Gremiums teilnimmt. Ende Februar des folgenden
Jahres mahnt der Bürgermeister dann das wiederholte »unentschul-
digt[e] Fernbleiben« an und droht Schickedanz mit entsprechender
»Schlußfolgerung«, sollte sich das nicht ändern.

Dabei handelt es sich bei den Erkrankungen, jedenfalls in

diesen Jahren, offenkundig nicht um Vorwände. Anfang Mai 1944 attestieren die Ärzte, dass »Herr Sch. … zur Zeit nur unter einer sorgsam ausgewählten Diät arbeitsfähig zu halten« ist, und nennen als Grund für seine erheblichen gesundheitlichen Probleme bis hin zu »bedrohlichen Collapserscheinungen« nicht zuletzt »psychische Insulte«. Vieles spricht dafür, dass die Gallenerkrankung und andere Unpässlichkeiten vor allem körperliche Reaktionen auf die als unangenehm und beengend empfundenen äußeren politischen wie wirtschaftlichen Umstände sind. Jedenfalls fällt auf, dass sie spätestens Anfang 1935 massiv auftreten und dass sich die Situation seit 1945 rasch bessert, wenn auch nie mehr grundlegend ändert.

An den Geschäften wird es gewiss nicht gelegen haben, im Gegenteil. Die laufen ja – die Rahmenbedingungen in Rechnung gestellt und aufs Ganze gesehen – auch in der Zeit des Dritten Reiches nicht schlecht. Ganz anders in den Jahren nach dem Ende von Diktatur und Krieg. Die sehen Schickedanz in einer der geschäftlich wie – auch deshalb – »seelisch« schwierigsten Situationen seines Lebens.

Unmittelbare geschäftliche Vorteile hat die Tätigkeit als Ratsherr Gustav Schickedanz nicht gebracht. Wohl hat die Stadt Mitte der dreißiger Jahre ein »großes Interesse« daran, dass die »Firma Schickedanz« Arbeitsplätze »für zahlreiche Erwerbslose« schafft, und kommt ihr daher bei Grundstückskäufen und in Steuerfragen entgegen, doch erklärt sich dieses Interesse nicht aus der Ratstätigkeit des Inhabers. Für die Stadt ist entscheidend, dass sie im Zentrum der Unternehmensplanung der Quelle bleibt, zumal das Versandhaus Mitte der dreißiger Jahre nicht nur die Erweiterung des Warenangebots, sondern auch den Ausbau der Fertigung vorantreibt.

So kauft Schickedanz zum Jahresende 1935 die Frankfurter Bettfedernfabrik Baum & Mosbacher. Weil die Quelle einen jährlichen Bedarf von bis zu 50 000 Kilogramm Bettfedern hat, meldet sich

Gustav Schickedanz Anfang November 1935 auf eine Chiffre-Anzeige in der *Frankfurter Zeitung*. Die Verhandlungen sind am 21. November 1935, also nach gut zwei Wochen, abgeschlossen, und am gleichen Tag tritt die Frankfurter Bettfedernfabrik GmbH ins Leben. Gegenstand des Unternehmens sind die »Herstellung und der Großhandel, einschließlich Ein- und Ausfuhr, von rohen und gereinigten Bettfedern und Daunen, insbesondere die Fortführung der von der Firma ›Baum & Mosbacher‹ betriebenen Fabrikations- und Handelsunternehmen aufgrund eines mit dieser Firma zu schließenden Übernahmevertrags«.

Die in jüdischem Besitz befindliche Bettfedernfabrik hatte seit Anfang der dreißiger Jahre zunehmend mit Schwierigkeiten zu kämpfen, in denen sich zum einen die allgemeine wirtschaftliche Lage während der Weltwirtschaftskrise, zum anderen aber – und von dieser verstärkt – der zeittypische Trend der deutschen Bettfedernindustrie spiegelten. Lag der Umsatz 1931 noch bei rund einer Million Reichsmark, so fällt er bis 1932 auf 450 000 und liegt schließlich 1935 bei 275 000 Reichsmark. Nachdem sich die Eigentümer erfolglos um einen Käufer bemüht haben, schalten sie die Anzeige. Schickedanz zahlt für die Fabrik 210 140 Reichsmark, die den vormaligen Eigentümern einen Tag nach Unterzeichnung des Kaufvertrages in bar ausgehändigt werden. Im Übrigen verpflichten sich die beiden Vorbesitzer, dem neuen Eigentümer bis Ende Januar 1936 für monatlich 1000 Reichsmark als »Fachberater« zur Verfügung zu stehen.

Auch der Kauf dieser Fabrik erfolgt nicht im Zuge der Arisierung. Selbst wenn die allgemeine Lage der Juden in Deutschland den Druck auf die Baums, ihren Betrieb zu verkaufen, erhöht haben sollte, wofür es jedoch keinen Anhaltspunkt gibt, ist diese nicht für den Besitzerwechsel entscheidend. Das gilt für die Motive der Verkäufer, und es gilt für die Motive des Käufers. Zu einem ähnlichen Ergebnis kam schon Gutachter Erich Preuß, als er im Juli 1948 zwar vom »Druck der allgemeinen Verhältnisse« sprach, aber weder einen

»Einfluss staatlicher oder politischer Stellen« noch »übermäßige Vorteile« für den Käufer oder andere Personen zu erkennen vermochte, obgleich der Kaufpreis rund zehn Prozent unter dem von ihm berechneten Substanzwert gelegen habe.

Dass Gustav Schickedanz als Geschäftsmann einen möglichst günstigen Kaufpreis erzielen wollte, ist nachvollziehbar; dass er bei den Verhandlungen und beim ausgehandelten Preis das ungeschriebene Gesetz geschäftlichen Anstands nicht verletzt hat, ist offenkundig; dass er die jüdischen Vorbesitzer – als Berater und gegen ein ordentliches Gehalt – für einige Wochen weiter verpflichtete, ist bemerkenswert.

Der Kauf der Bettfedernfabrik ist ein Beispiel für die Expansion des Versandhauses Mitte der dreißiger Jahre, die Gründung der Quelle-Fahrrad GmbH am 16. April 1936 ist ein anderes. Persönlich haftende Gesellschafter des neuen Geschäfts, das Mitte September 1938 ins Handelsregister des Amtsgerichts Fürth eingetragen wird, sind Gustav Schickedanz und sein Schwager, der »Fabrikdirektor« Daniel Kießling. Gegenstand des Unternehmens, dessen Geschäftslokal sich in der Nürnberger Straße befindet, ist die »Fabrikation und der Vertrieb von Fahrrädern, Fahrrad-Ersatzteilen, Spielwaren, Musikinstrumenten, Haushaltswaren und so weiter«. Offenbar vertreibt das Unternehmen vor allem Räder der Nürnberger Fahrradfabrik Orga AG. Der Erfolg hält sich in Grenzen. Macht die Firma zunächst nur bescheidene Gewinne, schlagen seit 1940 – und wohl als Folge der Rohstoffknappheit – nur noch Verluste zu Buche.

Zu diesem Zeitpunkt ist auch das übrige Sortiment der Quelle nur noch ein Schatten seiner selbst. Dabei sah es Mitte der dreißiger Jahre so aus, als stünde das Versandgeschäft vor seinem endgültigen Durchbruch. Mit dem Weihnachtsangebot 1934 wird allen in der »Kartothek« verzeichneten Kunden erstmals kostenlos das *Quelle Jahrbuch* zugestellt, das mit seiner Mischung aus Information, Unterhaltung und Preisausschreiben die Kundenbindung weiter stärken soll; und der Mantel des Frühjahrsangebots 1936 der *Neuesten Quelle-Nachrichten* erscheint zum ersten – und für einige Zeit auch zum letzten – Mal im Vierfarbdruck.

Seit Herbst dieses Jahres wird das Spielzeug in einer eigenen achtseitigen Beilage angeboten. Sie wird den *Neuesten Quelle-Nachrichten* beigegeben, die inzwischen 32 Seiten umfassen. Angeboten werden unter anderem, und gewissermaßen der Wiedereinführung der allgemeinen Wehrpflicht und dem Einmarsch deutscher Truppen ins Rheinland folgend, eine »Marschkolonne«, deren Fahne das Hakenkreuz zeigt, ein Kubus-Baukasten mit »sechs verschiedenen Bildern unserer Wehrmacht«, deren Angehörige ähnlich wie auch ein »Flieger« ohne die Hoheitszeichen von Heer beziehungsweise Luftwaffe auskommen. 1937 wird das Angebot weiter ausgebaut und ergänzt, so um ein »Panzerauto mit Flakgeschütz«, einen »Flottenbaukasten« und anderes mehr.

Im Übrigen präsentiert das Herbstangebot der *Neuesten Quelle-Nachrichten* auch die Gewinner der »Quelle-Preisfrage 1936«. Fritz Haag holt den mit 500 Reichsmark dotierten ersten Preis für seinen Vers »Ein Brief nur an die richtige Stelle, dann bringt die Post bis vor die Schwelle, die schönsten Sachen von der Quelle«; die Witwe Krämer reimt »Quelle-Waren – ohne Frage sind die beste Sparanlage«; und Helene Böttcher erreicht mit ihrem Gedicht einen ehrenvollen dritten Platz und ein Preisgeld von 150 Reichsmark: »Bist Du klug, dann kauf allein, im Versandhaus Quelle ein. Was Du dann im Jahr erspart, reicht zur ›Kraft durch Freude-Fahrt‹.«

Keine Frage, das Geschäft läuft gut. 1936 legt der Umsatz gegenüber dem Vorjahr um mehr als 60 Prozent auf 25,7 Millionen Reichsmark zu, um im folgenden Jahr die Rekordmarke von gut 30 Millionen Reichsmark zu erreichen. Entsprechend wächst die Zahl der Mitarbeiter, von 1800 im Jahr 1936 auf den Höchststand von 3500 zwei

»Freude ins Haus«: Seit 1934 erhalten alle in der »Kartothek« verzeichneten Kunden den jährlich erscheinenden *Kalender für das deutsche Haus*.

Jahre darauf. Um sie alle beschäftigen zu können, müssen die Räumlichkeiten der Quelle in Fürth ständig ergänzt und erweitert werden.

So erwirbt Gustav Schickedanz Mitte April 1937 ein Geschäftshaus an der Flössaustraße 22/25, um hier die Wollausrüstung und die Strickerei anzusiedeln. Dafür zahlt er 65 000 Reichsmark, rund 60 Prozent des Einheitswertes. Weil aber Johann Wilhelm Ehrlich, der Vorbesitzer, bei Schickedanz verschuldet ist, wird der ausstehende Betrag mit dem Kaufpreis verrechnet. Im Übrigen zeigt sich der Käufer großzügig und zahlt dem Vorbesitzer noch einen Barbetrag aus, obgleich die Grundschuld, die er übernimmt, den Grundstückswert übertrifft.

Andere Immobilien aus vormals jüdischem Besitz erwirbt Gustav Schickedanz im Januar beziehungsweise Mai 1938 auf dem Weg der Zwangsversteigerung. Das gilt für das Gebäude Nürnberger Straße 56/58, das sogenannte Konstamm-Haus aus dem Erbe der gleichnamigen Brüder Willy und Emil; und es gilt für ein in der Nähe gelegenes Grundstück an der Hornschuchpromenade 13, das Max Offenbacher gehört. In beiden Fällen erwirbt Schickedanz die Immobilie unter dem Einheitswert, in beiden Fällen waren die Vorbesitzer während der großen Wirtschaftskrise in Schwierigkeiten geraten und bei den Banken hoch verschuldet, die jetzt wenigstens an einen Teil ihres Geldes kommen wollen.

Wie alle geschäftlichen Transaktionen wurden auch diese nach 1945 von den Behörden geprüft und ebenso wenig beanstandet wie der Kauf des Wohnhauses an der Parkstraße 32 in Fürth-Dambach. Dabei ist Gustav Schickedanz in diesem Fall nicht einmal der Käufer. Das Gebäude war 1926/27 mit Hilfe staatlicher und städtischer Darlehen von Balthasar Lippert errichtet worden. Bereits vor der Machtübernahme durch die Nationalsozialisten wird der städtische Verwaltungsoberinspektor, der auch die SPD im Stadtrat vertritt, wegen Bestechung seines Postens enthoben. Als Lippert Anfang 1936 außerdem die Pension gestrichen wird, macht er sich auf die Suche

nach einem Käufer für sein verschuldetes Anwesen an der Parkstraße.

Es dauert ein Jahr, bis ein solcher gefunden ist: »Fräulein Grete
Lachner«, seit vielen Jahren bei Gustav Schickedanz angestellt und
seit geraumer Zeit auch diskret mit ihm liiert, will das Haus gemeinsam mit der Mutter, der Großmutter sowie mit dem Bruder
Hans beziehen, der zurzeit seinen Wehrdienst ableistet. Weil sie aber
nicht über genügend Eigenmittel verfügt, um den Preis in bar zu
entrichten, macht sie den Fortbestand der dem Bauherrn durch die
öffentliche Hand gewährten Darlehenskonditionen zur Bedingung
für den Kauf. Also wendet sich Lippert an den Oberbürgermeister
der Stadt Fürth, der dem Ansinnen zustimmt, »da die Käuferin die
Gewähr bietet, dass die Darlehensbedingungen erfüllt werden«. So
kommt es dann auch. Nachdem die neue Darlehensnehmerin das
Wohnhaus an der Parkstraße 32 im Frühjahr 1937 für knapp 38 000
Reichsmark erworben hat, kann sie das städtische Darlehen bis April
1945 vollständig zurückzahlen. Überraschend ist das nicht, verfügt
die bei der »Fa. Gustav Schickedanz, Fürth« Angestellte doch seit
1938 über ein steuerpflichtiges Jahreseinkommen von 10 065 Reichsmark.

Ob ihr Gustav Schickedanz, mit dem Grete Lachner seit Juni 1942
verheiratet ist, unter die Arme gegriffen hat, lässt sich nicht mehr
feststellen. Sicher ist, dass sie die Käuferin gewesen ist und dass ihr
späterer Gatte ihr Mitte März 1937 in diesem Sinne brieflich zum
Kauf gratuliert und sich mit ihr gefreut hat, »daß dein großer Fleiß,
dein riesiger Arbeitswille, deine Tüchtigkeit u. vor allen Dingen deine Sparsamkeit es hauptsächlich gewesen sind, die dazu beigetragen
haben, so etwas ›Schönes‹ jetzt dein Eigen nennen zu können«.
Sicher ist schließlich auch, dass sich Gustav Schickedanz nach dem
Krieg in einer Aufstellung für die Spruchkammer als Käufer nennt.

Warum er das tut, lässt sich nicht genau sagen. Naheliegend ist
die Angabe insofern, als die beiden ja seit ihrer Heirat steuerlich

zusammen veranschlagt werden. So gesehen ist er ohnehin in der Mitverantwortung. Dass er damit auch der Legende Vorschub leisten könnte, schon beim Kauf seine spätere Gattin als »Strohmann« benutzt zu haben, kann er sich wohl nicht vorstellen. Tatsächlich wird Gustav Schickedanz aber dann mit dem Vorwurf konfrontiert, den Verkauf der Immobilie an Grete Lachner »mit Hilfe eines politischen Druckes« befördert zu haben. Jedenfalls trägt Oskar Rosenfelder der Spruchkammer diese Version zu und beruft sich dabei auf Georg Lippert, den Sohn des Verkäufers. Der wiederum gibt sich als »politisch Verfolgter«, ist aber nicht als solcher registriert und gilt zum Beispiel Hans Wallner, dem Öffentlichen Kläger in den diversen Verfahren gegen Schickedanz, als eine der »zweifelhaftesten Persönlichkeiten« Fürths.

Dass Gustav Schickedanz dem offenbar Mitleid erregenden Mann helfen will und Georg Lippert als Generalvertreter in einer seiner Firmen anstellt, bis dieser Ende 1947 vom zuständigen Treuhänder wieder entlassen wird, ist Teil dieser Geschichte – und damit eines ständig wachsenden Berges von Vorwürfen, Anklagen und Anfeindungen, denen sich Schickedanz seit Ende des Krieges gegenübersieht. Genau genommen gibt es kaum eine größere Transaktion der späten dreißiger und frühen vierziger Jahre, die dem Unternehmer nach 1945 keine Schwierigkeit bereitet hätte. Das gilt insbesondere für die vermeintlichen Arisierungen.

Am 26. Februar 1937 übernehmen die Vereinigten Papierwerke, die sich seit knapp drei Jahren im Besitz von Gustav Schickedanz befinden, die M. Ellern GmbH. Die VP benötigen Vormaterialien für Holzstoff und Wellpappe und wollen ihr »Kontingent an Zellstoff« erhöhen, wie es in den Unterlagen der Dresdner Bank heißt. Die beiden Papierfabriken in Forchheim und Stadtsteinach, die den Brüdern Max und Martin Ellern-Eichmann gehören, befinden sich seit Anfang der dreißiger Jahre in finanziellen Schwierigkeiten. Entstanden sind diese zum einen durch erhebliche Entnahmen der beiden Inhaber, die nach dem Krieg auf jährlich rund 150 000 Reichsmark beziffert werden, und zum anderen durch Um- und Neubauten, mit denen sich die Brüder 1930/31 übernommen haben. Als seit Anfang 1932 die laufenden Kosten nicht mehr getragen werden können, drehen die Banken den Geldhahn zu und führen am 10. Oktober 1932 eine Zahlungseinstellung herbei.

Seither versucht ein Treuhandausschuss der Gläubiger den Geschäftsbetrieb zu überwachen und gemeinsam mit den Brüdern einen Weg aus der desolaten Lage zu finden. Weil aber der Schuldenberg bis 1936 auf über 200 000 Reichsmark angewachsen ist und die Restforderungen der Großgläubiger nur zu zehn Prozent befriedigt worden sind, steht für 1937 der Konkurs ins Haus. In dieser Situation werden die Vereinigten Papierwerke aus den Reihen der Gläubiger auf die Firma Ellern aufmerksam gemacht. Gustav Schickedanz ist grundsätzlich interessiert, weiß allerdings, dass neben den Gläubigerforderungen ein beträchtlicher Investitionsbedarf anliegt. Denn die beiden Werke in Forchheim und Stadtsteinach entsprechen »in keiner Weise den Anforderungen eines gesunden Betriebes«, wie es in einer internen Bilanz vom Juli 1943 heißt, und werden nur nach einer radikalen Produktionsumstellung auf moderne Maschinen schwarze Zahlen schreiben.

Auf Basis des Mitte Dezember 1936 bekannt gegebenen Verkaufs erwirbt Gustav Schickedanz mit Beginn des Jahres 1937 die Restforderungen der Großgläubiger in Höhe von gut 1,2 Millionen Reichsmark. Sie sind Gegenstand eines Generalvergleichs zwischen den Vereinigten Papierwerken und den Brüdern Ellern, in dem diese den Vereinigten Papierwerken die Grundstücke in Forchheim und Stadtsteinach für 425 000, Maschinen, Einrichtungen etc. für 700 000 und ihre GmbH-Anteile im Wert von 100 000 für 20 000 Reichsmark verkaufen. Von der Summe geht eine offene Hypothek in Höhe von 425 000 Reichsmark ab; die restlichen 720 000 Reichsmark werden mit den Gläubigerforderungen verrechnet, welche die Vereinigten Papierwerke übernommen haben.

In der Schlussphase der Verhandlungen zwischen den Ellerns und den Vereinigten Papierwerken, also Gustav Schickedanz, geht den Brüdern ein Brief der Gauleitung Bayerische Ostmark der NSDAP vom 5. Februar 1937 zu. Darin fordert der Gauwirtschaftsberater den umgehenden Abschluss der Verhandlungen und stellt unmissverständlich klar, »dass die Gauleitung jeden, der den Betrieb und damit die Existenz der Gefolgschaft aus eigennützigen Motiven gefährdet, als Wirtschaftsschädling betrachtet und dementsprechend die schärfsten Massnahmen, die dem Nationalsozialistischen Staat in solchen Fällen zustehen, veranlassen wird«.

Natürlich gehen die Brüder Ellern davon aus, dass der Quelle-Chef hinter der Demarche steckt, zumal Gauwirtschaftsberater »Dr. Linhardt« auch noch namensgleich mit dem Anwalt des Unternehmers ist. Im Spruchkammerverfahren gegen Gustav Schickedanz konnte dann aber, schon über die Vornamen, sowohl dieser Irrtum als auch einwandfrei geklärt werden, dass der Brief nicht von Schickedanz initiiert worden war. Zudem ergaben die Vorermittlungen, dass die Intervention keinen Einfluss auf die Vertragsverhandlungen hatte, die am 26. Februar 1937 zum Abschluss gebracht werden können.

Auch in diesem Fall zeigt sich Gustav Schickedanz gegenüber den vormaligen Besitzern großzügig. So wird nicht nur ihr persönlicher Grundbesitz von Belastungen befreit, sondern die Brüder erhalten auch eine Abfindung in Höhe von jeweils 20 000 Reichsmark und werden bis zum Jahresende vom neuen Eigentümer mit einem Salär von je 1100 Reichsmark angestellt. Das ist schon deshalb bemerkenswert, weil die Brüder später von den Schikanen berichtet haben, denen sie durch Gustav Schickedanz ausgesetzt gewesen seien.

Die Regelung hat nicht verhindern können, dass sich Schickedanz nach dem Krieg auch in diesem Fall dem Vorwurf der Arisierung ausgesetzt gesehen hat. Die dabei aufgestellte Behauptung, die Vereinigten Papierwerke, also Gustav Schickedanz, hätten sich »auf Kosten rassisch Verfolgter unbillig bereichert«, hielt schon der Nachkriegsgutachter Wilhelm Rieger für »ganz abwegig«. Er gewann vielmehr den Eindruck, dass »die Brüder Ellern froh sein mussten, dass sie in der VP einen zahlungskräftigen Käufer fanden, der sie aus ihrer unangenehmen Lage befreite«. Und auch Gutachter Preuß mochte keine »eigensüchtige Ausnutzung der durch die Gewaltherrschaft geschaffenen Zustände« erkennen. »Die Ursachen des Verkaufs liegen vielmehr ausschließlich im wirtschaftlichen Niedergang des Unternehmens, der schon lange vor 1933 seinen Anfang genommen hatte.«

Die hohe Aufmerksamkeit, welche die Fabrikkäufe nach dem Krieg gefunden haben, lässt leicht übersehen, dass die Firma Quelle der Mittelpunkt der unternehmerischen Aktivitäten von Gustav Schickedanz bleibt und dass 90 Prozent seines »Gesamteinkommens stets aus dem … Versandgeschäft gekommen« sind, wie er nach dem Krieg zu Protokoll gibt: »Nur die restlichen 10 % stammen aus Unternehmungen, die ich nach 1933 erworben habe.« Dieses Versandgeschäft steht 1938 auf dem Höhepunkt seiner Entwicklung, und mit ihm der Mann, der das Geschäft ziemlich genau ein Jahrzehnt zuvor aus der Taufe gehoben hat. Eine enorme Leistung. Dabei ist Gustav Schickedanz gerade einmal 43 Jahre alt.

Für den Erfolg gibt es eine Reihe von Gründen, darunter den, dass ihm das Geschäft einen Weg geboten hat, um aus der schweren Lebenskrise nach dem Tod seiner Familie herauszufinden. Weil die Gründung des Versandhandels mit der Krise der Weltwirtschaft zusammenfiel, hatte er keine Wahl, als sämtliche Energien in seinen Erhalt und seinen Ausbau zu stecken.

Zum Glück ist Gustav Schickedanz in guter geistiger und seelischer, insgesamt auch in guter körperlicher Verfassung. Die Ver-

wundung aus der Zeit des Ersten Weltkriegs hat keine bleibenden
Spuren hinterlassen, und die erwähnten Gallen- sowie andere stark
psychosomatisch ausgeprägte Leiden werden erst seit Ende der drei-
ßiger Jahre zu einem handfesten Problem. Und so nutzt er seine freie
Zeit für den Sport – Schickedanz ist Mitglied im TV Fürth 1860 – und
für Spaziergänge und Wanderungen in der freien Natur. Für einen
Gepäckmarsch über 25 Kilometer benötigt er im Juli 1937 keine vier
Stunden und erfüllt so neben den entsprechenden Leistungen im
Schwimmen, Laufen, Steinstoßen und Weitsprung eine Voraussetzung für das Deutsche Reichssportabzeichen in Gold.

Soweit in dieser Zeit geschäftlicher Expansion bei Gustav Schickedanz von einem Privatleben die Rede sein kann, dreht es sich um
drei Damen. Da ist einmal und vor allem seine kleine Tochter Louise,
die als einziges Familienmitglied die Katastrophe des Sommers 1929
überlebt hat und jetzt zwölf ist. Im Juli 1937 kommt Emilie Lottes als
Erzieherin nach Dambach. Weil Louise wegen eines Rückenleidens
lange Zeit nicht zur Schule gehen kann, übernimmt Fräulein Lottes,
die von Hause aus Gymnasiallehrerin ist und diesen Beruf neben
ihrer Anstellung bei Schickedanz weiter ausübt, die Unterrichtung
des Mädchens in sämtlichen Fächern. Im Übrigen wird sie zu einem
ausgleichenden Element neben der liebenswerten, aber auch gestren-
gen Hausdame Hilde Bopp, die sie in Dambach »Bopessa« nennen.

So ist Emilie Lottes bald Teil der Familie, begleitet sie auf ihren
Reisen zu den Festspielen in Bayreuth und Salzburg oder auch in den
Urlaub am Wörthersee. Vor allem aber wird die Lehrerin für die in
sich gekehrte Louise zu einer vertrauten Weggefährtin. Wäre es nach
Gustav und Grete Schickedanz gegangen, hätte Emilie Lottes auch
bei ihrer Tochter Madeleine diese Funktion übernommen. Weil sie
aber inzwischen verheiratet und Mutter eines Sohnes ist, muss sie
absagen. An der lebenslangen engen Bindung ändert das nichts.

Emilie Lottes beziehungsweise Kolb, wie sie seit ihrer Hochzeit
im April 1941 heißt, bleibt schließlich sechs Jahre lang. Bis zum

achtzehnten Lebensjahr von Louise Schickedanz lebt sie im Kreis der Familie. Im November 1946 gibt sie zu Protokoll, dass Gustav Schickedanz sie angehalten habe, seine Tochter zu »Natürlichkeit, Schlichtheit, Selbständigkeit im Denken und Urteilen« zu erziehen. »Freigebig« solle sie sein, außerdem »frei von falschem Stolz auf den väterlichen Besitz«.

Im Übrigen ist Louise Schickedanz ja Haupterbin ihrer Mutter Anna. Nach deren Unfalltod sind drei Viertel ihres Erbes, unter anderem ihr Geschäftsanteil an der Quelle, an ihre Tochter, das letzte Viertel an ihren Mann Gustav Schickedanz gefallen. Weil 1937 eine deutliche Erhöhung der Körperschaftssteuer ins Haus steht, aber auch weil Gustav Schickedanz seine Schwester Liesl Kießling, die wichtigste Stütze seit dem Tod seiner Frau, rechtlich im Unternehmen verankern will, kommt es zu zwei Änderungen beziehungsweise Ergänzungen des Gesellschaftervertrages.

Einmal wird am 14. Juni 1937 eine Umbenennung des Unternehmens in »Quelle L. Kießling & Co. GmbH« beschlossen. Mit dem Handelsregistereintrag drei Wochen später wird Elisabeth Kießling, »Fabrikdirektorsehefrau«, zur »weiteren Geschäftsführerin« bestellt. Einstweilen bleibt Quelle also eine GmbH, bis die Gesellschafterversammlung am Jahresende 1937 die Umwandlung in eine Kommanditgesellschaft beschließt. Aufgabe ist die Fortführung des unter der Firma Versandhaus Quelle L. Kießling & Co. GmbH seither betriebenen Versandgeschäfts. Gustav Schickedanz ist persönlich haftender Gesellschafter; Kommanditisten sind seine Schwester Liesl Kießling mit einer Einlage von 30 000 und die »minderjährige Kaufmannstochter Luise [sic] Schickedanz« mit einer Einlage von 900 000 Reichsmark. 1939 tritt die Schwester wieder aus dem Unternehmen aus, das aber weiterhin ihren Namen führt.

Was im Einzelnen Gustav Schickedanz zu diesem Manöver veranlasst hat, lässt sich nicht mehr feststellen. Sicher ist, dass seine Tochter und seine Schwester fest in das Unternehmen eingebunden

»Ausgesprochenes Weiberregiment«: Gustav Schickedanz auf der Faschingsfeier seines Betriebs 1938. Zu seiner Linken (rechts im Bild) verfolgen Schwester Liesl Kießling und Tochter Louise das Geschehen; zu seiner Rechten hat die Dambacher Hausdame Hilde Bopp
(»Bopessa«) ein Auge darauf, dass alles unter Kontrolle bleibt.

sind. Überraschend ist das nicht, wenn man bedenkt, dass die
beiden nach dem Tod seiner ersten Frau die wichtigsten Menschen
im Leben dieses Mannes sind. Es gibt noch einen dritten. Grete
Lachner, die 1927, noch vor der Gründung der Quelle, als fünf-
zehnjähriges Lehrmädchen bei Schickedanz eingetreten ist, soll jetzt
dessen »ganz besonders Vertraute« sein, »sich der besonderen Gunst
ihres Chefs« erfreuen, ja sogar ein »intimes Verhältnis« zu diesem
unterhalten.

Das jedenfalls steht in einem Bericht zu lesen, den der Unter-
abschnitt Franken des SD, des Sicherheitsdienstes des Reichsführers
SS, Ende Juli 1937 bei der SD-Außenstelle in Nürnberg anfordert. Gut
drei Monate später, Anfang November, liegen die »Erörterung des
Schickedanz-Unternehmens sowie Bericht des Geschäftsgebarens
des Inhabers dieser Firma« vor. Anlass für die Überprüfung durch

die lokale SS sind der Kauf eines »branchenfremde[n] Unternehmen[s]«, nämlich der Vereinigten Papierwerke, und die Absicht des Käufers, weitere Firmen der Papierindustrie, der eine »wichtige Schlüsselstellung« zukomme, zu erwerben.

Zusammenfassend kann der Berichterstatter das »Geschäftsgebaren« der »Firma Schickedanz« »weder als deutsch noch als rein jüdisch« ansprechen, glaubt vielmehr »etwas ganz neues« zu erkennen, nämlich ein »System Schickedanz«. Dazu gehört unter anderem ein »ausgesprochenes Weiberregiment« mit Frau Kießling als »Betriebsführerin« an der Spitze. Angesichts solcher Verhältnisse überrascht es den Mann vom SD kaum mehr, dass »diese Volksgenossen nicht besonders vom Nationalsozialismus begeistert sind und ihn ablehnen«. Im Übrigen seien die Zustände im Betrieb – von den »hygienischen Einrichtungen« bis hin zur Entlohnung – »katastrophal«: »Es ist das Unternehmen, bei dem nur derjenige Volksgenosse die Arbeit aufnimmt, wenn sich in Nürnberg-Fürth wirklich nichts mehr anderes finden lässt.«

Zumindest diese Beobachtung steht in krassem Widerspruch sowohl zur geradezu euphorischen Berichterstattung der Lokalpresse über die »vorbildliche schönste Betriebskameradschaft« als vor allem auch zu den tatsächlichen Verhältnissen. So wird zum Jahresende 1937 der Unterstützungsverein Gustav Schickedanz e. V. ins Leben gerufen. Zweck des Vereins ist zum einen die »Unterstützung Zugehöriger oder früherer Zugehöriger der Firmen Gustav Schickedanz und Versandhaus Quelle GmbH in Fällen dauernder oder sonstiger wirtschaftlicher Hilfsbedürftigkeit«. Zum anderen soll der Verein günstige Darlehen zum Beispiel für die Beschaffung von Wohnungseigentum gewähren. Die Rückzahlung erfolgt in Raten und richtet sich nach den Einkommensverhältnissen des Antragstellers. Ein Rechtsanspruch auf solche Zuwendungen besteht nicht; die Gewährung der Hilfen richtet sich nicht nach der Dauer der Betriebszugehörigkeit. Der Verein hat zwanzig Mitglieder, die sich

aus den Reihen der Belegschaft rekrutieren. Den Vorsitz hat Gustav
Schickedanz inne, Stellvertreterin ist seine Schwester Liesl Kießling,
die Schriftführung liegt bei Betriebsobmann Hans Dorsch.

Offensichtlich fallen die Widersprüche zwischen der öffentlichen
Wahrnehmung des Fürther Versandhauses und den Beobachtungen
des eigenen Mannes auch den Auftraggebern des SD auf. Und so
gehen Mitte Januar 1938 zwei weitere Berichte der Außenstelle Nürnberg über »Schickedanz, Gustav Abraham« ein. Der erste stammt
offenkundig aus derselben Quelle wie der des Sommers 1937, ist
allerdings insgesamt wohlwollender gehalten und stellt fest, »dass
Sch. immer erreiche, was er vorhabe«. Der andere Bericht, der wohl
von einem SD-Mann vor Ort, also in Fürth, verfasst ist, stellt die
Beobachtungen über die sozialen Missstände vom Sommer 1937
auf den Kopf. Schickedanz, so ist hier zu lesen, »geniesst sehr gutes
Ansehen und ist bei seinem Personal sehr beliebt. Er ist sozial eingestellt und hat bei allen Sammlungen jederzeit eine offene Hand.«

Aus beiden Berichten wird auch deutlich, dass der Unternehmer
Pfunde in der Hand hat, mit denen sich wuchern lässt. Schickedanz
gilt nämlich als »der grösste Steuerzahler in Fürth«. Als solcher ist
er natürlich auch im Visier des Finanzamtes, und das wiederum
kommt 1936 zu dem Schluss, dass die Firma Quelle Warenhaussteuer
zu zahlen habe. Diese fällt an, wenn sogenannte artfremde, das heißt
in diesem Falle spezifische Warenhausartikel mehr als 3,25 Prozent
des Gesamtumsatzes ausmachen. Weil diese Grenze nur geringfügig
überschritten wurde, hat Fürth bis 1935 auf die Sondersteuer verzichtet, besteht aber seit 1936 auf deren Zahlung, obgleich der Anteil
der »artfremden Waren« weiterhin nur minimal über jener Grenze
liegt.

In ebendiesem Punkt kommen die Finanzbehörden der Stadt
zu einer anderen Einschätzung. Weil nach ihren Berechnungen die
Warenhausartikel 15 Prozent des Gesamtumsatzes ausmachen und

die Warenhaussteuer auf diesen erhoben wird, errechnen sie für die Jahre 1936 bis 1938 eine Gesamtforderung von beinahe 650 000 Reichsmark. Natürlich macht Gustav Schickedanz eine eigene Rechnung auf, legt Gutachten vor, fordert eine Erhöhung des Grenzwerts, da die Warenhaussteuer im Falle der Quelle eine unbillige Härte darstelle, droht offenbar mit einem Gang vor den Verwaltungsgerichtshof – und einigt sich schließlich mit der Stadt auf eine Warenhaussteuer von 135 000 Reichsmark für die fraglichen drei Jahre.

Vor diesem Hintergrund hat die Beobachtung, die der Nürnberger SD-Berichterstatter in seinem zweiten Bericht vom Januar 1938 zu Protokoll gibt, einige Plausibilität: Wiederholt soll Schickedanz der Stadt gedroht haben, »seine sämtlichen Betriebe in Fürth ab[zu]-brechen, falls man ihn [sic] nicht zu willen ist oder irgendwie entgegenkommt«. Ob dem wirklich so gewesen ist, ob also Schickedanz schon damals von einem nach dem Krieg eingesetzten Druckmittel Gebrauch gemacht hat, sei dahingestellt. Bemerkenswert ist, dass er es in der Hand hat.

In jedem Falle ist Gustav Schickedanz inzwischen »sehr vermögend«, wie auch der Sicherheitsdienst zu berichten weiß. Das ist ein Grund, warum er weiterhin kräftig expandiert. Der Vollblutunternehmer weiß, dass Stagnation Rückschritt bedeuten kann. Weil aber dem dynamischen, dabei organischen Wachstum der Quelle natürliche Grenzen gesetzt sind, sucht er weiter nach geeigneten Möglichkeiten des Zukaufs. Der Markt ist reich bestückt, weil in immer größerer Zahl Unternehmen und Immobilien aus jüdischem oder vormals jüdischem Besitz angeboten werden.

Außerdem werden die Rahmenbedingungen für den Käufer 1938 noch günstiger als ohnehin schon zuvor. Denn 1938 tritt die sogenannte Arisierung in eine zweite, sozusagen amtliche Phase, weil der Gesetzgeber im Verlauf des Jahres die Voraussetzungen für den Erwerb solchen Eigentums erleichtert. Am 26. April werden mit der

»Verordnung über die Anmeldung des Vermögens von Juden« die
Voraussetzungen für eine verschärfte Arisierungspraxis geschaffen,
am 14. Juni 1938 veröffentlicht das Reichswirtschaftsministerium
einen Geheimerlass vom Jahresbeginn, in dem nachzulesen ist, wann
ein Unternehmen als »jüdisch« zu gelten hat, und am 12. November
erlässt Hermann Göring die »Verordnung zur Ausschaltung der
Juden aus dem Wirtschaftsleben«. Anlass sind die Pogrome der sogenannten Reichskristallnacht, bei denen auch in Fürth jüdische
Geschäfte verwüstet, der jüdische Friedhof geschändet und die über
300 Jahre alte Synagoge in Brand gesteckt wird.

Auf der Grundlage von Görings Verordnung dürfen Juden ab
dem 1. Januar 1939 unter anderem auch keine Versandgeschäfte mehr
betreiben. Nach einer Verordnung des Reichswirtschaftsministeriums sind »die nichtarischen Versandgeschäfte grundsätzlich zu
liquidieren«: »Nur in besonderen, volkswirtschaftlich notwendigen
Ausnahmefällen kommt eine Arisierung in Frage.« Bei der Zwangsarisierung eines Versandgeschäfts fällt eine Ausgleichszahlung von
70 Prozent an das Reich auf den »Entjudungs-Gewinn« an. Wer sich
jetzt in jüdisches oder vormals jüdisches Eigentum einkauft, nimmt
faktisch und selbst dann an der Zwangsarisierung teil, wenn darin
nicht das Motiv seines Handelns gesehen werden kann. Das gilt auch
für Gustav Schickedanz.

Am 20. Februar 1938, also kurz bevor die verschärfte Arisierungs-
praxis auf eine rechtliche Grundlage gestellt wird, erwerben Gustav
Schickedanz und sein Partner, der Nördlinger Kaufmann Fritz
Sturm, das Nürnberger Textilversandunternehmen Ignaz Mayer. Die
Firma gehört zu den Großen im Land, nämlich zu den 66 von 2110
Versandgeschäften in Deutschland, die wie auch die Quelle mehr als
eine Million Reichsmark im Jahr umsetzen. Mayer ist eines von zwei
Nürnberger Versandgeschäften, die sich in jüdischem Besitz befin-
den. Das andere, die Wäschemanufaktur Karl Joel, wird, wie schon
gesehen, am 1. September 1938 von Josef Neckermann erworben und

als »Wäsche- und Kleider-Fabrik Josef Neckermann Textil-Versandhaus« weitergeführt.

Die Übernahme des Versandunternehmens Mayer durch Gustav
Schickedanz ist ein komplexer wirtschaftlicher, juristischer und
politischer Vorgang. Die rechtliche Grundlage für den Kauf bildet
die erwähnte Anordnung des Reichswirtschaftsministers über die
»Errichtung und Erweiterung von Versandgeschäften« vom 20. Mai
1937. Ihr entsprechend genehmigt das Ministerium am 12. April 1938
die Übernahme des Textilversandgeschäfts »Webereifabrikate Ignaz
Mayer« durch das Versandhaus Quelle unter der Bedingung, »daß
das bisherige Versandgeschäft Ignaz Mayer in den bisherigen Räumen ohne jede Erweiterung oder Verlegung der vorhandenen Ver-
sand- und Verpackungsräume weiterbetrieben wird«. Offensichtlich
um zu verhindern, dass der Erwerb des Nürnberger Betriebs von
Schickedanz als Hintertür für eine Erweiterung der Quelle benutzt
werden kann, wird der Kauf mit der weiteren Auflage verbunden,
dass die beiden Versandgeschäfte »auch wirtschaftlich als selbständig[e] Unternehmen mit eigenem Einkauf und eigener Werbung
weiter[zu]führen« sind.

Deshalb und weil schließlich die Firma Mayer nicht unter ihrem
Namen weitergeführt werden darf, gründet Gustav mit seinem
Partner Fritz Sturm ein eigenes Unternehmen und lässt es unter
dessen Namen firmieren: Am 23. Mai 1938 wird die Firma Weberei-
Fabrikate Sturm & Co. beim Amtsgericht Nürnberg ins Handelsregister eingetragen. Gustav Schickedanz bringt mit 50 000 Reichsmark nahezu das gesamte Kapital in die Offene Handelsgesellschaft
ein. Fritz Sturm kann das junge Unternehmen nur zusammen mit
einem Gesellschafter oder einem Prokuristen vertreten.

Am 19. November 1938 genehmigen die Behörden den Kauf
der Firma Mayer durch Gustav Schickedanz. Das Warenlager wird
zum »Einkaufspreis« von knapp 1,64 Millionen Reichsmark übernommen, für das Inventar einschließlich der Kundenkartei werden

108 000 Reichsmark vereinbart, und das Grundstück schlägt mit
182 000 Reichsmark zu Buche. Auch in diesem Falle hält sich Gustav
Schickedanz an die nicht geschriebenen Anstandsregeln des Kaufmanns und kommt dem arg bedrängten Verkäufer entgegen, ohne
dabei seine geschäftlichen Interessen aus dem Auge zu verlieren.

Ignaz Mayer hatte nämlich erst im Jahr zuvor das Anwesen Siegfriedstraße 9, den Sitz seines Versandunternehmens, gekauft und
dafür einschließlich des Zubehörs 355 000 Reichsmark gezahlt. Da
ihm der Mietvertrag gekündigt worden war, konnte er nur so eine
Schließung seines Geschäfts verhindern. Weil aber Schickedanz die
Immobilie wiederum nur zum behördlich definierten Einheitswert
übernehmen kann, zahlt er Mayer für das Inventar das Neunfache
des bilanzierten Werts von rund 12 000 Reichsmark.

So kommt es zu einem Kaufpreis von knapp zwei Millionen
Reichsmark, den Gustav Schickedanz zum größten Teil mit Hilfe
eines Kredits der Dresdner Bank finanziert. Inzwischen zählt er zu
den guten Kunden des renommierten Bankhauses, das seinerseits
allerdings keine ungeteilte Freude an dem Fürther Unternehmer hat.
Wie die Korrespondenz zwischen dem Bank-Vorstand in Berlin und
dem Direktor des Instituts vor Ort, Hans Böhner, zeigt, ist dafür vor
allem die »sehr elastische« Kreditbeanspruchung der Firmen Quelle
und Gustav Schickedanz verantwortlich. Zur Jahresmitte 1937 ist der
Bankvorstand über die »Art und Weise, wie das erhöhte Kreditbedürfnis an uns herangekommen ist«, doch sehr irritiert und verlangt
von Schickedanz, dass endlich ein »Mann für die kaufmännische
Leitung« engagiert wird. Dass es bei den Papierfabriken und den
Brauereien keinen vergleichbar hohen und dauernden Kreditbedarf
gibt, liegt an der deutlich geringeren Abhängigkeit von fremden
Lieferanten.

Im Versandhandel nämlich gehen diese seit dem Winter 1935/36
dazu über, ihre Lagerhaltung auf den Händler abzuschieben. War es
bislang gang und gäbe, dass der seine Waren im Frühjahr orderte, im

Sommer erhielt und im Herbst bezahlte, ist die Rechnung nunmehr unmittelbar nach Wareneingang zu begleichen. Fortan muss die Kreditlinie praktisch in jedem Jahr für die »Einkäufe für Weihnachtsbedarf« verlängert und erweitert werden. So auch im Herbst 1937, als die Firma Gustav Schickedanz zusätzlich zu dem im Januar gewährten, im April verlängerten Überziehungskredit von zwei Millionen weitere 750 000 Reichsmark anfordert. Zwar drängt der Berliner Vorstand der Dresdner Bank angesichts dieser Zahlen auf eine Kürzung der Kreditlinie und auf eine monatliche Überprüfung des Kontostandes; aber natürlich will man seinen Kunden nicht verlieren, im Gegenteil: Als es seit Frühjahr 1938 darum geht, die Übernahme der Firma Webereifabrikate Ignaz Mayer zu finanzieren und den Übergang des Geschäfts »in die Hände einer arischen Konkurrenz« zu verhindern, ist die Bank, wenn auch nicht ohne Bedenken, zur Stelle.

Das wiederum passt nicht allen vor Ort. Den strammen Nationalsozialisten und Exponenten der ausgeprägten Vetternwirtschaft wie Otto Strobl, von denen noch zu berichten sein wird, ist die Summe ein Dorn im Auge. Schon weil die Vertragsbedingungen zuvor nicht mit ihm abgestimmt worden sind, ist der IHK-Präsident über den Abschluss »entrüstet«: »2 Millionen Mark dem Juden Mayer in den Rachen zu werfen, wäre unverantwortlich.« Daran lässt Strobl gegenüber Direktor Böhner keinen Zweifel. Und der wiederum macht Schickedanz darauf aufmerksam, dass er »bei dieser Stelle künftig mit den größten Schwierigkeiten zu rechnen« habe, da man sein »Verhalten dem I[gnaz] M[ayer] gegenüber als unnationalsozialistisch« betrachte.

Denn nicht nur der Präsident der Nürnberger IHK, auch sein Stellvertreter nimmt den Kauf der Firma Mayer zum Anlass, um gegen Gustav Schickedanz zu Felde zu ziehen. Im geraden Gegensatz zu Otto Strobl hält Adolf Staudt, Vorstand der Vereinigten Nürnberger Lebkuchen- und Schokoladen-Fabriken Heinrich Haeberlein-F. G. Metzger AG, Schickedanz vor, dass die Übernahme zu einem Preis

Mit spitzem Stift: Gustav
Schickedanz kalkuliert
das Angebot für 1936/37.

erfolgt sei, die deutlich unter den Feststellungen der Wirtschaftsprüfer liege, und spielt so auf die im Rahmen der noch zu schildernden sogenannten Göring-Kommission erhobenen Vorwürfe an.
Ausschlaggebend für seine Angriffe auf Gustav Schickedanz ist offensichtlich der Standesdünkel eines Vertreters der alteingesessenen
Nürnberger Kaufmannschaft gegenüber einem »Emporkömmling«
wie Schickedanz im Allgemeinen, gegen das Versandgeschäft im Besonderen.

Als die Vorwürfe wegen des Kaufpreises bei den Vertretern der
Dresdner Bank nicht verfangen, geht Staudt in eine neue Runde,
und beschwert sich über das zurückhaltende Auftreten des Fürther
Unternehmers im Landesausschuss der Dresdner Bank, dem beide
angehören. Auch diese Vorhaltung mag Direktor Böhner nicht ak-

zeptieren, weist vielmehr darauf hin, dass »Herr Schickedanz seiner ganzen Natur nach ein sehr bescheidener Mensch ist, der nicht das Bedürfnis hat, sich überall vorzudrängen und Reden zu halten«. Und was den Kaufpreis für die Firma Ignaz Mayer angeht, stellt Böhner unmissverständlich fest, dass nach seinem »Dafürhalten … in ganz Nürnberg keine Arisierung in solch kulanter Weise für den Juden durchgeführt worden« sei »als gerade bei Ignaz Mayer« – eine Feststellung, die Böhner im Übrigen auch intern, gegenüber Hugo Zinßer, dem zuständigen Direktor der Dresdner Bank, wiederholt: »Die Arisierung geschah in vollkommen freier Vereinbarung zwischen Ignaz Mayer und Schickedanz, wobei auf die Mitwirkung eines Maklers verzichtet worden ist.«

Diese Einschätzung des Mannes vor Ort ist nicht nur deshalb bemerkenswert, weil Hans Böhner von einer fairen Abwicklung des Geschäfts und von einem angemessenen Kaufpreis ausgeht; vielmehr spricht Böhner, der ja sämtliche Transaktionen seines Kunden kennt, lediglich in diesem Fall überhaupt von einer Arisierung. Und schließlich gehört der örtliche Repräsentant der Dresdner Bank neben Schwager Daniel Kießling zu den wenigen, die Gustav Schickedanz vom Kauf der Firma Ignaz Mayer abraten. Dafür haben die beiden mehrere Gründe. Neben dem ohnehin erheblichen Kreditbedürfnis zur Finanzierung der laufenden Geschäfte, die Böhner mit zwiespältigen Gefühlen verfolgt, spielen die Widerstände aus den Reihen des örtlichen Partei- und Honoratiorenapparats, aber auch Zweifel an den geschäftlichen Aussichten des Neuerwerbs eine Rolle. Die treibende Kraft hinter dem Kauf ist offenbar der Anfang 1938 in die Firma Quelle eingetretene Hanns Jüngling, der als ehemaliger Steuerberater Mayers dessen Unternehmen von innen kennt. Möglicherweise sind die rückläufigen Geschäfte des Nürnberger Versandgeschäfts gerade sein Argument gewesen, es günstig zu übernehmen und mit Hilfe der starken Quelle wieder auf Vordermann zu bringen. Davon kann dann allerdings keine Rede sein. War der Umsatz

schon unter dem Vorbesitzer von zwölf Millionen Reichsmark im
Jahr 1934 auf 9,5 Millionen Reichsmark im Jahr 1937 zurückgegangen,
so halbiert er sich nach der Übernahme durch Schickedanz noch
einmal auf rund 4,5 Millionen Reichsmark im Jahr des Kaufs, um
dann nach Ausbruch des Krieges auf 1,3 Millionen Reichsmark im
Jahr 1940 einzubrechen und damit das Schicksal der Quelle zu teilen.
Im Zuge der »behördlichen Auskämmaktion« wird das Nürnberger
Versandgeschäft schließlich Anfang April 1941 ganz stillgelegt.

Lediglich die Verkaufsstelle in Nürnberg arbeitet, wenn auch mit
sinkenden Umsätzen, weiter. Und eben hier ist wohl auch die eigentliche Bedeutung des Erwerbs dieser Firma zu sehen. Gewiss, auf den
ersten Blick hat Gustav Schickedanz einmal mehr eine sich bietende
Chance genutzt, um die Basis seines Imperiums durch einen Zukauf
zu erweitern und zu stabilisieren. Zudem handelt er auch jetzt antizyklisch, denn das Jahr 1938 ist das erste seit Gründung der Quelle,
in dem die Umsätze zurückgehen, und zwar um immerhin sieben
Prozent, wenn man das auch erst am Jahresende zuverlässig weiß.

Dann aber betritt Schickedanz mit dem Erwerb der Firma Mayer
auch ein neues Feld. Denn das Unternehmen versendet nicht nur
Kurz-, Weiß-, Woll- und Webwaren, es unterhält auch die besagte
eigene Verkaufsstelle in Nürnberg. Insofern erweitert Schickedanz
sein aus Groß- und Versandhandel sowie aus Herstellung bestehen-
des Unternehmen um ein drittes Element, den stationären Handel.
Wenn man so will, beginnt hier der Einstieg von Gustav Schickedanz
in das Kauf- beziehungsweise Warenhausgeschäft, das er in den fünfziger und sechziger Jahren systematisch zu einem zweiten Standbein
seiner Handelsunternehmen ausbauen wird.

Mit dem Erwerb der Firma Mayer ist das Kapitel der Unternehmenskäufe, jedenfalls größerer Betriebe, für Gustav Schickedanz abgeschlossen. In sämtlichen Fällen waren die Vorbesitzer zum Verkauf
gezwungen. Entweder standen sie, und das war die Regel, als Folge

der Weltwirtschaftskrise vor dem Ruin und sahen nach der Machtübernahme durch die Nationalsozialisten erst recht keine Chance
mehr, wieder auf die Beine zu kommen; oder aber sie waren durch
die zusehends forcierte und schließlich auch förmlich legalisierte
Arisierung zur Aufgabe ihres Geschäfts gezwungen. So gesehen hat
Gustav Schickedanz in allen Fällen eine Chance genutzt und von den
Umständen profitiert. In keinem Fall aber hat er sie ausgenutzt, um
die unter Druck stehenden Verkäufer zu übervorteilen. Im Gegenteil.

Dass man nach dem Krieg zu einer anderen Einschätzung gelangen konnte, hat mehrere Gründe, darunter den, dass der Mittelpunkt seines unternehmerischen Wirkens Mittelfranken ist, und
hier schaltet und waltet Gauleiter Julius Streicher in einem Maße
selbstherrlich, dass es sogar den Berliner Parteioberen, allen voran
Hermann Göring, im Frühjahr 1939 zu bunt wird. Seither kümmert
sich eine Kommission aus Beamten des Finanz- und des Wirtschaftsministeriums unter Führung eines SS-Obersturmbannführers um
die Vorgänge im Gau Franken. Im Zentrum der Untersuchung steht
die Frage, ob sich Streicher und seine Entourage bei den Arisierungs-
verfahren an die gesetzlichen Vorschriften und die Verwertungsinte-
ressen des Regimes gehalten oder vielmehr zunächst in die eigene
Tasche gewirtschaftet haben.

Im Vorfeld und im Zusammenhang der internen Ermittlungen
der sogenannten Göring-Kommission gerät auch Gustav Schickedanz zwangsläufig ins Visier sowohl der ermittelnden als auch der
unter Verdacht stehenden Personen und Institutionen – weil er einer
der prominentesten und erfolgreichsten Unternehmer Frankens ist
und weil er zu denen gehört, die ihr Geschäft seit 1933 durch den
Erwerb von Eigentum aus vormals jüdischem Besitz erheblich erweitert haben. So gesehen, ist er der geeignete Kandidat für Vorwürfe
und Ausflüchte, aber auch für Behauptungen und Klischees aller
Art. Selbst die »Vertrustung« seines Unternehmens »nach jüdischem
Muster« will man beobachtet haben.

Zu diesem Schluss kommt jedenfalls die SD-Außenstelle Nürnberg, als sie im März 1939, mithin zum fünften Mal innerhalb von
anderthalb Jahren, im Auftrag des Unterabschnitts Franken tätig
wird. In diesem Falle geht es vor allem um eine Erörterung der
Vereinigten Papierwerke. Zu den bemerkenswerten Ergebnissen
des Sicherheitsdienstes zählt bereits im Januar 1939, dass Gustav
Schickedanz zwar »überall Betriebsführer« sei, aber »in Wahrheit
nirgends« führe. Tatsächlich liege die Regie in seinem Unternehmen
bei drei Persönlichkeiten: Direktor Daniel Kießling, dem Schwager
des Unternehmers, Direktor »Pöhner«, womit der Berichterstatter
wohl den Direktor der Dresdner Bank in Nürnberg, Hans Böhner,
meint, sowie »Fräulein Haas«.

Betty Haas, die Chefbuchhalterin, ist am 1. Februar 1931 zu Gustav
Schickedanz gekommen. Wäre es nach diesem gegangen, hätte er
die hoch qualifizierte junge Frau schon früher eingestellt; allerdings
konnte er sich »eine Persönlichkeit derartigen Formats« zunächst
nicht leisten. Nachdem sie einmal an Bord ist, lässt er sie nicht
mehr ziehen. Dreißig Jahre lang bleibt Betty Haas im Unternehmen,
wird bald seine rechte Hand und erhält 1955 – 33 Jahre nach der
Gründung und als Erste überhaupt – Einzelprokura für das Großhandelsgeschäft.

Die schon damals exponierte Stellung des »Fräulein Haas« wird
den Berichterstatter des Sicherheitsdienstes der SS in seiner Einschätzung vom Herbst 1937 bestätigt haben, wonach bei Schickedanz
das reine »Weiberregiment« herrsche. Dabei sind hier, wie es später
heißt, namentlich die »Frauen ... politisch, soweit dadurch nicht
das Geschäft berührt wird, desinteressiert«. Und das ist noch das
günstigste Urteil. Schwerwiegender ist schon die Feststellung, dass
»nationalsozialistische Fragen« für »kaum jemand aus der Familien-
geschäftsleitung« eine »Herzensangelegenheit« sein dürften und
dass insbesondere Gustav Schickedanz, wie es in einem ergänzenden
Bericht eines »V[-]M[annes]« vom März 1939 heißt, »bar jeder na-

tionalsozialistischen Gesinnung und Verantwortung als Betriebsführer« ist.

Zusammenfassend und weitgehend übereinstimmend kommen
beide Berichterstatter zu dem Schluss, dass erstens »eine weitere Aus-
breitung der Schickedanzschen Unternehmungen nicht erwünscht«
ist, dass zweitens eine »durchgreifende Nachprüfung durch die
Arisierungskommission unbedingt am Platze« ist und dass drittens
Gustav Schickedanz »ein grosser Nutzniesser der Arisierung geworden« ist. Allerdings findet sich in diesen Berichten kein Hinweis, dass
Gustav Schickedanz ein »Günstling der Gauleitung« sei. Als solcher
wird er dann aber beiläufig im Bericht der Göring-Kommission
bezeichnet.

Dieser fast 300 Seiten starke Bericht der am 9. Februar 1939 eingesetzten Untersuchungskommission »über die im Gau Franken in
der Zeit vom 9.11.1938–9.2.1939 vorgenommenen Arisierungen«
konzentriert sich nicht nur auf diesen Zeitraum, sondern nimmt
die Vorgänge seit Anfang 1938 in den Blick. Das Ergebnis ist für
Streicher niederschmetternd. Obgleich er seinen Adjutanten wenige
Tage vor Einsetzung der Kommission zum Selbstmord zwingt und
damit einen Hauptzeugen aus dem Verkehr zieht, sind die Belege
erdrückend. Ein Jahr nach Abschluss der Untersuchungen befindet
ein Gauleiter-Gremium unter Vorsitz des Obersten Parteirichters
der NSDAP Streicher »zur Menschenführung ungeeignet«. Seiner
Machtstellung enthoben, aber dank Hitlers Protektion unbestraft
und weiterhin zur Führung des Titels »Gauleiter« ermächtigt,
muss sich Julius Streicher unbehelligt auf das landwirtschaftliche
Gut Pleikershof bei Cadolzburg zurückziehen, das er zuvor dem
gleichfalls interessierten Gustav Schickedanz nach dessen Aussage
»einfach weggenommen« hatte.

Dreh- und Angelpunkt der gut geölten lokalen Gaumaschinerie
aus Korruption, Bestechlichkeit und Vetternwirtschaft ist IHK-
Präsident Otto Strobl, der auch als Gauwirtschaftsberater firmiert

und dafür sorgt, dass entgegen der Anordnung der staatlichen
Stellen sämtliche Arisierungsanträge in Mittelfranken über seinen
Schreibtisch gehen. Bei dem folgenden Verfahren werden die zuständigen Regierungsstellen und Sachbearbeiter lediglich pro forma
einbezogen. Tatsächlich trägt man dafür Sorge, dass die Filetstücke
an Parteigenossen gehen, dass Mitarbeiter der Partei und des Gaus
hohe Provisionen erhalten und dass die Käufer dem Gau eine »Parteispende« in Höhe von 1,5 bis drei Prozent des Kaufpreises zukommen lassen.

Strobl ist es auch, der durch seine Aussagen vor der Kommission Gustav Schickedanz in den Verdacht bringt, ein »Günstling der
Gauleitung« zu sein. Der Gauwirtschaftsberater und IHK-Präsident
hat noch eine offene Rechnung mit dem Unternehmer, weil der seine
Berufung zum Aufsichtsrat der Vereinigten Papierwerke und der
Geismann-Brauerei abgelehnt hatte. Jetzt gibt Strobl zu Protokoll,
dass man im Frühjahr 1938 einen schon »fast fertigen« Kaufvertrag für eine Fürther Brauerei platzen lassen wollte, »nur um dem
P[artei]g[enossen] Schickedanz einen Gefallen zu tun«.

Dabei geht es um die »Brauerei ›Bergbräu‹ des Juden Mailänder«,
die arisiert werden soll und zu der unter anderem 36 Anwesen gehören. Offenbar wird Gustav Schickedanz im April 1938 vom Direktor
der Städtischen Elektrizitätswerke Nürnberg und zugleich Gauorga-
nisationsleiter vor Ort auf die Brauerei hingewiesen – oder er bittet
diesen, bei der Gauleitung dafür zu sorgen, dass ihm die Brauerei
zugesprochen wird. Genau lässt sich dieser Vorgang nicht mehr
rekonstruieren. Sicher ist, dass es mit Wilhelm Schülein, Direktor
der Grüner-Bräu, bereits einen Interessenten gibt, der auch von
Fritz Mailänder als Käufer favorisiert wird und für die Brauerei 1,8
Millionen Reichsmark zahlen will.

Obgleich sich die Funktionäre vor Ort für Schickedanz als Käufer
einsetzen und entschlossen sind, so sagt jedenfalls Strobl vor der
Kommission, Schülein unter einem Vorwand »aus seinem fast fer-

tigen Vertrag heraus[zu]drängen«, verliert Schickedanz das Interesse an der Brauerei. Allerdings lehnt dann auch Schülein den Kauf ab, weil der stellvertretende Gauleiter Holz den Zuschlag mit der Bedingung eines Saalbaus für 4000 Personen verknüpft, und dafür sind immerhin 700 000 Reichsmark auf den Tisch zu legen. Schließlich scheitert auch ein zweiter Versuch, Schickedanz doch noch für das Projekt zu gewinnen. Zum einen hat er sich inzwischen für den Kauf des Versandhandels von Ignaz Mayer entschieden, zum anderen findet auch er die mit dem Kauf verbundene Bedingung eines Saalbaus nicht akzeptabel: »[I]ch habe ja auch, mit Respekt zu sagen, keine Geldscheisser.«

Dass Gustav Schickedanz ein Interesse an der Brauerei und damit an einem Ausbau dieses Geschäftszweiges gehabt haben dürfte, liegt auf der Hand. Außer Frage steht aber auch, dass die Funktionäre des Gaus, der Partei und der Stadt ein aus ihrer Sicht begründetes Interesse daran hatten, den potenten Unternehmer für den Kauf der Brauerei Mailänder zu gewinnen. Im optimalen Fall wären sie so nicht nur zu einem neuen Saal für die Stadt, sondern dank einer »Parteispende« in Höhe von 1,5 Prozent des Kaufpreises auch zu einer willkommenen Auffüllung der Gaukasse gekommen. Demnach spricht einiges für die bereits zitierte Aussage Strobls, dass man andere aus dem Geschäft drängen wollte, »nur um dem Pg. Schickedanz einen Gefallen zu tun«. Die Frage ist, wer ihm da einen Gefallen tun wollte und warum.

So aber wird Strobls Aussage zum Anlass für die Ermittler der Göring-Kommission, dem in ihrem Bericht nur am Rande erwähnten Gustav Schickedanz das Etikett »Günstling der Gauleitung« anzuhängen. Dabei hat es schon deshalb keine Aussagekraft, weil jeder Kauf jüdischen Eigentums durch die Gauleitung genehmigt werden muss und so gesehen jeder Käufer ein Günstling derselben ist. Ebendiese Besonderheit der mittelfränkischen Gaupraktiken war ja der Anlass zur Einsetzung der Kommission.

Tatsächlich ist das Verhältnis von Gustav Schickedanz zur mittelfränkischen Gauleitung, namentlich zu Julius Streicher und seinem
Stellvertreter Karl Holz, äußerst distanziert. Aus der Sicht eines freien
Unternehmers und Mannes von Welt, dem Arroganz und Groß-
mannssucht gleichermaßen fernliegen, sind solche Leute Schma-
rotzer und Trittbrettfahrer, und mit dem Vulgärantisemitismus des
Stürmer kann er ohnehin nichts anfangen. Dass er als in Franken
tätiger Unternehmer an der Gauleitung nicht vorbeikommt, ist wohl
wahr, aber als ihren »Günstling« hat weder er sich gesehen, noch
ist er von dieser als solcher behandelt worden. Andernfalls hätte er
wohl den Zuschlag für die in Württemberg ansässige Papierfabrik
Fleischer erhalten – vorausgesetzt, er hat sich tatsächlich für deren
Kauf interessiert.

Die Geschichte um den Verkauf dieser Firma ähnelt in manchem
dem der Brauerei Mailänder. Sie wäre wohl kaum publik geworden,
hätten sich nicht zwei Forscher – Hartmut Berghoff und Cornelia
Rauh-Kühne – mit der Biographie von Fritz Kiehn beschäftigt,
einem 1885 geborenen schwäbischen Unternehmer, der seit 1932
für die NSDAP im Reichstag sitzt, nach der Machtübernahme zum
Kreisleiter der Partei in Trossingen avanciert und seine Stellung
als Präsident der Wirtschaftskammer Württemberg-Hohenzollern,
zudem als Mitglied im »Freundeskreis Reichsführer-SS«, nutzt, um
im Zuge der Arisierung eine Reihe von Unternehmen unter seine
Kontrolle zu bringen.

So auch die Eislinger Papierfabrik Fleischer, die ins Visier der
Behörden gerät, als sich die beiden Juniorchefs im Juni 1938 in einen
Filialbetrieb nach England zurückziehen und damit gegen den berüchtigten Paragraphen 37a des Devisengesetzes vom 4. Februar 1935
verstoßen. Nachdem den Fleischers Mitte Juni 1938 durch die Stuttgarter Devisenstelle die Ausübung der Geschäftsführung untersagt
und mit der Firma Trick-Zellstoffwerke ein Käufer gefunden worden

ist, tritt vier Wochen später eine neue Situation ein. Während der Vertragsverhandlungen zwischen Trick und Fleischer präsentieren nämlich die Vertreter der damit befassten Bank nicht nur einen weiteren Käufer, sondern auch einen neuen Kaufpreis. Neben Trick tritt jetzt »Herr Präsident Fritz Kiehn, Fabrikant in Trossingen«, als Käufer auf den Plan, und statt für vier bis fünf Millionen, wie ursprünglich vereinbart, wechselt die Firma jetzt für zwei Millionen Reichsmark die Besitzer.

Allerdings hat Kiehn vor Ort mächtige Feinde, allen voran den Gauwirtschaftsberater Walter Reihle, der nach weiteren Interessenten für die Papierfabrik der inzwischen emigrierten oder inhaftierten Fleischers sucht und den zuständigen Behörden die »Firma Schickedanz in Nürnberg« als interessierte Käuferin präsentiert.

Tatsächlich soll es am 23. November 1938 in Berlin zur Unterzeichnung eines Kaufvertrages zwischen Gustav Schickedanz einerseits und den Brüdern Kuno und David M. Fleischer sowie den durch einen englischen Anwalt vertretenen Söhnen des Letzteren gekommen sein. Der Kaufpreis soll noch einmal, und zwar auf gut 1,5 Millionen Reichsmark, gedrückt und der Widerstand der Verkäufer mit der Drohung »sofortiger Überführung der Beteiligten in das Konzentrationslager« ausgeräumt worden sein. So jedenfalls wird der Vorgang in einer eidesstattlichen Erklärung geschildert, die der Geschäftsführer der Firma Fleischer im Januar 1947 zu Protokoll gab. Weitere Quellen, zumal zeitgenössische, scheint es nicht zu geben. Das gilt nicht zuletzt für den Vertrag selbst. Jedenfalls findet sich weder in den Entnazifizierungsakten noch in dem umfangreichen Rückerstattungsbestand zum Fall Schickedanz auch nur ein Hinweis.

Die Geschichte ist in hohem Maße mysteriös. Wohl ist es nicht auszuschließen, dass Gustav Schickedanz als Käufer für die Eislinger Papierfabrik ins Gespräch gebracht worden ist und sich für das Objekt interessiert, obgleich es außerhalb Frankens liegt und der Fürther Unternehmer bei Akquisitionen dieser Dimension bislang nie außerhalb der Region tätig geworden ist. Schickedanz hat inzwischen einen weit über Franken hinausreichenden Ruf als erfolgreicher Unternehmer und zuverlässiger Vertragspartner, und wenn der örtliche Gauwirtschaftsberater ein Schwergewicht wie Kiehn aus dem Rennen werfen will, muss er schon ein schweres Geschütz auffahren.

Ansonsten aber ist die Geschichte voller Widersprüche. Zum einen wird der Quelle-Chef am 23. November 1938 kaum zur Vertragsunterzeichnung in Berlin gewesen sein, weil der Unterzahlmeister des Ersten Weltkrieges just am 21. November als »Wehrmacht-Beamten[-]Anwärter« zu einem viertägigen Wehrkurs herangezogen worden ist; Ende Juli 1939 absolviert Gustav Schickedanz einen weiteren, in diesem Fall sogar fast vierwöchigen Kurs.

Vor allem aber widerspricht die vom ehemaligen Geschäftsführer der Papierfabrik acht Jahre später geschilderte Verhandlungssituation allen übrigen Beobachtungen. Dass Gustav Schickedanz mit einem unter immensem Druck stehenden Geschäftspartner einen Preis vereinbart, der um zwei Drittel unter dessen Vorstellungen liegt, ohne einen Ausgleich anzubieten, ist schwer vorstellbar; und dass er dieses Geschäft in einer Situation abschließt, in der dem Verkäufer im Falle der Weigerung »mit sofortiger Überführung … in das Konzentrationslager« gedroht wird, ist auszuschließen.

Auch ist nicht nachzuvollziehen, warum die Papierfabrik dann gleichwohl nicht an Schickedanz, sondern im Oktober 1939 treuhänderisch an das Deutsche Reich und noch während des Krieges doch an Fritz Kiehn geht, warum es also Schickedanz, in den Worten von Kiehns Biographen, nicht gelingt, »die Eislinger Papierfabrik an sich zu bringen«. Ihr Argument, dass Schickedanz wegen der Ergebnisse der Göring-Kommission als »Günstling der Gauleitung« für die zuständigen staatlichen Behörden nicht mehr akzeptabel gewesen sei, überzeugt nicht. Wahrscheinlicher ist, dass der Kauf der Papierfabrik Fleischer wie auch schon der Kauf der Brauerei Mailänder für Gustav

Schickedanz nicht in Frage kommt, weil er im Frühjahr 1938 bereits das Nürnberger Versandgeschäft Mayer erworben und dafür einen Kredit von 1,5 Millionen Reichsmark aufgenommen hat.

Zwar weiß Gustav Schickedanz Chancen zu erkennen und zu nutzen, aber er weiß auch, dass es eine Grenze gibt, jenseits derer eine Chance zum Risiko wird. Ob die ohnehin über die »sehr elastische« Kreditbeanspruchung der Quelle irritierte Dresdner Bank mitgezogen hätte, sei dahingestellt; eine Spur, die auf ein Kaufinteresse von Gustav Schickedanz an der Eislinger Papierfabrik führen würde, findet sich jedenfalls auch dort nicht. Und deren Kauf, der unabhängig vom vereinbarten Preis nur über einen weiteren Kredit zu finanzieren wäre, ist ein Risiko – zumal zu einer Zeit, als der Umsatz der Quelle, dem Zentrum seiner Unternehmungen, signifikant nachgibt. Dass Schickedanz ausgerechnet in dieser Zeit und gleichsam Arm in Arm mit Julius Streicher zum Hasardeur geworden sein soll, ist wenig wahrscheinlich.

Schon weil das Verhältnis zu Streicher, seinem Stellvertreter Karl Holz und anderen Repräsentanten des fränkischen Gaus ausgesprochen angespannt ist. Dazu hat sich Schickedanz nach dem Krieg in mehreren Stellungnahmen für die amerikanische Militärregierung geäußert. Auch wenn zu bedenken ist, dass sie seiner Rechtfertigung dienten, sind sie aufschlussreich, zumal jedenfalls einige Aussagen überprüft werden konnten.

So soll Holz die Weigerung des Unternehmers, »eine ehrenwörtliche Versicherung abzugeben[,] keine Juden mehr in meinen Betrieben zu empfangen«, mit dem Antrag beantwortet haben, ein Parteigerichtsverfahren gegen Schickedanz zu eröffnen, ihn als Ratsherr abzusetzen und aus der Partei auszuschließen. Da Schickedanz erstmals im Oktober 1935 an einer Sitzung des Stadtrats teilgenommen hat, muss sich der Vorfall danach ereignet haben. Angesichts dieser und anderer »Schikanen« sieht sich der Unternehmer veranlasst, sich mit Hilfe des Leiters seiner Werbeabteilung, Otto Steinlein, »Zutritt zur Kanzlei des Führers in Berlin zu beschaffen. Dort gab man mir den Rat, aus dem Gau Franken wegzuziehen, denn gegen Streicher sei man machtlos.« Als dem die Geschichte zu Ohren kommt, betreibt die Gauleitung 1938 gegen Schickedanz – so dessen rückblickende Darstellung – ein Strafverfahren wegen Vergehens gegen den Vierjahresplan. Dem Zugriff entgeht er nur, weil er sich mit dem Nürnberger Polizeipräsidenten Dr. Benno Martin in Verbindung setzt, der seine schützende Hand über ihn hält. Davon ist noch zu berichten.

Privat will Schickedanz Holz wie Streicher nur einmal und auf deren Drängen hin getroffen haben. Holz in dessen Wohnung, Streicher in seinem Dambacher Haus. In beiden Fällen geht es um Geld für private Zwecke, im Falle Streichers um Geld für den Bau eines Herrenhauses, das er auf dem Pleikershof errichten will. Dabei handelt es sich um ebenjenen landwirtschaftlichen Gutshof bei Cadolzburg, der Schickedanz durch seinen Vorbesitzer vertraglich zugesichert und dann »von Streicher einfach weggenommen« worden war. Als sich Streicher, nachdem er Mitte Februar 1940 kaltgestellt worden ist, auf den Pleikershof zurückzieht, endet auch eine Geschichte, in die sich eine gemeinsame Arisierungsaktion des Fürther Unternehmers und des fränkischen Gauleiters in Schwaben nicht fügen will.

In jedem Fall endet 1938 ein Kapitel im Leben des jetzt dreiundvierzigjährigen Unternehmers. Es war ein bewegtes Jahrzehnt, das mit dem tragischen Verlust der Familie und mit dem Zusammenbruch der Weltwirtschaft begann und mit der Krönung der Quelle als größtem deutschem Versandhaus endet. Ein spektakulärer Erfolg, für den es eine Reihe von Gründen gibt. Zu ihnen zählen sicher das Geschick, das Gespür, auch der Mut des Gustav Schickedanz. Zu ihnen gehören aber auch die politischen und wirtschaftlichen

Rahmenbedingungen, von denen er profitiert. Da ist zum einen die günstige konjunkturelle Entwicklung, die ihm hilft.

Und dann haben zunächst die wirtschaftlichen Verwerfungen, später die durchgreifenden politischen Maßnahmen der neuen Machthaber dafür gesorgt, dass zahlreiche Geschäfte jüdischer Eigentümer auf dem Markt und zu günstigen Konditionen zu haben sind. So gesehen ist es der klassische Fall einer sich bietenden Gelegenheit. Ob sich Schickedanz unter anderen Umständen und jedenfalls zu dieser Zeit an den Aufbau eines zweiten Standbeins gemacht hätte, ist zweifelhaft. Als Zulieferer für sein eigentliches Geschäft, den Groß- und den Versandhandel, spielen die Fabriken und die Brauereien eine marginale oder gar keine Rolle, und über einen rund zehnprozentigen Anteil am Gesamtumsatz kommen sie nicht hinaus.

So oder so ist es 1938 mit der Zeit eines scheinbar ungebremsten Aufstiegs des Fürther Unternehmers erst einmal vorbei. Nicht nur endet mit dem Erwerb des Versandgeschäfts von Ignaz Mayer die Einkaufstour der letzten Jahre, auch die Quelle erreicht den Scheitelpunkt ihrer Entwicklung. Geht der Umsatz 1938 um gut sieben Prozent zurück, so sind es im folgenden Jahr schon mehr als zehn Prozent, und 1940 kommt es mit einem Rückgang von rund 70 Prozent zu einem regelrechten Einbruch. Die Gründe für diese Talfahrt sind zunächst die forcierte Vorbereitung auf die Kriegswirtschaft und dann natürlich der Krieg selbst, der im September 1939 als europäischer Krieg beginnt, im Verlauf des Jahres 1941 in einen zweiten Weltkrieg übergeht und sämtliche Ressourcen bindet. Für ein auf den Konsum breiter Bevölkerungsschichten ausgerichtetes Unternehmen ist das eine Katastrophe.

Als alles vorbei war, hat Gustav Schickedanz das im Januar 1946 in einer »Erläuterung zum Fragebogen« der amerikanischen Militärregierung so auf den Punkt gebracht: »Mein Geschäft dient der Versorgung weitester Bevölkerungskreise mit Textilien, Kurzwaren und anderen Gebrauchsgütern. Mein Sortiment hat zur Voraussetzung, daß die Abnehmerkreise sich eines gehobenen Lebensstandards erfreuen, wie er nur im Frieden möglich ist. Schon die Autarkie war mir unerwünscht, weil wichtige Rohstoffe für meine Waren, wie Baumwolle und Wolle[,] durch gebrauchsmäßig geringwertigere Ersatzstoffe wie Kunstseide und Zellwolle ersetzt wurden. Es war für mich unschwer vorauszusehen, daß die Bewirtschaftungsmaßnahmen vor dem Krieg genauso wie später die Kriegswirtschaft meine Umsätze einschränken und damit die Rentabilität meines Unternehmens beeinträchtigen mußten. Ich war als Unternehmer nicht nur nicht am Krieg interessiert, sondern habe innigst gewünscht, daß der Frieden erhalten bleibt.«

DER DURCHHALTER
1938–1949

Die Zeichen stehen auf Sturm. In jeder Hinsicht – politisch, wirtschaftlich, militärisch sowieso. Denn Hitler will den Krieg. Um ihn führen, um insbesondere die Sowjetunion angreifen, die Völker Ostmittel- und Osteuropas mit einem Eroberungs-, Vernichtungs- und Versklavungsfeldzug überziehen und das europäische Judentum auslöschen zu können, bedarf es der politischen und strategischen Vorbereitung und der Konzentration aller wirtschaftlichen Energien und Ressourcen.

Anfang November 1937 setzt der »Führer und Reichskanzler« die Oberbefehlshaber von Heer, Marine und Luftwaffe, außerdem den Reichsaußen- und den Reichskriegsminister über seine mittelfristigen Planungen ins Bild: Um das »Problem des Raumes« für das deutsche Volk ein für alle Mal aus der Welt zu schaffen, gebe es nur den gewaltsamen Weg der »Gewinnung eines größeren Lebensraumes«, und der sei »niemals risikolos«. Weil das Risiko aber im Laufe der Zeit zunehme, wolle er die »deutsche Raumfrage« »spätestens 1943/45« lösen und in Vorbereitung auf dieses Ziel zunächst Österreich und die Tschechoslowakei ausschalten.

In diesem Sinne schreitet Hitler 1938 zur Tat. Anknüpfend an die vollendeten Tatsachen, die schon 1935/36 mit der Wiedereinführung der allgemeinen Wehrpflicht und der Wiederbesetzung der entmilitarisierten Zonen des Rheinlandes geschaffen worden sind, marschieren am 12. März 1938 deutsche Truppen in Österreich ein, das einen Tag darauf per Gesetz an das Deutsche Reich angeschlossen wird, und ein gutes halbes Jahr darauf, am 1. Oktober 1938, beginnt die Wehrmacht mit dem Einmarsch in die sudetendeutschen Gebiete der Tschechoslowakei.

Auch in diesem Fall suchen und finden die übrigen Großmächte eine Reihe von Gründen, einer Konfrontation mit Deutschland aus dem Weg zu gehen, um im Falle der Invasion Österreichs nichts zu tun und im Falle der Besetzung eines großen Teils der Tschechoslowakei den Aggressoren sogar diplomatische Hilfestellung zu gewähren: Zwei Tage, bevor die deutschen Truppen die Grenze überschreiten, geben die Regierungschefs Großbritanniens, Frankreichs und Italiens dem deutschen Diktator auf einer eilig nach München einberufenen Konferenz grünes Licht für diesen Schritt.

Erst danach, erst als sich abzeichnet, dass Hitler auch mit diesem Zugeständnis nicht ruhig zu stellen ist, als er entgegen allen Beteuerungen Mitte März 1939 die Wehrmacht in Prag einrücken lässt und damit den entscheidenden Schritt auf dem Weg zur endgültigen Zerschlagung der Tschechoslowakei tut, als das Deutsche Reich gleichzeitig auf die eine oder andere Weise gegenüber der Slowakei, Litauen, Polen und Rumänien aktiv wird, zeigt der Westen Reaktionen. Am 31. März 1939 garantiert Großbritannien zwar nicht die Grenzen, wohl aber die Unabhängigkeit Polens, das offenkundig als Nächstes auf Hitlers Liste steht.

Damit aber werden endgültig die Sowjets auf den Plan gerufen – weil auch sie Interesse an Polen haben, weil sie dem Kurs der Westmächte nicht trauen und weil Hitler Stalin im Sommer 1939 ein interessantes Angebot macht. Auf dieser Basis einigen sich die beiden am 23. August 1939 in einem Pakt pragmatisch auf ein gegenseitiges Stillhalten und, in einem geheimen Zusatz, auf eine Aufteilung unter anderem der baltischen Staaten und eben Polens. Solchermaßen rückversichert, beginnt neun Tage später, im Morgengrauen des

1. September 1939, der deutsche Überfall auf den polnischen Nachbarn und damit ein Krieg, der von Anfang an europäische Dimensionen hat. Dieses Mal nämlich reagieren Briten und Franzosen und be-
antworten den deutschen Überfall mit einer Kriegserklärung. Damit
zeichnet sich ab, dass der bereits nach knapp vier Wochen beendete
deutsche Feldzug gegen Polen lediglich der Anfang eines Krieges ist,
von dem niemand zu sagen weiß, wie lange er dauern wird.

So oder so, das Deutsche Reich ist auf ihn vorbereitet wie kaum
ein zweites Land sonst auf der Welt. Bis zur Eröffnung des Polenfeld-
zugs hat die Regierung rund 45 Milliarden Reichsmark in die Rüstung
gepumpt, eine Summe, die in etwa dem gesamten Volkseinkommen
des Jahres 1932 entspricht. 1938 liegt der Anteil der Staatsausgaben
am Volkseinkommen bei rund 35 Prozent. Finanziert wird das Ganze
zunächst und nicht zuletzt mit Hilfe sogenannter Mefo-Wechsel, die
unter anderem durch Scheinfirmen ausgegeben wurden. Seit 1938
zahlt das Reich seine Rüstungsaufträge mit Lieferschatzanweisungen.

Haben die Machthaber bis zum Ausbruch des Krieges versucht,
den Konsumbedürfnissen des Volkes im Rahmen des Möglichen
Rechnung zu tragen, sorgt die Kriegswirtschaft für erhebliche Einschnitte. Seit dem Frühjahr 1939 werden erste Maßnahmen ergriffen,
so die allerdings kaum durchführbare Verordnung betreffend die
Schließung nicht lebensfähiger Einzelhandelsbetriebe vom 16. März,
durch die nicht zuletzt Arbeitskräfte für einen anderweitigen Einsatz
freigesetzt werden sollen. Den eigentlichen Einstieg in die Kriegswirtschaft bildet die Bewirtschaftung der Verbrauchsgüter durch
das Kartensystem. Sie beginnt am 27. August, also fünf Tage vor
der Eröffnung des Feldzugs, weil der Angriff ursprünglich auf den
26. August festgesetzt, dann aber kurzfristig abgeblasen worden ist.

Für den Versandhandel sind das schlechte Nachrichten. Auch für
das Haus Quelle. Hatte es zunächst so ausgesehen, als würde ihm
die Einverleibung Österreichs und der sudetendeutschen Gebiete

der Tschechoslowakei ein Millionenheer potenzieller Kunden zu-
führen, so kommt das Geschäft während des Krieges weitgehend
zum Erliegen. Der Grund sind die Bezugsscheine für den Grundbedarf an Lebensmitteln und Textilien.

Bei der Quelle sind die meisten Waren nur noch gegen sogenannte Textilpunkte zu haben, und die sind auf der Reichskleiderkarte
festgelegt. »Bei jeder Ware«, so steht dort zu lesen, »ist angegeben,
wieviel Abschnitte von dem Verkäufer vor Aushändigung der Ware
von der Karte abgetrennt werden. Beim Bezug von Strümpfen (nicht
Söckchen) trennt der Verkäufer außerdem den entsprechenden Be-
zugsnachweis ab.« So schlagen zum Beispiel Strümpfe, von denen
nicht mehr als sieben Paar bezogen werden dürfen, auf der Reichskleiderkarte mit fünf bis acht Punkten pro Paar, ein Rock mit 20 und
ein Herrenanzug mit 80 Punkten zu Buche.

Zwar kann Schickedanz 1940 in Berlin durchsetzen, dass die
Kunden bei einer Bestellung nicht die ganze Karte, sondern nur
die erforderlichen Punkte einzuschicken haben, aber an der grundsätzlich misslichen Lage des Versandhandels im Krieg ändert das
wenig. Denn neben den Bezugsscheinen, die den Einkauf auf Distanz
erheblich erschweren, hat das Textilversandgeschäft immer stärker
mit Rationalisierungsmaßnahmen wie der Beschlagnahmung vieler
Gewebe für Wehrmachtszwecke zu kämpfen.

Das restliche Sortiment kann diese Verluste beim wichtigsten
Umsatzträger natürlich nicht kompensieren, zumal das Angebot
auch hier mit zunehmender Kriegsdauer eingeschränkt oder ganz
eingestellt wird. Zum Beispiel bei den Spielwaren, zu denen 1939/
40 auch – als der »große Schlager« – ein »Fernlenk-Volkswagen
mit 26 Verkehrszeichen« gehört. Das Set wird für 1,95 Reichsmark
angeboten, während der »Volkswagen allein« schon für 99 Pfennige
zu haben ist. Die Preisliste Nr. 5/1939, die nur noch 24 Seiten umfasst,
wartet außerdem mit einer interessanten technischen Neuheit auf.

Erstmals wird eine Rollfilm-Kamera angeboten, und zwar zum

Preis von 19,50 Reichsmark. Das ist insofern wohl kein Zufall, als sich der Quelle-Chef für moderne Bild- und Aufnahmetechniken interessiert. Eine bemerkenswerte, umfangreiche Sammlung privater Filme in seinem Nachlass deutet darauf hin, dass Gustav Schickedanz ein leidenschaftlicher Filmer gewesen ist. Und wenn man das Angebot von 1939 im Lichte der weiteren Entwicklung seines Unternehmens sieht, wird man hier wohl die Anfänge der Foto-Quelle sehen können, die nach einigen Vorstufen 1961 das Licht der Welt erblickt.

Keine Frage, die Vorbereitung der deutschen Wirtschaft auf den Krieg und dann natürlich dieser selbst beenden einstweilen die glänzende Karriere der Quelle. Von einer kurzen Erholungspause 1941 abgesehen, gehen die Umsätze von fast 30 Millionen Reichsmark im Rekordjahr 1938 auf knapp 1,6 Millionen Reichsmark 1944, also im letzten vollen Kalenderjahr des Deutschen Reiches, und damit fast auf das Niveau des Jahres 1931 zurück. Allerdings sind dafür zuletzt auch die Zerstörungen durch die schweren Bombenangriffe mitverantwortlich. Und natürlich spiegeln die *Neuesten Quelle-Nachrichten* diese Entwicklung wider: 1941 erscheinen nur noch drei Nummern, in denen den Zeitumständen gemäß unter anderem »Soldbuchschutzhüllen« und »Wehrpaßschutzhüllen« angeboten werden, und das Sortiment des Frühjahrs 1944 findet auf vier Seiten Platz.

Was für die Quelle im Besonderen gilt, gilt so nicht unbedingt für den deutschen Versandhandel im Allgemeinen. Einige der Konkurrenten wissen sich nämlich rechtzeitig auf die neuen Zeiten einzustellen. Allen voran Josef Neckermann. Kaum dass er die »Wäschemanufaktur Karl Joel« von ihrem jüdischen Besitzer übernommen hat, bringt er diese unter dem neuen Namen »Wäsche- und Kleider-Fabrik Josef Neckermann Textil-Versandhaus« durch eine Lieferung von 60 000 Wolldecken an die Organisation Todt als zuverlässiger Partner staatlicher Stellen ins Gespräch. Die nach dem Generalinspekteur für das deutsche Straßenwesen Fritz Todt benannte, 1938

Die Zukunft im Visier: 1939 hat die Quelle erstmals eine Rollfilm-Kamera im Angebot. Gut zwanzig Jahre später erblickt die »Foto-Quelle«, eines der erfolgreichsten Unternehmen von Gustav Schickedanz, das Licht der Welt.

gegründete Organisation ist damals vor allem mit dem Bau des sogenannten Westwalls beschäftigt. So steigt Neckermann in das öffentliche Beschaffungssystem ein, liefert bald auch Blaumänner und Unterwäsche und macht sich für die Strategen der national-sozialistischen Planwirtschaft rasch unentbehrlich.

Instinktsicher erkennt Neckermann, dass Großbetriebe wie der Seine am ehesten in der Lage sind, die Schwierigkeiten der Bewirtschaftung und der Massenversorgung in den Griff zu bekommen, soweit das überhaupt möglich ist: Nicht zufällig ist am 1. April 1940 die Sondersteuer für Warenhäuser aufgehoben worden. Und dann sieht Neckermann im Riesenbedarf an Textilien zum Beispiel bei der Wehrmacht eine entsprechend riesige Chance für sein Geschäft. Seit Anfang 1941 ist er Referent der Reichsstelle für Kleidung und verwandte Gebiete, und am Ende des Jahres wird Josef Neckermann beauftragt, die ZLG, die Zentrallagergemeinschaft für Bekleidung, mit Sitz in Berlin zu gründen. 1943 wird die Gesellschaft bürgerlichen Rechts in eine GmbH umgewandelt, deren Anteile Josef Neckermann und Georg Karg, der Besitzer der »Hertie-Kaufhäuser«, halten.

Die Aufgabe der ZLG besteht in der Beschaffung, der Lagerhaltung, dem Absatz sowie der Verteilung von Spinnstoffen. Auf diesem Weg sollen in- und ausländische Arbeitskräfte mit Werksbekleidung ausgestattet, außerdem die Seeschifffahrt, Krankenhäuser oder auch die Forstwirtschaft entsprechend versorgt werden. Zudem organisiert die ZLG die Herstellung der Winteruniformen für die Wehrmacht und die Kleidung für sogenannte Ost-, also Zwangsarbeiter. Hergestellt werden sie unter anderem in den Fabriken von Helmut Horten und aus Materialien, die den Deutschen auf ihren Beutefeldzügen in die Hände gefallen sind.

Weil Josef Neckermann und andere schneller sind, aber auch weil Gustav Schickedanz in dieser Hinsicht, wenn man so will, naiv ist, weil ihm »für politische Fragen ... wohl das Interesse und auch der nötige Instinkt« fehlt, wie Ludwig Erhard bald nach dem Krieg festgestellt hat, geht dieses Geschäft, jedenfalls das große, an ihm vorbei. Zwar wird Anfang Februar 1940 im Reichswirtschaftsministerium auf einer Besprechung mit Vertretern der Textilindustrie festgelegt, dass »Gustav Schickedanz, Fürth« als Betrieb der Fachgruppe Wäscheindustrie weiterfertigen darf. Doch scheint er nie in großer Stück- und hoher Taktzahl produziert zu haben. So erhält sein Unternehmen zum Beispiel 1939 von den Bekleidungsämtern des Heeres in Fürth und München eine Belegung für die Herstellung von 4580 Arbeitsjacken und -hosen. Ende März 1943 liefert er zum ersten Mal seit 1941 nachweislich an das Heeres-Bekleidungsamt in Fürth, und zwar 295 »Windjacken-Loden«; bis Ende November sind es insgesamt rund 8900; Ende März 1944 werden noch einmal drei Jacken nachgeliefert.

Dass die Geschäfte gleichwohl weitergehen, ist den Entscheidungen der Vorkriegsjahre zu danken, mit der Herstellung ein zweites Bein neben dem Versandhandel zu errichten und sich dabei nicht nur auf einen Bereich zu beschränken. Ein sicherer Umsatzträger bleiben die Brauereien, die im Geschäftsjahr 1944 immerhin noch fast zwölf Millionen Reichsmark umsetzen. Auch die Papierfabriken entwickeln sich während des Krieges weiter gut. Sehr gut sogar. So erwirbt Schickedanz 1943 die kleine Fürther Firma Josef Stubenrauch, um den gut eingeführten Namen für die Produktion und den Vertrieb seiner Papierprodukte zu nutzen: Seine von den Brüdern Ellern übernommene Papierfabrik in Stadtsteinach führt nunmehr im Namen den Zusatz »Josef Stubenrauch«, und in Berlin wird die Camelia-Werk-Vertriebsgesellschaft mbH als »Camelia-Vertrieb Josef Stubenrauch, Zweigniederlassung, Berlin« fortgeführt. Wie in anderem Zusammenhang zu zeigen sein wird, gelten die Hygienebinden als kriegswichtige Produkte, und schon deshalb laufen die Geschäfte nicht schlecht. 1942 setzen die Papierfabriken gut 24 Millionen Reichsmark um, davon gut 1,2 Millionen im Exportgeschäft.

Im Übrigen bilden die Papier- und verwandte Produkte auch die Grundlage für geschäftliche Verbindungen von Gustav Schickedanz ins Ausland. Naturgemäß werden diese im Verlauf des Krieges zunehmend eingeschränkt, aber es gibt sie. Zum Beispiel in die Niederlande und in die Schweiz. In beiden Fällen hat die geschäftliche Verbindung auch eine politische Dimension.

Im August 1942 kauft Gustav Schickedanz von Jacob Willem Christian van Steeden Anteile an der WGL, der N. V. Wijnhoff & van Gulpen & Larsen, Amsterdam. Van Steeden hatte die WGL 1938 von den Erben eines jüdischen Vorbesitzers übernommen, als sich diese und ihre Verwalter zu einer »freiwilligen Arisierung« entschlossen. Im Gegenzug zu seiner Beteiligung an der WGL räumt Schickedanz seinem holländischen Geschäftspartner die Möglichkeit ein, sich an der niederländischen Camelia Maatschappij N.V. zu beteiligen. Ihre gemeinsamen Interessen bündeln die Geschäftspartner in der Firma van Steeden & Co., die sie im August mit van Steedens Söhnen Hendrik und Castel gründen.

Als Letzterer in Schwierigkeiten gerät, hilft ihm Gustav Schickedanz. »Castel van Steeden, Amsterdam«, gibt er nach dem Krieg zu Protokoll, hatte »einem holländischen Patrioten zur Flucht« verholfen. »Nach der Verhaftung seiner beiden Freunde durch die Gestapo in Holland bat mich sein Vater um Hilfe. Ich half zu seiner Abreisegenehmigung von Amsterdam nach Nürnberg, nahm Castel van Steeden in meine Wohnung nach Dambach und beschäftigte ihn zum Schein in meinem Geschäft. Nach ca. 8 Monaten verschaffte ich ihm eine Urlaubsrückreise, von der er verabredungsgemäß nicht zurückkehrte, obwohl er polizeilich bis heute in Fürth gemeldet blieb.« Vermutlich steht der Austritt von Gustav Schickedanz aus der Firma der van Steedens Ende Juli 1944 in einem Zusammenhang mit diesem Vorkommnis. An der Verbindung zu seinen holländischen Geschäftsfreunden ändert das zunächst aber nichts.

In der Schweiz vertritt Jean Bollhalter die Interessen der Vereinigten Papierwerke und damit von Gustav Schickedanz. Die beiden treffen sich wiederholt. Seit Kriegsausbruch kommt Bollhalter meist nach Deutschland. Schickedanz reist erstmals Ende Mai 1944 wieder nach St. Gallen in die Schweiz. Offensichtlich sprechen Schickedanz und sein eidgenössischer Statthalter während ihrer Treffen nicht nur über geschäftliche Dinge. Jedenfalls schreibt Schickedanz nach dem Krieg, es »bei keiner meiner Reisen nach der Schweiz versäumt« zu haben, »meinen Geschäftsfreund ... über die wirkliche Lage Deutschlands, über die unhaltbaren innerpolitischen Zustände aufzuklären«, und zählt Bollhalter zu den »Referenzen für Auskunftserteilung«.

Überhaupt scheint Gustav Schickedanz die Geschäftsreisen in die Schweiz auch für politische Gespräche und Kontakte genutzt zu haben. Zu seinen Gesprächspartnern zählen neben Bollhalter der ebenfalls in St. Gallen tätige Advokat Dr. F. Ditscher und »ganz besonders« der Direktor des kaufmännischen Direktoriums in St. Gallen, Melchior Leuzinger. Im Oktober 1945 gibt Schickedanz zu Protokoll, er habe ihnen eindringlich vor Augen geführt, »wie sehr das große Heer der in Deutschland Unzufriedenen allabendlich die Auslandssender abhöre und erwarte, daß der Name eines deutschen emigrierten Politikers genannt werde, der endlich ein Zusammenfassen aller unzufriedenen Kräfte in Deutschland ermögliche«.

Dieser Politiker ist Joseph Wirth. Der 1879 geborene Gymnasiallehrer für Mathematik war schon 1914 als Reichstagsabgeordneter in die politische Arena gestiegen, von November 1918 bis März 1920 zunächst badischer, hernach deutscher Finanzminister gewesen und hatte im Mai 1921, 41 Jahre alt, das Amt des Reichskanzlers übernommen. In seine kurze Amtszeit, die im November 1922 endete, fielen unter anderem die Neugestaltung des Verhältnisses zu Sowjetrussland und jene »Erfüllungspolitik« gegenüber den Siegermächten des Ersten Weltkrieges, von der schon die Rede gewesen ist. Als linker Exponent des katholischen Zentrums gehörte Wirth zu den entschiedenen Gegnern der Nationalsozialisten. Wenige Monate nachdem diese die Macht in Deutschland übernommen hatten, verlässt Wirth Deutschland und lebt fortan, von einem vierjährigen Aufenthalt in Paris abgesehen, in Luzern.

Über den Arzt Josef Markwalder versucht Gustav Schickedanz Verbindung zu Wirth aufzunehmen. Aber das für Dezember 1944 in Baden bei Zürich verabredete Treffen kommt nicht zustande: Markwalder, so vermerkte Schickedanz ein knappes Jahr später, Mitte Oktober 1945, für die amerikanische Militärverwaltung, »versprach mir[,] die von mir geplante Zusammenkunft mit dem früheren Reichskanzler Dr. Wirth zu ermöglichen und gab mir Ort und Zeit an, wo die Zusammenkunft stattfinden sollte. Als ich dann nochmals nach Zürich fuhr, war Dr. Wirth nicht reisefähig (Zuckerkrankheit) und es wurde nochmals ein späterer Zeitpunkt vereinbart, den ich aber nicht ausnützen konnte, da mir eine Aufenthaltsverlängerung nicht erteilt wurde. Auf meiner Rückreise wurde ich an der Grenze (Lustenau) von der Gestapo in einen besonderen Raum gesperrt und dort vernommen. Alle bei mir befindlichen schriftlichen Unterlagen wurden mir abgenommen und versiegelt nach Nürnberg gesandt … Nach vier Wochen beantragte ich nochmals unter dem Vorwand einer Geschäftsreise die Einreise nach der Schweiz. Dr. Markwalder hatte für mich die Genehmigung bei der schweizer Regierung in Bern bereits erwirkt, die deutschen Behörden gaben mir jedoch keine Genehmigung mehr.« Wenn diese Gespräche naturgemäß auch nicht in den Akten belegt sind, darf man doch davon ausgehen, dass Schickedanz sie nach dem Krieg nicht frei erfunden hat: Bollhalter, Ditscher, Leuzinger und Markwalder waren ja grundsätzlich befragbar.

Dokumentiert sind hingegen die geschäftlichen Kontakte in die Schweiz, und da stehen die Probleme des Unternehmens im Vordergrund. Kann Bollhalter noch 1942 »trotz scharfer Konkurrenz« die »›Camelia‹ mit großem Abstand an der Spitze« marschieren lassen, tauchen im Laufe des kommenden Jahres zunächst ein Konkurrent und dann Schwierigkeiten mit der Qualität der in die Schweiz gelieferten Ware auf. So hat die Güte der Watte »ganz merklich nachgelassen«. Ähnlich äußert sich Bollhalter Anfang September 1944 über die Qualität der gelieferten »Tempo«-Tücher. Deshalb und weil ihn die Konkurrenz mit Hinweis auf den deutschen Ursprung der Waren ausbooten kann, steht der Schweizer Vertrieb Ende des Jahres vor dem Aus. Als einen Grund für das Problem vermutet Bollhalter »Schwierigkeiten, die bei der Fabrikation mit manchmal ungewohntem Personal« entstehen, womit wohl Fremdarbeiter gemeint sind. Tatsächlich kommen diese auch bei Schickedanz zum Einsatz, und das wiederum ist eine Folge des Kriegsverlaufs.

Um die strategischen Voraussetzungen für den Überfall auf die
Sowjetunion zu schaffen und gleichzeitig Großbritannien seine
drohende Isolierung vor Augen zu führen, wendet sich Hitler nach
dem raschen Sieg über Polen dem Norden und Westen Europas zu.
Am 9. April 1940 beginnt der deutsche Überfall auf Dänemark und
Norwegen, und am 10. Mai setzt die Wehrmacht zum Angriff auf
Belgien, Luxemburg, die Niederlande und Frankreich an, das bereits
am 22. Juni die Waffen streckt. Nachdem im April des folgenden
Jahres Griechenland und Jugoslawien militärisch ausgeschaltet
worden sind und damit die südliche Flanke gesichert ist, beginnt in
den frühen Morgenstunden des 22. Juni 1941 der deutsche Überfall
auf die Sowjetunion und mit ihm einer der brutalsten und verlust-
reichsten Feldzüge der Geschichte.

Um den steigenden Bedarf insbesondere der Rüstungsindustrie
decken zu können, hat die Reichsregierung schon vor dem Überfall
auf Polen in Italien, Jugoslawien, Ungarn, Bulgarien oder auch den
Niederlanden systematisch Arbeitskräfte angeworben, ohne damit
allerdings die Nachfrage befriedigen zu können. Mit Kriegsbeginn
ändert sich die Lage grundlegend, hat das Regime doch nunmehr
Zugriff auf ein Riesenheer neuer Arbeitskräfte. Kriegsgefangene aus
Polen, Belgien und vor allem Frankreich bilden die erste Welle von
Zwangsarbeitern, die ins Deutsche Reich deportiert werden. Ihnen
folgen polnische Zivilarbeiter, die seit November 1939 angeworben
beziehungsweise zum Dienst in Deutschland gezwungen werden.
Mit dem deutschen Überfall auf die Sowjetunion bekommt das
Zwangsarbeitersystem eine neue Dimension. Je länger der Krieg
dauert, je höhere Verluste er fordert und je mehr – eben deshalb –
deutsche Arbeitskräfte aus der Produktion abgezogen werden, umso
größer wird der Bedarf an Fremdarbeitern und umso weniger spielen
rassenideologische Ressentiments eine Rolle. So kommen nicht nur
fast zwei Millionen sowjetischer Kriegsgefangener in Deutschland
zum Arbeitseinsatz, sondern auch zivile sogenannte Ostarbeiter aus

der Sowjetunion, allen voran aus der Ukraine, und schließlich sogar Insassen der Konzentrationslager.

Schätzungsweise 13,5 Millionen ausländische Arbeitskräfte werden bis zum Ende des Zweiten Weltkrieges im Großdeutschen Reich eingesetzt. Im August 1944 stellen die sogenannten Zwangsarbeiter in der Land- und Forstwirtschaft fast die Hälfte aller Arbeitskräfte, im Bergbau und in der Baubranche etwa ein Drittel, in der Industrie bis zu einem Viertel. Zum Einsatz kommen sie überdies bei den Kommunen, bei den Kirchen und nicht zuletzt in Privathaushalten. Auch bei Gustav Schickedanz.

Während des Krieges sind in seiner Dambacher Villa ein französischer Zivilarbeiter als Gärtner, fünf sowjetische Kriegsgefangene als Gartenarbeiter sowie eine Ukrainerin, Ludmilla Iltschenko, als Zimmermädchen und Servierdame beschäftigt. Auch in den Firmen von Gustav Schickedanz, namentlich bei der Quelle, in den Vereinigten Papierwerken sowie bei den Papierwerken Forchheim, werden Fremdarbeiter und Kriegsgefangene eingesetzt. Nach dem Krieg haben unter anderem Hans Böhner, Direktor der Deutschen Bank, und Betty Haas, später Handlungsbevollmächtigte bei Schickedanz, in eidesstattlichen Erklärungen zu Protokoll gegeben, dass die im Haushalt und in den Betrieben des Quelle-Gründers eingesetzten fremden Arbeitskräfte den Umständen entsprechend sehr gut, nämlich wie Angehörige der Stammbelegschaft, behandelt worden seien.

Natürlich sind derartige Aussagen mit Vorsicht zu genießen. Es gibt kaum ein Firmenarchiv, in denen sich solche nicht finden ließen. Andererseits darf es heute als gesichert gelten, dass Fremd- beziehungsweise Zwangsarbeiter in familiengeführten Unternehmen eine deutlich größere Chance auf eine menschenwürdige Behandlung hatten als in Kapitalgesellschaften. Im Falle von Gustav Schickedanz kommt hinzu, dass zehn der französischen Kriegsgefangenen – Ende April 1945 und stellvertretend für ihre Kameraden – gegenüber ihm und seiner Frau schriftlich ihre »Dankbarkeit zum Ausdruck« brachten:»Während der mehr als 4 Jahre, die wir in Ihrer Fabrik verbrachten, haben Sie uns immer mit der grössten Milde behandelt und alles getan, was möglich war, um uns die Gefangenschaft zu erleichtern.«

Wie viele Fremdarbeiter während des Krieges in den Betrieben von Schickedanz zum Einsatz kommen, welchen Nationen sie angehören und welchen Status sie haben, lässt sich nicht mehr zuverlässig feststellen. Allerdings gibt es eine Reihe von Anhaltspunkten. So wissen wir aus einem Bericht des Regierungspräsidenten in Ansbach für den Februar 1942, dass in Forchheim Däninnen beschäftigt sind, weil die Damen laut Bericht »ein sehr unsittliches Verhalten an den Tag« gelegt, nämlich mit Soldaten verkehrt haben sollen; ob es sich um zwangsweise beschäftigte Arbeiterinnen handelt, wissen wir hingegen nicht.

Sicher ist, dass die Däninnen zu jenen »Auslandsarbeiter[n,] weiblich« gehören, die seit 1941 in den Papierfabriken Forchheim tätig sind. Das geht aus einer internen Aufstellung vom Juli 1943 hervor, die immerhin einen genauen Einblick in die Zahl der von 1940 bis 1942 in den Papierfabriken eingesetzten Fremdarbeiter zulässt. 1942 sind in Forchheim 307 »Auslandsarbeiter«, davon 99 Männer, sowie vier Kriegsgefangene tätig; in Heroldsberg, also bei den Vereinigten Papierwerken, sind es 81 nicht nach Geschlecht aufgeschlüsselte »Auslandsarbeiter« sowie 47 Kriegsgefangene. Sie stellen damit dort rund ein Fünftel der Gesamtbelegschaft. In Forchheim hingegen sind rund die Hälfte der gesamten Belegschaft Ausländer.

Auf den ersten Blick muss der recht hohe Anteil von Fremdarbeitern und Kriegsgefangenen in den Papierbetrieben überraschen. Tatsächlich aber gilt vor allem eines der Produkte, nämlich die »Camelia«-Binde, als »kriegsentscheidend«, weil immer mehr Frauen in der Rüstungsproduktion zum Einsatz kommen und versorgt werden müssen. »Die Wichtigkeit der Bindenbelieferung für die erwerbstätige Frau«, heißt es in dem soeben zitierten Bericht vom Juli 1943, »besonders der Frauen im Kriegseinsatz … wird wesentlich

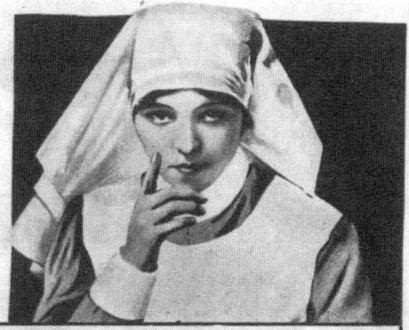

Frauen wollen nichts mehr wissen

von veralteten Metho-
den, sobald sie die vielen
Vorzüge der Reform-
Damenbinde „Camelia"
kennen gelernt haben.

Denn „Camelia" erfüllt alle Wünsche: Höchste Saugfähigkeit und weich anschmiegend,
da viele Lagen feinster, flaumiger „Camelia"-Watte (aus Zellstoff). Schutz vor Beschwerden
und Erkältungen. Abgerundete Ecken; keine Verlegenheit, auch in leichtester Kleidung,
Wäscheschutz! Wissenschaftlich glänzend begutachtet! Vollendetes Fabrikationsverfahren

Der „Camelia"-Gürtel bietet das Praktischste   Aus Seiden-Frottee-Gummi Mk. —.85
in bezug auf anschmiegendes und beschwerde-   Aus Seidengummi   Mk. —.85
loses Tragen. Größte Bewegungsfreiheit.   Aus Baumwollgummi   Mk. —.67

Rekord   Schachtel 10 Stück Mk. —.50
Populär   Schachtel 10 Stück Mk. —.90
Regulär   Schachtel 12 Stück Mk. 1.35
Extra stark Schachtel 12 Stück Mk. 1.50
Reisepackung (5 Einzelpack.) Mk. —.75

Die ideale Reform · Damenbinde
Einfachste und diskrete Vernichtung

»Kriegsentscheidend«: Die »Camelia«-Binde der Vereinigten Papierwerke – hier eine Anzeige aus den *Neuesten Quelle-Nachrichten* vom August 1934 – ist auch während des Krieges
ein zuverlässiger Umsatzträger.

unterstrichen durch nachstehende Zahlen: Laut statistischen Feststellungen sind heute ca. 9,4 Millionen Frauen erwerbstätig. Fällt die
Belieferung an Damenbinden nur einen einzigen Monat aus, so ist
mit einem Verlust von rund 300–360 Millionen Arbeitsstunden …
zu rechnen.« Eine makaber anmutende Rechnung, gewiss; aber doch
auch ein Teil des Kriegsalltags. Kein Wunder, dass nach 1939 »auch
das Werk Forchheim auf die kriegsentscheidende Camelia-Pro-
duktion um[ge]stellt« wird. Bereits im Mai 1943 wird das Werk in
Heroldsberg als »Kriegsmusterbetrieb« ausgezeichnet.

Allerdings bilden die Papierfabriken hinsichtlich der Zwangs-
arbeit eine Ausnahme. Insgesamt spielt diese im Unternehmen von

Gustav Schickedanz schon deshalb kaum eine Rolle, weil er sich
zunächst weigert, seinen Stammbetrieb in Fürth auf die Rüstungsproduktion umzustellen, und weil er es dann ablehnt, etwa in Polen
eigene Betriebe zu errichten oder fremde zu übernehmen. Tatsächlich finden seine Firmen in den Kriegstagebüchern der militärischen
Rüstungsbehörden keine Erwähnung. Damit gehört er während des
Krieges einer verschwindend kleinen Minderheit deutscher Groß-
unternehmer an.

Nach dem Krieg hat Schickedanz für die amerikanische Militärregierung beschrieben, welche Konsequenzen diese Abstinenz
für ihn hatte: »Ich bemühte mich ... gegen alle Schwierigkeiten
meine für die reine Friedenswirtschaft zugeschnittenen Betriebe
aufrecht zu erhalten. Daher lehnte ich auch alle Aufforderungen
ab[,] meine Betriebsgebäude in Fürth mit über 15 000 qm Raum
und mit nahezu 2000 Arbeitern und Angestellten auf Rüstung umzustellen ... Genauso wie ich es abgelehnt habe[,] meine Betriebe
auf Rüstung umzustellen, bin ich auch den Aufforderungen verschiedener Reichsbehörden und Parteistellen nicht nachgekommen,
die wünschten, daß ich in den Ostgebieten Betriebe errichte oder
übernehme. So kann ich mit gutem Gewissen sagen, daß ich weder
an der Vorbereitung zum Krieg (Aufrüstung) noch am Krieg selbst
verdient habe.«

Natürlich fordert diese Weigerung ihren Preis. So werden ein
»Großteil« der Gebäude »beschlagnahmt« und »nach und nach
immer mehr Arbeiter und Angestellte für andere Rüstungsbetriebe
abgezogen«. In Verbindung mit den Einberufungswellen führt das
zu einem regelrechten Aderlass in den Reihen der Belegschaft – eine
Entwicklung, die Gustav Schickedanz sehr zu schaffen macht. Denn
er hängt an seinen Mitarbeitern, auch wenn er sie nicht mehr alle
persönlich kennt. Wenn möglich, hält er den Kontakt, nimmt Anteil
an ihren Schicksalen, schreibt ihnen per Feldpost und lässt ihnen zu

besonderen Anlässen Pakete zukommen. So gehen im Dezember 1941
unter dem »Oberkommando« seiner Schwester Liesl Kießling »300
Weihnachtspäckchen« an alle Fronten, wie er einem Freund nach
Russland schreibt. Am Jahresende 1944, hält er ein knappes Jahr später in seinem Bericht für die amerikanische Militärregierung fest, ist
schließlich »nur noch ein kleiner Rest treuer Arbeiter und Angestellter vorhanden, für die ich kaum mehr eine lohnende Beschäftigung
hatte, die ich aber absolut über den Krieg hinwegbringen wollte«. Ein
hoher Preis für die Weigerung, ins Rüstungsgeschäft einzusteigen.

Auch wenn Gustav Schickedanz mit diesem Rückblick Mitte Oktober 1945 den Zweck verfolgte, wieder in sein Geschäft zurückkehren
zu dürfen, wird man seine Sicht der Dinge im Wesentlichen so stehen
lassen können. Warum er nicht in die Rüstungsproduktion einsteigt
und sich damit einen ordentlichen Profit entgehen lässt, ist nicht
eindeutig zu sagen. Schickedanz selbst hat sich nur andeutungsweise
dazu geäußert. Sicher hat er für sich und seine Unternehmen von
dem »unseelige[n] [sic] Krieg« nichts erwartet und ihn schon deshalb abgelehnt.

Folgt man einem seiner Berichte für die amerikanische Militärregierung, hat Gustav Schickedanz einem Kreis angehört und diesen
gelegentlich auch in sein Dambacher Haus und in sein Fürther Büro
geladen, der sich kritisch mit der allgemeinen Lage sowie mit den
führenden Figuren des Gaus befasste. Dem Kreis gehörten neben
Professor Hans Rauch, dem Finanzpräsidenten von Nürnberg, und
Otto Graf, dem leitenden Regierungsdirektor im Landwirtschafts-
amt Nordbayern der Regierung von Mittel- und Oberfranken, nicht
zuletzt der Polizeipräsident von Nürnberg, Dr. Benno Martin an,
außerdem der Hauptschriftleiter des *Fränkischen Kuriers*, Dr. Rudolf
Kötter, sowie jedenfalls gelegentlich Dr. Friedrich (»Fritz«) Kempfler.

Kötter, Jahrgang 1893, ist ein klassischer Repräsentant der
deutschnationalen Tradition der Weimarer Republik, hat sich im

Herbst 1932 öffentlich gegen Adolf Hitler ausgesprochen und hält lange respektvolle Distanz zur NSDAP. Als er der Partei dann im Sommer 1942 beizutreten versucht, wohl um seine Zeitung vor Übergriffen zu schützen, scheitert er, obgleich sich kein Geringerer als Karl Holz für die Aufnahme ausspricht. Kempfler, Jahrgang 1904, promovierter Jurist, Mitglied der NSDAP und der SS, war in den dreißiger Jahren Rechtsrat und Bürgermeister in Fürth und amtierte seit 1938 als Oberbürgermeister von Bayreuth. Von 1939 bis 1943 war er im Kriegseinsatz.

Einige aus der Gruppe haben nach dem Krieg in eidesstattlichen Erklärungen zu Protokoll gegeben, dass sich diese nach dem gescheiterten Attentat auf Hitler vom 20. Juli 1944 zu einem regelrechten »Widerstandskreis« geformt habe. Als Schlüsselfigur dieses Kreises gilt Benno Martin, Jahrgang 1893, promovierter Jurist, seit 1933 Mitglied der NSDAP, seit 1934 Polizeipräsident von Nürnberg und Fürth, außerdem Karrierist in der SS, zuletzt im Rang eines Obergruppenführers und Generals der Waffen-SS. Es gibt eine Reihe von Hinweisen, dass der Polizeipräsident, der von Amts wegen auch für die Deportation der fränkischen Juden in die Vernichtungslager zuständig war, ansprechbar gewesen ist, wenn es darum ging, Einzelne vor diesem Schicksal zu bewahren.

Vermutlich hat sich auch Gustav Schickedanz dank dieser Rückendeckung für eine Reihe von Menschen einsetzen können, denen Verhaftung oder Deportation drohten. So zum Beispiel für Lucia Zehr und ihren Gatten. Nachdem dieser aus dem Staatsdienst entlassen worden war, verschaffte ihm der Unternehmer eine »lohnende Beschäftigung« in seinem Betrieb, wie er und seine Frau sich nach dem Krieg in einem Dankesschreiben an Schickedanz erinnerten. Im Falle von Lucia Zehr, die am 19. Februar 1945 »von der geheimen Staatspolizei als Jüdin die Zustellung erhielt«, gelang es Gustav Schickedanz, »den geplanten verhängnisvollen Abtransport zu verhindern«.

»Nicht am Krieg interessiert«: Seit 1943 pflegt ein Kreis Gleichgesinnter den Gedankenaustausch. Zu ihm gehört Rudolf Kötter, der Hauptschriftleiter des *Fränkischen Kuriers*, auf
dessen Hochzeit das Bild entstanden ist und der hier mit seiner Frau im Zentrum des Geschehens steht. Mitglieder des informellen Kreises sind außerdem der Polizeipräsident von
Nürnberg Benno Martin (im Bild Zweiter von links, sitzend), Bayreuths Oberbürgermeister
Fritz Kempfler (Dritter von links, in Uniform), der leitende Regierungsdirektor im Land-
wirtschaftsamt Nordbayern Otto Graf (neben Kempfler, stehend) und der Quelle-Chef
Gustav Schickedanz (rechts im Bild), in dessen Dambacher Villa man sich gelegentlich trifft.
Unter den Hochzeitsgästen ist auch seine Frau Grete (Zweite von rechts, sitzend).

Dass die gute Beziehung zu Benno Martin in solchen Fällen hilf-
reich ist, liegt auf der Hand. Auch ist dessen exponierte Stellung im
Sicherheits- und Polizeiapparat des Regimes eine ideale Tarnung für
Männer, die sich Gedanken machen, wohin die Reise des Regimes
wohl geht. Natürlich ist und bleibt Martin ein Mann des Systems,
auch wenn Reinhard Heydrich, Chef des Sicherheitsdienstes der SS,
im Vorfeld der Beförderung Martins zum Höheren SS- und Polizei-
führer im Abschnitt Main Mitte März 1942 feststellt, der Polizeipräsident werde »charakterlich nie ein SS-Führer und Nationalsozialist
werden«. Als solcher wird er nach dem Krieg wiederholt angeklagt,
im Übrigen aber nie verurteilt.

Auch Gustav Schickedanz wird man natürlich nicht dem Widerstand zurechnen können. Aber dass er den Kurs des Regimes schon deshalb mit zunehmender Skepsis verfolgt, weil er als Versorger »weitester Bevölkerungskreise mit ... Gebrauchsgütern ... nicht am Krieg interessiert« sein kann, ist offenkundig, und dass er im Verlaufe des Jahres 1944 das Gespräch mit Leuten sucht, die das ähnlich sehen, erstaunt nicht. In diesem Sinne sind auch seine Kontakte in die Schweiz zu verstehen. Dass er davon zu Hause nur zwei oder drei Personen aus besagtem Gesprächskreis berichtet, nicht aber dem Polizeipräsidenten, passt in dieses Bild. Martin nämlich hatte ihm, wie Schickedanz nach dem Krieg festhält, »von 2 Todesurteilen erzählt, die an Deutschen vollstreckt wurden, denen eine Verbindung mit Dr. Wirth nachgewiesen« wurde. Nein, nach einem entschlossenen, politisch motivierten Widerstand gegen die nationalsozialistische Diktatur sieht das nicht aus, wohl aber nach dem Wunsch eines vom Frieden lebenden Geschäftsmannes, dass dieser Krieg bald zu Ende gehen möge.

Gut möglich, dass hier einer der Gründe liegt, warum Gustav Schickedanz nie in die Rüstungsproduktion gegangen ist. Es wäre nicht der einzige Grund, und gewiss nicht der entscheidende, aber eben doch einer. Mindestens so wichtig dürfte gewesen sein, dass er nicht auf diesen Schritt angewiesen ist. Nicht nur produzieren seine Betriebe ja auf vergleichsweise niedrigem Niveau weiter; Schickedanz verfügt auch über genügend Reserven, denn er hat seit Anfang der dreißiger Jahre ausgezeichnet verdient und ist ein sehr wohlhabender Mann.

Auch während des Krieges investiert Gustav Schickedanz. Zwar nicht mehr in den Dimensionen wie bis 1938, aber kontinuierlich und natürlich gezielt. Privat wie geschäftlich. Und in aller Regel erwirbt er auch jetzt Eigentum jüdischer Besitzer. Deren Lage hat sich inzwischen dramatisch zugespitzt. Sind bis zum 9. November 1938 etwa 170 000 Juden aus Deutschland emigriert, so folgen ihnen nach den Pogromen der sogenannten Reichskristallnacht, also seit dem November 1938, weitere 140 000 ins mehr oder weniger sichere Ausland, müssen dabei allerdings den größten Teil ihres Vermögens zurücklassen. Diejenigen, die es nicht schaffen oder die Deutschland trotz allem nicht verlassen wollen, geraten spätestens seit dem Sommer 1941 in die Mühlen der Vernichtungsmaschinerie, die mit dem Feldzug gegen die Sowjetunion auf Hochtouren läuft.

Wer seit Jahresende 1938 Eigentum aus jüdischem Besitz erwirbt, tut das vor diesem Hintergrund – auch dann, wenn er, wie Gustav Schickedanz, das Vorgehen gegen die Juden ablehnt, von der Vernichtung des europäischen Judentums gar nicht zu reden, wann immer er von ihr erfahren haben mag. Dass ihm der Kauf der Briefmarkensammlung von Martin Kohn, für die er im Januar 1940 71 000 Reichsmark zahlt, einmal als Nutznießung im Rahmen der Arisierung vorgehalten werden könnte, kommt ihm nicht in den Sinn. Der Mitinhaber des in Liquidation befindlichen Bankhauses Anton Kohn braucht das Geld dringend, um seine Schulden zu begleichen und seinen Lebensunterhalt zu sichern. Ob sich Schickedanz, wie er rückblickend angegeben hat, als »Verwahrer« der Sammlung betrachtete, bis »nach dem Krieg sich der Eigentümer wieder meldet«, sei dahingestellt. Sicher ist, dass Schickedanz in mindestens einem anderen Fall den Kunstbesitz und die Briefmarkensammlung aufbewahrt hat, bis diese dem Besitzer, Frank Petschek aus Prag, wieder ausgehändigt werden konnten.

Daran denkt Gustav Schickedanz im Falle der Firmen und Grundstücke, die er während des Dritten Reiches von jüdischen Eigentümern zu mehr oder weniger guten Konditionen erwirbt, natürlich nicht. Sie sind aus seiner Sicht Investitionen für die Zukunft. In aller Regel treten neben Schickedanz selbst mehrere seiner Unternehmen als Käufer auf. So auch im Falle der Aktienpakete der Lederer-Brauerei im Nennwert von gut 370 000 Reichsmark, die Gustav Schickedanz, die Geismann-Brauerei und die Vereinigten

Papierwerke im Januar 1940 von der Bayerischen Hypotheken- und Wechselbank erwerben. Die »jüdische Gruppe« Krakenberger-Hesselberger-Hopf hatte sie 1938 teilweise an die Bank verkauft.

Direkt vom Vorbesitzer und zum Preis von 75 000 Reichsmark kaufen die Vereinigten Papierwerke Ende April 1940 ein Fabrikgrundstück nebst dazugehöriger Brillenglasschleiferei in Forchheim. Die Firma A. Schweizer OHG ist schon seit 1932 in Liquidation. Unter anderem wegen des erheblichen Instandsetzungs- und Umbaubedarfs der Fabrikgebäude in Höhe von 117 000 Reichsmark kann jahrelang kein Investor gefunden werden. Auch deshalb liegt der Kaufpreis deutlich unter dem Einheitswert, der im August 1944, als die Gebäude an die umgewandelte »Papierfabrik Forchheim Gustav Schickedanz« verkauft werden, auf gut 134 000 Reichsmark festgelegt ist.

Allerdings beschränken sich die Investitionen der Kriegsjahre nicht nur auf den geschäftlichen Bereich. Auch als Privatmann kauft Schickedanz zu. So erwirbt er im Juni 1941 in Hersbruck ein Wohnhaus mit Garten und wenige Wochen später ein ähnliches Anwesen in Tegernsee. Dafür gibt es neben kommerziellen Erwägungen einen persönlichen Anlass, denn 13 Jahre nach dem Unfalltod seiner Frau will Gustav Schickedanz noch einmal den Bund der Ehe eingehen.

Am 8. Juni 1942, um 10.30 Uhr, heiratet er vor dem Standesamt Fürth seine Privatsekretärin Grete Lachner, die 15 Jahre zuvor als Lehrmädchen in seine Kurzwarengroßhandlung eingetreten ist und schon bald in seinem Betrieb, später auch in seinem Privatleben eine zusehends wichtige Rolle spielt. Der Unternehmer kennt die »kleine Grete mit dem Sammetbändchen u. der Schneckenfrisur«, die von seiner 1929 verunglückten ersten Ehefrau eingestellt worden ist, schon seit ihrer Kindheit. »Ich sehe Dich jetzt noch mit der roten Strickweste, von Böhm geliefert, den Dambacher-Weg fahren«, notiert Gustav Schickedanz im Januar 1936, »u. oft an den Schranken hab ich Dich zufällig getroffen. Weisst Du noch als wir über die

»Hat jemand etwas gemerkt?« Seit 1931 unterhalten Gustav Schickedanz und Grete Lachner – hier bei einer Bootspartie auf dem Tegernsee – eine intime Beziehung.

Hauptpost nach Hause gingen u. die Räder geschoben haben, damit der Weg länger war.«

Spätestens seit 1931 unterhalten die beiden eine enge Beziehung. »Hat jemand etwas gemerkt?«, fragt er sie am 20. März 1932. Die Briefe, deren erster erhaltener vom 19. Oktober 1931, dem Vorabend von Gretes zwanzigstem Geburtstag, datiert, sind Zeugnis einer großen und offenkundig dauerhaften Liebe. Wann immer der eine oder die andere auf Reisen ist, greifen sie zur Feder, und namentlich Gustav Schickedanz fällt der Abschied jedes Mal besonders schwer. »[I]m Wagen kollerten mir noch einige Tränen herunter trotz größter Beherrschung«, schreibt er Mitte August 1938 nach dem Aufbruch in den Sommerurlaub, den er – wie stets mit Schwester Liesl und Tochter Louise – dieses Mal am Wörthersee in »Kärnten, Deutschland« verbringt. Zum Trost liest er »seine« Seite 51 aus Joseph Conrads Roman *Lord Jim*, und da sieht er »ein, daß es im Leben gar nichts zu bedeuten hat, viel Geld, Gut usw. zu besitzen, daß man leer, inhaltslos ist, wenn man nicht seinen Kameraden gefunden hat«.

Kein Wunder, dass der Witwer, der im Allgemeinen nicht unbedingt zu den Kostverächtern zählt, treu und, wenn man so will, monogam lebt, seit sich die beiden zueinander bekannt haben. So verbringt er im September 1940 »brav u. treu wie selten ein Mann einen Aufenthalt in Paris«. Nicht die »tausend schönsten Pariserinnen«, vertraut er der Feldpost an, könnten ihn in der Liebe zu seiner »einzigen besten Grete« erschüttern. Schon im Sommer 1934, als ihn die Urlaubsreise mit Tochter und Schwester bis nach Schweden führte, hat er die Daheimgebliebene wissen lassen: »So spiessbürgerlich u. so eingenäht war ich noch auf keiner Reise, so daß ... sich auch meine Schwester dauernd wundert.« Schwester Liesl ist im Übrigen lange Zeit die Einzige, die von der Beziehung weiß. »[S]ie darf's doch ruhig wissen!«, hatte Gustav seiner Grete schon Ende März 1933 geschrieben.

Auch nach der Hochzeit greifen die beiden gelegentlich und namentlich dann zur Feder, wenn einer von beiden längere Zeit auf Reisen ist. Der letzte erhaltene Brief – ein neunseitiges, mit engem Zeilenabstand verfasstes Schreiben des Unternehmers an seine in Hongkong weilende Gattin – stammt vom November 1975. Zumindest die privaten Briefe von Gustav an Grete Lachner beziehungsweise Schickedanz sind offenbar lückenlos erhalten, weil seine Frau sie aufgehoben und wohl immer wieder einmal angeschaut hat. »Gustav's Briefchen«, notiert sie am 20. Oktober 1991, ihrem achtzigsten Geburtstag und 14 Jahre nach dem Tod ihres Mannes, »sehr gut bewahren« – als Erinnerung »an diese langen vielen Jahre ...«.

Der Briefwechsel bildet eine herausragende Quelle, insbesondere natürlich für die Beziehung von Gustav und Grete Schickedanz, aber beispielsweise auch bei der Rekonstruktion der Reisen, die der Unternehmer in den dreißiger und vierziger Jahren angetreten hat. Das gilt vor allem für die Ziele und die Daten seiner Reisen. Die Gesprächspartner und die Themen bleiben dagegen eher im Hintergrund. Sie sind ja auch nicht der Grund für die Korrespondenz, zumal Gustav Schickedanz nach der Rückkehr seine Sekretärin

»Ob sie sich's wohl denkt?« Grete Lachner, die große Liebe von Gustav Schickedanz, 1938 mit dessen dreizehnjähriger Tochter Louise.

Grete Lachner mündlich über die Ergebnisse seiner Reisen ins Bild setzen konnte. Im Mittelpunkt ihrer beider Briefe bis 1942 steht das Bekenntnis zu ihrer Liebe, das ja kaum anders zum Ausdruck gebracht werden kann als auf diesem Weg. Kein Wunder, dass sie diesen gelegentlich auch dann begehen, wenn sie beide in Fürth sind.

Warum aber warten die Liebenden angesichts dieser Intensität und Eindeutigkeit ihrer Gefühle so lange? Warum müssen ganze zehn Jahre ins Land gehen, bis sie schließlich den Bund fürs Leben schließen? Die Antwort mag für Vertreter nachlebender Generationen schwer verständlich sein, für Gustav Schickedanz ist sie eindeutig: Tochter Louise, die ihre Mutter bei jenem tragischen Verkehrsunfall verloren hat, ist noch nicht so weit. In diesem Sinne schreibt er im August 1938 vom Wörthersee an sein »Liebes Gutl«: Louise, die jetzt dreizehn ist, »war eben bei mir im Zimmer … u. hätte gern gewusst, was ich für einen Brief schreibe – ob sie sich's wohl denkt? – Oft sehne ich mir den Tag herbei, wo ich Louise doch einmal sagen könnte,

Endlich amtlich: Am 8. Juni 1942 werden Gustav Schickedanz und Grete Lachner getraut. Neben ihnen als Trauzeugen Hauptschriftleiter Rudolf Kötter (links im Bild) und Schwager Daniel Kießling mit seiner Frau Liesl, der Schwester des Bräutigams.

wie groß meine Liebe zu Dir ist; ich denke dies zu einem Zeitpunkt, wo Louise so groß sein wird[,] um dies alles zu verstehen, wo ich ihr dann erklären kann, daß diese Freundschaft mit Dir, der beste Nährboden war u. immer sein wird, auf dem meine große Hingabe, stets alles für Louise tun u. opfern zu können, gedeihen kann.«

Vier Jahre später ist der Tag gekommen. Louise ist jetzt siebzehn, und das Verhältnis zu der Frau in der Nähe ihres Vaters ist eng und herzlich. Hatte Anna Schickedanz, ihre leibliche Mutter, das junge Fräulein Lachner unter ihre Fittiche genommen, so hat sich im Lauf der Jahre ein enges Verhältnis zwischen dieser und Annas Tochter Louise entwickelt. Daran wird sich zeitlebens nichts ändern.

»Habe Du aber auch etwas Nachsicht mit mir«, schreibt Louise drei Tage vor der Hochzeit an ihre kommende Stiefmutter, »denn einige kaum sichtbare Hindernisse sind auch für mich zu über-

winden ... Wenn ich auch des öfteren meine grosse Dankbarkeit
Dir gegenüber nicht so gezeigt habe, so versichere ich Dir, daß ich es
immer himmlisch empfunden habe[,] ein so fühlendes Herz neben
sich zu wissen. – Ich wünsche Dir ein recht ruhiges und sonniges
Leben bei meinem Vater und ich bin sicher, daß Du unseren Namen
mit Achtung tragen wirst, auch wenn wir wieder ganz klein und
unbeachtet werden sollten. Ich bitte Dich, bleibe dem Namen und
den beiden Menschen, die ihn mit Dir tragen, immer treu.« So hält
es Grete Schickedanz tatsächlich, und als sie im Oktober 1986 ihren
Fünfundsiebzigsten feiert, schreibt ihr die Stieftochter im Rückblick
auf die gemeinsame »lange Wegstrecke«: »Du hast es geschafft, als
große Unternehmerin in die Wirtschaft einzugehen.«

Trauzeugen der Hochzeit von Gustav und Grete Schickedanz
sind Daniel Kießling, der Schwager des Bräutigams, sowie Rudolf
Kötter, Hauptschriftleiter des *Fränkischen Kuriers* und Mitglied jener
informellen Gesprächsrunde, zu der auch Nürnbergs Polizeipräsident Martin gehört und die sich mitunter im Dambacher Haus
von Gustav Schickedanz trifft. Noch am gleichen Tag nimmt Pfarrer
Ferdinand Krauß in der Fürther St. Paulskirche die kirchliche Trauung vor. Der Stadtpfarrer ist der Familie Schickedanz eng verbunden,
hatte auch 1929 die Beisetzung der ersten Frau von Gustav Schickedanz vorgenommen. Als er wenig später wegen der Verbreitung eines
Stalingrad-Gedichts ins Visier der Gestapo gerät, erwirkt Gustav
Schickedanz die Einstellung des Verfahrens.

Schon bald nach der Trauung halten sich Grete Schickedanz und
ihre Stieftochter Louise immer häufiger auf dem ein Jahr zuvor
erworbenen Hersbrucker Anwesen, Gartenstraße 81, auf. In der
zweiten Jahreshälfte 1943 ziehen sie endgültig dorthin, weil hier die
Versorgungslage besser ist, weil der Raum Nürnberg-Fürth immer
stärker ins Visier feindlicher Bomber gerät, weil in der Dambacher
Parkstraße 32 »fliegergeschädigte« Verwandte und Bekannte zum

Beispiel aus Berlin untergebracht werden – und weil Grete Schickedanz schwanger ist.

Am 20. Oktober 1943 erblickt das erste und einzige Kind von
Gustav und Grete Schickedanz im bombensicheren Bunker der
Nürnberger Frauenklinik das Licht der Welt. Vier Wochen nach der
Geburt wird das Mädchen von Pfarrer Ferdinand Krauß im Hers-
brucker Haus der Familie auf den Namen Elisabeth Christa Made-
leine getauft. Natürlich ist die Wahl eines französischen Namens kein
Zufall. Wie im Falle der älteren Halbschwester Louise bringt er die
tiefe Verbundenheit für die französische Literatur zum Ausdruck, die
Gustav Schickedanz zeitlebens empfunden hat. Bücher von Autoren
wie Charles Baudelaire sind stets griffbereit.

Bis zur Geburt der Tochter ist Gustav Schickedanz zunächst noch
häufig in der Dambacher Fuchsstraße, nutzt hier einige Räume
als Ersatz für seine zerstörten Büros in Fürth und Nürnberg und
organisiert den Umzug des Haushalts nach Hersbruck. Am 7. August
1943 erhält das »Familienhaupt« die »Abreisebescheinigung Nr. 252
für eine behördlich angeordnete Umquartierung« seiner Frau, seiner
Tochter und zweier Hausangestellter in »außerhalb des Wohnortes
gelegene Aufnahmegebiete«. Gleichzeitig bittet er den Fürther
Oberbürgermeister unter anderem mit Blick auf die »Verwandten-
hilfe«, die frei werdenden Räume in der Dambacher Fuchsstraße
nicht belegen zu wollen. Ähnlich hält er es in Tegernsee. Mit dem
dortigen Bürgermeister findet er am 10. August eine Lösung, die
unter anderem die Vermietung einiger Räume an einen Schwager
seiner verstorbenen Frau und dessen Familie vorsieht.

Und dann fallen wieder die Bomben. Zwar bleibt das Haus in
Dambach verschont. Aber seine Geschäfte werden schwer getrof-
fen. So gehen bei einem der Angriffe auf Berlin sämtliche dortigen
Büroräume, alle Lastwagen und vier Waggons mit Waren verloren.
Wesentlich gravierender sind die Verluste in Fürth. Bei den schwe-
ren Bombenangriffen vom 10. und 11. August 1943 werden fast alle

Totaler Verlust: Bei den Bombenangriffen auf Fürth geht am 10. und 11. August 1943 auch
fast die gesamte Kundenkartei der Quelle in Flammen auf.

Gebäude des Unternehmens an der Artilleriestraße, darunter der
Hauptbetrieb mit über 15 000 Quadratmetern, dem Erdboden gleich-
gemacht. Vor allem aber geht die Kundenkartei bis auf etwa 50 000
Adressen in Flammen auf. Allein für diesen Verlust setzt die Quelle
einen Wiederbeschaffungswert von fast 6,5 Millionen Reichsmark an.
Insgesamt wird der Schaden auf 12,2 Millionen Reichsmark geschätzt.
   Naturgemäß gelangen die Behörden zu einem anderen Ergebnis
und gewähren dem Unternehmen Anfang April 1944 für sämtliche
Verluste eine Kriegsschadenvergütung in Höhe von rund zehn
Millionen Reichsmark. Tatsächlich erhalten die Firma Gustav Schickedanz und die Quelle L. Kießling & Co. davon nur 6,1 Millionen
Reichsmark zur Schadensregelung gutgeschrieben. Die restlichen
3,9 Millionen Reichsmark kommen auf ein Sperrkonto. Sie dürfen
nur zur Begleichung von Steuern und Gebühren im Zusammenhang
mit der Regulierung des Schadenfalls und bei der Umwandlung der

Vereinigten Papierwerke GmbH in eine KG verwendet werden. Eben
darauf will Gustav Schickedanz nach dem Verlust seines Handels-
unternehmens jetzt seine »unternehmerische Kraft« konzentrieren.

Beim Groß- und Versandhandel funktioniert nach der Zerstörung von Lager, Büros und Fertigung bis Kriegsende nur noch
ein Notbetrieb, der von der Nürnberger Straße 91/95 aus organisiert
wird. Dorthin sind sowohl die Quelle als auch die Firma Gustav
Schickedanz umgezogen. Immerhin »rieselt die Quelle« danach
»wieder etwas«, wie Gustav Schickedanz Anfang November 1943 an
Jean Bollhalter in St. Gallen schreibt.

Im Frühjahr 1945 ist es allerdings auch damit vorbei. Als am 19. April
1945 amerikanische Truppen in Fürth einrücken, ist klar, dass die
Niederlage des Deutschen Reiches nur noch eine Frage von Tagen
oder Wochen ist. Jetzt zahlen Deutschland und die Deutschen den
Preis für einen Krieg, der im September 1939 mit dem Überfall
auf Polen begonnen und mit dem Überfall auf die Sowjetunion
seit Juni 1941 eine Dimension angenommen hat, wie sie bis dahin
in der zivilisierten oder sich für zivilisiert haltenden Welt unbekannt gewesen ist. Alleine sechs Millionen europäischer Juden fallen
diesem Vernichtungsfeldzug zum Opfer.

Nach dem Angriff auf die Sowjetunion hatte es zunächst so ausgesehen, als könnten die deutschen Armeen auch diesen Gegner
binnen kurzem militärisch ausschalten. Als dann aber im Dezember
1941 die deutsche Offensive vor Moskau stecken bleibt und die Rote
Armee zum Gegenangriff übergeht, beginnt sich das Blatt zu wenden.
Spätestens seit der verheerenden Niederlage der Sechsten Armee in
Stalingrad im Winter 1942/43 wissen nüchterne Beobachter des Geschehens, dass der Krieg für Deutschland nicht mehr zu gewinnen
ist. Zumal seit Ende des Jahres 1941 auch die Vereinigten Staaten
von Amerika der sogenannten Anti-Hitler-Koalition angehören: Um
eine Niederlage Japans zu verhindern, bevor der deutsche Feldzug

gegen die Sowjetunion abgeschlossen sein würde, hatte Hitler die
Konsequenz aus dem japanischen Überfall auf den amerikanischen
Flottenstützpunkt auf Pearl Harbour und aus der amerikanischen
Kriegserklärung an Japan gezogen und den USA am 11. Dezember
den Krieg erklärt.

Seit der alliierten Landung in der Normandie und der sowjetischen Offensive gegen die Heeresgruppe Mitte im Sommer 1944 ist
es nur noch eine Frage der Zeit, bis die Deutschen aufgeben werden – wenn auch schließlich noch ein ganzes Jahr der Vernichtung
und Verwüstung ins Land geht, bevor die deutschen Militärs am 7.
beziehungsweise in der Nacht vom 8. auf den 9. Mai 1945 ihre Unter-
schriften unter die bedingungslose Kapitulation setzen.

Seither ist Deutschland ein besetztes Land. So war es auf einem
Treffen des sowjetischen Diktators Josef Stalin mit Amerikas Prä-
sidenten Franklin D. Roosevelt und dem britischen Premierminister
Winston S. Churchill Anfang Februar 1945 in Jalta beschlossen
worden, und so wird es auf der nächsten Konferenz, die Stalin mit
den Nachfolgern Roosevelts und Churchills, Harry S. Truman und
Clement Attlee, von Mitte Juli bis Anfang August dieses Jahres in
Potsdam abhält, auch bestätigt. Seitdem haben Amerikaner, Sowjets,
Briten und dann auch Franzosen Deutschland unter sich in Besatzungszonen aufgeteilt. Zwar gibt es über einen Alliierten Kontrollrat
der Vier den Versuch einer gemeinsamen Verwaltung des Landes bis
zu Oder und Neiße; die östlich davon gelegenen Gebiete stehen unter
polnischer beziehungsweise sowjetischer Besatzung und sind damit
der gemeinsamen Aufsicht entzogen. Tatsächlich gehen die Vier aber
bald eigene Wege. Auch die Amerikaner, in deren Besatzungszone
Fürth liegt.

Viele Deutsche begegnen den Fremden mit gemischten Gefühlen.
Einerseits wissen sie, dass sie für diesen Krieg und die Art, wie er
geführt worden ist, einen hohen Preis zu zahlen haben werden, wenn

Nichts zu verbergen:
Gustav Schickedanz,
hier Ostern 1944, sieht
dem Ende des Krieges
gelassen entgegen.

auch manche Gräuel erst jetzt ans Tageslicht kommen. Andererseits
sehen nicht wenige in den Alliierten auch Befreier – von Terror, Krieg
und schlechten Geschäften. Zu ihnen gehört Gustav Schickedanz. In
diesem Sinne hatte er Ende Oktober 1944 Max Bardroff brieflich auf-
gefordert, sich für den »Endspurt« bereitzuhalten, »der nicht mehr
allzuferne liegen kann und nicht mehr allzulange auf sich warten lassen wird«. Bardroff, 1900 in Nürnberg geboren, war zu diesem Zeitpunkt Direktor der Filiale der Dresdner Bank in Düsseldorf und mit
Schickedanz befreundet. Im Januar des folgenden Jahres finden seine
ausgebombten Eltern in der Dambacher Fuchsstraße Unterkunft.

Als die Amerikaner in Fürth einrücken, glaubt Gustav Schickedanz zunächst, seinen Geschäften weiter nachgehen zu können. Das
ändert sich rasch. Nicht nur werden seine Betriebe besetzt, auch die

verbliebenen Lagerbestände, die den Bombenhagel des Krieges über-
standen haben, werden jetzt unter nie ganz geklärten Umständen
geplündert. Diese Entwicklung hat unter anderem zur Folge, dass
Schickedanz Mitte Mai seinen noch verbliebenen Mitarbeitern,
auch den engsten, kündigen muss. Natürlich tut er das persönlich:
»Sehr geehrtes Fräulein! Durch die Kriegsfolgen, vor allem durch die
Plünderung meiner Warenvorräte und durch die Besetzung meines
Betriebsgebäudes[,] ist die Fortführung meines Geschäftsbetriebes
infolge höherer Gewalt unmöglich gemacht … Ich bin daher zu
meinem Bedauern nicht mehr in der Lage, das Arbeitsverhältnis
mit Ihnen aufrechtzuerhalten; es gilt vielmehr mit dem Eintritt der
Ereignisse vom 20. April 1945 und [der] folgenden Tage gemäß § 70
HGB. mit sofortiger Wirkung als gelöst … Ich danke Ihnen für die
mir geleisteten langjährigen treuen Dienste und hoffe, dass sich doch
wieder die Möglichkeit ergibt, Sie bei dem Wiederaufbau meines
Geschäftes wieder in meine Dienste zu nehmen. Hochachtungsvoll!
Gustav Schickedanz.«

Dabei hat der Quelle-Gründer bei der Ankunft der Amerikaner
keine Anzeichen von Unruhe oder gar Panik erkennen lassen. Warum auch? Er hat kein schlechtes Gewissen und ist im Übrigen
der Ansicht, dass er als Geschäftsmann auch jenseits der deutschen
Grenzen einen guten Namen hat. Tatsächlich war er während des
Krieges im Gespräch, wenn ausländische Geschäftsleute oder Vertreter ausländischer Firmen in Deutschland nach einem vertrauens-
würdigen Partner Ausschau hielten. Zum Beispiel das Management
der Coca-Cola GmbH.

Wie Max Keith, der damalige Geschäftsführer des Getränke-
produzenten in Deutschland, im Oktober 1946 bestätigt, suchte er
während des Krieges nach einer Persönlichkeit, die bereit war, die
Geschäftsanteile von Coca-Cola mit der Maßgabe zu übernehmen,
diese nach dem Krieg wieder an den rechtmäßigen Besitzer zurück-
zugeben. Über eine Empfehlung aus der Chefetage der Dresdner

Bank kam er in Kontakt mit Gustav Schickedanz, besuchte ihn auch in Fürth und erhielt vom Quelle-Chef die Zusage, ihm helfen zu wollen. Offenbar sind zwar am 24. Mai 1943 während eines Gesprächs zwischen Schickedanz, einem Direktor der Dresdner Bank sowie zwei Vertretern von Coca-Cola, darunter Max Keith, in Nürnberg die Möglichkeiten einer Übernahme des Brauseproduzenten erörtert, dann aber in dieser Form nicht realisiert worden. Die Gefahr einer »Verdeutschung« des amerikanischen Unternehmens kann auf anderem Wege abgewendet werden. Man wird doch seinen Einsatz für ausländische Geschäftsleute nicht vergessen haben?

Man hat es vergessen oder weiß es ganz einfach nicht. Zwar erhält Gustav Schickedanz, der mit seiner Familie in Hersbruck wohnt, am 4. und 11. Mai eine Erlaubnis der Militärregierung, nach Nürnberg und Fürth zu reisen, weil diese von ihm Informationen über die Geschäfte vor Ort benötigt. Auch wird ihm für die Zeit vom 12. Juli bis zum 29. August die Erlaubnis erteilt, mit dem Auto nach Heroldsberg, Forchheim und Stadtsteinach zu fahren, um Büroarbeiten zu erledigen. Aber der Quelle-Gründer ahnt, dass er so bald nicht die Kontrolle über seine Betriebe wiedererlangen wird.

Daher zieht er sich aus den Führungspositionen seiner Unternehmen zurück und besetzt diese mit Persönlichkeiten seines Vertrauens. So erklärt er am 27. August 1945 seinen Rückzug aus dem Vorstand der Papierfabrik Forchheim und bestellt Hanns Jüngling zum Geschäftsführer. Natürlich bleiben diese Maßnahmen auch der amerikanischen Militärregierung nicht verborgen, die ihrerseits mit der Ablehnung Jünglings und anderer und mit der Einsetzung von Männern ihres Vertrauens reagiert. Außerdem ist es Schickedanz fortan verboten, seine Betriebe zu betreten – eine Maßnahme, gegen die er am 13. Oktober 1945 in einem Schreiben an die Verantwortlichen Einspruch erhebt: »Durch eine mündliche Order des Finanzoffiziers, Leutnant Safranek, wurde mir und meiner Familie verboten[,] das Geschäftshaus zu betreten. Diese Ausschaltung aus meinem Geschäft bedrückt mich seelisch schwer, da das Geschäft mein Lebenswerk ist. Ich schließe aus den harten Anordnungen, daß über meine Person in privater, geschäftlicher und politischer Hinsicht Meinungen vorhanden sind, die nur aus Unkenntnis der wahren Verhältnisse entstanden sein können.«

Man ahnt, wie sich Gustav Schickedanz gefühlt haben muss. Schlimm genug, dass manche jetzt anscheinend offene Rechnungen zu begleichen suchen oder dass sich die amerikanischen Besatzer nicht für die nach seiner Wahrnehmung »wahren Verhältnisse« der zurückliegenden Jahre interessieren. Was ihm vor allem zu schaffen macht, ist die vollständige, auch physische Isolierung von seinem »Lebenswerk«. Dagegen sind die Kontrolle und die Verwaltung seines Vermögens durch andere vergleichsweise leicht zu ertragen.

Gemäß der Bestimmung von Artikel I, Absatz 1c des modifizierten Gesetzes 52 der Militärregierung vom 14. Juli 1945 wird unter anderem das Vermögen derjenigen Personen beschlagnahmt, die von der Militärregierung als »leitende Mitglieder oder Anhänger« der NSDAP identifiziert werden. Auf dieser Basis werden am 10. September die Firmen Gustav Schickedanz und Josef Stubenrauch, die Fahrrad-Quelle sowie das Versandhaus Quelle L. Kießling & Co. unter Vermögenskontrolle genommen. Es folgen am 18. Oktober die Papierfabrik Forchheim und am 14. Dezember 1945 die Vereinigten Papierwerke sowie die Firma Weberei-Fabrikate Sturm & Co. in Nürnberg, also die vormalige Firma Ignaz Mayer. In den drei letztgenannten Fällen spielen der erzwungene Verkauf und Rückerstattungsforderungen der Vorbesitzer eine Rolle für die Verhängung der Vermögenskontrolle. Das gilt auch für die Brauerei Geismann und die Papierfabrik Stadtsteinach, Josef Stubenrauch, die am 30. September 1946 beziehungsweise am 4. Mai 1946 unter Vermögenskontrolle gestellt werden.

In allen Fällen werden durch die Militärregierung Treuhänder bestellt. Bei der Quelle und der Firma Gustav Schickedanz, den größten Bestandteilen innerhalb des Gesamtunternehmens, fällt die Wahl auf Fritz Steinmann. Der zu diesem Zeitpunkt nicht einmal Vierzigjährige kennt das Unternehmen von innen, war er doch zehn Jahre lang als Einkäufer für Schickedanz tätig. Und da er zuvor einen amerikanischen Handelskonzern in Nürnberg vertreten hat, ist er für die amerikanischen Militärs, namentlich für den zuständigen Finanzoffizier Louis L. Safranek, der richtige Mann für diesen Job.

Nachdem er sich in knapp 14 Tagen eine Übersicht verschafft hat, stellt sich die Situation für den Treuhänder so dar: Der Wert der Firma Gustav Schickedanz und des Versandhauses Quelle liegt bei 1,9 Millionen Reichsmark, das Bankvermögen wird auf eine Million Reichsmark taxiert. Die am 30. September vorgelegte vorläufige Bilanz für das zurückliegende Geschäftsjahr, also für den Zeitraum vom 1. Oktober 1944 bis zum 30. September 1945, weist für die beiden Firmen einen Verlust von gut 1,62 Millionen Reichsmark aus, der sich im Wesentlichen mit dem errechneten »Kriegsschaden« in Höhe von 1,69 Millionen Reichsmark erklärt. Auf der Haben-Seite sind 1,3 Millionen Reichsmark »Warenrohgewinn« sowie 160 000 Reichsmark aus den Beteiligungen an den Vereinigten Papierwerken und den Papierwerken Forchheim verbucht. Aus der Bilanz geht im Übrigen hervor, dass im abgeschlossenen Geschäftsjahr nicht nur eine halbe Million Reichsmark für Löhne und Gehälter, sondern auch beinahe 113 000 Reichsmark an »Freiwilligen Sozialleistungen« gezahlt worden sind. Das entspricht dem Vierfachen der gesetzlichen Sozialbeiträge.

Vier Wochen nachdem er seine Arbeit aufgenommen hat, kommt der Treuhänder zu dem Schluss, dass die in Augenschein genommenen Firmen – also der Großhandel, der Versandhandel, die Kleiderfabrik, die Strickwarenfabrik und die Hygieneartikelfabrik – als Einheit angesehen werden müssten, da sie von den gleichen Leuten in denselben Räumen betrieben würden. Ob das in wirtschaftlicher und rechtlicher Hinsicht zutrifft, sei dahingestellt. Fritz Steinmann hat für diese Rechnung seine Gründe: Nur so kann er die Treuhand-schaft für das gesamte Imperium behalten, und danach wiederum richtet sich sein Honorar.

Im Übrigen macht er eine gute Arbeit. Nicht nur kennt er das Unternehmen, sondern er lässt offensichtlich auch enge Vertraute von Schickedanz in den Betrieben oder holt sie in diese zurück. Jedenfalls teilt Steinmann der Militärregierung Anfang März 1946 mit, dass unter anderem Hanns Jüngling, Daniel Kießling und nicht zuletzt Betty Haas bei der Firma Gustav Schickedanz Führungs-positionen innehätten. Und so macht die Firma Gustav Schickedanz ein Jahr nach dem Ende des Krieges trotz hoher Unkosten für den Wiederaufbau nicht nur wieder bescheidene Gewinne, sondern der Treuhänder ist im August 1946 auch überzeugt, dass der Überschuss jedenfalls dann weiter zunehmen werde, wenn sich die Rohstoff-zufuhr verbessere und die Grenzen zwischen den Besatzungszonen durchlässiger würden oder gar fielen.

Namentlich die Entwicklung der Kleiderfabrik, die unter ande-rem für das Flüchtlingsprogramm der Regierung arbeitet und ent-sprechend große Aufträge schreibt, bereitet Steinmann Freude. Die Ironie des Schicksals will es, dass zwar die Firmengebäude der Quelle bei einem Bombenangriff fast vollständig dem Erdboden gleichge-macht wurden, dass aber die Stadt Fürth selbst, etwa im Vergleich zum benachbarten Nürnberg, relativ glimpflich davongekommen ist: Lediglich rund zehn Prozent des Wohnungsbestandes sind zer-stört. Kein Wunder, dass Fürth zum Zufluchtsort von Vertriebenen, Flüchtlingen und Ausgebombten wird. Mehr als 20 000 Menschen, darunter viele aus der Tschechoslowakei, vor allem Sudetendeutsche, sorgen dafür, dass die Stadt, die Anfang 1945 noch 60 000 Einwohner zählte, innerhalb von drei Jahren eine regelrechte Bevölkerungs-explosion erlebt und die zweithöchste Vertriebenenquote in Bayern meldet. Diesen Menschen fehlt es an fast allem, und das Unterneh-men Quelle weiß, was da zu tun ist.

So gesehen hätte es für Gustav Schickedanz noch schlimmer kommen können. Dabei ist seine Lage schon schlimm genug. Am 21. Dezember 1945 kommt ein fünfköpfiger Prüfungsausschuss der Stadt Fürth in einem »Vorstellungsverfahren« zu dem Schluss, dass Gustav Schickedanz »beschäftigungsunwürdig« sei. Grundlage des Urteils ist das Gesetz Nr. 8 der Militärregierung, das am 26. September in Kraft getreten ist und die Beschäftigung eines Mitglieds der NSDAP oder einer ihrer Gliederungen in »geschäftlichen Unternehmungen aller Art« – außer der eines »gewöhnlichen Arbeiters« – verbietet. Begründet wird die Entscheidung im Falle von Schickedanz damit, dass dieser »ohne Zwang« seit 1932 der NSDAP angehört, wegen seiner Tätigkeit als Ratsherr als »Aktivist« zu gelten und die »Sicherung des eigenen Vorteils durch die Parteimitgliedschaft« betrieben habe: »Die von Sch. angeführten entlastenden Momente beweisen lediglich seine außergewöhnlich einflußreiche Stellung in der NSDAP.«

Damit ist auch rechtlich klargestellt, was faktisch ohnehin schon gilt: Gustav Schickedanz darf seine Betriebe nicht mehr betreten, auch seine Häuser in Fürth und Hersbruck stehen ihm nicht mehr zur Verfügung. Namentlich für die Dambacher Villa findet sich rasch eine andere Verwendung. Während des Nürnberger Prozesses gegen die Hauptkriegsverbrecher, der vom 20. November 1945 bis zum 1. Oktober 1946 in der fast vollständig zerstörten Stadt der Reichsparteitage abgehalten wird, dient das repräsentative Gebäude der amerikanischen Delegation als »VIP house«. Hier veranstaltet Robert H. Jackson, der Hauptanklagevertreter, seine Empfänge und Dinnerpartys.

Mitte November 1945 wird Schickedanz vom Arbeitsamt Nürnberg, Nebenstelle Fürth, zur »Holzaktion« herangezogen. Zwar wird er dann – aus »Gesundheitsgründen« und auf Weisung der Militärregierung – vom Arbeitseinsatz entbunden, kann sich diesem auch bis zum Herbst des folgenden Jahres entziehen. Doch erklärt ihn ein Amtsgutachten im September 1946 erneut für »leichte bis mittelschwere Arbeiten einsatzfähig«, so dass er Anfang November

Kriegskind: Elisabeth Christa Madeleine Schickedanz hat am 20. Oktober 1943 das Licht der Welt erblickt. Mit den Eltern inspiziert Halbschwester Louise (rechts im Bild) den Nachwuchs. Seit Ende 1943 lebt die Familie in Hersbruck.

zur Weitervermittlung ans Arbeitsamt Nürnberg und von diesem an die Arbeitsamtsnebenstelle Hersbruck überwiesen wird, wo es nach einer abermaligen Untersuchung wieder zur Freistellung vom Arbeitsdienst kommt.

Mit der Überweisung nach Hersbruck endet vorerst auch eine andere Odyssee: Hatte Gustav Schickedanz nach der Räumung seines Hauses in Dambach zunächst bei diversen Fürther Familien, unter anderem auch bei seiner Schwiegermutter Katharina Lachner, als Untermieter logiert, ist er seit dem 12. November 1946 in Hersbruck, Zolltafel 16, gemeldet. Für die kommenden beiden Jahre ist die rund 50 Kilometer östlich von Fürth gelegene mittelfränkische Kleinstadt in der malerischen Fränkischen Alb der Lebensmittelpunkt der Familie Schickedanz.

Während auf den inzwischen fünfzigjährigen Gustav Schickedanz eine Welle von Nutznießerschafts- und Rückerstattungsverfahren zukommt, kümmert sich seine Frau um die praktischen Seiten des

Lebens. 1946 gründet Grete Schickedanz in der Hersbrucker Brau-
gasse ein Textilgeschäft, nimmt – dank der Unterstützung der
Behörden – mit einem Lastwagen samt Fahrer die Versorgung der
Landbevölkerung in der Fränkischen Schweiz in Angriff und kommt
bei dieser Gelegenheit im Tauschverfahren zu Lebensmitteln für die
Familie.

Kein Wunder, dass sich um dieses »Lädle« im Laufe der Jahre und
Jahrzehnte eine Legende gerankt hat. »Eine junge Mutter Courage«,
schreibt Ursula von Kardorff knapp vier Jahrzehnte später, »geschäf-
tig, tüchtig, geschäftstüchtig, ausgerüstet mit unbeirrbarem Erwerbs-
sinn. Sie schlaffte nicht ab, sondern schaffte an.« Folgt man der internen Überlieferung des Hauses Quelle, dann ist mit dem Hersbrucker
Textilgeschäft der Grundstein für die Kaufhäuser gelegt worden, die
Gustav Schickedanz seit den fünfziger Jahren systematisch zu einem
weiteren Standbein seines Handelsimperiums ausbauen wird.

Am 3. Mai 1946 liefert Gustav Schickedanz seinen »Meldebogen«
ab. Eine Woche später folgen ihm seine ältere Tochter und seine
Frau. Grundlage der Aktion ist das »Gesetz zur Befreiung von Nationalsozialismus und Militarismus«, mit dem die Militärregierung
der amerikanischen Besatzungszone am 5. März 1946 festlegte, »daß
das deutsche Volk die Verantwortung für die Befreiung ... auf allen
Gebieten mitübernehmen kann«. Mit Hilfe des ausgefüllten Fra-
gebogens wollen die zuständigen Gerichte die Frage klären, ob, wo
und wie der beziehungsweise die Betreffende im Dritten Reich tätig
gewesen ist.

In den Fällen von Louise und Grete Schickedanz, geborene
Lachner, ist das Ergebnis eindeutig: Beide werden als »nicht be-
troffen« im Sinne des sogenannten Befreiungsgesetzes eingestuft.
Louise hatte von 1934 bis 1937 den »Jungmädeln« und 1943 für kurze
Zeit als Helferin dem Roten Kreuz angehört, war aber bald krank-
heitsbedingt »wegen mangelnder Teilnahme« wieder ausgeschieden.

Ähnlich unbelastet ist der Lebenslauf ihrer Stiefmutter, die von 1937 bis zu ihrer Heirat der Deutschen Arbeitsfront DAF, der Zwangsvereinigung von Arbeitnehmern und Arbeitgebern, und seit Kriegsbeginn dem Roten Kreuz angehört hatte.

Wesentlich komplexer stellt sich die Lage im Falle des Familienoberhauptes dar. Den Gegebenheiten entsprechend gibt Gustav Schickedanz im Meldebogen seine Mitgliedschaft in der NSDAP ebenso an wie seine Tätigkeit als »Ratsherr« der Stadt Fürth und als Beirat der Industrie- und Handelskammer, fügt auch eine Aufstellung seiner Einkommens- und Vermögensentwicklung seit 1932 an und stuft sich als »Mitläufer« ein. Weil aber bei allen politischen Kräften, bei jüdischen Interessenvertretungen und bei anderen Kreisen der Gesellschaft »größtes Interesse« an dem Entnazifizierungsverfahren von Gustav Schickedanz besteht, ordnet der Präsident der Berufungskammer eine »Sonderprüfung« an, die »jeder Kritik hinsichtlich fachlicher Fragen wirtschaftlicher Art, ihrer objektiven peinlichst genauen Durchführung und in erster Linie der Feststellung der politischen Zusammenhänge« standhalten können muss. Genau so handhabt man es dann auch.

Mit den Ermittlungen wird als Öffentlicher Kläger Hans Wallner beauftragt. Der Katholik Wallner, Jahrgang 1917, war als kaufmännischer Angestellter tätig, bis er zum Wehr- und Kriegsdienst eingezogen wurde und schließlich in amerikanische Gefangenschaft geriet. Der NSDAP oder einer ihrer Gliederungen hat er zu keinem Zeitpunkt angehört. Von Mai 1946 bis April 1947 ist Wallner als Ermittler an der Spruchkammer Fürth I, später dann als Öffentlicher Kläger an der Spruchkammer Nürnberg, schließlich ab August 1948 als Berufungskläger der dortigen Berufungskammer tätig.

Im Verfahren gegen Gustav Schickedanz muss Wallner insbesondere die Frage klären, ob sich der Betroffene einen »unangemessenen Vorteil« verschafft und sich dabei »unerlaubter Mittel« bedient hat. Anlass für diese Ermittlung ist die »aussergewöhnliche Vermögens-

steigerung« von gut 550 000 Reichsmark im Jahr 1932 auf mehr als
14,2 Millionen Reichsmark dreizehn Jahre darauf, von denen allerdings rund zehn Millionen aus einer vorzeitig ausgezahlten Entschädigung für den Bombenschaden 1943 stammen.

Als Gutachter wird von Gustav Schickedanz der Wirtschafts-
wissenschaftler Professor Wilhelm Rieger, »Obergutachter« des
Ministeriums für Sonderaufgaben von Baden-Württemberg, herangezogen. Rieger, Jahrgang 1878, war zunächst an der Handelshochschule Nürnberg tätig gewesen, wo Ludwig Erhard zu seinen Hörern
gezählt hatte, und war 1928 einem Ruf als Ordinarius für Privat-
wirtschaftslehre an die Universität Tübingen gefolgt. Während des
Dritten Reiches zeitweise mit einem Publikationsverbot belegt, tritt
er nach dem Zweiten Weltkrieg mit »Gedanken zur Entnazifizierung
der Wirtschaft« an die Öffentlichkeit und wird immer wieder – auch
schon vor seiner Emeritierung im Jahr 1947 – als Sachverständiger
herangezogen. So auch für ein »Gutachten über die Einkommens-
und Vermögensverhältnisse des Herrn Gustav Schickedanz, Fürth[,]
für die Zeit von 1927–1945«.

Einer der Ersten, die zu diesem Fragekomplex Stellung beziehen,
ist der Rieger-Schüler Ludwig Erhard. Wie Schickedanz, allerdings
zwei Jahre nach ihm, in Fürth geboren, besucht er die Königlich
Bayerische Realschule der Stadt, steht wie Schickedanz während
des Ersten Weltkrieges im Feld und wird wie dieser, jedoch einige
Jahre später, an der Westfront verwundet. Anders als sein berühmter
Mitbürger entscheidet sich Erhard für die Theorie, besucht nach
dem Krieg die Handelshochschule in Nürnberg, später die Universität Frankfurt, wo er 1925 promoviert wird. Seit 1928 an diversen
Instituten für Wirtschaftsbeobachtung und Konsumforschung tätig,
gründet er 1942 sein eigenes Institut für Industrieforschung mit
Sitzen in Nürnberg und Berlin, nimmt unter anderem Aufträge für
staatliche Institutionen an und macht sich zugleich Gedanken über
den wirtschaftlichen Neuaufbau nach dem Krieg. Da Erhard als einer

der wenigen Fachleute gilt, die politisch nicht diskreditiert sind, holen ihn die amerikanischen Besatzer als Wirtschaftsberater, bevor er von Oktober 1945 an in der ersten bayerischen Nachkriegsregierung ein rund einjähriges, nicht sonderlich erfolgreiches Intermezzo als Wirtschaftsminister gibt.

In diese Zeit fällt seine schon zitierte Stellungnahme zum Fall Schickedanz. Erhard ist diesem in Dambach des Öfteren begegnet, und mit Schickedanz wird ihn dann beim wirtschaftlichen Aufbau der Bundesrepublik manches verbinden. Wenngleich Erhard, wie gesehen, einerseits zu dem Schluss kommt, dass »ein gewisses Maß ›politischer Dummheit‹, Schwäche, vielleicht sogar Feigheit … Herrn Schickedanz zum Eintritt in die Partei bewogen hat«, ist er sich doch andererseits sicher, dass Schickedanz »auch ohne das ›Dritte Reich‹ … sich die gleiche wirtschaftliche Position in einem demokratischen Staat errungen hätte oder doch hätte erringen können«. Die »wirtschaftlichen Erfolge« des Unternehmers führt der Minister auf die »besonder[e] kaufmännisch[e] Begabung« sowie auf ein gutes »Einfühlungsvermögen in gegebene wirtschaftliche Situationen« und nicht auf eine Verbindung mit dem Naziregime oder mit dessen »Gewalthabern« zurück.

Diesen Teil des Briefes hätte Schickedanz gewiss unterschrieben, hätte er ihn gekannt. So aber macht er sich seine eigenen Gedanken und bringt diese in drei Stellungnahmen für die amerikanische Militärverwaltung zu Protokoll. Die erste datiert vom 13. Oktober 1945 und ist ein Einspruch gegen die auf Basis des Gesetzes Nr. 8 der Militärregierung ergangene Verfügung, »daß es mir verboten ist[,] das Geschäft zu kontrollieren und zu beaufsichtigen« und »das Geschäftshaus zu betreten«; die zweite Stellungnahme datiert vom 10. Januar 1946 und ist eine »Erläuterung zum Fragebogen«; die dritte schließlich ist nicht datiert, aber handschriftlich mit »Anlage I« überschrieben und dürfte folglich mit dem Fragebogen, also am 3. Mai 1946, eingereicht worden sein.

Inhaltlich unterscheiden sich die drei Dokumente einerseits durch unterschiedliche Schwerpunktsetzungen, haben aber andererseits bis in die Formulierungen hinein vieles gemeinsam. So die insgesamt unbeholfen wirkende Diktion, eine auffallend fehlerhafte Interpunktion und eine mitunter geradezu naiv wirkende Argumentation. All das deutet darauf hin, dass die Stellungnahmen nicht von einem anderen, beispielsweise von einem Juristen, formuliert worden sind. Ganz offensichtlich will Gustav Schickedanz die Sachverhalte selbst klarstellen und sich dabei auch seinen Kummer von der Seele schreiben.

Auch deshalb wirken die Ausführungen ausgesprochen authentisch. Obgleich es Schickedanz natürlich um Rechtfertigung und Rehabilitierung geht, gewinnt man nicht den Eindruck, als verdrehe er die Wahrheit oder beschönige er die Wirklichkeit. Er weiß, dass seine Angaben grundsätzlich überprüft werden können.

Die Dokumente, aus denen bereits wiederholt und ausführlich zitiert worden ist, sind auch deshalb aufschlussreich, weil sie erkennen lassen, in welchen Punkten Gustav Schickedanz 1945/46 Vorwürfe oder auch Anklagen für denkbar hält – und in welchen eben nicht. Erstere spiegeln sich in den Zwischenüberschriften des Einspruchs vom 13. Oktober 1945, der mit seinen 14 Seiten zugleich das umfangreichste Dokument ist: »Mein Lebenslauf und meine geschäftliche Entwicklung«, »Warum ich der Partei beigetreten bin«, »Meine ›aktive‹ Tätigkeit in der Partei«, »Meine soziale Fürsorge für meine Betriebe«, »Meine Einstellung zur Kirche«, »Die Anfeindungen [der Gauleitung und der Partei] gegen mich«, »Meine ›persönlichen‹ Beziehungen zur Gauleitung«, »Ich habe durch die Partei keine Vorteile gehabt«, »Mein Beitrag zur Beseitigung des Naziregimes«, »Meine Hilfeleistung für die durch die NSDAP oder Gestapo Verfolgten«, »Ich habe am Krieg nicht verdient«.

Tatsächlich sind alle einschlägigen Themen angesprochen. Nur eines nicht. In diesem Dokument nicht und in den übrigen beiden

auch nicht. Das Thema »Arisierung« wird von Gustav Schickedanz
nicht einmal erwähnt. Offensichtlich hat er nicht die Spur eines
schlechten Gewissens, und das wiederum hat nichts mit mangeln-
dem Unrechtsbewusstsein zu tun. Vielmehr ist er von der Rechtmäßigkeit der seit 1933 getätigten Erwerbungen jüdischen Eigentums ebenso überzeugt wie davon, in keinem Fall die Notsituation
der Betroffenen ausgenutzt und diese übervorteilt zu haben. Dass er
hier Schwierigkeiten bekommen könnte, hält Gustav Schickedanz
für ausgeschlossen. Im Herbst 1946 wird er eines Besseren belehrt.

Am 11. Oktober 1946 fordert Martin Ellern-Eichmann die Spruchkammer auf, Gustav Schickedanz nicht zu »entnazifizieren«, bis
er seine Firma wiederbekommen habe: Er und sein Bruder Max
hätten die M. Ellern GmbH im Februar 1937 nur deshalb an die
Vereinigten Papierwerke, also an Schickedanz, verkauft, weil über
den Gauwirtschaftsberater Druck auf sie ausgeübt worden sei. Vor
diesem Hintergrund nimmt Hans Wallner, zunächst als Ermittler
der Spruchkammer, später als Öffentlicher Kläger, gemäß Artikel 9,
Absatz I und II, Ziffer 3, des »Befreiungsgesetzes« die Prüfung der
Nutznießerschaft vor. Das Ergebnis, zu dem er nach fast einjähriger
Prüfung gelangt, ist für Ellern niederschmetternd, stellt der Kläger
doch fest, dass der Erwerb der Firma nicht nur den politischen
Umständen zuzuschreiben, sondern auch »das zwangsläufige Ende
einer wirtschaftlichen Entwicklung dieser Firma« gewesen sei, »die
ihre Ursache in Fehldispositionen der Herren Ellern«, außerdem in
einem aufwendigen Lebensstil und nicht zuletzt in der Zerstritten-
heit der Brüder haben dürfte.

Zusammenfassend kommt Wallner zu dem Schluss, dass der Verkauf unabweisbar gewesen sei, »weil die wirtschaftliche Situation
der Herren Ellern und der Ellern G.m.b.H. eine andere Lösung gar
nicht mehr zuliess«. Weiter heißt es: »Wenn bei dem Firmenüber-
gang jemand geschädigt wurde, dann waren das nach kaufmän-

nischem Ermessen in erster Linie die Gläubiger, deren Forderungen auf Schickedanz bezw. die Vereinigten Papierwerke übergingen und die dabei nochmals auf 40 % der im Vergleich festgesetzten Summen aus wirtschaftlichen Erwägungen heraus Verzicht leisteten.« Damit nicht genug, gibt der Öffentliche Kläger in seinem Schlussbericht vom 12. April 1948 zu Protokoll, dass die Brüder den Vertrag »mehreremale vollkommen unbeeinflusst mit Hilfe ihres Anwaltes zu ihren Gunsten im Entwurf ändern konnten«. Das zeige »ein weit über das übliche Mass bei solchen Rechtsgeschäften hinausgehendes Entgegenkommen von seiten des anderen Vertragspartners, das nur mit menschlichem Mitgefühl motiviert« worden sein könne. »Eine persönliche politische Schuld« von Gustav Schickedanz »nach Artikel 7 und 9 des Befreiungsgesetzes konnte bei der Nachprüfung der Erwerbung der Ellern'schen Betriebe nicht festgestellt werden«.

Zu einem ähnlichen Ergebnis kommen Hans Wallner beziehungsweise Erich Preuß auch in den weiteren Untersuchungen zu einer eventuellen Nutznießerschaft, die 1947 in rascher Folge aufgenommen werden. Preuß wurde Ende November 1889 in Aachen als Sohn eines jüdischen Industriekaufmanns und seiner gleichfalls jüdischen Frau geboren, die seit 1941 in Berlin als »verschollen« gilt. Nach dem erfolgreichen Abschluss des Magdeburger Realgymnasiums arbeitet er als Exportkaufmann in Berlin und nimmt dann als Marineflieger am Ersten Weltkrieg teil. Danach zunächst in der zivilen Luftfahrt tätig, gründet Preuß das Reklameunternehmen »Berliner Flug-, Fahrt- und Flächenpropaganda«.

Bis 1926 ist er Mitglied der linksliberalen Deutschen Demokratischen Partei, wechselt dann aber zu den Sozialdemokraten. Nachdem seine Firma 1934 verboten worden ist, arbeitet er als kaufmännischer Angestellter. Im Mai 1938 wird Erich Preuß ins Konzentrationslager Buchenwald gesperrt, einige Monate später gelingt ihm die Auswanderung nach Tunis. Seine »arische« Frau, mit der er seit 1922 verheiratet ist, lässt sich von ihm scheiden und bleibt in Deutschland.

Obgleich von den Nazis verfolgt, wird Preuß im Mai 1943 von den Alliierten in Nordafrika interniert und kommt erst 1946 frei.

Unmittelbar nach seiner Rückkehr bittet Erich Preuß um Anstellung beim bayerischen Ministerium für Sonderaufgaben, will er doch, wie er im Juli 1946 an die amerikanische Militäradministration in Bayern schreibt, »den Kampf gegen alles, was Nazi war[,] und vor allem den Kampf gegen evtl. Renazifizierung« führen. Tatsächlich amtiert Preuß seit September 1946 als Erster Vorsitzender der Spruchkammer München IX, seit Mai 1947 als Referent beim bayerischen Staatskommissariat für rassisch, religiös und politisch Verfolgte. 1950 organisiert der ehemalige KZ-Häftling im früheren Konzentrationslager Dachau eine Ausstellung und setzt sich auch in den folgenden Jahren publizistisch für eine nachhaltige Auseinandersetzung mit den Verbrechen der Nationalsozialisten ein. Freunde macht er sich damit nicht. Preuß gilt vielen Zeitgenossen als Nestbeschmutzer, zumal er schon in seiner Zeit als Vorsitzender der Spruchkammer wiederholt Entlastungszeugen ihre Gegnerschaft zum Nationalsozialismus abgesprochen hatte.

Dieser Mann also wird auch mit dem Fall Gustav Schickedanz befasst. Neben Wilhelm Rieger ist Erich Preuß der zweite von insgesamt drei Gutachtern, die sich nach Ende des Krieges mit dem Unternehmen und seinen Firmen auseinandersetzen. Am 20. April 1947 beginnen die Erhebungen im Fall des Fabrikgeländes der ehemaligen Brillenfabrik und -glasschleiferei A. Schweizer, am 8. Mai wird das Verfahren wegen des Erwerbs der Brauerei Geismann eingeleitet, und am 15. Juni wird der Fall des Textilversandunternehmens Ignaz Mayer aufgerollt.

In keinem Fall stellen Kläger oder Gutachter eine Nutznießerschaft im Sinne des Befreiungsgesetzes fest. Nirgends können sie die Ausnutzung der politischen Verhältnisse oder einen politischen Druck auf die Verkäufer beziehungsweise die Aktionäre als maßgeblichen Grund für den Erwerb durch Gustav Schickedanz erkennen.

Selbst im Fall Schweizer, in dem für Preuß noch am ehesten ein Vorteil für den Käufer zu erkennen ist, kann davon oder gar von einem »gierige[n] Forcieren« keine Rede sein.

Das gilt erst recht für den Fall Mayer. Wie sehr Gustav Schickedanz in diesem wie auch in den übrigen Fällen davon überzeugt ist, keinerlei Unrecht begangen zu haben, zeigt der bemerkenswerte Umstand, dass er seinerseits Ignaz Mayer, den Verkäufer des Textilversandunternehmens, als Zeugen benennt. Offenbar ist er sich seiner Sache gerade in diesem Fall sicher, war ihm doch seinerzeit aus dem Umfeld der Gauleitung vorgehalten worden, er habe »unverantwortlich« gehandelt und »dem Juden Mayer« zwei Millionen Reichsmark »in den Rachen« geworfen.

Mayer aber hat seine eigene Lesart und behauptet, seine Firma nur wegen des politischen Drucks abgetreten zu haben und im Übrigen »glatt betrogen« worden zu sein. Solcher »Verfolgungsdruck« musste gegeben sein, um jetzt auf Basis des Gesetzes Nr. 59 der amerikanischen Militärregierung zur »Rückerstattung feststellbarer Vermögensgegenstände« vom 10. November 1947, von dem noch zu sprechen sein wird, eine entsprechende Forderung erheben zu können.

Zu einem ganz anderen Schluss als Mayer und sein Anwalt kommen sowohl Ankläger Wallner als auch Gutachter Preuß. Beide halten fest, dass an dem im Februar 1938 geschlossenen Vertrag nichts auszusetzen sei. Nicht nur sei er unter Beteiligung jüdischer Anwälte aufgesetzt worden und liste alle Positionen bis auf den letzten Pfennig penibel auf, sondern er schreibe auch für Mayer eine Reihe von Vergünstigungen fest. So habe Schickedanz, ohne dass er dazu gezwungen gewesen wäre, das Inventar »überbezahlt« und damit faktisch das Grundstück zu einem um 40 Prozent über dem Einheitswert liegenden Preis erworben. Mayer hatte sogar ein Rücktrittsrecht für den Fall eingeräumt bekommen, dass es wegen des Lagerpreises zu Meinungsverschiedenheiten mit dem Quelle-Besitzer gekommen wäre. Außerdem zahlte Schickedanz den Großteil des vereinbarten Kaufpreises in bar, so dass Mayer sofort darüber verfügen konnte.

Selbstredend weiß Preuß, dass Mayer durch die Zeitumstände gezwungen worden ist, die Initiative zu ergreifen und seine Firma zu verkaufen; doch er betont, dass Schickedanz diese Umstände nicht zu verantworten hatte. Und auch Wallner verkennt nicht die allgemeine Notlage der zusehends unter Druck gesetzten jüdischen Bevölkerung, kann aber nicht erkennen, dass Schickedanz diese ausgenutzt habe, um Mayer »sein Geschäft abzupressen«. Ganz im Gegenteil geben mehrere Zeugen zu Protokoll, dass Mayer »seinerzeit« froh gewesen sei, gerade »mit Schickedanz ins Geschäft gekommen zu sein«. Immerhin gingen die Geschäfte ja nicht gerade gut, vor dem Verkauf an den Quelle-Gründer nicht und danach im Übrigen auch nicht. Und so halten sowohl Preuß als auch Wallner fest, dass Schickedanz unter kaufmännischen Gesichtspunkten durch den Erwerb der Firma keinen besonderen Vorteil erlangt habe – eine Auffassung, die durch einen hinzugezogenen Wirtschaftsprüfer bestätigt wird.

Mithin kommt der Berufungshauptkläger nach eingehenden Ermittlungen auch in diesem Fall zu dem Schluss, dass die Vorwürfe gegen Gustav Schickedanz unbegründet sind und eine Nutznießerschaft nicht vorliegt. Auch hat Wallner keinen Zweifel, dass die Verhandlungen zwischen Schickedanz und Mayer »in durchaus fairer und loyaler Weise« geführt worden sind und das Geschäft auf »anständiger, kommerzieller Grundlage« erfolgt ist. Umgekehrt rechnet der Öffentliche Kläger Mayer zu denen, »die glauben, heute aus der politischen Situation in Deutschland für sich einen möglichst großen Nutzen herausschlagen zu können. Es ist aber falsch von ihm anzunehmen, die Spruchkammer für seine Zwecke einspannen zu können.« Ungewöhnlich und unerwartet deutliche Worte, zumal aus dem Mund eines Öffentlichen Klägers.

Natürlich überprüft der nicht nur die Firmen-, sondern auch die Grundstücks- und Häuserkäufe von Gustav Schickedanz. Mitte Juli 1948 legt Erich Preuß sein Gutachten vor. Von den 24 Immobilien, die der Unternehmer zwischen 1934 und 1939 erworben hat, interessieren ihn vor allem vier, von denen zwei deutlich unter dem Einheitswert an Schickedanz gegangen waren. Allerdings sind der Überprüfung im Fall der Grundstücke insoweit gewisse Grenzen gesetzt, als sich eine Reihe von ihnen im Besitz von Grete beziehungsweise Louise Schickedanz befinden, darunter solche, bei denen eine einwandfreie Überprüfung nicht möglich ist. Damit übernimmt Preuß die Schlussfolgerung eines Ermittlers der Spruchkammer. Diese Einschränkung in Rechnung stellend, kann der Gutachter »keine Anhaltspunkte« für »die Anwendung politischer Beziehungen oder einer politischen Stellung beim Erwerb der fraglichen Grundstücke« feststellen. »Sämtliche Befragte bestätigten, dass ein Druck oder Zwang nicht ausgeübt wurde und dass es sich um ›einwandfreie‹ Verkäufe handelte.«

So ergibt sich für den Gutachter nach zwei Jahren ein einheitliches und eindeutiges Bild. Insgesamt kann – so der »Arisierungssachverständige« Erich Preuß – Gustav Schickedanz in »keinem der untersuchten Fälle« eine Nutznießerschaft nachgewiesen werden. Das gilt auch für den Fall der Vereinigten Papierfabrik. Zwar habe hier, und nur hier, eine »starke Einflussnahme« auf die Brüder Rosenfelder vorgelegen. Doch sei diese von der NSDAP ausgegangen und von Schickedanz nicht zu verantworten: Weil der Gau Franken die sprudelnde Quelle unter Kontrolle halten und auswärtige Kaufinteressenten vom Erwerb der Fabrik ausschließen wollte, habe er sich mit einer »gewisse[n] Hausmachtspolitik« [sic] für den einzig ernsthaften, weil kapitalkräftigen Bewerber eingesetzt. Allerdings stellt Preuß auch fest, dass die Papierwerke schon vor 1932 wirtschaftlich angeschlagen waren und das »in einem über seine Kräfte hinausgehenden, konkursnahen Vergleich befindliche Unternehmen praktisch den Gläubigern« gehört habe: »Eine Reihe von Vergleichen zwischen den Aktienvorbesitzern und dem Erwerber«, also zwischen den Brüdern Rosenfelder und Gustav Schickedanz,»… muss die Angelegenheit als zu beiderseitiger Zufriedenheit bereinigt erscheinen lassen«.

Mithin gilt für diesen Fall wie für alle anderen: »Das persönliche Verhalten des Betroffenen gegenüber jüdischen Verkäufern«, so Preuß, war »korrekt«. Wenn Schickedanz auch »als versierter Kaufmann und Wirtschaftler bei Geschäften auf seinen kaufmännischen Vorteil bedacht sein mochte, so liegen etwaige Vorteile seiner Erwerbungen aber durchaus im Rahmen eines ordentlichen Kaufmanns. Jedenfalls hat er, auch wo es ihm möglich gewesen wäre, die wirtschaftliche und politische Notlage seiner jüdischen Vertragspartner nicht ausgenutzt … Trotz vieler vorhandener Möglichkeiten hat Schickedanz bei den verschiedenen Arisierungen für sich keinen übermässigen Vorteil herausgeschlagen, was angesichts der zahlreichen grossen und kleineren Nutzniesser aus Arisierungen in dem als besonders judenfeindlich bekannten Gau Franken nach eingehender Berücksichtigung aller Umstände festgestellt werden muss.«

Man wird lange und wohl vergeblich suchen, um ein zweites Urteil in einem vergleichbaren Fall zu finden. Das gilt auch für das Untersuchungsergebnis, das der Öffentliche Kläger am 6. August 1948 in einem achtzehnseitigen Bericht für die Spruchkammer zusammenfasst. Danach konnte »in keinem Falle darauf geschlossen werden, daß der Betroffene in irgend einer Weise skrupellos die gegebene Zwangslage der Juden ausgenützt hat, um einen bestimmten Vorteil zu erlangen«. Folglich hält Hans Wallner eine Anklage gegen Gustav Schickedanz als »Nutznießer« oder »Aktivist« für »nicht gerechtfertigt«.

Im Übrigen kommt der Anklagevertreter, der sich gut zwei Jahre mit dem Fall beschäftigt hat, auf der Grundlage zahlreicher Befragungen zu einer bemerkenswerten Einschätzung der »überragenden kaufmännischen Fähigkeiten« des Gustav Schickedanz, »die u. a. in

einer vorzüglichen Kenntnis der Werbetechnik, im Verein mit einer
aussergewöhnlichen Unternehmer-Initiative und Risikofreudigkeit
bei geschäftlichen Unternehmungen, in Verbindung mit seinen weit
über die Grenzen reichenden wirtschaftlichen Verbindungen, insbesondere zu Finanzkreisen, bestehen dürften«.

Dass Gustav Schickedanz sein 1927 aus kleinsten Anfängen
aufgebautes Unternehmen nicht nur durch die schwere Krise der
kommenden Jahre gebracht, sondern ausgerechnet in dieser Zeit so
weiterentwickelt hat, »daß es riesige Beträge als Verdienst für den
Unternehmer abwarf«, deutet zudem darauf hin, dass er nicht darauf
angewiesen war, seine unter Druck stehenden jüdischen Vertragspartner zu übervorteilen, im Gegenteil: Bei den Erwerbungen hat
Schickedanz »viel eher das Bestreben« gezeigt, »durch menschliches
Entgegenkommen die harte Lage der seinerzeit Betroffenen«, allen
voran der Brüder Ellern und von Ignaz Mayer, »zu mildern«. Damit
hätte es eigentlich sein Bewenden haben können. Dass es dann aber
doch anders kommt, dass Schickedanz am Ende bis 1952 mit dem
Thema befasst ist, liegt daran, dass die Betroffenen, namentlich Ellern, Mayer und Rosenfelder, in eine zweite Runde gehen und auf
Rückerstattung ihres Vermögens klagen.

Inzwischen nimmt das Geschäft wieder Fahrt auf, wenn auch Gustav
Schickedanz einstweilen noch nicht Herr in seinen eigenen Häusern
ist. Deren Leitung liegt seit Juli 1947 in den Händen des »General-
treuhänders für die Gesamtunternehmungen des Herrn Gustav
Schickedanz«, Werner Krumme. Der ist ein Mann mit bewegter
Biographie. Nach der großen Krise der beginnenden dreißiger Jahre
hatte der gelernte Kaufmann, Jahrgang 1909, bei verschiedenen
Markenartikelfirmen wie der Coca-Cola GmbH oder auch den Vereinigten Papierwerken eine Anstellung als Reisender gefunden und
war seinem Beruf von Dortmund aus nachgegangen. Als er dann im
Mai 1933 die Ehe mit Ruth Haas, einer getauften Jüdin, eingeht, ist

bald nichts mehr wie zuvor. Erst veranlassen ihn wachsende antise-
mitische Anfeindungen, sich nach Breslau versetzen zu lassen, dann
wird er – wegen seiner Ehe und nach einjährigem Kriegsdienst –
als »wehrunwürdig« aus der Wehrmacht entlassen, und schließlich
werden Krumme und seine Frau verhaftet und nach Auschwitz
deportiert, weil sie den Töchtern der Familie Lasker zur Flucht verhelfen wollten. Ruth Krumme wird bald nach der Ankunft in die
Gaskammer geschickt; ihr Mann wird zunächst einem Arbeitskom-
mando zugeteilt, Anfang Juli 1944 aus dem Konzentrationslager entlassen, weil er nach dem Tod seiner Frau wieder als »wehrwürdig«
gilt, und zu den Panzergrenadieren nach Görlitz einberufen. Er kann
aber den neuerlichen Einsatz hinauszögern und zieht nach dem
Krieg nach München.

Dieser Mann also ist jetzt als Generaltreuhänder für den Großhandel Gustav Schickedanz, das Versandhaus Quelle, die Quelle
Fahrrad GmbH, die Webereifabrikate Sturm & Co., also die vormalige Firma Mayer, die Brauerei Geismann, die Vereinigten Papierwerke,
die Papierfabriken in Forchheim und Stadtsteinach, der Bettfedernfabrik Frankfurt GmbH sowie nicht zuletzt für das Privatvermögen
von Gustav Schickedanz zuständig. Ein großes Paket, das allerdings
in den kommenden Monaten nach und nach aufgeschnürt wird.

Ende April 1948 übernimmt Georg Haida zunächst die Treuhänderschaft über die drei Papierfabriken in Heroldsberg, Forchheim
und Stadtsteinach, im Mai 1949 dann auch über die Webereifabrikate
Sturm & Co. und entlastet damit Generaltreuhänder Krumme. Auch
Haida gehört nicht zu den Mitläufern oder gar Tätern, sondern zu
den Opfern der Naziherrschaft. 1903 in Oberschlesien geboren, hat
er 1928 das Studium der Staats- und Wirtschaftswissenschaften als
Diplom-Volkswirt abgeschlossen, ist danach einige Jahre als kaufmännischer Angestellter unter anderem bei Siemens und seit 1933
als Steuerprüfer und Wirtschaftsberater tätig gewesen, als ihm 1936
die freiberufliche Tätigkeit wegen »politischer Unzuverlässigkeit«

untersagt wird. Anschließend arbeitet Haida in einer Breslauer Wirt-
schaftsprüfergesellschaft, bis er – wegen seiner Ehe mit einer Jüdin –
1944 in ein Zwangsarbeitslager eingewiesen wird. Nach der Befreiung
lebt er zunächst in Thüringen, seit August 1946 in Aschaffenburg, wo
er als Wirtschaftstreuhänder tätig ist.

Für Gustav Schickedanz ist die Zeit der Treuhänderschaft eine
Zeit des Wartens, des Untätigseins und der Abhängigkeit – ein
Albtraum für einen Unternehmer seines Kalibers. Allerdings hat
er Glück, weil Treuhänder wie Geschäftsführer gleichermaßen ent-
schlossen wie verantwortungsbewusst zu Werke gehen und weil das
Verhältnis zwischen ihnen und dem Eigentümer »die ganze Zeit über
sachlich gut« ist, wie Treuhänder Krumme in seinem Schluss- und
Rechenschaftsbericht Mitte Juni 1949 festhält. Das gilt auch für das
Verhältnis zu den übrigen Beteiligten. »Es ist weder im Geschäfts-
verkehr mit den leitenden Herren und dem Personal des BLV, dem
Bayerischen Landesamt für Vermögensverwaltung, noch mit den
Angestellten der von mir treuhänderisch verwalteten Firmen zu ir-
gendwelchen Schwierigkeiten oder besonderen Reibungsmomenten
gekommen.«

Und so zeigen sich auch in der Entwicklung der Geschäfte bald
erste Erfolge. Zwar lässt sich – »infolge des Darniederliegens des Tex-
tilienmarktes seit Kriegsende«, wie es in der Abschlussprüfung für
das Geschäftsjahr 1947 heißt – der Versandhandel mehr als dürftig
an: Mit knapp 57 000 Reichsmark wird nicht einmal das Quelle-
Ergebnis von 1929 erreicht. Doch sieht es bei der Firma Gustav Schickedanz deutlich besser aus, die immerhin gut 1,9 Millionen Reichsmark umsetzt. Die Spitzenstellung hält die Brauerei: Der Bierausstoß
sorgt für einen Umsatz von knapp 2,2 Millionen Reichsmark.

Bescheidene Anfänge. Aber immerhin Anfänge. Dass sie den Grundstock für einen rasanten Aufstieg des Unternehmens zu einem
der größten Handelshäuser der Welt bilden könnten, hat damals

niemand zu prognostizieren gewagt, weil keiner ahnen konnte, wie sich die politischen Rahmenbedingungen für den wirtschaftlichen Wiederaufbau Deutschlands gestalten würden. Denn dass es nicht einmal zehn Jahre nach Beginn des Krieges und fast auf den Tag genau vier Jahre nach seinem Ende wieder ein Staatsgebilde auf deutschem Boden geben würde, hat sich im Mai 1945 kaum jemand vorstellen können – in Deutschland nicht und außerhalb Deutschlands schon gar nicht.

Natürlich waren die Gegner, waren allen voran Amerikaner, Briten und Sowjets entschlossen, die Deutschen ein für alle Mal in die Knie zu zwingen. Aber noch bevor das geschafft war, zeigte die »Anti-Hitler-Koalition« erste Risse, und je tiefer diese nach Kriegsende werden, umso mehr driften die Besatzungszonen der Siegermächte auseinander. Das gilt vor allem für den Gegensatz zwischen der sowjetisch besetzten Zone auf der einen und den Besatzungszonen der Westmächte auf der anderen Seite. Unter dem Eindruck der sowjetischen Politik in Griechenland und der Türkei, in Polen, der Tschechoslowakei und Finnland, die von Amerikanern, Briten und Franzosen als Großoffensive wahrgenommen wird, stellen diese die Weichen ihrer Deutschlandpolitik neu.

So gesehen ist die Einrichtung eines Staatswesens auf dem Boden der drei westlichen Besatzungszonen, gemessen an den ursprünglichen Absichten seiner Architekten, ein Betriebsunfall der Geschichte. Das gilt schon für den ersten Schritt auf diesem Weg, die Gründung der sogenannten Bizone zum 1. Januar 1947, mit der Amerikaner und Briten nicht zuletzt auf die enormen administrativen und logistischen Schwierigkeiten des Hungerwinters reagieren. Es gilt auch für den Plan, den George C. Marshall, der Außenminister der USA, nicht einmal sechs Monate später an der Harvard University vorstellt und der ausdrücklich auch die westlichen Besatzungszonen Deutschlands in das wirtschaftliche Hilfsprogramm für Europa einbezieht. Als dann am 18. Juni 1948, um 18 Uhr, im deut-

schen Rundfunk eine Währungsreform angekündigt wird, als zwei
Tage später Ludwig Erhard, inzwischen Direktor der Wirtschaftsver-
waltung besagter Bizone, die Aufhebung der Zwangsbewirtschaftung
bekannt gibt und als am 21. Juni die Bewohner der Westzonen und
wenig später auch Westberlins die neuen, in Amerika gedruckten
und heimlich nach Deutschland geschafften Banknoten in Empfang
nehmen – da ist klar, dass Amerikaner, Briten und Franzosen in der
deutschen Frage Nägel mit Köpfen machen wollen.

So kommt es tatsächlich unter alliierter Aufsicht im Verlauf des
Jahres 1949 – mit der Verabschiedung eines Grundgesetzes, freien
Wahlen zu einem Bundestag sowie schließlich, am 15. September
1949, mit der Bildung einer ersten Bundesregierung unter Kanzler Konrad Adenauer – zur Gründung eines Teilstaates, der sich
»Bundesrepublik Deutschland« nennt. Hier findet statt, was als
»Wirtschaftswunder« in die Geschichtsbücher eingehen wird. Unter
der insgesamt umsichtigen Regie Ludwig Erhards, der nunmehr als
Bundeswirtschaftsminister die Verantwortung dafür trägt, verdreifacht sich das Bruttosozialprodukt bis 1965. Für jemanden, der mit
kreativer Phantasie und Mut zum Risiko groß ins Geschäft kommen
will, sind das ideale Rahmenbedingungen.

So einer ist Gustav Schickedanz. Wenn er auch einstweilen noch
im Wartestand ist, verfolgt er doch gebannt, welche Konsequenzen
das »Erste Gesetz zur Neuordnung des Geldwesens«, also die Währungsreform, für sein Unternehmen haben wird. Insgesamt kommt
dieses vergleichsweise gut über die Runden. So schließt die vorläufige
Steuer-Abschluss- und Überleitungsbilanz vom 20. Juni 1948 für
das Versandhaus Quelle bei einer Schlussbilanz von 10,9 Millionen
Reichsmark mit einer Anfangsbilanz von 6,9 Millionen D-Mark ab.
Der sogenannte Währungsausgleichsposten, also der Abwertungs-
verlust, schlägt mit 5,16 Millionen D-Mark zu Buche.

Wenige Wochen nach der Währungsreform kommt auch der ers-

»Nach all den Jahren der Entbehrungen«: Zur Währungsreform erscheint 1948 die erste Nachkriegsausgabe der *Neuesten Quelle Nachrichten*.

te Verkaufsprospekt der Nachkriegszeit zu den Kunden. Unter dem
alten Namen *Neueste Quelle Nachrichten* umfasst er gerade einmal
vier Seiten – verglichen mit den Katalogen der Blütezeit nicht gerade
üppig. Aber immerhin. Den umsatzträchtigen Standardartikel der
Vorkriegszeit, die Wolle, sucht man vergeblich. Wohl aber finden sich
unter den insgesamt 64 Artikeln Stoffe, Babyausstattung, ein Wecker
mit Leuchtziffern in »Friedensausführung« oder auch eine »Lederol-
jacke, amerikanische Ware«, für 7,50 D-Mark im bescheidenen Angebot. Ein großes Problem bildet die im Bombenhagel weitgehend
untergegangene Kundenkartei. Dass die Quelle immerhin für rund
10 000 Exemplare der *Nachrichten* auf schon »erfasste« Adressen
aus dem alten Bestand zurückgreifen kann, geht auf ein bemerkenswertes Phänomen zurück: Es sind alte Kunden, die sich auf der Suche
nach preiswerten Angeboten in Fürth melden.

Außerdem liefern die Weberei-Fabrikate Sturm & Co. Anschriften
aus ihrem Fundus zu. Die Firma Sturm, also das vormalige Textilversandunternehmen Ignaz Mayer, wird im Übrigen Anfang März 1949
wiedereröffnet. Den Betrieb führt einstweilen ein vom Treuhänder
eingesetzter Geschäftsführer. Der übergibt ihn Mitte Januar 1951
wieder an Gustav Schickedanz, nachdem die Rückerstattungsfrage
am 11. Dezember 1950 mit einem Vergleich geklärt worden ist. Der
Fall zeigt, wie weit der Unternehmer noch davon entfernt ist, Herr
in seinen eigenen Häusern zu sein. Dabei ist die Klärung der Rückerstattungsansprüche nur eine Hürde, wenn auch eine gewaltige,
die es zu nehmen gilt. Vordringlich ist der Abschluss des Entnazifizierungsverfahrens, auf den nicht nur der Betroffene wartet, seit
Kläger und Gutachter im August beziehungsweise Oktober 1948 ihre
abschließenden Urteile abgegeben haben.

Schon Mitte Juli hatte der vormalige Treuhänder Fritz Steinmann,
der inzwischen als Geschäftsführer der Gustav Schickedanz Kurz-,
Weiß-, Woll- und Webwaren-Großhandlung amtierte, das baye-

rische Staatsministerium für Sonderaufgaben gebeten, in diesem Sinne Druck zu machen – im »Interesse des weiteren Aufstieges der Firma, im Interesse der gesamten Belegschaft und nicht zuletzt im Interesse von vielen hundert Arbeitskräften, die auf Arbeit warten«. Kein Wunder, dass sich auch der Betriebsrat der Gustav Schickedanz Kurz-, Weiß-, Woll- und Webwaren-Großhandlung der Aufforderung anschließt. Tatsächlich hält es auch das bayerische Wirtschaftsministerium im Herbst 1948 »wirtschaftspolitisch für vordringlich geboten, daß das Entnazifizierungsverfahren gegen Herrn Schickedanz mit größtmöglicher Beschleunigung« zum Abschluss gebracht wird. Der Kapitän soll zurück an Bord, je früher, desto besser, und nach der Währungsreform dringender noch als zuvor.

Das finden auch die Amerikaner. Im August 1948 fasst ein neunseitiger Bericht der Special Branch zusammen, was die Militärregierung über Gustav Schickedanz herausgefunden und zusammengetragen hat. Danach bestätigen alle Zeugen seine »absolut gegnerische Einstellung zur NSDAP«. Auch habe er »vollkommen fern von allen Parteigrößen« gelebt. Seine Behandlung von Kriegsgefangenen, die eingehend untersucht worden ist, sei eine »gute« und »einwandfreie« gewesen. Zudem habe »Herr Schickedanz politisch, rassisch und religiös Verfolgte in großzügiger Weise und in den meisten Fällen nicht ohne Gefährdung seiner Person« unterstützt. Damit nicht genug, sind die Amerikaner auch überzeugt, dass der Unternehmer einer »Widerstandsgruppe« angehört und ihr Räume und Kontakte zur Verfügung gestellt habe.

Mit anderen Worten: Die Angaben, die Gustav Schickedanz von Oktober 1945 bis Mai 1946 in seinen drei Eingaben an die amerikanische Militärregierung gemacht hat, werden in allen Punkten bestätigt. Und so gilt einmal mehr, was schon mit Blick auf die anschließenden Urteile des Anklägers und des Gutachters in diesem Verfahren festgestellt worden ist: Man wird schwerlich einen zweiten Fall dieser Prominenz finden, in dem ein unter erheblichem Verdacht Stehender noch vor dem abschließenden Urteil so umfassend und eindeutig rehabilitiert worden ist wie Gustav Schickedanz.

Natürlich haben sich die Amerikaner im Zuge ihrer Recherchen nicht zuletzt eingehend mit dem Unternehmer befasst, und auch hier ist das Ergebnis eindeutig. »Herr Schickedanz«, so ihr Resümee im August 1948, hat nicht nur ein Versandhaus geschaffen, das als »führend in Deutschland bezeichnet werden kann«, er genießt auch »in der Geschäftswelt einen ausgezeichneten Ruf«. Alle Befragten, den Betriebsrat eingeschlossen, charakterisierten ihn als »ungewöhnlich tüchtigen, seriösen und anständigen Menschen«. Das habe gerade auch sein Verhalten in der Zeit des Dritten Reiches gezeigt. »Die erhebliche Steigerung des Einkommens« und »das Wachsen seines Betriebs [sind] ausschließlich das Verdienst des umsichtigen, fähigen und anständigen Geschäftsmannes Schickedanz«. Da alles geprüft worden sei und auch das »Sonderdezernat« des Berufungshauptklägers in Nürnberg »keine Belastung im Sinne des Befreiungsgesetzes« ergeben habe, hätten sich »alle Verdachtsmomente« als »haltlos« erwiesen.

Allerdings sind nicht mehr die Amerikaner für den Fall zuständig, sondern eine deutsche Spruchkammer, und die hat offenbar keine Eile. Immerhin schöpft Gustav Schickedanz Ende Januar 1949 Hoffnung, dass die »Sache nun etwas vorwärts geht und die Schärfe, die man mit Absicht hineingelegt hatte, sich ganz wesentlich minderte«. In wenigen Wochen solle ein »Schlußstrich« gezogen werden, so dass er dann »wenigstens wieder in Fürth« seine Arbeit aufnehmen könne.

Tatsächlich kommt vier Wochen später Bewegung in die »Sache«. Am 25. Februar 1949 beantragt Franz Zdralek, Hauptkläger bei der Berufungskammer Nürnberg-Fürth, beim Vorsitzenden der Hauptkammer Nürnberg, die »Spruchsache« im »schriftlichen Verfahren« durchzuführen, Gustav Schickedanz als »Mitläufer« einzustufen und ihm eine Sühne von 2000 D-Mark aufzuerlegen. Zdralek, 1894 im Kreis Oppeln geboren, Mitglied des katholischen Zentrums, promovierter Jurist, zunächst in der Industrie, dann in der Verwaltung tätig, war im März 1933 als politisch unzuverlässig aus dem Kommunaldienst entlassen, von den Nationalsozialisten verleumdet und juristisch verfolgt worden. Danach ist er wieder in privater Stellung tätig und Anfang 1946 nach Bayern gekommen.

Die ausführliche Begründung seines Votums gibt in weiten Partien die Ergebnisse wieder, zu denen Berufungshauptkläger, Gutachter und amerikanische Militärregierung gekommen waren, nimmt allerdings ein paar Einschränkungen vor. Anders als von den Amerikanern, aber zum Beispiel auch von Egon Kubuschok, dem Anwalt von Gustav Schickedanz, vorgetragen, glaubt Zdralek nicht, dass Schickedanz dem Widerstand im engeren Sinne angehört habe, wenn er auch nicht in Zweifel zieht, dass der Unternehmer in der Schweiz die Verbindung zum ehemaligen deutschen Reichskanzler Wirth gesucht habe. Dann findet die auch von Zdralek geteilte hohe Meinung über Schickedanz eine, aber eben auch »nur eine Beeinträchtigung« in der Feststellung, dass dieser beim Erwerb jüdischen Besitzes nicht zuletzt »das Schicksal seiner Unternehmungen« im Auge gehabt habe. Und schließlich habe er sich »durch die Einflussnahme der Dresdner Bank ... verleiten lassen, Transaktionen mit früheren jüdischen Firmen durchzuführen, denen er im Interesse seines guten Rufes besser ferngeblieben wäre, wenn sich auch bezüglich dieser Geschäfte der ... Nachweis einer Nutzniesserschaft ... nicht hat erbringen lassen.«

Unbeschadet dieser Einschränkungen kommt auch Zdralek zu einem außerordentlich positiven Gesamtergebnis. Danach hat sich Gustav Schickedanz in der Zeit des Dritten Reiches »auf eine rein fachliche Mitarbeit beschränkt« und politisch nicht weiter betätigt, hat die Vorbesitzer des in dieser Zeit erworbenen Eigentums nicht übervorteilt, ist daher »kein Hauptschuldiger oder Aktivist«, hat »eine Reihe edler[,] von Nächstenliebe, Herzensbildung und Herzensgüte zeugender Taten vollbracht« und muss daher »menschlich

als eine Persönlichkeit von hohen Qualitäten« gelten. Als besonders
bemerkenswert gibt der Hauptkläger schließlich zu Protokoll, dass
Schickedanz »nicht in aufdringlicher und lästiger[,] geschweige
denn anmassender Weise auf die Beschleunigung seines Verfahrens
gedrängt, sondern … sich entsprechend seiner auch sonst einwandfreien menschlichen Haltung in sein Geschick gefügt« habe.

Angesichts dieser Sachlage und weil sie das Verfahren nicht
unnötig in die Länge ziehen wollen, geben sich die Anwälte mit
einer kurzen Entgegnung auf die 67 Seiten umfassende Klageschrift
zufrieden, die ihnen am 7. März zugeht. Am 31. März 1949 fällt die
Hauptspruchkammer Nürnberg ihr Urteil, am 7. April wird es
rechtskräftig. Zwar legen die Brüder Ellern über ihren Anwalt Beschwerde dagegen ein, doch wird diese von der Berufungskammer
München, Außenstelle Nürnberg, am 19. Dezember 1950 abgelehnt.
Wenige Tage zuvor hatte der einmal mehr mit dem Fall betraute
Berufungskläger Hans Wallner erstens zu Protokoll gegeben, dass
»diese Angelegenheit, wohl wie kein zweiter Fall in Bayern, auf das
Sorgfältigste und Gewissenhafteste, und zwar nach jeder Richtung
hin, überprüft« worden sei, zweitens entschieden auf Ablehnung des
Begehrens der Brüder Ellern plädiert und drittens – an deren Adresse
gerichtet und mit unmissverständlicher Deutlichkeit – von einem
»Missbrauch der Entnazifizierung« gesprochen.

So bleibt es also beim Spruch vom 31. März 1949 und mit ihm
beim Urteil der Hauptspruchkammer unter Vorsitz von Otto Rubel.
Rubel – Jahrgang 1887, Katholik, gelernter Kaufmann, nie Mitglied
der NSDAP oder einer ihrer Gliederungen – hatte in beiden Welt-
kriegen gedient, war 1943 in Nordafrika in Gefangenschaft geraten,
bis Mai 1946 in den USA interniert und dort auf eine Zusammenarbeit mit der amerikanischen Militärregierung in Deutschland
vorbereitet worden. Von Oktober 1946 bis September 1948 ist Rubel
zweiter, dann erster Vorsitzender der Spruchkammer Nürnberg II,
seither der Hauptkammer Nürnberg I.

Diese also stuft Gustav Schickedanz Ende März 1949 als »Mitläufer« ein. Der Unternehmer hat die Kosten des Verfahrens zu tragen, 2000 D-Mark Geldsühne an einen Wiedergutmachungsfonds zu entrichten und fünf Prozent auf den Streitwert seines sogenannten nicht-arisierten Vermögens zu zahlen, der auf 2,16 Millionen D-Mark festgelegt wird. Gut eine Woche nach ihrem Urteilsspruch fordert die Kammer Schickedanz auf, für die beiden Positionen insgesamt gut 110 000 D-Mark an die Staatskasse zu überweisen. Bis Oktober 1951 laufen überdies Verfahrenskosten in Höhe von rund 95 000 D-Mark auf, und für Gutachterkosten fallen noch einmal 20 000 D-Mark an.

Die Hauptspruchkammer stuft Gustav Schickedanz mit der Begründung als »Mitläufer« ein, »dass er die Gewaltherrschaft der NSDAP nicht wesentlich gefördert« habe, »kein Anhänger der Rassenlehre« und »kein Militarist und auch kein Nutzniesser« gewesen sei. So gesehen könne »der Betroffene nur als ein nominelles Mitglied der NSDAP gelten«. Damit schließt sich die Kammer in jeder Hinsicht den Erkenntnissen der Gutachter, des Berufungshauptklägers oder auch der amerikanischen Militärregierung an. Dennoch ist ihr Urteil bemerkenswert, wenn man bedenkt, dass Schickedanz schon 1932 der Partei beigetreten war und seit 1935 auch als Ratsherr in seiner Heimatstadt Fürth amtiert hatte.

Bemerkenswert ist das Urteil der Nürnberger Hauptspruchkammer aber auch, weil es in wenigen Strichen ein biographisches Porträt des Unternehmers Gustav Schickedanz zeichnet, wie es treffender und knapper kaum hätte ausfallen können: »Schickedanz entstammt einfachen Verhältnissen. Er hatte aber als Lebensgrundlage eine gute kaufmännische Lehre, einen erstaunlich sicheren Blick für merkantile Angelegenheiten, einen ausgeprägt starken Unternehmungsgeist gepaart mit bahn-brechenden neuen Verkaufs-Ideen und ging seinen steilaufsteigenden Weg als self-made-man mit einer nahezu nachtwandlerischen Sicherheit[,] die verblüffend ist und fast amerikanisch anmutet.« Als sie den Weg des Unternehmers in sein

Fürther Büro freimachen, können die Mitglieder der Kammer natürlich nicht ahnen, dass sie mit ihrem Rückblick zugleich eine treffende
Prognose für eine der erstaunlichsten Karrieren der Bundesrepublik
abgeben.

DER REVOLUTIONÄR
1949–1957

Lange hat er gewartet. Fast vier Jahre sind ins Land gegangen, bis Gustav Schickedanz an diesem Donnerstag, dem 7. April 1949, wieder hinter seinem Schreibtisch an der Königswarterstraße 10 Platz nehmen kann. Aber am Ziel ist der inzwischen Vierundfünfzigjährige noch lange nicht. Bis alle Rückerstattungsverfahren abgeschlossen sind, bis er die Kontrolle insbesondere über die Papierfabriken in Heroldsberg und Forchheim wiedererlangt, wird es wohl noch seine Zeit dauern. Und auch die übrigen Betriebe sind noch nicht freigegeben, wenn das auch nur eine Frage weniger Wochen ist.

Tatsächlich hebt das Bayerische Landesamt für Vermögensverwaltung am 29. April 1949, also vier Wochen nach dem Urteil der Nürnberger Hauptspruchkammer, die Vermögenskontrolle über das sogenannte nicht-arisierte Vermögen auf, und weitere zwei Wochen später werden Gustav Schickedanz durch Werner Krumme, dessen Treuhänderschaft damit endet, die entsprechenden Firmen sowie sein Privatvermögen übergeben. Jetzt hat der Unternehmer wieder die Kontrolle über die beiden Grundpfeiler seines Imperiums, also die Gustav Schickedanz Kurz-, Weiß-, Woll- und Webwaren-Großhandlung und das Versandhaus Quelle L. Kießling & Co., außerdem über die Quelle-Fahrrad GmbH, über die Josef Stubenrauch, Papierwarenfabrik und Großhandel, und über die Brauerei Geismann GmbH.

Allerdings bedeutet Kontrolle über das Geschäft in diesem Falle noch nicht Kontrolle über sämtliche Gebäude, die zum Teil noch von den Amerikanern beschlagnahmt sind. Daher versucht Gustav Schickedanz Mitte Januar 1950 mit einem Schreiben an Ludwig Erhard, Bewegung in die Sache zu bringen. Mit dem Argument, dass er die Zahl der Mitarbeiter im Falle der Räumung auf bis zu 2000 steigern könne, hofft der Unternehmer in Fürth, den Wirtschaftsminister aus Fürth zu einer entsprechenden Intervention bei den zuständigen amerikanischen Stellen bewegen zu können. Angesichts der hohen Arbeitslosigkeit ist das ein starkes Argument. Immerhin meldet Schickedanz wenig später, Mitte Februar 1950, beim bayerischen Wirtschaftsministerium einen »neuen Kreditbedarf zur Behebung der Arbeitslosigkeit« in Höhe von 1,5 Millionen D-Mark an und wird dann auch in das »Bundesprogramm zur Bekämpfung der Arbeitslosigkeit« aufgenommen. Ob Schickedanz mit seinem Anliegen bei Erhard oder dieser bei den Amerikanern keinen Erfolg hatte, ist nicht bekannt. Sicher ist, dass das letzte Betriebsgebäude, die spätere Hauptverwaltung an der Nürnberger Straße 91–95, erst im Verlauf des Jahres 1952 endgültig freigegeben wird.

Jedenfalls kann Gustav Schickedanz seit dem Frühjahr 1949 wieder von Fürth aus seinen Geschäften nachgehen. Die Familie bleibt einstweilen in Hersbruck, bis der Umbau des inzwischen von den Amerikanern geräumten Hauses in Dambach abgeschlossen ist. In der mittelfränkischen Stadt wird auch Töchterchen Madeleine eingeschult. Da die Eltern voll und ganz mit dem Wiederaufbau des Unternehmens beschäftigt sind und auch Halbschwester Louise in dieser Zeit im elterlichen Geschäft tätig ist, wächst das junge Mädchen in der Obhut von Erzieherinnen auf.

Das ist keine ideale Situation, aber zu ändern ist sie nicht, denn Gustav Schickedanz und sein Unternehmen haben in diesen späten vierziger und frühen fünfziger Jahren eine der schwersten, wenn

nicht die schwerste Existenzkrise in der wechselvollen Geschichte
der Quelle zu bestehen. Dass da wenig Zeit für die Familie und auch
für die kleine Tochter bleibt, heißt nicht, dass der Vater nicht an
der Kleinen hängt, im Gegenteil: Wenn die Zeit es zulässt oder die
Umstände es erfordern, ist er für sie da. Offenbar hat Gustav Schickedanz die natürliche Gabe, sich dann ganz in Madeleines Welt zu
versenken und alles andere, selbst die Arbeit und das Unternehmen,
vor der Tür zu lassen. Einmal mehr zeigt sich auch in der schweren
geschäftlichen Krise der frühen fünfziger Jahre, was schon früher zu
beobachten war und bis ins höchste Alter hinein ein auffallender We-
senszug dieses Mannes bleibt: Gustav Schickedanz ist ein Familienmensch, und er hat zeitlebens ein exzellentes Verhältnis zu Kindern,
keineswegs nur zu den eigenen.

Welchen Stellenwert die Familie hat, zeigen auch in diesen Jahren
die Briefe an seine Frau. Denn nach wie vor gilt: Wenn der eine oder
die andere auf Reisen ist, halten sich die beiden brieflich auf dem
Laufenden. So auch Mitte April 1951, als sich Grete Schickedanz und
ihre Stieftochter Louise in der Schweiz und in Frankreich aufhalten,
und der zurückgebliebene Ehemann und Vater die beiden zunächst
über Einzelheiten des »sehr, sehr hart« gehenden Geschäfts ins Bild
setzt – dann den Hebel umlegt, sich mitten in der Welt seiner kleinen
Tochter befindet und im Detail den Erlebnissen zweier Tage nach-
spürt.

»Nun zum Privatleben! … Es ist wunderbar, Madeleine einmal
so allein zu haben und mit ihr längere Gespräche zu führen, die
für mich manchmal nicht nur amüsant[,] sondern ebenso interessant sind. Nach dem kurzen Mittagessen ging es sofort wieder in
den Garten. Bald darauf kamen Monika, Liselotte und Burschi …
Madeleine spielte dann noch bis zum Abendessen Faustball … [I]hr
rechtes Händchen war beim Abendbrot ganz gerötet, so hat sie hin-
geschlagen. Wenige Minuten, nachdem sie in ihrem Bettchen lag,
sank sie in einen tiefen Schlaf, von dem sie erst 7.10 Uhr morgens

»Nun zum Privatleben«: Ganz auf den Wiederaufbau ihres Unternehmens konzentriert, finden Gustav und Grete Schickedanz nur selten Zeit für Tochter Madeleine.

erwachte, ohne dazwischen aufgewacht zu sein. Verschlafen blinzelte sie durch das Fenster: ›Papa, es ist heute ein so schöner Tag und Du hast mir versprochen, mit den Kindern in den Tiergarten zu gehen.‹ ›Was man verspricht, muß man auch halten‹, sagte ich[,] und diesen schönen Tag werden wir auch ausnützen.‹ … Punkt 8 Uhr waren Madeleine und Papa im Schulzimmer, verhandelten mit Frau Pfriem und ich vereinbarte, daß wir um 2 Uhr in den Tiergarten fahren. Die Schulaufgaben fielen aus[,] und um 2 Uhr starteten wir mit dem Wagen, dem ›Aquarium‹, mit Frau Pfriem und Fräulein Bopp und Frau Kolb, die wir unterwegs auch noch eingeladen haben … Es war wunderbar und alles verlief vollkommen programmgemäß. Nur hat mich Frau Pfriem gebeten, die übrigen Kinder gelegentlich auch einmal mitzunehmen, damit nicht nur immer diese wenigen bevorzugt werden. Und das sehe ich ein.«

Es gibt nicht viele Tage wie diese im Leben der kleinen Madeleine

Schickedanz, aber es gibt sie. Dann sind der Vater oder die Mutter ganz für sie da – intensiv und exklusiv. Kein Wunder, dass sich die Tochter noch als erwachsene Frau an diese seltenen Momente erinnert; kein Wunder aber auch, dass sie die Eltern jenseits dieser Momente umso stärker vermisst. Daran ändert sich auch in jenen Jahren wenig, als die schweren Zeiten hinter dem Unternehmen liegen. Jetzt ist es das stürmische Wachstum, das Gustav und Grete Schickedanz bis zum späten Abend in der Firma bindet. Nicht selten muss die Mutter ihre Tochter abends mehr als einmal telefonisch vertrösten. Sie habe ihr das »nicht verübelt«, erzählt Madeleine Schickedanz Jahrzehnte später, denn ihre Mutter sei nun einmal für die »Rolle« im Geschäft »geboren« gewesen: »Das war von ihr bewusst gelebt. Sie war jedoch traurig, keine weiteren Kinder zu haben. Das war ein wunder Punkt.«

Allerdings hat Grete Schickedanz gerade in diesen Nachkriegsjahren auch kaum eine andere Wahl, als sich an der Seite ihres Mannes auf das Geschäft zu konzentrieren. Denn die Betriebe sind in einem bedauernswerten Zustand. Große Teile sind nach wie vor zerstört, das Warenangebot ist immer noch rudimentär, und die Kundenkartei, von der das Geschäft lebt, ist weit von ihrem alten Bestand entfernt. Um »hier wieder ein neues Fundament zu legen, das geeignet ist, erneut etwas entstehen zu lassen«, schreibt Gustav Schickedanz Ende Juni 1948 an Jean Bollhalter in St. Gallen, sind »gute Nerven und eine gute Gesundheit« gefordert. Aber natürlich haben er und seine Frau Grete, die jetzt auch geschäftlich zu seinem wichtigsten Partner wird, den »Kopf voll mit Plänen und Arbeiten, um in Fürth wieder aus dem vorhandenen kümmerlichen Rest etwas zu gestalten und aufzubauen«.

Und so lassen sich die beiden von Bollhalter aus der Schweiz Versand- und Kaufhauskataloge schicken, um Anregungen für die Angebote ihrer ersten sechzehnseitigen »Preisliste« zu bekommen, die 1949 auf der einzigen funktionsfähigen Kupfertiefdruck-Rotationsmaschine Nordbayerns in einer Auflage von 50 000 Exemplaren hergestellt wird und natürlich an die große Tradition der Quelle anzuknüpfen sucht: »Endlich können wir unseren bewährten, treuen Kunden wieder erstklassig gute Waren zu so erstaunlich niedrigen Preisen anbieten, daß es sich wirklich lohnt, schleunigst u. so viele Artikel wie möglich, zu bestellen.« Inzwischen sind wieder rund 100 000 Namen »treuer Kunden« in der Kartei versammelt.

Der Wiederaufbau des alten Geschäfts ist eine Sache; das Erkunden neuer Wege ist eine andere. Wenn man verstehen will, wie und warum Gustav Schickedanz nach Jahren schwerer geschäftlicher Rückschläge und erzwungener beruflicher Untätigkeit nicht nur persönlich wieder auf die Beine kommt, sondern auch sein Unternehmen ein zweites Mal aus bescheidenen Anfängen heraus zu einer beispiellosen Karriere führt, muss man auf diese Anfänge sehen. Denn kaum darf er in seinen Betrieben wieder die Regie führen, erkundet er neue Möglichkeiten der Produktion und des Vertriebs.

Das gilt nicht zuletzt für die DDR, die Deutsche Demokratische Republik. Die Gründung des zweiten deutschen Teilstaates ist die sowjetische Reaktion auf die Gründung der Bundesrepublik Deutschland durch die drei Westmächte. Wäre es nach den Sowjets gegangen, hätten sie wohl eine gesicherte Mitsprache in ganz Deutschland dessen Teilung und damit der festen Einbindung der drei Westzonen in ein amerikanisch dominiertes Bündnis vorgezogen. Als sich aber abzeichnet, dass die Blockade Westberlins, mit der Stalin seit dem 18. Juni 1948 auf die Währungsreform im Westen reagiert, nach einem Jahr nicht etwa zur Aufgabe der Stadt, sondern zu einer gewaltigen Hilfsaktion der Westmächte und diese wiederum zu einem Schulterschluss von Westberlinern und Westdeutschen mit jenen führen, machen die Sowjets Nägel mit Köpfen: Am 7. Oktober 1949 wird auf dem Boden der SBZ, der Sowjetischen

Besatzungszone in Deutschland, die DDR gegründet. Fortan gibt es westlich von Oder und Neiße zwei deutsche Teilstaaten. Wie sie sich entwickeln, in welchem Verhältnis sie zueinander stehen werden, ist einstweilen nicht absehbar. Sicher ist nur, dass ihr weiteres Schicksal in hohem Maße von anderen abhängt: Nur gemeinsam können die vier Siegermächte des Zweiten Weltkrieges eine Antwort auf die deutsche Frage finden.

Bis das vier Jahrzehnte später und als Folge eines neuerlichen Betriebsunfalls der Geschichte unerwartet geschieht, gehen die beiden deutschen Staaten getrennte Wege – politisch und militärisch, aber auch gesellschaftlich und wirtschaftlich. Der Westen prosperiert, der Osten nicht, jedenfalls nicht in einem vergleichbaren Maße. Den geschäftlichen Beziehungen zwischen beiden tut das keinen Abbruch. Mal gehen die Geschäfte, politisch bedingt, besser, mal gehen sie schlechter. Wenn möglich immer dabei ist Gustav Schickedanz. Von Anfang an. Noch bevor die DDR das Licht der Welt erblickt, werden die geschäftlichen Verbindungen hergestellt beziehungsweise wieder aufgenommen. Schickedanz hat eben nach wie vor einen hervorragenden Ruf.

So bietet die in Dorfchemnitz, rund 50 Kilometer südwestlich von Dresden ansässige Firma Werner & Hecker Anfang Juni 1949 der Firma Gustav Schickedanz an, einen »erstklassigen Winterstrumpf auf konkurrenzlosen 15zölligen Maschinen in starker Cotton-Ware« herzustellen. Das Ganze soll als »Lohnveredelungsverkehr« abgewickelt werden, setzt also die Lieferung des entsprechenden Materials voraus. Tatsächlich stehen Anfang August zwei Tonnen Baumwollgarn bereit. Ob das Geschäft dann auch zustande gekommen ist, lässt sich nicht mehr feststellen. Sicher ist, dass Schickedanz wenig später seinerseits der Weberei Hermann Frühauf in Waldorf i.Sa. die Verarbeitung von rund zehn Tonnen Baumwollgarnen zu Oberhemdenstoffen oder Herrentaschentüchern anbieten lässt. Im Januar 1950 erhält er dann den Bescheid, dass »der Lohnveredlung von Westbaumwolle keine Hindernisse mehr« in den Weg gelegt und »diese Geschäfte legal genehmigt« werden würden. Fortan ist das sogenannte Ostzonengeschäft fester Bestandteil der Geschäftspolitik von Gustav Schickedanz.

Ähnliches gilt für eine andere Weichenstellung dieser frühen Jahre. Am 22. Juni 1949 wird – am Firmenstammsitz, also an der Fürther Freiheit, und nach dem Vorbild des Hersbrucker Geschäfts – das erste Quelle-Kaufhaus eröffnet. Mit diesem Einstieg in das stationäre Geschäft beginnt der Aufbau einer eigenen Kaufhaus-Kette, die nach den ehrgeizigen Zielen der sechziger Jahre einmal die Hälfte zum Umsatz der Quelle beisteuern soll.

Die Entschlossenheit, mit der Gustav Schickedanz zu Werke geht, lässt leicht übersehen, vor welchen Problemen und Herausforderungen er damals steht. Da sind einmal die Konkurrenten, alte wie neue, die fast gleichzeitig antreten. So gründet am 17. August 1949 der Hamburger Kaufmann Werner Otto den gleichnamigen Versand und erscheint im folgenden Jahr mit einem ersten Katalog auf dem Markt. Wenn dieser auch nur in einer Auflage von 300 Stück verbreitet wird und auf gerade einmal 14 Seiten ausschließlich Schuhe anbietet, zeigt die Gründung doch, dass nicht nur alte Hasen wie der Quelle-Gründer dem Versandhandel eine Zukunft geben.

Zu diesen zählt inzwischen auch Josef Neckermann, der 1938 als Branchenfremder mit dem Kauf der »Wäschemanufaktur Karl Joel« ins Geschäft eingestiegen war. Seine Großhandlung geht 1948 – als »Textilgesellschaft« und mit einer ordentlichen Kapitalausstattung unter anderem durch den Bankier Friedrich Hengst und den Taschentuchfabrikanten Helmut Winkler – an den Start, verschickt im April 1950 den ersten zwölfseitigen Katalog mit 133 Artikeln und wird im Frühjahr des folgenden Jahres in »Neckermann Versand KG« umbenannt. Neckermann ist der Erste, der konsequent versucht, den stationären Handel mit dem Versand zu verbinden, indem er diesem in den Kaufhäusern gleichsam Schaufenster zur Verfügung stellt, wie er anderthalb Jahrzehnte später auf der ersten Aktionärsversammlung sagt.

Diese Konkurrenten sind für Gustav Schickedanz vor allem auf mittlere und längere Sicht eine Herausforderung. Kurzfristig das größere Problem bilden die Rückerstattungsansprüche ehemaliger Eigentümer von Unternehmen, Immobilien oder auch Kulturgütern, die Schickedanz zur Zeit der Arisierungen erworben hat und die unter Vermögenskontrolle gestellt worden sind. Grundlage dieser Ansprüche ist das Gesetz Nr. 59 der amerikanischen Militärregierung zur »Rückerstattung feststellbarer Vermögensgegenstände« vom 10. November 1947, das später auch von Briten und Franzosen angewandt wird. Es regelt die Rückgabe eines unter Verfolgungsdruck weggenommenen oder weggegebenen Vermögens. In den kommenden zehn Jahren werden im Bereich der amerikanischen Besatzungszone in Deutschland gut 85 000 Einzelansprüche angemeldet.

Das Gesetz ist nicht unproblematisch, weil seine Verfasser nicht vom »Geist der Gerechtigkeit«, sondern vom »Streben nach Vergeltung« geleitet werden, wie die *Zeit* im April 1948 schreibt. Beim Rückerstattungsverfahren wird dem Einzelnen eine Leistung allein dafür abverlangt, dass er in das Unrechtssystem des Dritten Reiches verstrickt gewesen ist. Erbringt er diese Leistung, erklärt er sich also zur Rückerstattung oder zur Entschädigung bereit, haftet dem Kauf rückblickend auch dann ein Makel an, wenn der Verkäufer nicht übervorteilt, vielleicht sogar durch den Verkauf aus einer Zwangslage befreit worden ist, deren Ursprünge in den Jahren vor der Machtübernahme der Nationalsozialisten zu suchen sind. Diese Erfahrung macht auch Gustav Schickedanz, der sich einer ganzen Fülle solcher Forderungen gegenübersieht.

Allein die IRSO, die Jewish Restitution Successor Organization, macht mindestens ein halbes Dutzend Rückerstattungsansprüche

gegen Gustav Schickedanz geltend. Die IRSO ist 1947 in New York als
»Jewish Restitution Commission« gegründet worden und hat sich
zum Ziel gesetzt, in der amerikanisch besetzten Zone Deutschlands
das erbenlose Vermögen von Privatpersonen und Institutionen beziehungsweise Organisationen wiederzubeschaffen, die wegen ihres
Judentums rassisch verfolgt worden waren. Am 17. November 1948
meldet die IRSO beim Zentralmeldeamt Friedberg bei Bad Nauheim
den ersten Rückerstattungsanspruch gegen Schickedanz und eines
seiner Unternehmen an. Dieser und die meisten der folgenden
werden allerdings in den fünfziger Jahren wieder zurückgenommen,
weil Betroffene ihre Ansprüche individuell anmelden oder weil die
Ansprüche durch den Globalvertrag zwischen der IRSO und dem
Freistaat Bayern aus dem Jahr 1952 auf diesen übergegangen sind und
von diesem abgegolten werden.

Lediglich in einem Fall bleibt die IRSO am Ball und reicht im
Juli 1950 eine »vervollständigte Anmeldung« auf eine »Chromolito-
graphische Kunstanstalt« in der Fürther Flössaustraße nach, da der
Betroffene auf einen Rückerstattungsanspruch gegen Gustav Schickedanz verzichtet hat, die IRSO aber grundsätzlich auch in solchen
Fällen tätig wird. Johann Wilhelm – genannt »Hans« – Ehrlich will
einen Anspruch auf Rückerstattung nicht erheben, »da Herr Schickedanz sich [ihm] gegenüber fair verhalten hat und auch einen nach
den damaligen Verhältnissen angemessenen Preis für das Objekt
bezahlt hat«. Das jedenfalls erklärt der mit Ehrlich befreundete englische Anwalt des Betroffenen im April 1949 bei einem Besuch in
Deutschland.

Weiter will Ehrlich freilich nicht gehen, und so scheitert der
Versuch von Gustav Schickedanz, diesen zu einer schriftlichen Be-
stätigung seines Verzichts zu bewegen, weil Ehrlich in den Worten
seines englischen Anwalts »über Passivität hinaus ... nichts tun will.
Es könnte billigerweise nicht erwartet werden, daß ausgewanderte
Juden sich für Leute einsetzen, die in freiwilliger persönlicher Be-

rührung mit Julius Streicher etc. waren. Auch dann nicht, wenn die geschäftliche Erfahrung, die man mit ihnen hatte, keinen Anlaß zur Klage über Unkorrektheit gegeben hat.« Und dann fügt Ehrlich in den Worten seines Freundes und Anwalts hinzu, »daß … Leute wie Schickedanz es nicht nötig hatten, mit jenen Brüdern gemeinsame Sache zu machen[,] und daß sie jetzt für sich selber sorgen müssen, wenn sie es getan haben. Er will weder etwas gegen noch für Herrn Schickedanz und Leute ähnlicher Richtung tun, die eine große Mitverantwortung an dem trifft, was geschehen ist. Denn wenn die Verbrecher nicht von den an sich anständigen Leuten gewissermassen noch bekurt worden wären, wären sie nicht soweit gekommen.«

Da hat er wohl recht. Und diese Beobachtung bleibt im Allgemeinen auch dann richtig, wenn man im Besonderen mit Ehrlich feststellen muss, dass es in geschäftlicher Hinsicht »keinen Anlaß zur Klage über Unkorrektheit gegeben hat« und dass sich Schickedanz da, wo es ihm möglich gewesen ist, für bedrängte oder verfolgte jüdische Mitbürger eingesetzt hat. Im Januar 1951 einigen sich sein Anwalt und die IRSO auf die Zahlung einer »Abfindung« in Höhe von 75 000 D-Mark, zahlbar in fünf Raten. Zu den bemerkenswerten Aspekten des Falles Ehrlich gehört, dass selbst er später als Beleg für die Unrechtmäßigkeit der Erwerbungen von Gustav Schickedanz mobilisiert werden konnte, weil dieser sich zu einer Zahlung bereitgefunden hatte, obgleich durch den Betroffenen selbst keine Rückerstattung angemeldet worden war.

Die meisten der übrigen Rückerstattungsverfahren gegen Gustav Schickedanz haben in jeder Hinsicht andere Dimensionen. Das gilt für deren Dauer, es gilt für die Höhe der Forderungen, und es gilt nicht zuletzt für die Argumentation der Betroffenen, namentlich der Gebrüder Ellern und Rosenfelder beziehungsweise ihrer jeweiligen Rechtsnachfolger sowie von Ignaz Mayer. Ihnen ist zum einen gemeinsam, dass die Betroffenen nicht akzeptieren können oder wollen, dass sie geschäftlich zum Teil schon vor der Machtübernahme der Nationalsozialisten angeschlagen oder ruiniert waren, dass Gustav Schickedanz in keinem Fall durch politischen Druck zu seinen Erwerbungen gekommen ist und dass er die Betroffenen nicht übervorteilt, sondern ihnen vielmehr durch korrekte Verträge geholfen hat, schwierige Situationen zu klären.

Zum anderen leistet Schickedanz, weil er sich in allen bekannten Fällen auf einen Vergleich einlässt, der Auffassung der Betroffenen Vorschub. Und schließlich sind zwei Fälle auf eine pikante Art und Weise miteinander verwoben: Die Brüder Ellern stellen die Forderung auf Rückerstattung an Gustav Schickedanz und die Vereinigten Papierwerke als den Käufern ihrer Forchheimer Papierfabrik und damit an eine Adresse, die ihrerseits Gegenstand der Rückerstattungsforderung der Brüder Rosenfelder ist.

Die drei mit Abstand wichtigsten Verfahren im Einzelnen darzustellen, erübrigt sich, weil in keinem Fall Aspekte oder Argumente auftauchen, die nicht schon im Zuge des Entnazifizierungsverfahrens gegen Gustav Schickedanz hin und her gewendet worden wären. Den Anfang macht im April 1948 die Klage der Brüder Max und Martin Ellern-Eichmann auf Rückerstattung der Firma M. Ellern GmbH, Forchheim, die am 26. Februar 1937 von den Vereinigten Papierwerken erworben worden war. Angesichts der unterschiedlichen Auffassungen über die wirtschaftliche Lage der Papierfabrik zum Zeitpunkt des Kaufs und über den Zwang der politischen Rahmenbedingungen für den Verkauf kommen weder das Staatskommissariat für rassisch, religiös und politisch Verfolgte noch die auf eine gütliche Einigung bedachte Wiedergutmachungsbehörde weiter, so dass der Fall vor der Wiedergutmachungskammer verhandelt wird.

Die entscheidet am 5. Juni 1952, dass nur eine »einfache Entziehung« vorliege, weil die Brüder Ellern zum einen »nicht frei waren, den Vertrag [vom] 26. Februar 1937 ... so zu schließen, wie sie ihn geschlossen hätten, ohne diese Beeinträchtigungen«, also die nationalsozialistische Herrschaft, weil sie aber zum anderen durch den Verkauf aus ihrer »hoffnungslosen selbstverschuldeten geschäftlichen Lage statt mit Konkurs und weiterer persönlicher Haftung … als wohlhabende Leute hervorgegangen« seien. Um aus der Sackgasse herauszufinden, die sich durch die »Beschwerde« beider Seiten gegen den »Beschluss (Teilentscheidung)« der Kammer ergeben hat, trifft sich Gustav Schickedanz im Spätsommer und Herbst 1952 wiederholt mit Hans Ellern, dem Sohn von Max Ellern-Eichmann, und schlägt ihm einen Vergleich über 2,15 Millionen D-Mark vor. Tatsächlich kommt es dann am 8. Oktober 1952 zu einem Teilvergleich: Gegen eine Zahlung von einer Million D-Mark akzeptiert Max Ellern-Eichmann die Verträge vom Februar 1937 und damit die Löschung der Rückerstattungsvermerke.

Damit kann der Fall aber noch nicht zu den Akten gelegt werden. Denn Martha Ellern-Eichmann, die Witwe von Maxens Bruder Martin, schließt sich dem Vergleich nicht nur nicht an, sondern fühlt »das Andenken ihres Mannes durch den Beschluß der Wiedergutmachungskammer entehrt und geschändet«. So gehen fast acht Monate ins Land, bis Ende Mai 1953 im Fall Ellern auch der zweite Vergleich zustande kommt. Dabei drängt die Zeit. Denn die Fabrik ist seinerzeit in einem technisch »sehr schlechten« Zustand übernommen worden und muss dringend modernisiert werden, wenn sie konkurrenzfähig werden will.

Der Vergleich sieht nicht nur eine Zahlung von 1,5 Millionen D-Mark an Martha Ellern-Eichmann vor, sondern eine »Leibrente« in Höhe des Lohns des am besten bezahlten Angestellten der Firma, mindestens aber 2500 D-Mark im Monat, außerdem einen neuen Mercedes 170 S nebst Fahrer sowie nicht zuletzt die Bildung eines Verwaltungsrates zur Beratung der geschäftlichen Belange der Firmen Papierfabrik Forchheim Gustav Schickedanz in Forchheim und Josef Stubenrauch in Fürth, in dem Martha Ellern-Eichmann Sitz und Stimme hat. Lediglich mit ihrer Forderung, dass der Firmen-

name – wegen der »besonderen Verdienste des Herrn Kommerzien-
rats Martin Ellern-Eichmann um die Werke Forchheim und Stadtsteinach« und um ihm ein »ehrende[s] Gedächtnis« zu wahren – um
den Zusatz »vormals M. Ellern GmbH« ergänzt werde, scheitert die
Witwe an rechtlichen und organisatorischen Schwierigkeiten. Dafür
gibt Gustav Schickedanz noch zwei Grundstücke zurück, auf die er
ein Vorkaufsrecht erhält.

Die Geschichte hat einen seltsamen Beigeschmack, kann man
sich doch nicht des Eindrucks erwehren, als hätten die Betroffenen
ihrerseits die politischen Rahmenbedingungen – in diesem Falle der
späten vierziger und frühen fünfziger Jahre – genutzt, um ebenjenen
Druck auf Gustav Schickedanz auszuüben, von dem dieser, anders
als von den Betroffenen unterstellt, während der dreißiger Jahre
gerade abgesehen hat. So aber muss man bei nüchterner Betrachtung
feststellen, dass Max und Martin Ellern-Eichmann, die nach Auffassung sämtlicher mit dem Fall befasster Institutionen schon vor
der Machtübernahme der Nazis praktisch bankrott waren, ihre Fabrik gleich zweimal an Gustav Schickedanz verkauft und sich dabei
saniert haben: 1937 und noch einmal 1952 beziehungsweise 1953.

Eine Zeitlang sieht es so aus, als könne auch der Fall Ignaz Mayer eine
ähnliche Entwicklung nehmen. Zunächst fordert Mayer, der jetzt in
New York lebt, Mitte Dezember 1948 beim Zentralmeldeamt Bad
Nauheim gemäß Gesetz 59 der Militärregierung die Rückerstattung
der am 20. Februar 1938 von Gustav Schickedanz und einem Partner
erworbenen Firma »Weberei-Fabrikate Ignaz Mayer, Nürnberg«,
nebst Anwesen und aller »aus dieser Firma stammenden Vermögenswerte«. Dann aber stellt Rechtsanwalt Arthur Peich nicht nur zwei
Tage später für Mayer einen weiteren Antrag und sorgt damit für
Verwirrung, sondern bringt auch eine Summe von mindestens 9,1
Millionen Reichsmark ins Gespräch.

Grundlage für diese Forderung ist eine Prüfung des Finanzamtes, das 1938 den Verkehrswert des Unternehmens auf ebendiese Summe festgelegt, einen »Arisierungsgewinn« von 7,19 Millionen Reichsmark errechnet und eine Abgabe von gut fünf Millionen Reichsmark erhoben hatte. Allerdings hatte Schickedanz die Abgabe nie gezahlt, weil er nachweisen konnte, dass die Firma Sturm & Co. eine Neugründung und keine Rechtsnachfolgerin der Firma Mayer war. Dass die Finanzbehörde ihrerseits an einem möglichst hohen Verkehrswert interessiert war, ist eine Sache; dass dieser unter den obwaltenden Umständen nie und nimmer zu erzielen war, ist eine andere. Jedenfalls bringt Anwalt Peich mit seiner an der Kalkulation des Finanzamtes aus dem Jahr 1938 orientierten Forderung nicht nur eine neue Summe, sondern im Lauf der kommenden Monate auch einen scharfen Ton in die Angelegenheit. Mit seiner Rede vom »Ariseur größten Stiles«, dem »erfolgreichsten Ariseure Bayerns« oder auch »Freund Streichers« trägt er maßgeblich zur Zeichnung jenes verzerrten Bildes bei, mit dem Gustav Schickedanz fortan zu leben hat.

Die entscheidenden Verhandlungen werden auch hier hinter den Kulissen geführt. Weil Mayer über seinen Anwalt »aus geschäftlichen Gründen« im Oktober 1950 ein »dringendes Interesse an baldiger Durchführung des Verfahrens« signalisiert und weil Schickedanz trotz entgegenstehender Rechtsauffassung ein »Nachzahlungsangebot« über eine halbe Million D-Mark unterbreitet, lassen die Parteien am 11. Dezember 1950 den Vergleich vor der Wiedergutmachungskammer protokollieren. Danach behält Gustav Schickedanz das Eigentum an der Firma wie am Nürnberger Anwesen Siegfriedstraße 9–17 und leistet eine Nachzahlung von 100 000 D-Mark auf das Grundstück sowie von 400 000 auf das Adressmaterial der Firma Ignaz Mayer. Für den Fürther Unternehmer ist damit zwar das »wirtschaftlich vertretbare Maß weit überschritten«, der Fall aber abgeschlossen; Mayer zeigt sich mit dem Ergebnis zufrieden, hegt keine Vergeltungsabsichten und teilt Ende Februar

1952 der Berufungskammer über seinen Anwalt mit, der »Betroffene Schickedanz« habe ihm gegenüber die »Wiedergutmachung nach Kräften« verwirklicht.

Das gilt schließlich auch für den Fall der Brüder Oskar und Emil Rosenfelder. Am 23. Dezember 1948 meldet der Anwalt von Oskar Rosenfelder die Rückerstattungsansprüche für diesen und für dessen inzwischen verstorbenen Onkel Salomon Rosenfelder an, dessen Ansprüche durch seine Witwe Ida Rosenfelder an Oskar Rosenfelder abgetreten worden sind. Am gleichen Tag meldet auch der Anwalt von Ernest James Grierson die Rückerstattungsansprüche für die Erben von Emil Rosenfelder, den Bruder von Oskar Rosenfelder, an. Ernest James Grierson ist mit Gerda Rosenfelder, der Tochter von Emil Rosenfelder, verheiratet.

Die Griersons sind auf der Flucht vor den Nationalsozialisten nach England gekommen und haben mit ihrer alten Heimat auch ihre deutschen Namen zurückgelassen. Ernest James Grierson hieß ursprünglich Ernst Jakob Grießmann. Grießmann, Jahrgang 1890, war bis 1933 Mitglied im Aufsichtsrat der Vereinigten Papierwerke in Heroldsberg. Nun kümmert er sich um die Rückerstattungsforderungen der Familie seines Schwiegervaters Emil Rosenfelder.

Die Vereinigten Papierwerke, so das Ziel der beiden zeitgleich eingereichten Rückerstattungsansprüche, sollen wieder in eine Aktiengesellschaft umgewandelt werden, an der die Familien der beiden Brüder Rosenfelder mit jeweils etwa 30 Prozent zu beteiligen sind. Schon einige Tage zuvor, am 16. Dezember 1948, hatte Anwalt Karl Thorwart die Rückerstattungsansprüche für Fritz Obermeyer angemeldet, dessen Onkel, Kommerzienrat Gustav Gerst, 35 Prozent des Aktienkapitals an den Vereinigten Papierwerken hielt und damit der größte Einzelaktionär der Firma war.

Karl Thorwart, 1886 in Nürnberg geboren und seit 1912 dort als Rechtsanwalt tätig, ist in der Szene eine bekannte Figur. Als Spezialist für Zivil-, Handels- und Wirtschaftsangelegenheiten vertritt er unter anderem Fritz Obermeyer bei der Durchsetzung seiner Ansprüche gegen die Vereinigten Papierwerke – und die Vereinigten Papierwerke im Rahmen des Rückerstattungsverfahrens, das die Brüder Ellern-Eichmann gegen diese wegen der Papierfabriken in Forchheim und Stadtsteinach führen. Thorwart ist also im Rahmen des einen Verfahrens für eine Gegenpartei von Gustav Schickedanz und im Rahmen des anderen für eines seiner Unternehmen tätig.

Im Falle der Rückerstattungsansprüche der Brüder Rosenfelder gegen die Vereinigten Papierwerke sind offenbar schon vor den Antragstellungen hinter den Kulissen Vorbereitungen für Verhandlungen getroffen worden, die dann auch bis Ende 1949 unter maßgeblicher Beteiligung von Dr. Philipp Auerbach geführt werden. Auerbach ist eine der schillernden Figuren der Zeit und der Szene. 1906 als Sohn jüdischer Eltern in Hamburg geboren, war er 1934 mit seiner Familie nach Belgien geflohen und hatte sich dort eine Existenz als Unternehmer aufgebaut, bis er nach dem deutschen Überfall auf das Land verhaftet und unter anderem nach Auschwitz deportiert wurde. Am Kriegsende von den Amerikanern befreit, leitet Auerbach das »Staatskommissariat für rassisch, religiös und politisch Verfolgte«. So nämlich heißt die aus den Staatskommissariaten für die Betreuung der Juden in Bayern sowie für die Betreuung der politisch Verfolgten hervorgegangene, zwischenzeitlich als »Staatskommissariat für die Opfer des Faschismus« firmierende Behörde seit Ende 1946.

Mit seinem Spagat als Vertreter des Freistaates einerseits, als Vertreter verfolgter Juden andererseits, aber auch mit seiner unorthodoxen Arbeitsweise macht sich Auerbach auf allen Seiten Feinde, unter ihnen und allen voran den bayerischen Justizminister Josef Müller, der dafür sorgt, dass Auerbach im März 1951 inhaftiert, wegen Amtsunterschlagung, Erpressung, Untreue, passiver Bestechung, Betrugs, wissentlich falscher Aussage an Eides statt, Vergehens gegen

das Währungsgesetz sowie unbefugten Führens eines akademischen
Grades angeklagt und anderthalb Jahre später zu zweieinhalb Jahren
Gefängnis und einer Geldstrafe verurteilt wird. Einen Tag später,
am 15. August 1952, nimmt sich der Auschwitz-Überlebende, der
sich lediglich zum unbefugten Führen eines akademischen Grades
bekannt hat, in seiner Zelle das Leben. Vier Jahre später wird er vollständig rehabilitiert.

Im Zuge der Rückerstattungsverfahren gegen Gustav Schickedanz beziehungsweise seine Firmen kommt es zu einer Reihe von
Kontakten zwischen diesem und Auerbach. Und offensichtlich ist
der Unternehmer des Öfteren dem Rat des Staatskommissars gefolgt. Auch im Vorfeld des von den Brüdern Rosenfelder angestellten
Rückerstattungsverfahrens ist Auerbach aktiv geworden, allerdings
ohne Erfolg. Erst als die Wiedergutmachungskammer Fürth mit
der Angelegenheit befasst wird, kommen die Verhandlungen im
Sommer 1950 erneut in Gang.

Am 20. Mai 1950 gibt die Kammer bei Professor Paul Deutsch
ein Gutachten in Auftrag. Deutsch, Jahrgang 1901, hatte zunächst als
Privatdozent und dann, nach einem Intermezzo als Gastprofessor
in Riga, als außerordentlicher Professor, seit 1938 als Ordinarius für
Betriebswirtschaftslehre an der Handelshochschule Leipzig gelehrt,
war 1941 an die Wirtschaftshochschule Berlin gegangen und ist jetzt
als freiberuflicher Gutachter tätig. Nach Wilhelm Rieger und Erich
Preuß ist er inzwischen der dritte Gutachter, der mit dem Fall Gustav
Schickedanz und seiner Unternehmen befasst wird. Die zuständigen
Behörden wollen offensichtlich keinen Zweifel daran aufkommen
lassen, dass sie alles getan haben, um diesen Fall bis in den letzten
Winkel hinein auszuleuchten.

Mitte November kommt auch Deutsch in seiner 108 Seiten
starken Expertise zu dem Ergebnis, dass der seinerzeit für die Vereinigten Papierwerke gezahlte Preis »angemessen« und dass »nicht
nur der Bilanzkurs von 150 % bzw. der Gesamtwert von 2 Mill. RM,

sondern auch der *bezahlte* Kurs von 110 % eher zu hoch als zu niedrig waren«. Selbstverständlich würdigt der Gutachter »anerkennenswerte technische, werbewirtschaftliche, durch den Erfolg bestätigte Unternehmerleistungen« namentlich Oskar Rosenfelders, den er noch »kennen gelernt« hat. Aber Deutsch stellt auch fest, dass die VP unter »der Leitung einer neuen, nicht minder erfahrenen, zielbewussten und erfolgreichen Unternehmerpersönlichkeit, des Herrn Gustav Schickedanz, … ab 1934 einen vorher von niemand geahnten Aufstieg« genommen hätten. Offensichtlich ließ sich Rosenfelder bei der Rückerstattungsforderung unter anderem von »seiner Kenntnis« jener »Umsatzsteigerung und Rentabilität der VP *nach* dem Verkauf leiten«. Diesen Eindruck gewann jedenfalls Gutachter Deutsch in den Gesprächen, die er mit dem Vorbesitzer über den Kaufpreis führte.

Das sehen die Rosenfelders und namentlich der angeheiratete Neffe Oskar Rosenfelders anders. Grierson spielt nunmehr den entscheidenden Part, da er zum einen vorgibt, im Interesse aller Rosenfelders zu handeln, und zum anderen offenbar gewisse »Moeglichkeiten« hat, um in einer anderen »Sache [seine] Fuehler auszustrecken«. Gemeint sind die Brüder Ellern, die ja ihren Anspruch auf Rückerstattung der Papierfabriken in Forchheim und Stadtsteinach auch an die Vereinigten Papierwerke richten.

Zunächst führt Grierson im Herbst 1950 einige Gespräche in Fürth, dann reisen Gustav Schickedanz und Tochter Louise im Dezember zu Verhandlungen nach London. Hatte Schickedanz die Fürther Verhandlungen noch als »äußerst angenehm« empfunden, kann in London von einem guten Einvernehmen kaum mehr die Rede sein, nachdem Grierson Schickedanz Anfang November 1950 ein knapp befristetes Ultimatum gestellt hat. Obgleich er von diesem Verhalten »maßlos« enttäuscht ist, einigt sich Schickedanz nach der zweiten Verhandlungsrunde in London mit Grierson – weil es keine Alternative gibt und weil er auf ihn angewiesen bleibt. Jetzt nämlich stellt sich Henriette Rosenfelder, die Witwe des zwischenzeitlich verstorbenen Oskar Rosenfelder, quer. Will man ein neuerliches Aufrollen des ganzen Falles vor der Wiedergutmachungskammer verhindern, führt kein Weg an der Vermittlung Griersons vorbei.

Und so wird am 27. Januar 1951 vor der Wiedergutmachungskammer ein Vergleich zwischen Henriette Rosenfelder und Ernest James Grierson als Testamentsvollstrecker für die Erben des verstorbenen Emil Rosenfelder einerseits sowie Gustav Schickedanz, dem Versandhaus Quelle und den Vereinigten Papierfabriken andererseits geschlossen. Danach zahlen Letztere »samtverbindlich zur Abfindung der angemeldeten Rückerstattungsansprüche« einen Betrag von 3,25 Millionen D-Mark je zur Hälfte an die Antragsteller, außerdem 120 000 D-Mark als Beitrag zu deren Kosten und Auslagen. Damit sind »sämtliche Ansprüche der Antragsteller einschließlich des Herrn Paul Rosenfelder und der Erben des Herrn Salomon Rosenfelder« abgegolten. Alle Ansprüche der Antragsteller, aber keineswegs alle Ansprüche. Denn da ist ja noch Fritz Obermeyer, der sich dem Vergleich anschließt und dem Schickedanz und die Vereinigten Papierwerke 1,625 Millionen D-Mark sowie 30 000 D-Mark zu dessen Kosten und Auslagen zahlen.

Damit nicht genug, meldet im Herbst 1951 Ernest James Grierson weitere Ansprüche an und fordert eine Nachzahlung für die entgangene Aufsichtsratstätigkeit: 1000 Reichsmark pro Jahr für die Zeit von dessen Ausscheiden aus dem Aufsichtsrat der Vereinigten Papierwerke bis zur Währungsreform, 1000 D-Mark pro Jahr für die Zeit seither. Grierson geht davon aus, dass Schickedanz »die Angelegenheit in einer befriedigenden Form … erledigen« werde, zumal es sich um eine »geringfuegige Summe« handle. Wohl wahr – verglichen mit den gut 1,6 Millionen, die er inzwischen für seine Familie herausgeholt hat. Jetzt ist allerdings auch für den auf Ausgleich und Entgegenkommen bedachten Quelle-Chef das Maß voll. Und so folgt er seinem Anwalt Dr. Ernst Linhardt, der ihn in allen Rückerstattungsfällen vertreten hat, und lehnt das Ansinnen mit juristischen Argumenten ab.

An der Summe wird es nicht gelegen haben. Denn inzwischen haben die Zahlungen von Gustav Schickedanz eine astronomische Höhe erreicht. Insgesamt rund acht Millionen D-Mark und damit mehr, als während der dreißiger Jahre in den Fällen Ellern, Mayer und Rosenfelder ohnehin schon für deren Firmen beziehungsweise Aktienpakete gezahlt wurde, wenden Schickedanz und seine Unternehmen zur Abgeltung ihrer Rückerstattungsforderungen auf. In keinem Fall waren er und seine Anwälte von der Rechtmäßigkeit der Forderungen überzeugt. In allen Fällen deckte sich ihre Auffassung mit den Urteilen und Ergebnissen, zu denen die öffentlichen Kläger, die Gutachter, die amerikanische Militärverwaltung sowie nicht zuletzt die Spruchkammer im Rahmen des Entnazifizierungsverfahrens gegen Gustav Schickedanz gekommen waren. Eine realistische Chance, sich den Ansprüchen zu widersetzen, hatte dieser dennoch kaum, wie sein Anwalt Linhardt Ende Mai 1950 mit Blick auf einen der Fälle an Wilhelm Rieger, einen der Gutachter im Entnazifizierungsverfahren, schrieb: »In der Waagschale der Herren Ellern liegt das Bleigewicht des Rückerstattungsgesetzes, in unserer Waagschale das gesunde Wirtschaftsempfinden.«

Für Gustav Schickedanz ist bei alledem allerdings nicht nur das Wirtschaftsempfinden entscheidend, sondern auch der kaufmännische und – wenn man so will – der menschliche Anstand. Dass er von manchem enttäuscht ist, der jetzt mit Rückerstattungsforderungen gegen ihn antritt, kann man verstehen, weil er eben nicht erst in der Rückschau der Auffassung ist, diesem in einer für ihn schwierigen Zeit mit Anstand begegnet zu sein. Also bedient Schickedanz die Forderungen auf Rückerstattung – weil Enttäuschung nicht weiterhilft, weil es im Grunde keine Alternative gibt, weil er die Sache endlich hinter sich bringen und sein Geschäft zu neuen Horizonten führen will.

Die Chancen für Letzteres stehen auf den ersten Blick nicht schlecht. 1950, also im ersten vollen Geschäftsjahr, setzt sein Unternehmen mehr als 40 Millionen D-Mark um und stellt damit das Rekordjahr in den Schatten, wenn 1938 auch in Reichsmark bilanziert worden ist. Damit nicht genug, stößt die Quelle nur fünf Jahre nach Ende des Krieges an erste Grenzen, so dass Schickedanz jetzt nach neuen Standorten Ausschau hält. Allerdings nicht am Stammsitz in Fürth, sondern ausgerechnet beim kommunalen Rivalen Nürnberg. In der dortigen Verwaltung hat man den Eindruck gewonnen, dass »das Verhältnis zwischen der Stadt Fürth und der Firma Schickedanz ... nicht besonders glücklich sein« soll, und forciert die Ende Juni 1951 aufgenommenen Verhandlungen über die Baupläne des Versandhauses in der alten Kaiserstadt. Mit dem ehemaligen Volksfestgelände an der Fürther Straße, das dem hoch verschuldeten Industrie- und Kulturverein gehört, kann Nürnberg dem Unternehmer auch eine geeignete Liegenschaft bieten.

Der wiederum weiß, dass seine Umzugs- und Ausbaupläne ein Kapital sind, mit dem sich wuchern lässt. Immerhin geht es um Tausende von Arbeitsplätzen, und daran sind naturgemäß alle Kommunen interessiert. Also stellt er Forderungen – an die Stadt und an den Freistaat. Und die haben ein Einsehen. Nürnberg entschließt sich zur Verlegung des traditionellen Volksfestes, das fortan im Schatten des nie fertiggestellten Kolosseums auf dem ehemaligen Reichsparteitagsgelände der Nazis abgehalten wird. Und weil die Stadt in den Worten ihres Kämmerers ein »großes Interesse« daran hat, »Herrn Gustav Schickedanz, Nürnberg, bei dem Wiederaufbau seines Unternehmens, das früher bereits in Nürnberg ansässig war, zu unterstützen«, stundet sie dem Fürther Unternehmer für zwei Jahre die Gewerbesteuer.

So lässt sich verschmerzen, dass die Stadt und andere an einem raschen Wiederaufbau des Unternehmens Interessierte mit ihrem Versuch scheitern, die Bayerische Gemeindebank für einen großzügigen

Kredit an Schickedanz in Höhe von bis zu anderthalb Millionen D-Mark zu gewinnen. Der will im Sommer 1951 ein »außerordentlich günstig gelegenes« neues Betriebsgelände in Nürnberg erwerben, um die alte »Betriebsfläche« wiederherzustellen. Hier fallen allein für den ersten Bauabschnitt von etwa 10 000 Quadratmetern Kosten in Höhe von rund zwei Millionen D-Mark an.

Und dann laufen ja auch noch die Verfahren um Rückerstattung vormals jüdischen Eigentums. Weil hier bis Ende Juli 1951 Beträge in Höhe von insgesamt fast 5,3 Millionen D-Mark anfallen, gelingt es Betty Sperber, der Bevollmächtigten von Gustav Schickedanz, mit dem bayerischen Finanzministerium ein Paket zu schnüren: Schickedanz kann diese Beträge in zwei Tranchen abschreiben, und zwar 1951 gut 3,3 und 1952 knapp zwei Millionen D-Mark; dafür sind die Neuinvestitionen in diesen Jahren nicht, wie beantragt, zu 50, sondern nur zu zehn Prozent absetzbar.

Natürlich sind solche steuerlichen Entlastungen in der Phase des Auf- und Ausbaus willkommen, aber finanzieren können sie diesen und die Abgeltung der Rückerstattungsforderungen nicht. Das können nur die Geschäfte, und die stehen Anfang der fünfziger Jahre wiederholt auf der Kippe. Denn die steigenden Umsätze oder die geplante räumliche Expansion sagen noch nichts darüber aus, ob das Unternehmen langfristig auf eine tragfähige Basis gestellt werden kann. Wenn Gustav Schickedanz in seiner langen Unternehmerkarriere einmal an die Grenze gegangen ist, die mutige Entschlossenheit von riskantem Einsatz trennt, dann jetzt, Anfang der fünfziger Jahre. Eine Alternative gibt es nicht, jedenfalls nicht für einen Entrepreneur dieses Formats, zu dessen Merkmalen gehört, dass er das Glück des Tüchtigen in aller Regel auf seiner Seite hat. So wird es auch diesmal sein.

Zu Jahresbeginn 1951 sieht es freilich gar nicht danach aus. Mitte April 1951 schreibt Gustav Schickedanz an seine Frau Grete, »daß es sehr, sehr hart geht, das Geschäft wieder in Gang zu bringen. Ich

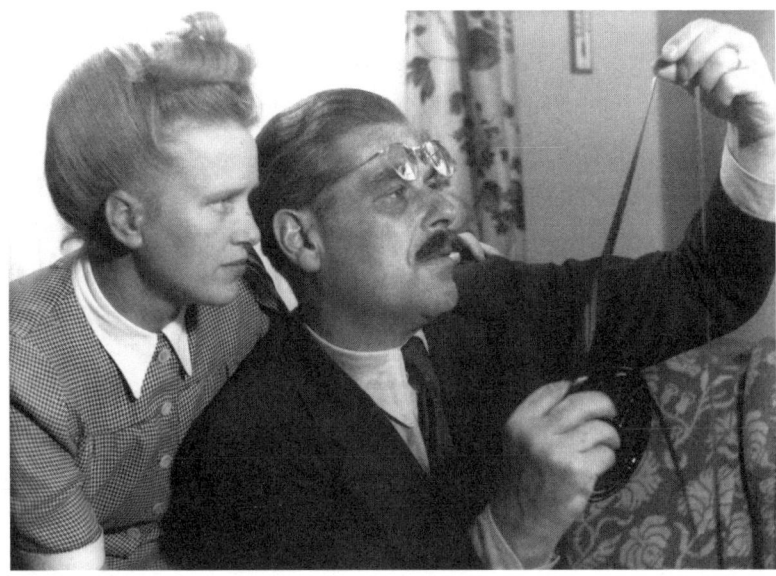

»Sehr, sehr hart«: Der Rückblick auf die guten Zeiten der Quelle zeigt Gustav und Grete Schickedanz, was verloren ist und wie steinig der Weg in die Zukunft sein wird.

glaube nicht, daß die nächsten 2–3 Monate eine Besserung bringen werden und wir müssen wohl oder übel zu noch billigeren Angeboten greifen. Ein Konkurrenzangebot jagt das andere … Von ›Nordland‹ ließ ich Wollequalitäten kommen, die ja weit unter unserem Angebot liegen, aber es ist ein ausgesprochen schlechtes Zeug, bei dem es nicht lohnt, es zu verstricken. Das ist noch das tröstlichste an der Sache … An dem Schickedanz-Sonderangebot wird lebhaft gearbeitet. Ich möchte es so schnell wie möglich hinausbringen, aber es sind nur 20 000; doch bin ich für jede kleinste Belebung dankbar.«

Offenbar bringen die nächsten zwei bis drei Monate dann tatsächlich eine Besserung. Das liegt auch an den günstigen Rahmenbedingungen. Der enorme Nachholbedarf der Bevölkerung, der Zustrom von schließlich elf Millionen Flüchtlingen und Vertriebenen, die ja potenzielle Kunden sind, in die westlichen Zonen beziehungsweise die Bundesrepublik und nicht zuletzt die inzwischen fünfundzwanzigjährige Erfahrung des Unternehmens und des Unternehmers auf dem Gebiet des Versandhandels sorgen dafür, dass die Umsätze der Quelle förmlich explodieren. Als das Unternehmen Mitte November 1951 als »Groß-Versandhaus« ins Handelsregister beim Amtsgericht Fürth eingetragen wird, hat es rund eine Million Kunden und setzt fast 90 Millionen D-Mark um. Fortan entwickelt sich der »Betrieb«, wie Schickedanz Ende 1957 in der ihm eigenen Diktion erzählt, »in einem Ausmass …, das man gar nicht jetzt beschreiben kann; direkt lawinenmässig gingen die Dinge vor sich«.

Allerdings melden nicht alle Betriebe des Schickedanz-Imperiums solche Erfolge. Einige Bereiche bereiten dem Unternehmer erhebliche Sorgen. So die Papierwerke, weil die Papierindustrie im Allgemeinen in einer schweren Krise steckt, weil sich die Konsumgüterindustrie – auf der Basis des Investitionshilfegesetzes vom Januar 1952 über eine Zwangsanleihe – an der Sanierung der Schlüsselindustrien an Rhein und Ruhr zu beteiligen hat und weil einige Betriebe im Besonderen einen erheblichen Modernisierungsbedarf aufweisen.

So die Fabrik in Forchheim, die 1937 schon in einem »sehr schlechten technischen Zustand« übernommen wurde, wie Jüngling in einem Aktenvermerk festhält. Daran hat sich seither nichts geändert. Die auf den Krieg konzentrierte Wirtschaftspolitik des Dritten Reiches mit ihrer Materialkontingentierung und ihrem Bauverbot, später dann das laufende Rückerstattungsverfahren haben die dringend notwendige Modernisierung verhindert. Während Gustav Schickedanz mit Martha Ellern-Eichmanns Forderungen zu kämpfen hat, läuft die nationale wie internationale Konkurrenz der Forchheimer Fabrik davon: Die Papiermaschine II, das »Fundament« der Fabrik, befindet sich technisch auf dem Stand der Jahrhundertwende und muss dringend durch eine neue ersetzt werden, für die im Übrigen drei Millionen D-Mark zu veranschlagen sind.

Modernisierungsproblemen anderer Art sehen sich derweil auch

die Vereinigten Papierwerke gegenüber. Um sie zu lösen, trifft sich
Gustav Schickedanz im Juni 1952 mit Dr. Carl Hahn im Bayerischen
Hof zu München. Hahn, 1894 im Böhmischen geboren und von
der Ausbildung her Agrarwissenschaftler, war 1922 zum sächsischen
Maschinenbauunternehmen DKW (»Das Kleine Wunder«) gestoßen, hatte dort als Verkaufsleiter maßgeblichen Anteil am Erfolg
der DKW-Motorräder und wurde 1932 Vorstandsmitglied der in
Sachsen neu gegründeten »Auto Union«. Als nach 1945 die Wei-
terarbeit des in der sowjetischen Zone gelegenen Unternehmens
unmöglich geworden war, gehörte Hahn zu den Initiatoren der
»Zentraldepot für Auto Union Ersatzteile GmbH« in Ingolstadt,
eines Vorläufers der heutigen Audi AG. Kein Wunder, dass Hahn
und Schickedanz in München auch über einen »Sonderverkauf« von
»DKW-Erzeugnissen« wie den sogenannten Schnelllastern für die
Vereinigten Papierwerke sprechen, der dann offenbar auch zustande
kommt.

Aber das ist nicht das einzige, vor allem nicht das eigentliche
Thema, das die beiden Herren beschäftigt. Denn der Ingolstädter
Unternehmer ist nicht nur im Automobilgeschäft tätig, sondern vertreibt über die Dr. Carl Hahn KG auch Hygieneartikel für die Dame
und beackert damit ein Terrain, auf dem die Vereinigten Papierwerke
traditionell mit ihrer »Camelia« reüssieren. Damit nicht genug, tritt
Hahn mit einem neuen Produkt an, führt den Tampon gegen die
Binde ins Feld und bietet diesen auch noch unter dem Markennamen »o.B.« – »ohne Binde« – feil.

Für die Vereinigten Papierwerke ist das auch deshalb ärgerlich,
weil dort schon im Sommer 1951 über die Aufnahme einer Tampon-
Produktion nachgedacht, diese aber von Jüngling verworfen worden
war. Von »medizinischen und sittlichen Gesichtspunkten« abgesehen, schien dem Geschäftsführer der Papierwerke die Herstellung
»wirtschaftlich nicht rentabel«, außerdem als Konkurrenzprodukt
im eigenen Hause dem Geschäft mit der Binde abträglich zu sein.

Das sieht Carl Hahn genauso und bringt den Tampon als direktes Gegenprodukt zur Binde auf den Markt.

Kein Wunder, dass jetzt in Heroldsberg und Fürth die Alarmglocken läuten. Denn inzwischen hat man auch dort erkannt, dass dem neuen Produkt die Zukunft gehört. So entschlossen man daher einerseits die Werbung der Konkurrenz bekämpfen will, so sehr muss man andererseits darauf achten, den Markt, in den man drängt, nicht zu beschädigen. Der Vergleich, auf den sich Hahn und die Vereinigten Papierwerke im April 1952 schließlich einigen, trägt den Interessen beider Seiten Rechnung und wird im Folgenden mehrfach modifiziert.

Gustav Schickedanz hat sich der Sache selbst angenommen, und weil er der Auffassung ist, dass bei »persönlichen Aussprachen« immer ein »gutes Ergebnis« herauskomme, wie er danach an Hahn schreibt, besiegelt er das Ganze bei einem Treffen mit dem Konkurrenten. Die beiden Vollblutunternehmer, die ja auch im gleichen Alter sind, verstehen sich prächtig. »Schade«, schreibt Hahn nach der Münchener Begegnung an Schickedanz, »daß wir nicht schon vor Jahr und Tag uns kennenlernten; viel negative Arbeit wäre erspart geblieben.«

Die Geschichte ist bezeichnend, zeigt sie doch, wie entschlossen und konzentriert sich Schickedanz an die Arbeit macht, seit er das wieder darf. Wie sich die Geschäfte, wie sich namentlich das Haus Quelle ohne ihn entwickelt hätten, wissen wir natürlich nicht. Aber dass er den entscheidenden Anteil am geradezu kometenhaften Aufstieg seines Unternehmens hat, ist doch offenkundig. Und natürlich profitieren davon nicht nur der Unternehmer und seine Familie, sondern auch seine Mitarbeiter, die Städte, in denen seine Betriebe ansässig sind, und nicht zuletzt die nicht minder stürmisch nach vorne drängende Wirtschaft und Gesellschaft der jungen Republik insgesamt.

Das sieht man in München oder Bonn, wo die sich als proviso-
risch betrachtende Bundesrepublik ihre nicht minder provisorische
Hauptstadt eingerichtet hat, nicht anders. Und so wird Gustav Schickedanz – Anfang Juni 1953 und als einem der ersten Unternehmer
des gerade einmal vier Jahre alten Staatswesens überhaupt – das Verdienstkreuz des Verdienstordens der Bundesrepublik Deutschland
verliehen. Dafür gibt es gute Gründe, darunter auch die imposante
Entwicklung des Geschäfts: Mehr als 100 Millionen D-Mark – die
genaue Zahl lässt sich nicht mehr ermitteln – hat allein die Quelle 1952
umgesetzt. Das entspricht einer Steigerung von 900 Prozent seit 1949.

Die zu Weihnachten 1952 erscheinende Ausgabe der *Neuesten
Quelle Nachrichten* ist nicht nur schon die fünfte, sondern auch die
umfangreichste dieses Jahres. Mit ihren zahlreichen Fotografien, die
zusehends die gezeichneten Illustrationen ablösen, und ihrem nen-
nenswerten Farbanteil enthalten diese *Neuesten Quelle Nachrichten*
bereits 800 Artikel. Damit zeichnet sich ab, was in den kommenden
Jahren zur Faustregel wird: Der Quelle-Katalog ist ein zuverlässiger
Spiegel der wirtschaftlichen, aber auch der gesellschaftlichen und
kulturellen Entwicklung, welche die Republik seit ihren Anfängen
nimmt. So gesehen muss es dem Land an der Jahreswende 1952/53,
also nicht einmal acht Jahre nach Krieg, Zerstörung und völligem
Zusammenbruch, wieder ziemlich gut gehen.

Und weil man dafür auch Unternehmern wie Gustav Schickedanz zu Dank verpflichtet ist, sind führende Repräsentanten aus
Wirtschaft und Politik, unter ihnen Bayerns Wirtschaftsminister
Hanns Seidel und Bundeswirtschaftsminister Ludwig Erhard, dabei,
als dem Quelle-Chef in der Nürnberger Messehalle am 6. Juni 1953
das Bundesverdienstkreuz verliehen wird. Äußerer Anlass ist übrigens das fünfundzwanzigste Jubiläum des Versandhauses, das ihr
Gründer an diesem Tag mit rund 2000 Mitarbeitern und zahlreichen
Ehrengästen feiert. Offensichtlich hat sich Schickedanz in diesen
arbeitsintensiven Zeiten des Wiederaufbaus verrechnet oder, was

wahrscheinlicher ist, nicht mehr so genau an das Gründungsdatum erinnert. Tatsächlich ist das Unternehmen ja in diesem Jahr 1953 bereits 26 Jahre alt.

Wie dem auch sei, gefeiert wird jedenfalls. Und weil Jubiläen für Gustav Schickedanz nicht nur Anlässe für schöne Reden, sondern auch für Besinnung und Dankbarkeit sind, zeigt er sich einmal mehr großzügig und spendet 800 000 D-Mark, eine für damalige Verhältnisse gewaltige Summe. Abgesehen von einem kleineren Betrag, der für ein Altersheim in seiner Heimatstadt gedacht ist, gehen 250 000 D-Mark direkt und eine halbe Million D-Mark indirekt an seine Mitarbeiter: Das Geld soll dem Bau von betriebseigenen Wohnungen, einem Kinderheim und einem Sportplatz dienen.

Keine Frage, Gustav Schickedanz sucht die Bindung seiner Mitarbeiter und seiner Kunden. Das neue Quelle-Logo, die ausgestreckte Hand, die in diesem Jahr erstmals auf einer vierseitigen Postwurfsendung mit dem Motto »Quelle Rekord-Leistungen« zu sehen ist und für ein halbes Jahrhundert den Geist der Quelle symbolisiert, steht für diese Bereitschaft, die immer auch eine Verpflichtung ist. Keine Frage aber auch, dass diese Bindung mit der atemberaubenden Expansion des Hauses immer fragiler wird. Wie nahe dem Unternehmer diese Entwicklung geht, spürt man, als er einen Tag vor dem großen Festakt seine Mitarbeiter um sich versammelt und – in der gewohnt unbeholfen wirkenden, aber eben deshalb so authentischen Diktion – zu ihnen spricht.

»Ich will«, sagt Gustav Schickedanz seinen Mitarbeitern an diesem 5. Juni 1954, »mit Euch noch einmal beisammensein; ich möchte nicht so hochoffiziell, wie es morgen der Fall sein wird, zu Euch sprechen, sondern dies heute so herzlich und familiär wie früher machen.« Wie früher. Schickedanz weiß, dass es in Zukunft so nicht mehr gehen wird, als »wir irgendein Fest feierten oder wenn wir irgendwie zusammen[kamen]« und »dieses Zusammenkommen einen Familiären [sic] Anstrich« hatte. Und er weiß, dass seine Mitarbeiter ihn fragen werden: »Warum machen wir es nicht wie früher, bei Faschings- und sonstigen Festen, wo wir unter uns waren und unter uns ein schönes Familienfest feiern konnten und warum haben Sie es nicht wieder so aufgezogen?«

Weil das nicht mehr geht. Weil sich ein Unternehmen und ein Unternehmer in dieser Position nicht mehr dem offiziellen Festakt mit »hohen und höchsten Gästen« verschließen können und weil die ständig wachsende Schar der Mitarbeiter das schlicht nicht mehr zulässt. Die frühen dreißiger Jahre, als alle beim Faschingsball zusammenkamen und am folgenden Tag noch einen Ausflug machten, sind vorbei. Jetzt müssen neue Wege der Mitarbeiterbindung und -fürsorge gefunden werden. Dazu zählt die Einführung der betrieblichen Altersvorsorge zum 1. Oktober 1954: Wer mindestens 15 Jahre bei Quelle ist, hat Anspruch auf eine Betriebsrente, die bis zu einem Viertel des Durchschnittseinkommens der letzten drei Jahre betragen kann. Später wird der Höchstsatz auf 22,5 Prozent zurückgenommen, und knapp vier Jahrzehnte nach seiner Gründung, zum 1. September 1993, wird das Altersversorgungswerk für Neumitglieder geschlossen: Das Projekt, das in den fetten Jahren auf den Weg gebracht worden war, ist in mageren Jahren nicht mehr zu finanzieren.

Die Einführung der betrieblichen Altersvorsorge zeigt, dass und wie Gustav Schickedanz seine Mitarbeiter in den frühen, den guten Jahren am Erfolg des Unternehmens beteiligen will. Dahinter steckt nüchternes Kalkül – zufriedene Mitarbeiter sind gute Mitarbeiter –, vor allem aber das Selbstverständnis des Familienunternehmers. Das eine wie das andere gilt auch für den Bau von Sozialeinrichtungen, Sportplätzen und nicht zuletzt von Wohnungen: Im Januar 1955 wird das »Gefolgschafts-Wohnhaus«, wie die *Fürther Nachrichten* schreiben, an der Fürther Spiegelstraße eingeweiht, dessen 18 Wohnungen von 68 Quadratmetern Größe vor allem an kinderreiche Familien gehen sollen.

Und natürlich pflegt man auch die Jubilare. So fahren im September 1953 die dreißig Mitarbeiter, die mehr als zwanzig Jahre bei Quelle sind, für drei Tage über Frankfurt nach Bingen am Rhein und von dort – mit dem Dampfer und nach einem Zwischenstopp in Koblenz – weiter nach Köln und Düsseldorf. Organisiert hat diese Partie Liesl Kießling, die Schwester von Gustav Schickedanz. Ihr fällt zunehmend die wichtige Rolle der persönlichen Mitarbeiterbetreuung zu. Der Bruder ist voll und ganz mit dem Auf- und Ausbau seiner Firmen beschäftigt, von denen die Quelle ja nur eine, wenn auch die mit Abstand wichtigste ist. Für einen dreitägigen Ausflug mit seinen Jubilaren bleibt da keine Zeit, so gerne er auch dabei gewesen wäre.

Überhaupt wird der Faktor Zeit in dieser Lebensphase des bald Sechzigjährigen zu einem besonders kostbaren Gut. An ihr fehlt es an allen Ecken und Enden, so dass der mit seinem PKW eilig nach Fürth fahrende Unternehmer am Jahresende 1951, als es noch keine Geschwindigkeitskontrollen im eigentlichen Sinne gibt, einer Polizeistreife auffällt, wegen überhöhter Geschwindigkeit angezeigt und schließlich vor dem Amtsgericht Nürnberg zu einer Geldbuße verurteilt wird.

An der Zeit fehlt es auch, als sich Gustav Schickedanz wenig später einmal gründlich untersuchen lassen soll. Ob er wohl »zu den Männern« gehöre, »die vor dem Onkel Doktor Angst haben«, fragt ihn Carl Hahn im Juli 1952. Hahn hatte ihm eine »international anerkannte Persönlichkeit« mit »besonderer Stärke« in der Diagnostik empfohlen und Schickedanz wiederholt nach Düsseldorf eingeladen. Nein, antwortet der, es liege an der Zeit, daher bleibe es wie »immer noch bei der Absicht«, und im Übrigen wolle er sich »erst einmal mit meiner Familie etwas an der See erholen«.

Die Familie. Wenn es einen ruhenden Pol im Leben des Gustav Schickedanz gibt, dann sind es seine vier Frauen – Ehefrau Grete,

Schwester Liesl und die beiden Töchter Louise und Madeleine.
Gattin Grete, die Mutter seiner jüngeren Tochter, ist längst der Dreh-
und Angelpunkt seines Lebens – zu Hause, aber auch im Betrieb: Es
ist eben kein Zufall, dass der Betriebskindergarten an der Flößau-
straße, der aus Mitteln der Jubiläumsstiftung ausgebaut worden ist,
hundert Kindern Platz bietet und Ende November 1953 eröffnet wird,
nach Grete Schickedanz benannt ist. Und niemand ist überrascht,
als die Dreiundvierzigjährige im folgenden Jahr zur Generalbevoll-
mächtigten ernannt und in den Konzernbeirat berufen wird.

Weniger formal, aber nach wie vor zentral im Unternehmen ist
auch die Rolle von Liesl Kießling, schon weil sie ihrem Bruder in den
schweren persönlichen und geschäftlichen Krisen des vergangenen
Vierteljahrhunderts die wichtigste Stütze gewesen ist, weil sie wie
kein zweiter Mensch außer ihm selbst für die Kontinuität des Hauses
Quelle bürgt und weil sie, wie gesehen, für die familiäre und soziale
Dimension des Unternehmens steht. Hinzu kommt, dass ihr Mann
Daniel Kießling, der während der dreißiger und vierziger Jahre im
Unternehmen seines Schwagers Gustav Schickedanz eine Schlüssel-
stellung eingenommen hatte, nicht mehr zur Verfügung stehen kann.
Schwer zuckerkrank, leidet er zunehmend unter Durchblutungs-
und Bewusstseinsstörungen und stirbt, nicht einmal 62 Jahre alt, am
15. September 1952.

Umso wichtiger wird die Rolle Liesl Kießlings in dieser Sturm-
und Drangphase des Unternehmens. Während der fünfziger Jahre
gilt die gleichermaßen impulsive und resolute Frau in den Reihen
der Belegschaft nicht nur als »Mutter des Versandes«, sondern auch
als »Heimkehrer-Mutti«. Hintergrund sind die Angebote, mit denen
Gustav Schickedanz Kriegsgefangenen, die aus der Sowjetunion
heimkehren und keine Angehörigen mehr haben, unter die Arme
greift. Im Oktober 1953 bietet er erstmals 58 von ihnen einen sechswöchigen Erholungsaufenthalt im Altmühltal an, und als es Konrad
Adenauer bei seinem Moskau-Besuch im September 1955 gelingt,

im Gegenzug zur Aufnahme diplomatischer Beziehungen zwischen der Bundesrepublik und der Sowjetunion die letzten rund 10 000 Kriegsgefangenen freizubekommen, ist Schickedanz erneut zur Stelle. So kommen noch einmal insgesamt 49 Männer in den Genuss eines sechswöchigen Aufenthalts in Eichstätt. Aber dabei bleibt es nicht. Vielmehr bemüht sich Gustav Schickedanz, den Heimkehrern einen Arbeitsplatz zu verschaffen, darunter elf in seinen eigenen, den übrigen in fremden Betrieben oder auch bei Behörden. Als im November 1956 sechzig von ihnen zu einem Heimkehrer-Treffen zusammenkommen, wird Liesl Kießling zum Ehrenmitglied des Heimkehrerverbandes ernannt.

Für einen Familienunternehmer, und als solcher versteht sich Gustav Schickedanz mit Nachdruck und aus Überzeugung, sind solche Dinge selbstverständlich. Aufhebens hat er davon nie gemacht, auch nicht in Fällen, die wie dieser deshalb aufwendig sind, weil es nicht mit einer einmaligen Maßnahme wie einem Erholungsaufenthalt getan ist. Auch in diesem Sinne war Schickedanz stets ein Familienmensch. Daran ändert sich auch in den Zeiten nichts, in denen die Größe des Geschäfts eine familiäre Bindung an die einzelnen Mitarbeiter nicht mehr zulässt und die eigene Familie hinter dem Geschäft zurückstehen muss.

Das spürt vor allem die jüngere seiner beiden Töchter. Auch wenn sie später Verständnis für die Entscheidung des Vaters äußert, ist die Intensität, mit der das Geschäft die Zeit und zunehmend auch die Kraft nicht nur des Vaters, sondern auch der Mutter absorbiert, für Madeleine Schickedanz nicht leicht zu verkraften. So gesehen waren die Jahre, als der Vater zu beruflicher Untätigkeit gezwungen war, gute Jahre. Da war Zeit zum Beispiel für Spaziergänge in der freien Natur, eine Leidenschaft, welcher der begeisterte Wanderer Gustav Schickedanz früher so gerne gefrönt hat. Damit ist es vorbei, seit Madeleine fünf ist. Die deutlich ältere Halbschwester hat es da leichter. Sie ist inzwischen siebenundzwanzig und geht jetzt den Bund fürs Leben ein.

Am 6. September 1952 heiratet Louise Schickedanz, die Tochter aus der Ehe von Gustav Schickedanz und seiner tödlich verunglückten ersten Frau Anna, den Schweizer Geschäftsmann Hans Dedi. Der ist am 11. Dezember 1918 in Basel zur Welt gekommen und hat nach dem Schulbesuch, den er in Salem mit dem Abitur abschließt, in der Schweiz seinen Militärdienst abgeleistet. Bei Kriegsbeginn nimmt Dedi die deutsche Staatsbürgerschaft an, wird sofort zur Wehrmacht eingezogen, kommt zu einer motorisierten Panzerabwehrkompanie nach Karlsruhe, meldet sich hier zu den Fliegern und wird zum Fluglehrer ausgebildet. Dort erlebt und überlebt Hans Dedi zwar einen Flugzeugabsturz, kommt aber insgesamt »ohne einen Schuss gehört zu haben« durch den Krieg.

Da ihm dank seiner Französischkenntnisse auch die Gefangenschaft erspart bleibt, kann er bald nach Kriegsende bei der Spinnerei und Weberei Offenburg anfangen, die einem Schwager gehört und in deren Aufsichtsrat sein Vater sitzt. Dieser ist Vorstand und Hauptaktionär der Hüssy & Künzli AG, einer alteingesessenen, renommierten Fabrik für Elastische Gewebe und Gewirke im südbadischen Murg. Nach dem Tod des Vaters übernimmt Hans Dedi 1967 dessen Firma. 1971 fusioniert die Hüssy & Künzli AG mit dem im rheinischen Mettmann ansässigen Kurzwarenhersteller Gold-Zack-Werke, die Mitte der achtziger Jahre von Schickedanz gekauft werden.

Insgesamt zwölf Jahre bleibt Dedi bei der Offenburger Spinnerei, zuletzt als Leiter des Werkes Lörrach. Weil seine Firma als Mitglied des Südwestdeutschen Spinnweberverbandes alle großen Kauf- und Versandhäuser beliefert, kommt er früh auch mit deren Chefs in Verbindung, unter ihnen Josef Neckermann, Georg Karg, der Besitzer der Hertie-Warenhäuser, und nicht zuletzt Gustav Schickedanz. Die beiden teilen unter anderem das Hobby des Skifahrens, und so lernt

Hans Dedi anlässlich eines gemeinsamen Winterurlaubs nicht nur Grete Schickedanz, die »junge, hübsche« Gattin des Quelle-Gründers, sondern auch dessen attraktive Tochter Louise kennen.

Aus der Ehe von Hans und Louise Dedi gehen drei Kinder hervor: Am 28. Juli 1955 kommt Roland Dedi, der erste Enkel von Gustav Schickedanz, zur Welt, am 15. Juni 1959 folgt ihm seine Schwester Margarete und am 21. Mai 1964 schließlich der Bruder Martin. Gustav Schickedanz, der ja seinen eigenen Sohn früh bei einem Verkehrsunfall verloren hat, ist von der Geburt eines männlichen Stammhalters derart angetan, dass er ihn gleich adoptieren will. Aber so weit kommt es nicht, die Söhne Hans Dedis behalten ihren Familiennamen, und die Familie Dedi bleibt einstweilen im Badischen wohnen, schon weil sich der passionierte Jäger hier heimisch fühlt und weil ja auch sein Vater hier nach wie vor sein Unternehmen hat. Aber dann folgt Hans Dedi doch dem Ruf des Schwiegervaters und tritt Mitte Januar 1958 in die Geschäftsführung der Quelle ein. Die Firma nähert sich in diesem Jahr der Umsatzschwelle von einer halben Milliarde D-Mark, versendet ihren Katalog in 40 Länder und schließt selbst die Errichtung einer Agentur in Afrika nicht aus.

Bevor es jedoch, wenn überhaupt, nach Afrika geht, muss erst einmal die heimatliche Basis für die nationale und internationale Expansion vorbereitet werden. Dazu gehört vor allem der Bau eines neuen, den Erfordernissen des technischen Zeitalters Rechnung tragenden Versandgebäudes. Mit der Entscheidung für das ehemalige Volksfestgelände in Nürnberg ist zugleich und jedenfalls in dieser Angelegenheit eine Entscheidung für diesen Standort gefallen – und damit gegen Fürth.

Eine weitreichende Entscheidung. In jeder Hinsicht. Denn Fürth ist die Heimatstadt von Gustav Schickedanz. Hier ist er geboren und aufgewachsen, hier hat er seine Familien gegründet, hier haben seine beiden Unternehmen, der Groß- und der Versandhandel, das Licht der Welt erblickt. Zwar sind ihm, wie er 1945 vor der Spruchkammer zu Protokoll gibt, schon vor dem Krieg in Nürnberg günstige Objekte angeboten worden, er »wollte aber in Fürth bleiben«. Mit dem Kauf des Geländes an der Fürther Straße ändert sich das wenige Jahre später. Offenbar haben mehrere Faktoren Schickedanz zu dieser Entscheidung veranlasst. Neben der günstigen Lage der Nürnberger Immobilie, gewissermaßen auf der Grenze zu Fürth und vor allem in direkter Nachbarschaft zur Eisenbahn, spielen wohl auch die idealen steuerlichen Konditionen, die Nürnberg für die Startphase bietet, und nicht zuletzt gewisse Irritationen zwischen dem Unternehmer und seiner Heimatstadt eine Rolle.

In Fürth weiß man natürlich, welche Tragweite der Schritt des in diesen Tagen wohl bekanntesten Sohnes und größten Steuerzahlers der Stadt hat oder doch haben kann, und ergreift die Initiative: Anfang 1954 macht Oberbürgermeister Hans Bornkessel Gustav Schickedanz auf die Möglichkeit aufmerksam, einen Teil des Flughafengeländes zu erwerben. Denn inzwischen steht fest, dass der »Industrieflughafen Fürth«, der nach dem Krieg von der belgischen Sabena, der Air France, der Swissair und der skandinavischen SAS angeflogen worden ist, zugunsten von Nürnberg aufgegeben wird. Aber das Angebot der Stadtväter an Schickedanz kommt zu spät. Die Bebauungspläne an der Fürther Straße sind nämlich schon »sehr weit fortgeschritten«, wie der Unternehmer den Bürgermeister Ende Februar 1954 wissen lässt, und ein zweites Vorhaben dieser Dimension ist jedenfalls in absehbarer Zeit nicht realisierbar. Das erfährt auch der Mitarbeiter des zuständigen Referats der Stadt, als er im Mai endlich einen Termin bei Schickedanz erhält.

Natürlich legt Fürth trotz dieser Enttäuschung den größten Wert darauf, den Vorzeigeunternehmer nicht zu entfremden oder gar zu verlieren. Also beschließt der Stadtrat Anfang Dezember 1954 einstimmig, Gustav Schickedanz die Bürgermedaille zu verleihen. Am 22. Dezember 1954, wenige Tage bevor dieser sechzig wird, überreicht ihm Oberbürgermeister Bornkessel in einer außerordentlichen Stadtratssitzung die Auszeichnung.

Die Urkunde hält fest, dass der »Sohn der Stadt« in deren Wirtschaftsleben »seit Jahrzehnten eine hervorragende Stellung« einnehme, sich durch die »Entwicklung und Vervollkommnung des Großversandes von Waren des täglichen Bedarfs« um die »Versorgung größter Verbraucherkreise« und um die »Hebung der Lebenshaltung im allgemeinen« verdient gemacht und als Arbeitgeber durch »soziale Maßnahmen aller Art große Verdienste auch um die Allgemeinheit erworben« habe. »Wie aus einem Füllhorn«, setzt der Oberbürgermeister in seiner Ansprache hinzu, »hat Herr Schickedanz unzählbare Wohltaten über Einheimische und Heimatvertriebene, Flüchtlinge und Spätheimkehrer ausgeschüttet.«

Gustav Schickedanz weiß die Anerkennung zu schätzen, spendet 50 000 D-Mark und erklärt anlässlich der Ehrung: »Ich bin ein Sohn der Stadt Fürth.« Damit trägt er den Tatsachen Rechnung. Denn nicht nur ist und bleibt Fürth der Hauptsitz seines Unternehmens, allen voran der Quelle; Schickedanz meldet sich und seine Familie in diesen Tagen auch endgültig in Hersbruck ab. Es ist eine Trennung im Guten, und Schickedanz hat nie vergessen, dass die Stadt »uns in der schwersten Zeit unseres Lebens Zuflucht und Heimat« geworden ist. Das sagt er im Sommer 1955 anlässlich der Verleihung des Ehrenbürgerrechts, mit der sich Hersbruck seinerseits am 1. Januar 1955 von dem Unternehmer und seiner Familie verabschiedet.

Seit Dezember 1954 wohnen sie also wieder in Dambach, Fuchsstraße 12, auf jenem längst durch Zukäufe üppig gewachsenen Grundstück, das Vater Leo einst erworben hatte, um der Familie an Wochenenden die Vorortidylle des Kleingartens bieten zu können. Inzwischen ist auch das später von Sohn Gustav gebaute Haus mehrfach erweitert, umgebaut und in seiner stilistischen Wirkung geändert worden und nimmt jetzt den Charakter eines toskanischen Landhauses im Villenformat an. Die Gestaltung des Gartens übernimmt hier wie im Übrigen auch auf dem Anwesen in Hersbruck der Nürnberger Landschaftsarchitekt Hermann Thiele, der sich nach dem Krieg bei der Gestaltung des Stadtteils Langwasser seiner Heimatstadt einen über diese hinauseilenden Namen gemacht hat.

Dimension und Anmutung der Dambacher Villa entsprechen dem Selbstverständnis und Selbstbewusstsein eines Unternehmers, der weiß, dass er inzwischen an der Spitze angekommen ist. 1954 setzt der gesamte Versandhandel in der Bundesrepublik rund zwei Milliarden D-Mark um, wobei der Löwenanteil mit etwa 800 Millionen D-Mark auf den Handel mit Textilien entfällt. Dass der Versandhandel damit gerade einmal fünf Prozent des Einzelhandels ausmacht, zeigt das Potenzial, das in ihm steckt. Die Spitzenstellung unter den Versandhändlern hält mit einem Umsatz von 164 Millionen D-Mark die Quelle, gefolgt von Neckermann, der Schickedanz ebenjene Stellung streitig zu machen sucht. Damit geht ein Wettkampf in die nächste Runde, der in den kommenden zwei Jahrzehnten vom Publikum interessiert, mitunter amüsiert, nicht selten auch fasziniert verfolgt wird.

Mitte der fünfziger Jahre wird mit harten Bandagen gekämpft. Folgt man Neckermann, hat der Fürther Marktführer damals nichts unversucht gelassen, um den »lästigen Mitbewerber« loszuwerden. So soll Gustav Schickedanz das Rückerstattungsverfahren, das Karl Joel, der jüdische Vorbesitzer der 1938 von Neckermann erworbenen Wäschemanufaktur, gegen diesen anstrengt, so »sehr am Herzen gelegen« haben, dass er Joel die Überfahrt nach und den Aufenthalt in Deutschland finanziert und 50 000 D-Mark zu den Prozesskosten beisteuert. Wenn sich eine solche Einflussnahme auch nicht nachweisen lässt und seitens der Quelle stets bestritten wurde, ist die Geschichte doch aufschlussreich, weil sie die Härte der Auseinandersetzung zeigt und damit auch, dass dem einen wie dem anderen die Erfolge nicht einfach in den Schoß gefallen sind.

Natürlich gibt es dabei einen lachenden Dritten: den Kunden, und der wird vom Versandhandel umworben wie nie zuvor. Das Medium des Erfolgs ist der Katalog. Dessen Zusammenstellung gehört folglich zu den wichtigsten Aufgaben der Konzernstrategen, und weil die Entscheidungen stets im Vorgriff auf die eigentliche Saison getroffen werden müssen, sind durchaus hellseherische Fähigkeiten gefragt. Wer reüssieren will, muss Kundenwünsche erahnen und in der Lage sein, namentlich im wichtigen Textilbereich Modetrends mitzugestalten. Seit den späten fünfziger Jahren und für gut zwei Jahrzehnte geben die Strategen und Modemacher der Quelle, gibt nicht zuletzt Grete Schickedanz hier den Ton an.

Anfänglich sind die *Neuesten Quelle-Nachrichten*, die noch vor der Währungsreform wieder zu erscheinen beginnen, der wichtigste Werbeträger. Von der Nummer 522 werden im März 1952 bereits eine Million Exemplare gedruckt. Inzwischen gibt es auch ergänzende Prospekte wie die *Quelle Weihnachtspost* oder die *Quelle Weihnachtsnachrichten*, die Ende 1952 erstmals mit einem Inhaltsverzeichnis ausgestattet sind. Das im Sommer 1954 gedruckte Angebot für Herbst und Winter erscheint auf 68 Seiten, bringt es auf 240 Gramm, offeriert erstmals Möbel – und firmiert als »Hauptkatalog«.

Fortan bringen sie in Fürth jährlich zwei Hauptkataloge heraus, welche sukzessive die *Neuesten Quelle-Nachrichten* und andere Informationen ablösen. Die Kataloge garantieren nunmehr für jeweils ein halbes Jahr nicht nur die Preise, sondern auch die Lieferbarkeit der angebotenen Ware und gehen an alle Kunden, die im vergangenen Jahr mindestens einmal als Käufer bei Quelle in Erscheinung getreten sind. Die Kundenkartei, nach wie vor eines der wichtigsten Kapitalien des Versandhauses, umfasst inzwischen wieder mehr als zwei Millionen Adressen, die sich gleichmäßig über die ganze Republik erstrecken, und das heißt eben auch: Inzwischen gehört nicht mehr nur vorwiegend die ländliche, sondern zunehmend auch die städtische Bevölkerung zum Kundenkreis der Quelle.

Der besonders wichtige, weil auf das Weihnachtsgeschäft aus-
gelegte Herbst/Winterkatalog erscheint 1954/55 in einer Auflage von
über zwei Millionen Exemplaren. Im Dezember kann es schon einmal vorkommen, dass an einem Tag nahezu 50 000 Pakete in die Post
gehen, zumal sich die Programmplaner rechtzeitig zum Weihnachtsfest noch einmal richtig ins Zeug legen und zum Beispiel mit den
Quelle Weihnachts-Freuden 1954 auch »wundervollen Wandschmuck
für jeden Wohnraum« wie die »Rehe im Herbstwald« anpreisen.
Für die Post wird die Quelle damit rasch zu einem ihrer wichtigsten
Kunden: Insgesamt stellt die Deutsche Bundespost, die sich ja noch
vollständig in Staatsbesitz befindet, 1954 dem Fürther Versandhaus
für 3,8 Millionen ausgelieferte Pakete beinahe sieben Millionen D-
Mark in Rechnung.

Neu im Sortiment sind 1954 Möbel und Gartengeräte, Auto-
zubehör und Fahrräder, Werkzeuge sowie ein elektrischer Herd für
174 D-Mark. 1955 und 1956 folgen dann die ersten Elektrogroßgeräte,
nämlich eine Waschmaschine beziehungsweise ein Kühlschrank der
Marke »Quellux«, und 1957 werden erstmals Kleinbildkameras und
»Großbildfernseher« angeboten. Der Fernseher »Primus« ist für
490 D-Mark zu haben, für das Modell »Luxus« sind 689 D-Mark zu
überweisen. Der Zeitpunkt ist goldrichtig. Denn seit der NWDR,
der Nordwestdeutsche Rundfunk, Ende 1952 mit der Ausstrahlung
eines Fernsehprogramms begonnen und Ereignisse wie die Krönung
Elisabeths II. im Juni 1953 und die Fußballweltmeisterschaft in der
Schweiz ein Jahr darauf die enorme Attraktivität des neuen Mediums
gezeigt hatten, erobert der eigene Fernseher rasch die Spitzenposition
auf deutschen Wunschzetteln. Das gemeinsame Verfolgen herausragender Ereignisse wie der besagten in der Kneipe wird durch den
Fernsehabend im heimischen Wohnzimmer ersetzt. Im Herbst 1957
gibt es in der Bundesrepublik schon rund eine Million angemeldete
Geräte, darunter viele aus dem Hause Quelle.

Ähnlich rasant verläuft die Entwicklung bei Fotoapparaten und

Filmkameras. Der Vorschlag zur Aufnahme solcher Geräte in das Programm stammt von dem fünfunddreißigjährigen Einkäufer Lothar Schmechtig, der eigentlich für Besteck, Kosmetika und Campingartikel zuständig ist. Bis dahin, schreibt die *Zeit* 1970 im Rückblick, hat »nicht mal eine besondere Leidenschaft als Amateur-knipser« auf Schmechtigs »Karriere im Photofach« hingedeutet. Vielmehr »liebäugelte der kräftige Schlesier … mit der Laufbahn des Berufsoffiziers und ging als Vertreter für Kosmetikartikel Klinken putzen, als ihm der verlorene Krieg einen Strich durch seine Pläne machte. Nachdem er als Einkäufer im Kaufhof, bei Hertie und in der Kaufhaus-Kette Merkur sein Glück versucht hatte, ließ sich der junge Einkäufer durch einen Bekannten eines Tages einen Termin bei Quelle-Chef Dr. Gustav Schickedanz notieren.« Damit nehmen zwei Karrieren ihren Anfang, zunächst die von Lothar Schmechtig, später die der Foto-Quelle.

Dabei ist dessen Idee, Fotoapparate und Filmkameras in den Katalog zu nehmen, nicht unbedingt neu: Schon 1939 hatte die Quelle einmal eine Rollfilm-Kamera für 19,50 Reichsmark im Angebot. Allerdings war ihr in der anbrechenden Kriegszeit keine Karriere beim breiten Publikum beschieden. Jetzt ist das anders. Schon zwei Jahre nach der Aufnahme der Foto- und Filmapparate in den Katalog verzeichnet diese Abteilung die größte Umsatzsteigerung im Hause Quelle, und selbst teure Artikel wie die japanische Schmalfilmka-mera »Yashica« mit einem Preis von knapp 400 D-Mark finden reißenden Absatz. Überraschend ist das nicht, denn inzwischen sind die Bundesbürger regelrecht vom Reisefieber gepackt worden. Und damit auch die Daheimgebliebenen daran teilhaben können, werden die Urlaubserinnerungen im Bild festgehalten.

Das Rückgrat des Geschäfts aber bilden bei der Quelle wie beim deutschen Versandhandel insgesamt die Textilien: Bis zu 70 Prozent des Umsatzes entfallen auf Wäsche und Wolle, zunehmend auch auf Kleidung, namentlich Damenoberbekleidung, und hier auf hochwertige und relativ teure Ware. Der Einzelhandel im Allgemeinen und mit ihm die Quelle wird eben, wie die Geschäftsführung Ende Februar 1955 vor der Presse feststellt, »von der Geltungswelle hochgetragen«. Für die Quelle ist das nicht nur eine gute Nachricht. Am Jahresende 1957, als man eine Lösung des Problems gefunden hat und die Belieferung der Kunden einigermaßen mit der Nachfrage Schritt hält, sagt Schickedanz einmal mehr auf einer Pressekonferenz, dass er »diese Zeit« in seinem Leben nicht »mehr mitmachen« wolle: »Es war eine vollkommene Verstopfung unseres Versandgeschäftes« mit bis zu »500 000 Bestellungen, wir konnten sie überhaupt nur schätzen. Wir wussten nicht einmal genau die Zahl. Es war fürchterlich.«

Unter alledem darf natürlich die Qualität nicht leiden – im Versand nicht und in der Herstellung auch nicht. Weil der Kunde die Gewissheit haben will und haben soll, dass die angebotenen Materialien den berechtigten Qualitätsforderungen entsprechen, unterwirft das Großversandhaus Quelle KG, Fürth, »mit sofortiger Wirkung alle in seinen Katalogen angebotenen Textilwaren einer umfassenden Qualitätskontrolle durch ein unabhängiges, öffentlich anerkanntes Prüfungsinstitut«. So ist es Anfang März 1955 in der *Frankfurter Allgemeinen Zeitung* zu lesen, die sich – wie die überregionale Presse insgesamt – nicht zufällig in dieser Zeit für das Versandhaus zu interessieren beginnt, »das zu den bedeutendsten Unternehmen dieser Art im Bundesgebiet gehört«.

Die Qualitätsprüfungen werden durch das nahe dem schwäbischen Bönnigheim gelegene Forschungsinstitut Hohenstein durchgeführt, das 1946 durch Professor Otto Mecheels als Lehr- und Forschungsanstalt für die Bekleidungsindustrie gegründet worden war. Für den Vorstoß der Quelle gibt es wohl mehrere Gründe, darunter die Auseinandersetzungen mit dem Rivalen Neckermann, dessen Qualitätsangaben man bezweifelt und gegen den man gerade prozessiert.

Natürlich markiert die Entscheidung für eine unabhängige Qua-

»Vollkommene Verstopfung«: Mitte der fünfziger Jahre kann der Paketversand der Quelle kaum mehr mit den Bestellungen Schritt halten.

litätskontrolle in der Branche eine Zäsur. Das Institut Hohenstein ist zwar ständig mit der Untersuchung der »Gebrauchstüchtigkeit« von Textilien befasst, eine laufende Überprüfung des Textilangebots eines Einzelhändlers hat aber weder dieses noch ein anderes Institut bislang durchgeführt. Zudem haben die Hohensteiner den Auftrag des Versandhauses nur unter der Bedingung angenommen, dass die Quelle die von ihnen vergebene Bewertung in einer der drei Kategorien »Gut«, »Sehr gut«, »Hervorragend« für die Werbung und den Versand als bindend erklärt. Damit kommt die obligatorische Kontrolle der Fürther Textilwaren einer Qualitätsgarantie gleich und entspricht zugleich den Forderungen der Verbraucherverbände, die in dieser Zeit zunehmend an Bedeutung gewinnen.

Eine von Selbstbewusstsein zeugende, eine revolutionäre Idee. Sie zeigt, dass Gustav Schickedanz über alle wirtschaftlichen und gesellschaftlichen, politischen und kulturellen Wandlungen, Umbrüche und auch Verwerfungen des vergangenen Vierteljahrhunderts hinweg seinen geschäftlichen Maximen treu geblieben ist, weil und soweit sie sich bewährt haben. Zu ihnen gehört der Mut des vorausschauenden Unternehmers, der nie die Grenze zum Hasard überschreitet. Zu ihnen gehören aber auch die Fähigkeit und die Bereitschaft, Neues, Anderes, Gegenläufiges zu denken. Auch wenn man es dem inzwischen über sechzigjährigen Herrn mit dem schlohweißen Haar, den milden Gesichtszügen und dem gütigen Gestus nicht ansieht: Der Mann ist ein Revolutionär, der »Revolutionär des Versandhandels«, wie das *Handelsblatt* 1959 titelt.

Dieser Eigenschaft trägt auch die Nürnberger Hochschule für Wirtschafts- und Sozialwissenschaften Rechnung, als sie Gustav Schickedanz Anfang November 1955 in Anwesenheit ihres ehemaligen Studenten und jetzigen Bundeswirtschaftsministers Ludwig Erhard die Ehrendoktorwürde verleiht. Denn inzwischen hat sich der Quelle-Gründer nicht nur durch seine »Leistung als wirtschaftsgestaltender Unternehmer«, seine »vorbildliche Entwicklung neuzeitlicher Absatzmethoden« und seine »bahnbrechende Anwendung und Förderung wissenschaftlicher Forschung« einen Namen gemacht. Der Name Gustav Schickedanz steht auch für revolutionäre technologische Innovationen, allen voran für die Automatisierung des Versandhandels. Schickedanz ist einer der wenigen Unternehmer außerhalb der Technologiebranche im engeren Sinne, die Vertrauen in die Technik haben und erkennen, dass diese ihnen bei der Realisierung ihres vielleicht wichtigsten Prinzips von erheblichem Nutzen sein kann. »Es gibt nichts«, sagt Gustav Schickedanz, »das man nicht noch besser machen könnte.«

Mit der Inbetriebnahme der neuen Versandanlage setzt sich die Quelle seit Mitte der fünfziger Jahre auch im Bereich der Automatisierung sowie der Elektronik an die Spitze der deutschen Versandhäuser. Beim Umsatz ist sie mit rund 250 Millionen D-Mark schon dort angekommen – jedenfalls dann, wenn man den Versand-

und den stationären Einzelhandelsumsatz nicht zusammenrechnet. Genau das tut der Rivale Neckermann, dessen Frankfurter Versand KG, so gerechnet, die Nase vorn hat. Schon das ist für Schickedanz Grund genug, neue Wege zu beschreiten und den lästigen Konkurrenten hinter sich zu lassen. Ein solcher Weg ist die konsequente Automatisierung des Versandes. Denn diese ermöglicht bei einigen Waren eine Preissenkung von bis zu 22 Prozent.

Im Oktober 1962, als die neue Anlage viele Jahre erfolgreich in Betrieb ist, nennt Gustav Schickedanz Besuchern von der Dresdner Bank, was ihn seinerzeit bewogen hat, den Versand in zwei Stufen zunächst auf die Automatisierung und dann auf die Elektronik umzustellen: Erstens und allen voran das gesetzliche Verbot der Nachtarbeit für Frauen aus dem Jahr 1891, zweitens der Mangel an Arbeitskräften, namentlich für administrative Arbeiten, drittens die »Beschleunigung des Arbeitsablaufes« im Versandgeschäft sowie schließlich viertens – und für ihn »als Unternehmer einer der wesentlichsten Gründe« – »große Kosteneinsparungen«. Und weil er diese an die Kunden weitergeben kann, verschafft er sich gegenüber der Konkurrenz im Versandhandel einen einstweilen nicht aufzuholenden Vorsprung.

Bevor die Anlage in Betrieb genommen wird, sind rund 4400 »Belegschaftsmitglieder« bei Schickedanz beziehungsweise für ihn in der Herstellung tätig, lediglich ein Viertel von ihnen in den sieben Fabrikationsbetrieben des Versandhauses, das Gros in 51 Lohnbetrieben. Deutlich höher liegt die Zahl der direkt bei Schickedanz Beschäftigten im Versandhandel. 1800 Mitarbeiter sind hier fest angestellt, und in der Hochsaison, also von September bis Dezember, kommen mitunter noch einmal so viele hinzu. Vor allem diese schwer berechenbare Situation hatte Schickedanz im Blick, als er sich an die Automatisierung des Versandes machte.

Das hört sich einfacher, selbstverständlicher an, als es sich damals darstellte. Es gibt ja keine Vorbilder, jedenfalls nicht im Versandhandel. Und niemand weiß, ob das komplexe System nach seiner Fertigstellung so funktionieren wird, wie sich Auftraggeber und Planer das vorstellen. Die AEG jedenfalls, die als damals wohl führendes deutsches Elektrounternehmen für den Bau der Anlage verantwortlich ist, übernimmt keine Garantie, dass die Sache nach dreijähriger Planungs- und Bauzeit auch funktioniert. Das Risiko trägt allein der Unternehmer. »Wir wandelten damals«, sagt Gustav Schickedanz noch viele Jahre später in einem seiner seltenen Auftritte vor laufender Kamera, »einem Abgrund entlang.« Tatsächlich sieht es einige Zeit so aus, als müsse die Umstellung auf das neue System, die ja während des laufenden Geschäfts erfolgt, verschoben werden. Aber dann ist es doch geschafft. Buchstäblich in letzter Minute. Als die Anlage am 24. März 1956 auf dem neuen Gelände an der Fürther Straße in Nürnberg ihren Betrieb aufnimmt, gilt sie weltweit als die modernste ihrer Art, wie auch der Vertreter des amerikanischen Weltmarktführers Sears/Roebuck anlässlich der Besichtigung anerkennend feststellt.

Geplant wurde sie von einem ehemaligen General. Georg Reinicke, 1893 im sächsischen Reichenau bei Zittau geboren, ist nach dem Besuch des humanistischen Gymnasiums zum Militärdienst eingezogen worden, hat im Ersten Weltkrieg zunächst als Offizier in einem Sturmbataillon gekämpft und ist dann ein Jahr vor Kriegsende zum Chef des Stabes der Sturmabteilung des türkischen Generalstabes ernannt worden. Nach Kriegsende findet Reinicke über ein Studium der Handelshochschule Berlin, das er als Diplom-Kaufmann abschließt, und über eine Organisationstätigkeit im Bergbau in die Karriere eines selbständigen Unternehmensberaters, bis er 1934 wieder zum Militär geht, zunächst an der Kriegsschule in Potsdam und dann an der Kriegsakademie in Berlin lehrt. Während des Zweiten Weltkriegs kommandiert er diverse Pioniereinheiten, kommt beim Russlandfeldzug an allen Fronten zum Einsatz und gerät bei Kriegsende als Divisionskommandeur in Jugoslawien in Gefangenschaft.

Im Rahmen der Nürnberger Prozesse als einer der Generäle der Ostfront angeklagt, aber freigesprochen und im Juli 1947 aus dem Internierungslager entlassen, nimmt Reinicke wieder seine Tätigkeit als Berater und Organisator auf.

1952 wird der General von Schickedanz mit der Planung des Quelle-Projekts beauftragt. Ende November 1957, als alles fertig ist, berichtet der Quelle-Chef auf einer von der Stuttgarter SEL, der Standard Elektrik AG, einberufenen Pressekonferenz, wie er und Reinicke zusammenfanden. »Herr Reinicke«, habe er diesen gefragt, »können Sie sich vorstellen, hier in einem riesigen Lager befindet sich ein Füllfederhalter, dort eine Schachtel Reissnägel, dort wieder ein Damenmantel, dort ein Paar Schuhe, dort ein Paar Strümpfe und dort wieder ein grösserer Artikel[,] und ich nannte ihm so ungefähr 15 Artikel. [A]us 15 Artikel[n] ungefähr setzt sich eine Bestellung zusammen. Wie stellen Sie sich das vor, dass diese Artikel zusammenkommen können?«

Als der General dem Unternehmer die ersten Antworten auf diese Frage vorlegt, ist der offensichtlich nicht überzeugt und schickt Reinicke zunächst einmal in die USA, wo er sich umsehen soll. Reinicke lässt seine Pläne von einem Notar im Safe deponieren, verschafft sich in Amerika einen Eindruck und stellt danach gegenüber Schickedanz klar, dass keine Versandabwicklung in den Vereinigten Staaten dem nahe komme, was er vorhabe. »Was ich da sah …, das sind Dinge[,] über die wir schon längst hinweggekommen sind, das hat alles keinen Reiz mehr.« Also holt Reinicke seine ursprünglichen Pläne wieder beim Notar ab und macht sich mit einem Stab von gut dreißig Ingenieuren an die Arbeit.

Die neue Versandanlage ist eine Sache, das Gebäude, in dem sie untergebracht wird und auf das etwa zwei Drittel der Baukosten von fast 15 Millionen D-Mark entfallen, ist eine andere. Für die Planung des Komplexes mit seinen fast 54 000 Quadratmetern ist Ernst Neufert zuständig, den man der Avantgarde der deutschen

Architektenzunft zurechnen darf. Neufert, Jahrgang 1900, ist 1919 als einer der ersten Studenten an das junge Bauhaus in Weimar gekommen und diesem auch noch verbunden, als er an der Staatlichen Bauhochschule der Stadt wirkt und im Architekturbüro von Walter Gropius arbeitet. Von 1934 bis 1945 als Hausarchitekt der Vereinigten Lausitzer Glaswerke tätig, hinterlässt er nicht nur zahlreiche Spuren in der Industriearchitektur, sondern macht sich auch einen Namen als Autor eines Handbuchs zur Bauentwurfslehre, das als Standardwerk gilt. Seit 1945 lehrt Neufert an der Technischen Hochschule in Darmstadt, wo er auch wieder ein eigenes Architekturbüro gründet.

Was der Stararchitekt und der ehemalige General auf die grüne Wiese an der Fürther Straße setzen, begeistert die Besucher. »Wo immer es möglich war«, schreibt der Berichterstatter der *FAZ*, »haben Maschinen und technische Anlagen bisher von Menschen erledigte Aufgaben übernommen. Das fängt schon beim Posteingang an: Eine Postöffnungsmaschine, die eigens für den Betrieb konstruiert wurde, öffnet 7000 Briefe pro Stunde. Alle Transport-Vorgänge im Hause sind – wo immer dies nur denkbar war – voll technisiert. Die innerbetrieblichen Weisungen, Versandpapiere und ähnliches, werden über Bänder oder durch eine Flach-Rohrpost befördert. Die Ware läuft über sogenannte Kippkreisförderer, die Ski-Liften ähnlich sehen, aus dem Hauptlager zu den Verteilergängen. Die Förderer kippen die Ware automatisch – je nach Einstellung – an den vorgesehenen Verteilergängen ab. Zehn Riesen-Paternoster durchlaufen die zwei Stockwerke, in denen die zum Versand bestimmte Ware bereitsteht, und befördern diese ins Erdgeschoß, wo sie über einem Sammelband ausgeworfen wird. Durch ein ausgeklügeltes Verfahren fällt die Ware jeweils in den richtigen Kasten auf dem Sammelband, so daß an dessen Ende die vom einzelnen Kunden bestellten verschiedenen Artikel beieinander sind. Die Anlage ist auf eine Kapazität von 50 000 Versandpaketen täglich eingerichtet ...«

Als »besondere Attraktion« gilt dem Beobachter der *FAZ* die »vollautomatisch elektrisch gesteuerte Warenlager-Buchhaltung«, die so ausgelegt ist, dass auch die elektronische Datenverarbeitung ihren Einzug bei der Quelle halten kann. Damit wird auch die Lagerhaltung, die Achillesferse des Versandhandels, besser kalkulierbar. Vor allem in der Hochsaison gehört das ständige Überwachen und gezielte Ergänzen des Lagerbestandes zu den großen Herausforderungen. Kein Wunder, dass Gustav Schickedanz von früh bis spät im Einsatz ist, persönlich die Abläufe kontrolliert und sich von den Lagermeistern auf dem Laufenden halten lässt. Solche Inspektionen sind gefürchtet, nicht nur im Versand und in der Hochsaison. Anfang der siebziger Jahre berichtet der Wirtschaftsjournalist Hermann Bößenecker, was er auf seinen Reisen durch das Imperium des Versandhauskönigs erlebt hat: »Wo immer man in König Gustavs Reich ... bei einem seiner Mitregenten oder Stammesherzöge weilt, muß man gewärtig sein, daß das Telefon klingelt und Majestät sich nach einem Vorgang, den er sich aus einem Stoß von Unterlagen herausgepickt hat, erkundigt.«

Natürlich hat das nichts mit Schikane, krankhaftem Misstrauen oder manischer Kontrollobsession zu tun. Versandgeschäft ist Generalstabsarbeit, zumal in der Hochsaison. Ein auch nur kurzfristig fehlender Posten kann im Weihnachtsgeschäft nicht minder schwerwiegende Folgen haben als eine zu üppig eingekaufte Ware, denn als Faustregel gilt: Was nicht bis zum 10. Dezember verkauft ist, wird zum Ladenhüter und ist folglich nur mit Rabatt loszuschlagen.

Die Einführung der elektronischen Datenverarbeitung, also die zweite Stufe des Rationalisierungsprogramms, stellt Schickedanz vor ähnlich große Probleme wie die Einführung der ersten Stufe anderthalb Jahre zuvor. Etliche Hürden sind zu nehmen, bis die neue Anlage Ende 1957 in Betrieb gehen kann. Er habe im Krieg manche Schlacht geschlagen, erzählt Reinicke später, aber die Einrichtung der

Am laufenden Band: Die 1957 fertiggestellte Nürnberger Versandanlage der Quelle ist die
modernste ihrer Art weltweit.

Fürther Versandanlage bis zum einwandfreien Betrieb sei die größte
seines Lebens gewesen.

Fortan werden die Aufträge der Kunden elektronisch bearbeitet.
Die Standard Elektrik AG, welche die Anlage eigens für das Fürther
Versandhaus entwickelt hat, bezeichnet sie als »eine der größten
kommerziellen Elektronikanlagen der Welt zur direkten und fort-
laufenden Auswertung von Informationen«. Dass Ludwig Erhard
trotz seiner »großen Beanspruchung« aus diesem Anlass einmal
mehr den Weg zur Quelle findet, ist einer der Gründe, warum alle
»maßgebenden Wirtschaftszeitungen ... eingehend darüber berichten«, wie der Unternehmer in einem Dankesschreiben an den
Minister nicht ohne Stolz betont.

Der Beobachter der *Frankfurter Allgemeinen Zeitung* erklärt
seinen Lesern im Detail, wie die Anlage funktioniert. »Sie arbeitet
nicht mit den bisher meist verwendeten Elektronenröhren, sondern
mit Transistoren. An die eigentliche Elektronik-Zentrale sind gegen-

wärtig 58 Bearbeitungsplätze angeschlossen. Dort werden die vom Kunden auf dem Bestellschein angegebene Artikelnummer und die Stückzahl jeder Warenposition eingetastet. Diese Daten werden ohne Zwischenträger (Lochkarte, Lochstreifen oder Magnetband) durch Kabelübertragung an die zentrale Anlage weitergegeben, der jeweils zugehörige Preis der Ware aus einem elektronischen Preiszuordner herausgeholt und mit der Stückzahl multipliziert.«

Wie das Herzstück des neuen Komplexes ist auch diese Anlage auf die Bearbeitung von rund 50 000 Kundenaufträgen pro Tag ausgelegt, kann aber auf die doppelte Kapazität gebracht werden. Das ist auch gut so, denn im Weihnachtsgeschäft 1956, als sie erstmals voll im Betrieb ist, wird an einem Tag sogar eine Spitzenleistung von 63 000 Sendungen erreicht. Das heißt: Die Pakete verlassen das Fließband im Sekundentakt. Der Vorteil der neuen Elektronik-Anlage wird deutlich, wenn man bedenkt, dass die Quelle bislang in der Hochsaison allein für die Verwaltungsarbeit mit 1000 Mitarbeitern rechnen musste, die allermeisten von ihnen Aushilfskräfte. Jetzt sind es für die beiden Schichten noch 200.

Kein Wunder, dass Gustav Schickedanz, als er Jahre später auf diese revolutionären Entscheidungen zurückblickt, begeistert ist, allerdings auch vor dem »Bazillus ›Elektronik‹« warnt, der zu einer »sehr, sehr kostspieligen Leidenschaft« werden könne, »wenn man sie nicht zu zügeln vermag«. Aber Schickedanz weiß seine Leidenschaften zu zügeln, und so sind die Risiken überschaubar. Das gilt für die Automatisierung seiner Betriebe, es gilt für den systematischen Ausbau des Warenangebots, und es gilt nicht zuletzt für den Gang ins Ausland. So früh wie kaum ein zweiter Unternehmer und wie kein anderer Versandhändler eröffnet die Quelle 1957 ihr erstes Verkaufsbüro im Ausland: Das New Yorker Büro soll amerikanischen Kunden, namentlich ehemals in Deutschland stationierten Soldaten und ihren Familien, die Bestellung aus dem ausschließlich in deutscher Sprache gedruckten Katalog erleichtern.

Als das Unternehmen nach Amerika geht, tut es das schon unter seinem neuen Namen: Seit dem 3. September 1956 firmiert das Großversandhaus Quelle L. Kießling & Co. als »Großversandhaus Quelle Gustav Schickedanz K. G.« und führt damit – knapp dreißig Jahre nach seiner Gründung – den Namen des Gründers im Firmennamen. Die alte Bezeichnung mit dem Namen seiner Schwester war 1937 nicht zuletzt deshalb gewählt worden, weil Gustav Schickedanz die zahlreichen Neider, aber auch die nationalsozialistischen Machthaber nicht noch weiter gegen sich und seine Geschäfte aufbringen wollte. Jetzt wo das Dritte Reich seit mehr als einem Jahrzehnt Geschichte ist und auch die letzten Rückerstattungsverfahren endgültig abgeschlossen sind, ist solche Zurückhaltung nicht mehr nötig.

Insofern signalisiert der neue Name, von betriebswirtschaftlichen Überlegungen einmal abgesehen, zweierlei: Erleichterung über den Abschluss eines in dieser Hinsicht ziemlich unerfreulichen Kapitels in seinem Leben, aber auch Stolz und Selbstbewusstsein angesichts des Erreichten. »Der große Gustav«, wie ihn die Zeitungen nach seinem Tod nennen werden, ist auf dem besten Weg, seine Quelle an die Spitze des deutschen Versandhandels zu führen.

DER PREISBRECHER
1957–1966

Wohlstand für Alle. Als er 1957 mit diesem Buch über Nacht zum Bestsellerautor wird, spricht Ludwig Erhard den Deutschen aus der Seele. Selbstverständlich auch Gustav Schickedanz, der auf seine Weise einigen Anteil am Aufbau der deutschen Wohlstandsgesellschaft hat. In diesem Sinne schreibt der Minister dem Unternehmer im Januar 1961 anlässlich dessen sechsundsechzigstem Geburtstag: »Sie, lieber Herr Schickedanz, haben als mein getreuer Nachbar in schwerster politischer Zeit nach der Rückfindung zu den demokratischen Grundlagen unseres deutschen Lebens sicher das Beste getan, um dem Wohle des deutschen Volkes zu nützen, und wenn das gleichwohl zu Ihrem persönlichen wirtschaftlichen Erfolg beitrug, so ist doch dieser Gewinn frei von jeder politischen Verdächtigung. Ich freue mich sogar, dass ich in deutschen Landen Unternehmer tätig weiss, die dem Verbraucher Nutzen bringen ...«

Vierzehn Jahre später, als Schickedanz achtzig wird, und Erhard seine Karriere längst hinter sich hat, schreibt der Politiker dem Unternehmer auch, und dieses Mal in einem offenen Brief, warum er dessen Leistung so hoch schätzt: »Wenn sich auch vor allem aus beruflichen Gründen und Zielsetzungen unsere Lebenswege gelegentlich trennten, so verbindet uns doch ein Gemeinsames ... Weder Ihnen ... noch mir ist es in der Wiege gesungen worden, welchen Klang und Rang unsere Namen einmal haben würden.

Was wir – jeder auf seine Art – erreicht haben, mußten wir in harter
Arbeit aus uns selbst schöpfen.«

Ganz offensichtlich schwingen in diesen Worten des alten Erhard
auch selbstkritische Töne mit. Erfolg und Wohlstand stellen sich
eben nicht von alleine ein, schon gar nicht der »Wohlstand für Alle«.
Das weiß schon damals niemand besser als Erhard selbst. Der Wirtschaftsminister ahnt, dass der Titel, den findige Verlagsstrategen
1957 seinem Werk gegeben haben, einem großen Missverständnis
Vorschub leisten kann. Denn Erhard ist ein überzeugter Verfechter
des Maßhaltens und des Augenmaßes, gerade auch unter den Bedingungen einer prosperierenden Marktwirtschaft, weil er weiß, dass
Geld allein nicht glücklich macht, und weil er sieht, dass die deutsche
Wohlstandsgesellschaft aus eigener Kraft nicht überlebensfähig ist.
Wirtschaftlich nicht, politisch nicht und militärisch schon gar nicht.

Die Gründung der beiden deutschen Staaten hat zwar für einige
Klarheit gesorgt, aber eben nur für einige. Völlig ungeklärt ist die
Frage ihrer äußeren Souveränität und ihrer Sicherheit, die vorerst
nur durch die Schutzmächte, also im Falle der Bundesrepublik durch
die USA und ihre Verbündeten, gewährleistet werden kann. Wie
schnell deren Hilfe gefragt sein könnte, zeigen die Entwicklungen
am anderen Ende der geteilten Welt: Am 1. Oktober 1949 proklamiert
Mao Tse-tung in Peking nach einem fast vierjährigen Bürgerkrieg die
kommunistische Volksrepublik China und zwingt die unterlegenen
Nationalchinesen unter Führung Chiang Kai-sheks zum Rückzug
nach Taiwan; in Korea überfallen am 25. Juni 1950 Truppen des kommunistischen Nordens den gerade von den amerikanischen Streit-
kräften geräumten Süden des Landes und eröffnen damit einen
Krieg, der schließlich vier Jahre dauern wird; und als im Mai 1954
die französischen Truppen im vietnamesischen Dien-Bien-Phu die
weiße Flagge hissen, ist klar, dass jedenfalls ein Teil auch dieses
Landes künftig unter kommunistischer Herrschaft stehen wird.

Das wirft auch für die Deutschen Fragen auf: Kann sich Ähnliches wie in China, Korea und Vietnam auch in ihrem geteilten Land ereignen? Sind »wir in Westdeutschland ... durch unsere geographische Lage« nicht »gefährdeter als andere Völker«, wie es noch Ende 1962 in der Betriebszeitung der Quelle heißen wird. Daher beginnen schon 1950 einige innerhalb, vor allem aber außerhalb der Bundesrepublik darüber nachzudenken, wie diese an der Verteidigung ihrer Freiheit sowie der Freiheit der westlichen Welt insgesamt beteiligt werden kann. Eigentlich ein ungeheuerlicher Gedanke, liegt das Ende des letzten, von Deutschland ausgelösten und als Vernichtungsfeldzug geführten Krieges doch gerade einmal fünf Jahre zurück. Weil der Gedanke aber nicht nur für die vormaligen Gegner und jetzigen Verbündeten des Bonner Rumpfstaates, sondern auch für die meisten seiner Bürger eine Herausforderung darstellt, nutzt Kanzler Adenauer die Gunst der Stunde und verbindet das eine, die Bereitschaft zur Bewaffnung der Republik, mit dem anderen, der Forderung nach ihrer weitgehenden äußeren Souveränität.

Wäre es nach Adenauer gegangen, von den Nachbarn, allen voran den Franzosen, gar nicht zu reden, hätte man das Paket als europäische Lösung geschnürt: eine europäische Verteidigungsgemeinschaft, gedacht als Ausgangspunkt einer politischen Union, und das Ganze mit dem Segen der Amerikaner und gewissermaßen unter ihrem nuklearen Schirm. Weil daraus aber aus einer Reihe von Gründen nichts wird, weil die Europäer zwar wirtschaftlich zueinander finden und seit 1957 mit der EWG, der Europäischen Wirtschaftsgemeinschaft, eine zukunftsfähige Zusammenarbeit entwickeln, aber mit ihren politischen Unionsplänen Schiffbruch erleiden und bei der militärischen Kooperation nicht über die wenig schlagkräftige WEU, die Westeuropäische Union, hinauskommen, muss eine Alternative her.

Diese Alternative ist die im April 1949 gegründete NATO, die North Atlantic Treaty Organization, in der die Amerikaner Regie führen. Ihr also tritt die Bundesrepublik im Mai 1955 bei, und als zum 1. April 1957 die ersten Wehrpflichtigen zur sogenannten Bundeswehr eingezogen werden, ist klar, dass es keinen Weg zurückgeben wird. Schon weil sich die Sowjets einmal mehr vor vollendete Tatsachen gestellt fühlen, ziehen sie nach und reagieren auf den NATO-Beitritt der Bundesrepublik und ihre damit wirksam werdende äußere Souveränität nicht minder unmissverständlich mit der Souveränität für die DDR und deren Aufnahme in den Mitte Mai 1955 gegründeten Warschauer Pakt.

Spätestens jetzt gibt es klare Verhältnisse, nämlich zwei im innern und nach außen weitgehend souveräne deutsche Staaten, mit eigenen Armeen und fest integriert in die beiden großen Militärblöcke des Kalten Krieges, wie dieser Zustand inzwischen von den Zeitgenossen genannt wird. Unter solchen Voraussetzungen noch an eine Wiedervereinigung Deutschlands zu glauben, gar auf sie hinzuarbeiten, wozu alle Deutschen durch das Grundgesetz aufgerufen sind, wirkt zunehmend weltfremd. Weil es aber in Bonn bei der Forderung nach Wiedervereinigung bleibt, weil man dort zudem den Anspruch auf die alleinige Vertretung der Deutschen in der Welt erhebt und weil der westliche deutsche Teilstaat auf die Bewohner des östlichen eine enorme wirtschaftliche, für viele auch eine politische Anziehungskraft ausübt, gehen nunmehr die Sowjets und ihre Statthalter in Ostberlin in die Offensive.

In der Nacht vom 12. auf den 13. August 1961 beginnen Angehörige der Nationalen Volksarmee der DDR mit der Schließung der Ost-West-Sektorengrenze in Berlin und wenig später mit dem Bau einer Mauer quer durch die Stadt. Zu diesen Maßnahmen, denen bald der Bau einer Barriere aus Mauer, Stacheldraht und Schießanlagen entlang ihrer gesamten Grenze zur Bundesrepublik folgen wird, war die DDR durch den Warschauer Pakt ermächtigt und durch die Haltung des Westens ermutigt worden: Zweieinhalb Wochen zuvor hatte Amerikas Präsident John F. Kennedy in einer Rundfunk- und

Fernsehansprache signalisiert, dass er unter bestimmten Voraussetzungen nichts dagegen habe, wenn in der deutschen Frage klare Verhältnisse geschaffen würden.

Jetzt gibt es sie. In jeder Hinsicht – politisch, militärisch und nicht zuletzt wirtschaftlich. Denn mit dem Bau der Mauer kommt nicht nur die große Krise um Berlin zu einem Ende, die knapp drei Jahre zuvor durch ein Ultimatum Nikita Chruschtschows, des Ministerpräsidenten und Ersten Sekretärs des Zentralkomitees der Kommunistischen Partei der Sowjetunion, ausgelöst worden war. Vielmehr kann man sich fortan auch ziemlich sicher sein, dass die deutschen Querelen nicht doch zum Auslöser eines großen und dann womöglich gar nuklear ausgetragenen Konflikts werden.

Und die Deutschen? Sie sind schockiert über das Vorgehen des Ostens, irritiert vom Verhalten des Westens, aber dann doch sehr rasch bereit, sich mit der gegebenen Lage zu arrangieren. Denn die hat ja durchaus auch ihr Gutes – jedenfalls für die Bewohner der Bundesrepublik. Nicht nur weiß man jetzt, woran man ist, findet zu einer neuen, einer eigenen Identität. Man kann sich jetzt auch ganz auf das konzentrieren, was man im Griff hat und was im Übrigen bei den immer noch misstrauischen Nachbarn keinen Argwohn hervorruft: den Auf- und Ausbau eines Gemeinwesens, das »Wohlstand für Alle« kennt.

Und je greifbarer dieses Ziel wird, umso mulmiger wird dem Mann, der die Parole ausgegeben hat. »So Erstaunliches das deutsche Volk mit letzter Hingabe geleistet hat«, sagt Ludwig Erhard im Juni 1961, »droht ihm mit zunehmendem Wohlstand und sozialer Sicherheit immer wieder das Gefühl für die rechten Maße, für Besinnung und Verantwortung verlorenzugehen ... In [dem] so deutlich angestoßenen Prozeß der Überwindung der Klassengegensätze bedeutet es einen Widerspruch in sich selbst, wenn über das ehrliche Wollen der Regierung hinaus dennoch jede einzelne Gruppe sich zu kurz ge-

kommen fühlt … Diese Leute glauben wirklich an das ›Wirtschaftswunder‹, das selbst das Unmögliche zu vollbringen vermöchte.«

Klare Worte und zugleich das kaum kaschierte Eingeständnis
eines großen Scheiterns. Denn Erhard weiß, dass einige Grundprinzipien der sozialen Marktwirtschaft, so wie er sie verstanden
und für sie gekämpft hat, den partikularen Interessen einflussreicher
gesellschaftlicher Gruppen oder auch dem Wahlkampf zum Opfer
gefallen sind. Zum Beispiel das Gesetz gegen Wettbewerbsbeschrän-
kungen, das sogenannte Kartellgesetz, das Anfang Juli 1957 nach
jahrelangen Anläufen endlich den Bundestag passiert. Von Erhard
als Krönung, als »Grundgesetz der Marktwirtschaft« propagiert,
führt es mit seinen zahlreichen Ausnahmeregelungen nicht zu der
erhofften Unterbindung des Konzentrationsprozesses in der Wirtschaft und wird so zu einer der großen Niederlagen in der Karriere
des ersten Wirtschaftsministers.

Das gilt erst recht für die Sozialreform mit ihrem Kernstück,
der Rentenreform, die Kanzler Adenauer im Januar 1957 – ohne
die Stimmen der FDP, die im Februar 1956 die Koalition verlassen
hat, aber mit den Stimmen der oppositionellen Sozialdemokraten –
durch den Bundestag bringt. Fortan wird die Rente vom Prinzip der
Kapitaldeckung gelöst und durch einen »Generationenvertrag« an
die Entwicklung der Löhne angepasst, also »dynamisiert«. Vergeblich hat sich Erhard gegen die Reform gestemmt, weil sie eine Ver-
festigung des Wohlfahrtsstaates und diese wiederum den Sündenfall
auf dem Weg zu einer zwar sozialen, dabei aber freien Marktwirtschaft markiert und weil die eine wie der andere langfristig zu einer
explosionsartigen Ausgabe der Staatsausgaben führen muss. Aber
was zählen schon sorgenvolle Blicke in die Zukunft.

Kurzfristig gibt es jedenfalls nur Gewinner. Zum Beispiel bei
den nächsten Wahlen zum Bundestag, die Kanzler Adenauer bei
der Reform fest im Blick hatte: Tatsächlich holen CDU und CSU
Mitte September 1957 zusammen gut 50 Prozent der Stimmen und

damit – zum ersten und bislang einzigen Mal in der Geschichte der Bundesrepublik – die absolute Mehrheit auf nationaler Ebene; und auch die SPD legt zu, nimmt erstmals und nicht einmal knapp die magische Hürde von 30 Prozent und macht sich jetzt auf den Weg von der Klassenkampf- zur Volkspartei: Das Godesberger Programm vom November 1959 signalisiert, dass die Sozialdemokraten die Bewegungsgesetze der sich formierenden Wohlstandsgesellschaft erkannt und im Prinzip akzeptiert haben.

Die Hauptgewinner der größten Sozialreform in der deutschen Geschichte aber sind die etwa fünf Millionen Rentner. Seit 1957 haben sie nicht nur im Schnitt und auf einen Schlag 60 Prozent mehr in der Tasche, sondern sie wissen, dass ihre Rente fortan den Lohnzuwächsen entsprechend dynamisch wächst. Ein enormer Kraftakt – nur denkbar und machbar in einer auf rasantem Wachstumskurs befindlichen Industriegesellschaft und getragen von der Annahme oder doch der Hoffnung, dass diesem Wachstum keine Grenzen gesetzt sind. Bei aller Hypothek auf die Zukunft ist die Reform auch ein Beispiel für die beträchtliche Solidarität, zu der diese Nachkriegsgesellschaft willens und fähig ist.

Sie zeigt sich auch in großen finanziellen Ausgleichsaktionen zwischen den Teilen der Bevölkerung, die ohne große Verluste durch den Krieg und die Nachkriegszeit gekommen sind, und denen, die vieles oder alles verloren haben, unter ihnen allein elf Millionen Flüchtlinge und Vertriebene, später dann vor allem Um- und Aussiedler, nicht zuletzt aus der DDR: Bis der Bau der Mauer diesem Aderlass, dieser »Abstimmung mit den Füßen«, ein Ende setzt, ziehen jährlich bis zu 330 000 Menschen von dort in die Bundesrepublik, bis August 1961 sind es 2,7 Millionen. Sie tragen das Ihre dazu bei, dass die Bevölkerung der Bundesrepublik bis Mitte der sechziger Jahre von gut 44 Millionen 1945/46 auf rund 59 Millionen wächst. Im August 1949 wird das so genannte Soforthilfegesetz, drei Jahre später das Gesetz über den Lastenausgleich auf den Weg gebracht und ab 1959 durch die Auszahlung der Hauptentschädigung ergänzt.

Schließlich der Wohnungsbau – eine dringende und drängende Maßnahme namentlich in den vielen Städten, die im Bombenhagel des Zweiten Weltkriegs dem Erdboden gleichgemacht worden sind. Wurden während des Krieges insgesamt rund 20 Prozent des Wohnraums in Deutschland zerstört, so waren es in den Großstädten des Landes bis zu 75 Prozent. Mit den beiden sogenannten Wohnungsbaugesetzen vom April 1950 und Juni 1956, die durch eine Reihe weiterer Gesetze wie das »Baulandbeschaffungsgesetz« ergänzt werden, wird der »Soziale Wohnungsbau« zum tragenden Pfeiler des wirtschaftlichen Aufschwungs. Von den 5,7 Millionen Wohnungen, die bis 1960 gebaut werden, entstehen mehr als die Hälfte in diesem Rahmen.

Die größte Aufhol-, Nachhol- und Solidaritätsaktion in der deutschen Geschichte zeitigt viele Effekte, unter anderem eine enorm steigende Kauf- und Konsumkraft. Viele Artikel wie das Auto, aber auch die Waschmaschine oder der Kühlschrank, erfahren seit den ausgehenden fünfziger Jahren einen Wandel vom Luxusgegenstand zum Gebrauchsgut. Das liegt am steigenden Einkommen der Konsumenten, und es liegt an den fallenden Preisen für solche Artikel. Kein Wunder, dass Mitte der fünfziger Jahre gerade einmal in zehn Prozent aller Haushalte eine Waschmaschine anzutreffen ist, wenn dafür 350 D-Mark auf den Tisch zu legen sind, aber knapp drei Viertel aller Haushalte nicht einmal über 1000 D-Mark im Monat verfügen und das meiste immer noch für Ernährung, Hausrat und Kleidung ausgegeben wird.

Seit den ausgehenden fünfziger Jahren ist das anders. Seit das Nötigste erledigt, seit das Millionenheer der Flüchtlinge und Vertriebenen versorgt ist, seit die allermeisten von ihnen wie die Ansässigen wieder ein Dach über dem Kopf und einen Arbeitsplatz gefunden haben, seit der Anteil der Ausgaben deutscher Haushalte

Nicht länger Luxus: Gustav
und Grete Schickedanz testen
einen Waschkessel der Marke
»Quellux«.

für die Ernährung auf unter 40 Prozent ihres Budgets gesunken ist, scheint das wirtschaftliche Wachstum keine Grenzen zu kennen: Von 1959 auf 1960 kommt es zu einer glatten Verdoppelung des realen Bruttosozialprodukts auf jetzt 613 Milliarden D-Mark, die auch dann noch beachtlich ist, wenn man in Rechnung stellt, dass in diesem Jahr erstmals Westberlin und das seit Juli 1959 auch wirtschaftlich voll in die Bundesrepublik eingegliederte Saarland mitgerechnet werden. Da wird eine enorme Kaufkraft freigesetzt, und die wiederum entfaltet sich, nicht zum ersten Mal, vor allem im Konsum. Das 20. Jahrhundert ist ja insgesamt – jedenfalls auf der nördlichen Halbkugel und gerade nach Überwindung der großen Krisen und Katastrophen – auch ein Jahrhundert des Konsums gewesen.

Das sind rosige Zeiten für entschlossene Unternehmer. Natürlich kann man selbst in solchen Zeiten einiges falsch machen. Man kann scheitern und man kann sich übernehmen, kann Hypotheken auf die Zukunft aufnehmen, die dann nicht mehr gestemmt werden können. Es gibt eine Reihe solcher Fälle. Josef Neckermann, der große Rivale von Gustav Schickedanz, gehört zu ihnen. Er ist nicht der Erste, der scheitert, im Gegenteil. »Die Geschichte des Versandhauses«, schreibt das *Handelsblatt* schon im Juni 1959, »ist eine Geschichte vom Massengrab unternehmerischer Initiative. Viele haben es versucht und sind gescheitert, nur wenige sind groß geworden. Unter diesen wenigen nimmt Dr. h. c. Gustav Schickedanz ... eine Sonderstellung ein.«

Man kann also auch alles oder doch fast alles richtig machen, kann die Gunst der Stunde erkennen, kann sich mit Mut und Risikobereitschaft, mit sicherem Instinkt und Fortune und nicht zuletzt mit gesetzter Erfahrung und gesundem Kapitalstock ans Werk machen. Auch für solche Karrieren gibt es viele Beispiele. Die Karriere des Versandhauskönigs Gustav Schickedanz ist eine solche, und es ist eine besonders eindrucksvolle. Besser noch als der alles unmittelbar beobachtende Zeitgenosse gewinnt der rückschauende Betrachter den Eindruck, dass Gustav Schickedanz und seine Quelle für diese Zeit gemacht gewesen sind – oder anders gewendet: Diese Zeit hat offenbar auf einen wie diesen Gustav Schickedanz und seine Quelle gewartet. Was im Umkehrschluss bedeutet, dass die beiden weder vorher noch nachher eine vergleichbare Erfolgsgeschichte hätten schreiben können. Natürlich lässt sich das nicht mit letzter Gewissheit sagen. Aber es spricht doch alles dafür.

Zum Beispiel die nackten Zahlen. So steigert die Quelle 1959 ihren Umsatz gegenüber dem Vorjahr um sagenhafte 35 Prozent; 1960 sind es sogar 36 Prozent, weshalb zum Beispiel die *Deutsche Zeitung* vom »Versandhaus der Superlative« spricht. Tatsächlich hat sich der Quelle-Umsatz innerhalb von nur fünf Jahren mehr als verdreifacht und liegt jetzt bei 826 Millionen D-Mark, wobei das Gros auf den

Versand- und rund 80 Millionen auf den stationären Einzelhandel entfallen, der im Übrigen überproportional schnell wächst. Rechnet man die Ergebnisse der Fertigungsbetriebe von Gustav Schickedanz, namentlich der Papierfabriken und der Brauereien hinzu, kommt der Fürther Unternehmer 1960 sogar auf einen Gesamtumsatz, der deutlich über einer Milliarde D-Mark liegt.

Vor allem rangiert die Quelle jetzt auch definitiv vor dem Erzrivalen Neckermann. Nach einer repräsentativen Umfrage des 1947 gegründeten Allensbacher Instituts für Demoskopie, das sich in diesen Jahren unter der ebenso entschlossenen wie charmanten Leitung von Elisabeth Noelle-Neumann als Orakel der Republik zu profilieren beginnt, haben 1959 48 Prozent der Versandhauskunden auch oder ausschließlich bei der Quelle und 33 Prozent bei Neckermann gekauft. Damit lassen die beiden Marktführer übrigens ihre Verfolger Schöpflin in Haagen und Witt in Weiden mit ihren jeweils 16 beziehungsweise 15 Prozent weit hinter sich. Und der Konkurrent, der sie später alle überrunden wird, der Hamburger Otto-Versand, spielt einstweilen mit sechs Prozent kaum eine Rolle.

Bemerkenswert ist auch, dass sich der Trend der vergangenen Jahre fortsetzt, dass die Quelle einerseits immer mehr Kunden unter der städtischen Bevölkerung gewinnt und dass andererseits nach wie vor Wollwaren und Textilien aller Art die Spitzenstellung bei den georderten Waren halten: Damenwäsche, Damenkleider, Blusen, Schürzen, Pullover und Strickjacken sowie Kinderkleidung im Bereich Damen und Kinder; Herrenwäsche, Arbeitskleidung, Schuhe, Pullover und Strickwesten bei den Herren; Bettwäsche, Wolldecken und Wäschestoffe für die Familie. Aber nicht nur hier, bei den besonders stark georderten Waren, ist die Quelle, die ja gut drei Jahrzehnte zuvor ihren Betrieb als »Versand mit Kurz- und Wollwaren« aufgenommen hat, gut aufgestellt. Vielmehr amortisiert sich jetzt das anfänglich riskante Experiment mit der weitgehend automatisierten Versandanlage.

Immerhin wächst die Zahl der Pakete im Laufe des Jahres 1960 auf beinahe zwölf Millionen und damit auch der Umsatz mit Post und Bahn auf 41 Millionen D-Mark an. Und auch die Entscheidung, die neue Anlage an der Fürther Straße großzügig auszulegen, war richtig: Der höchste Eingang an einem Tag liegt 1960 bei 94 000 Bestellungen. In der Hochsaison, also während des im Oktober anlaufenden Weihnachtsgeschäfts, sind im Versand, im Einzelhandel und in den Fabrikationsbetrieben von Schickedanz 18 000 Mitarbeiter tätig. In der Saisonspitze werden in 14 Varianten zahlreiche Viertel- und Halbtagsschichten gefahren.

Denn auch die Betriebe von Gustav Schickedanz, allen voran die Quelle, der größte unter ihnen, kämpfen seit Ende der fünfziger Jahre mit einem Problem, das sich zehn Jahre zuvor kaum jemand hätte vorstellen können: In der Bundesrepublik herrscht akuter Arbeitskräftemangel. Selbst die Millionen Flüchtlinge und Vertriebene können auf Dauer nicht die Lücke schließen, die durch die enormen Verluste des Krieges namentlich in den Reihen der männlichen Bevölkerung gerissen worden ist. Und dann fegen die auf Hochtouren laufende Konjunktur, die wachsende Konsumbereitschaft der Deutschen, aber auch das anspringende Exportgeschäft buchstäblich die letzten Arbeitsfähigen von der Straße. Als schließlich mit dem Mauerbau auch noch schlagartig der zuverlässig fließende Strom durchweg motivierter, gut ausgebildeter, jüngerer Menschen unterbrochen wird, ist der Notstand da.

Weil sich das Problem schon Mitte der fünfziger Jahre abzeichnet, hat sich die Bundesregierung nach einigem Zögern entschlossen, ausländische Arbeitskräfte ins Land zu holen. Damit nimmt die Geschichte der sogenannten Gastarbeiter in Deutschland ihren Anfang, die im Laufe der Jahrzehnte zu einem der wichtigsten und folgenreichsten Kapitel in der Geschichte des Landes werden wird – in wirtschaftlicher Hinsicht ebenso wie in sozialer, politischer oder auch religiöser beziehungsweise weltanschaulicher. Am 22. Dezember 1955 ist das erste Anwerbeabkommen mit Italien geschlossen worden. Bis 1968 folgen analoge Vereinbarungen mit fünf weiteren Ländern. Die Italiener stellen dann auch 1960 mit gut 44 000 Erwerbstätigen das Gros der damals knapp 280 000 Gastarbeiter. 1970 nehmen mehr als 423 000 Jugoslawen die Spitzenstellung ein, und 1980 stellen die Türken mit beinahe 600 000 Beschäftigten die stärkste Gruppe unter den jetzt mehr als zwei Millionen Gastarbeitern.

Auch für Schickedanz sind die ausländischen Arbeitskräfte bald unverzichtbar, und weil er weiß, dass zufriedene Mitarbeiter gute Mitarbeiter sind, greift er das Angebot der Arbeitsämter zur För-derung des Ausländerwohnungsbaus auf und bringt Anfang 1961 mit Hilfe eines günstigen Darlehens den Bau eines elfstöckigen Wohn-hauses für ausländische Arbeitskräfte auf den Weg. Dafür greift er im Übrigen jetzt auf das Jahre zuvor schon einmal ausgeschlagene Angebot Fürths zurück und erwirbt ein Grundstück auf dem ehema-ligen Industrie-Flughafen der Stadt. Schon im Juni des kommenden Jahres wird Richtfest gefeiert: Jeweils zwölf Personen, vorwiegend Spanier und Griechen, sollen in den 40 Dreizimmerwohnungen leben. Insgesamt ist also in dem »Großwohnheim« mit »Fernseh-raum« sowie »Aufenthaltsraum für geselliges Beisammensein« für 480 Gastarbeiter Platz.

Weil aber selbst solche und weitere Maßnahmen nicht dem akuten Arbeitskräftemangel abhelfen können, wendet sich Gustav Schickedanz immer wieder an seine »lieben Mitarbeiterinnen und Mitarbeiter« und bittet sie um tatkräftige Unterstützung bei der Anwerbung von Hilfskräften für das anlaufende Weihnachtsgeschäft. Mal tut er das, wie im Oktober 1963, mit einer per Lautsprecher auf das Werksgelände übertragenen direkten Ansprache; mal wendet er sich schriftlich an sie. So zum Beispiel in einem gemeinsam mit Ehe-frau Grete und Schwiegersohn Hans Dedi unterzeichneten Aufruf. Diese »Bitte der Geschäftsleitung«, die im August 1963 im *Quelle-*

Kreis, der *Betriebszeitung des Großversandhauses Quelle* erscheint, zeigt nicht nur, wie dramatisch die Lage in dieser Hinsicht ist, sie gibt auch einen Einblick in die Arbeitswelt der Quelle.

»In den Monaten Oktober, November, Dezember«, heißt es dort, »ist für die Quelle die Hauptsaison des Jahres. Millionen von Bestellungen treffen ein, Millionen von Quelle-Paketen gehen hinaus! Eine unermeßliche Arbeit steht uns bevor, eine Arbeit von größter Bedeutung für unser Haus, unseren Namen, unsere Zukunft. Nichts hat uns in beinahe vierzigjähriger Existenz so genützt wie die Pünktlichkeit, Sorgfalt, Zuverlässigkeit, mit der wir jeden Kundenwunsch erfüllen. Sie, liebe Mitarbeiter, tun das Ihre mit allen Kräften, aber nur mit zusätzlicher Hilfe kann die große Aufgabe bewältigt werden. Und nun bitten wir Sie: Setzen Sie sich dafür ein, daß wir Hilfskräfte für die Hauptsaison bekommen! Warten Sie nicht! Tun Sie es jetzt! Gewinnen Sie Ihre Verwandten, Ihre Bekannten, Ihre Freunde! Sagen Sie ihnen, was wir den Aushilfs-Mitarbeitern an Vergünstigungen bieten: *Erhöhten Lohn* gegenüber dem Vorjahr – *Leistungsprämien* – *10 % Preisnachlaß* auf alle Quelle-Waren – *5 % Schichtzuschlag* für Aushilfskräfte – *Weihnachtsgratifikation*, die sich von Saison zu Saison erhöht – *Schmackhaftes, preiswertes Essen*, das in unserer Kantine serviert wird – *Großzügige Fahrkostenzuschüsse* für Mitarbeiter, die die Bundesbahn benutzen – *Bequeme Fahrt* in den von uns gemieteten Omnibussen – *Auf Wunsch Unterkunft* in Quelle-Wohnheimen. Betonen Sie die günstigen Arbeitszeiten. Wir arbeiten in zwei Schichten: von 6 Uhr bis 14.30 Uhr und von 15 Uhr bis 23 Uhr. Hausfrauen haben also noch Zeit für die Familie. … Ihre Mühe soll belohnt werden! … Wenn jeder Quelle-Mitarbeiter nur eine Aushilfskraft wirbt, wird die Arbeit für alle leichter.«

Diese intensive Suche nach fest angestellten oder auch nach Saisonarbeitskräften lässt leicht übersehen, dass für die Quelle – wie für den Versandhandel insgesamt – ein ganzes Heer nebenberuflicher

Vertreter und sogenannter Sammelbesteller tätig ist. Anfang der sechziger Jahre geht man davon aus, dass zum Beispiel von den knapp 3,5 Milliarden D-Mark, die 1959 von den rund 2000 westdeutschen Versandhäusern umgesetzt worden sind, rund eine Milliarde auf dem Weg über Sammelbesteller eingenommen worden ist. Die Anfänge dieses Vertriebssystems liegen in den späten zwanziger Jahren, auch bei der Quelle: Die Idee der Sammelbestellung gehörte ja zu den ersten, mit denen der Jungunternehmer Schickedanz bei seinen Kunden hausieren ging.

Sammelbesteller oder auch »Haupt-Kontakt-Kunden« beziehungsweise »Sammelkunden« nehmen nicht nur die Bestellungen mehrerer Kunden eines Versandhauses, sondern auch die Paketsendungen in Empfang, kassieren bei den Mitbestellern die Rechnungsbeträge, erledigen Reklamationen und Retouren, sind nebenher wichtige Glieder in der Werbekette des Unternehmens – und kassieren dafür Provision von drei bis zu zehn Prozent des Kaufpreises. »Der Kassier im Fußballverein«, schreibt die *Frankfurter Allgemeine Zeitung* Ende 1960, »die Frau des Küsters oder die Witwe des Postsekretärs draußen auf dem Lande erweisen sich seit Jahren als die wirksamste Hilfstruppe beim Vormarsch der großen Versandhäuser in ein vielfach noch unvollkommen erschlossenes Niemandsland der Verbraucherwünsche.«

In den Bilanzen der Versender erscheinen sie hingegen in aller Regel nicht, nicht einmal mit einem Erinnerungsposten. Und daran stört sich einer von ihnen, weil er seine Sammelbesteller als Vertreter im Nebenberuf betrachtet und bilanziert, also ausschließlich Mitarbeiter beschäftigt, die als Gewerbetreibende gemeldet sind. Folglich strengt die Hanauer Friedrich Schwab & Co. KG, Ueberlandversand, im Oktober 1959 Prozesse gegen insgesamt zehn der angesehensten Versandhändler in Deutschland an, unter ihnen die Quelle. Geklärt werden soll die Frage, ob deren Sammelbesteller noch, wie von den Konkurrenten unterstellt, als Verbraucher gelten können, oder ob sie als Vertreter im Nebenberuf tätig sind. Immerhin gibt es rund eine Viertelmillion Sammelbesteller – und das ist schon deshalb eine enorme Zahl, weil viele von ihnen für zwei oder mehrere Unternehmen tätig sind. Es geht also um einiges, und so überrascht es nicht, dass im Mai 1963 schließlich auch der Bundesgerichtshof mit der Sache befasst wird. Die Richter übernehmen in diesem Fall die Sichtweise des Schwab-Versandes und betrachten Sammelbesteller als Gewerbetreibende. Eine letztgültige Entscheidung ist das nicht. Auch in den folgenden Jahren kommt es immer wieder zu Verfahren, die klären sollen, wann eine Sammelbestellung eine Größenordnung erreicht, die als Gewerbe zu gelten hat.

Bei alledem bleibt die Unternehmensgruppe, bleibt namentlich das Großversandhaus Quelle ein Familienunternehmen, schon weil sie Gustav Schickedanz gehört und weil er seine Familie auch in sein Unternehmen einbinden will. 1958 ist Schwiegersohn Hans Dedi, der Ehemann seiner älteren Tochter Louise, in die Quelle eingetreten. Leicht ist ihm dieser Schritt nicht gefallen. Denn die Leitung des Lörracher Werkes der Spinnerei und Weberei Offenburg hat ihn nicht nur mehr als ein Jahrzehnt beruflich ausgefüllt, sie garantierte ihm auch ein hohes Maß an unternehmerischer Unabhängigkeit und ein ordentliches Einkommen. Außerdem konnte der passionierte Jäger im Badischen unter geradezu idealen Bedingungen seiner Leidenschaft nachgehen.

Jetzt aber, sechs Jahre nach der Hochzeit, folgt Hans Dedi dem Ruf des Schwiegervaters – weil er dessen geschäftliche Leistungen schätzt, weil er seinen Sinn für familiäre Nähe und Zusammenhalt teilt und weil Gustav Schickedanz ihm ein attraktives Angebot macht. Welche Aufgaben er bei der Quelle übernehmen soll, ist hingegen nicht ganz klar, denn die meisten einschlägigen Positionen sind besetzt, und zwar mit guten Leuten, so dass es fürs Erste bei der Verantwortung für das Personalwesen bleibt. Die Rolle des Kronprinzen im Wartestand ist zwar privilegiert, aber wenig befriedigend. Und wer kann schon wissen, wie lange der »große Gustav«, wie ihn die Zeit 1984 einmal nennen wird, an der Spitze stehen will oder kann?

Als Dedi zur Quelle kommt, ist im Handelsregister noch kein Handlungsbevollmächtigter eingetragen. Erst im Laufe des Jahres 1960 erteilt die Quelle – erstmals in dreißig Jahren und der rasanten Entwicklung des Geschäfts Rechnung tragend – mehrere Prokuren. Gesamtprokuren erhalten Franz Großbach, Heinz Braun, Herbert Tomandl, Lothar Schmechtig, Willi Laschet und Alfred Gebauer. Sie alle sind seit geraumer Zeit im Unternehmen tätig, haben das Vertrauen von Gustav Schickedanz und werden durchweg den weiteren Weg des Unternehmens eng begleiten.

Offenbar orientiert sich Schickedanz bei der Auswahl seiner Leute nicht an formalen Kriterien wie Alter oder Ausbildung. Wichtig ist, dass sie zupacken können und loyal sind. So zum Beispiel Willi Laschet, der bei Kaufhof eine Lehre absolviert hat, 1955 bei der Quelle eingetreten ist, sich hier bewährt und 1958, nicht einmal dreißig Jahre alt, von Gustav Schickedanz mit dem Ausbau des stationären Geschäfts betraut wird, was den eigentlichen Einstieg des Unternehmens in das Kaufhausgeschäft markiert.

Ein anderer Fall ist Franz Großbach, der zwar 1960 gerade einmal Mitte vierzig ist, aber inzwischen zur Stammbelegschaft zählt. Ende Juli 1913 im böhmischen Aussig geboren, gehört er zu den Bürgern der alten Donaumonarchie, die in den folgenden gut drei Jahrzehnten drei Mal die Staatsbürgerschaft wechseln: Der österreichisch-ungarischen folgt nach der Auflösung der alten Doppelmonarchie die tschechoslowakische und dieser wiederum nach der Besetzung der sudetendeutschen Gebiete des Landes durch die Wehrmacht die deutsche Staatsangehörigkeit, bis Großbach mit dem Untergang des Dritten Reiches und der Wiederherstellung eines tschechoslowakischen Staates auch wieder dessen Staatsangehörigkeit erhält.

Ähnlich wechselvoll ist sein persönlicher Lebensweg, der ihn nach dem Besuch der Handelshochschule in Aussig und einer ersten beruflichen Tätigkeit als Betriebsprüfer bei der Reichsfinanzverwaltung mit der deutschen Wehrmacht in den Krieg führt. Eine schwere Verwundung in der Kesselschlacht bei Kiew während des Sommers 1942 hat zur Folge, dass er nicht mit seiner Division in die Schlacht um Stalingrad ziehen muss, sondern im Juli 1944 in Prag mit einer Doktorarbeit über »Gedanken zur Frage der Annäherung von Steuerbilanz und Preisbilanz« promoviert wird.

Nach dem Krieg führt Franz Großbach im Auftrag des BLVW, des Bayerischen Landesamtes für Vermögensverwaltung und Wiedergutmachung, Prüfungen diverser Großbetriebe durch, darunter der Vereinigten Papierwerke in Heroldsberg. Hier kommt er in Kontakt mit Hanns Jüngling, dem zeitweilig durch die Alliierten suspendierten, dann aber wieder inthronisierten Geschäftsführer, der von Großbachs Fähigkeiten angetan ist und ihn wenig später an Gustav Schickedanz ausleiht. Der nämlich ist 1952 auf der Suche nach einem Fachmann, der ihm bei einem Umsatz von rund 100 Millionen eine »kurzfristige Erfolgsrechnung« vorlegen kann. Großbach kann – und bleibt. So beginnt eine der interessantesten Karrieren im Hause Schickedanz, und bald zählt Franz Großbach mit Hanns Jüngling zu den engsten Vertrauten des Quelle-Gründers.

Zu dessen auffallendsten Eigenschaften gehört, dass er einen untrüglichen Sinn für die richtigen Leute hat, für Mitarbeiter, die ihn verstehen, die realisieren, was er sich vorstellt, die seine Entscheidungen auch dann noch loyal umsetzen, wenn sie nicht ihren Ideen oder Empfehlungen entsprechen. Umgekehrt hat Gustav Schickedanz vieles zu bieten, was diese Leute an ihn und sein Unternehmen bindet – allen voran seine herausragenden Fähigkeiten als Entrepreneur, aber auch die offene, ehrliche Form des Umgangs und die »familiäre Atmosphäre«, von der langjährige Weggefährten noch Jahrzehnte später sprechen. »Wir hätten uns für ihn zerreißen lassen«, sagt Großbach. Während andere, wie zum Beispiel Max Grundig, ihr

Führungspersonal rasch verschleißen, bleiben die Direktoren und Geschäftsführer der Quelle ein Leben lang.

Und nicht nur diese. »Fräulein Betty Haas« etwa, die im Februar 1931 als Chefbuchhalterin bei Gustav Schickedanz eingetreten ist, längst als seine rechte Hand gilt, 1955 – 33 Jahre nach der Gründung des Großhandelsgeschäfts und als Erste überhaupt – für dieses Einzelprokura erhalten hat, bekommt Anfang 1960 sogar Einzelprokura für den Versandhandel übertragen. Sie ist die Erste seit Anna Schickedanz, Gustavs verstorbener Frau. »Meine Arbeit und meine Hingabe an den Betrieb, das war eben meine Lebensaufgabe«, sagt sie 1961 anlässlich ihres dreißigjährigen Dienstjubiläums dem Bayerischen Rundfunk. »Ich bin wirklich ein glücklicher Mensch … Es ist Treue um Treue!« Und natürlich wciß das niemand besser als ihr Chef, der seinerseits auf der Feierstunde im Februar 1961 zu Protokoll gibt, dass sich die Jubilarin nicht nur dem Betrieb, sondern auch der Familie »verschrieben« habe, dass sie mit ihm die »schweren Stürme« der Jahre 1933, 1939, 1943 und 1945 durchgestanden habe und auch in den »so furchtbaren Nachkriegsjahren« zur Stelle gewesen sei. Solange er oder eines seiner Familienmitglieder lebe, sagt Gustav Schickedanz, werde der Dank an sie »lebendig« bleiben.

Überhaupt spielen, wie eh und je, Damen eine entscheidende Rolle im Unternehmen, im Privatleben und auch sonst. Gewiss, Gustav Schickedanz ist ein treuer Ehemann. Seitensprünge, Eskapaden, amouröse Abenteuer sind seine Sache nicht. Aber er mag und er schätzt die Frauen, und die Frauen mögen und schätzen ihn. Gustav Schickedanz, wird die Illustrierte *Neue Revue* ein Jahrzehnt später schreiben, ist »ein Frauenkenner«, »der Mann, der weiß, was Frauen träumen«.

So ist es. Als Mitte Dezember 1959, auf einer abendlichen Festveranstaltung anlässlich der Verleihung der Fürther Ehrenbürgerwürde an Gustav Schickedanz, einer der Redner an die »Frauen« erinnert, die dem Unternehmer in seinem »Lebenswerk so entscheidend geholfen haben und helfen«, gibt der in seiner Dankesrede mit einem Schiller-Zitat zu erkennen, dass er das nicht anders sieht:

Ehret die Frauen!
Sie flechten und weben
himmlische Rosen ins irdische Leben.

Neben Betty Haas gilt das in dieser Zeit vor allem für jene Damen, die Gustav Schickedanz auch familiär eng verbunden sind, also für seine Töchter Louise Dedi und Madeleine Schickedanz, seine Schwester Liesl Kießling und natürlich seine Frau Grete. Sie führt inzwischen im Modebereich die Regie – angesichts der nach wie vor herausragenden Bedeutung der Textil- und Wollwaren eine zentrale Stellung im Unternehmen. So setzt Grete Schickedanz 1959 gegen die im Übrigen nur von Männern besetzte Führungsriege der Quelle, auch gegen ihren zunächst zögerlichen Mann, die Aufnahme einer Nähmaschine in den Quelle-Katalog durch. Der Erfolg gibt ihr recht. Innerhalb von zehn Jahren wird das Fürther Versandhaus zum größten Verkäufer von Nähmaschinen in der Bundesrepublik: Eine Million von ihnen setzt die Quelle bis 1968 ab.

Kein Wunder, dass bald auch die Presse von der Frau Notiz zu nehmen beginnt, »die heute an übermorgen denkt«. So betitelt die *Frankfurter Rundschau* Anfang 1965 einen Bericht über die inzwischen Dreiundfünfzigjährige. Und was »für eine Frau ist das nun, diese Grete Schickedanz, die eben noch wegen eines Katalogtitels mit Barcelona telefoniert hat, und dann nach Budapest fliegt, um Mäntel einzukaufen? Eine Managerin? Eine Frau, für die es das Wort Familie nicht mehr gibt, die über Börsenkurse besser Bescheid weiß als über Kochrezepte? Nichts von alledem. Diese Frau, die wirklich weiß, was harte Arbeit bedeutet, ist in erster Linie ganz einfach einmal eines: nämlich Frau. Mit Charme, mit einer fast entwaffnenden Bescheidenheit und mit mütterlicher Herzlichkeit.« Wenn das nicht gut fürs Geschäft ist. »Die Kundin«, findet dann auch die Berichterstatterin der *Rundschau*, »spürt, daß eine Frau für sie gedacht hat. Und das gibt ihr Vertrauen.«

Während Grete Schickedanz – »Die Frau an seiner Seite«, wie der *Stern* Anfang 1967 eine Geschichte überschreibt – jetzt immer häufiger öffentlich in Erscheinung tritt und zunehmend Einfluss auf die Außendarstellung des Unternehmens nimmt, steht ihre Schwägerin, Gustavs Schwester Liesl Kießling, nach wie vor für die Pflege des Binnenklimas. Kein zweiter Mitarbeiter ihres Bruders ist so lange dabei wie sie; keine zweite Person, von Gustav Schickedanz abgesehen, ist so eng mit den Ursprüngen des Unternehmens verbunden wie Liesl Kießling; und keine zweite, wiederum von ihrem Bruder abgesehen, steht so sehr für die enge Verbindung von Unternehmen, Familie und Heimat wie sie. Insofern schließt sich für die beiden ein Kreis, als Liesl Kießling und Gustav Schickedanz im Oktober 1959 zu Ehrenbürgern von Vestenbergsgreuth ernannt werden.

Gewiss, es gibt bedeutendere Auszeichnungen als diese, zumal für den Gründer der Quelle. Und doch ist gerade diese Ehrung für beide von besonderem Wert. Äußerer Anlass ist die Weihe der Ortskirche, deren Bau die Gemeinde seit über 200 Jahren plant und der nunmehr dank großzügiger Unterstützung der Geschwister verwirklicht werden kann. Vieles verbindet sie mit der Ortschaft im Steigerwald. Die Familie ihrer Mutter stammt von hier, und als Kinder haben Liesl und Gustav Schickedanz ihre Schulferien bei den Großeltern verbracht. Zeitlebens empfindet vor allem der Bruder eine enge innere Bindung an Vestenbergsgreuth. Hier hat er, wie schon gesehen, »das tägliche Leben und die tägliche Arbeit der Bauern kennen, achten und lieben gelernt«, hier ist er »der Natur, dem Wald, dem Feld, den Früchten und den Blumen ganz nah gekommen«, und wenn nicht alles täuscht, liegt hier einer der Gründe, warum Gustav Schickedanz in späteren Jahren zu einem begeisterten Sammler von Werken der Brüder Schiestl wird. Davon ist noch zu berichten.

Der Natur »ganz nahe gekommen«: Zeitlebens bleibt Gustav Schickedanz – hier eine Aufnahme aus den späten vierziger Jahren – dem Landleben verbunden.

Die Bindung an Vestenbergsgreuth ändert nichts an der Verbindung zu Fürth, und natürlich beruht das auf Gegenseitigkeit.
Längst hat die Stadt Gustav Schickedanz alle nur denkbaren Ehrun-
gen und Auszeichnungen zukommen lassen, zumal dieser nach der
riesigen Investition in den neuen Nürnberger Standort der Quelle
den Hauptsitz nicht aus dem Auge verloren, vielmehr im Herbst
1958 auch in Fürth einen Neubau eröffnet hat. Und so verleiht
ihm die Stadt nur fünf Jahre nach der Goldenen Bürgermedaille
im Dezember 1959 die Ehrenbürgerwürde. Der Stadtrat würdigt
mit Schickedanz »den großen Sohn unserer lieben Stadt Fürth, aus
einfachen bürgerlichen Verhältnissen hervorgegangen, den vorbildlichen Geschäftsmann, … aber auch den königlichen Kaufmann, der
sich in seinen wenigen Musestunden um Kunst und Wissenschaft
annimmt, aber nicht zuletzt den noblen Herrn, der es in reichstem
Maße als seine Verpflichtung betrachtet, anderen zu helfen«. Und

Oberbürgermeister Bornkessel weist während des Festaktes darauf hin, dass Gustav Schickedanz in der Reihe der Ehrenbürger seit 1820 der fünfzehnte und in diesem, dem 20. Jahrhundert, der fünfte sei, insgesamt aber der erste, der diese Auszeichnung »wegen seiner großen Verdienste um die Entwicklung des Fürther Wirtschaftslebens« erhalte.

Der Geehrte wiederum, der wie viele Unternehmer seines Schlages und seiner Generation nicht zu den großen Rednern zählt und vielleicht gerade deshalb auf seine Zuhörer authentisch und ehrlich wirkt, blickt zurück – auf »das Haus meiner fleißigen, ehrbaren und bescheidenen Eltern«, auf sein Leben in Fürth, seine »Heimat im weiteren Sinne«, und auf die eigenen Anfänge. Und dann benennt er einmal mehr sein Erfolgsrezept, das so einfach klingt, beinahe trivial, und doch in einem Satz zusammenfasst, warum der Mann dahin gekommen ist, wo er heute steht: »Ich versuchte unsere Zeit zu verstehen und ihre besonderen Notwendigkeiten zu erkennen. Dadurch gelang es mir, über die Grenzen unserer Stadt hinaus zu wirken.«

Die Zeit verstehen. Ihre besonderen Notwendigkeiten erkennen. Das klingt leichter, beiläufiger, als es tatsächlich getan ist. Dabei liegt die Antwort, jedenfalls für einen Vollblutunternehmer, auf der Hand. »Am Ende unserer Arbeit«, heißt es einmal in der Betriebszeitung der *Quelle-Kreis*, »steht ein Mensch«, sprich: der Kunde. »Es lohnt sich wirklich, für jeden Betriebsangehörigen, einmal darüber nachzudenken, wie sein Handeln direkt oder indirekt auf den Kunden wirkt … Der Eindruck, den der einzelne Kunde von der Leistung und dem Geist eines Betriebes bekommt, ist wichtiger und wirksamer als alle Werbung. Mit Werbung kann man keine Kundentreue erzielen, aber mit sauberer, guter Leistung.«

»Der Kunde«, so fasst Gustav Schickedanz Ende Februar 1959 auf einer Pressekonferenz den Kern seiner Geschäftsphilosophie zusammen, »muß zufriedengestellt werden, koste es, was es wolle.«

Dazu gehört nicht zuletzt der persönliche Kontakt. Das Medium, mit dessen Hilfe der Quelle-Chef die Verbindung zu seinen Kunden hält, ist der Katalog. Durch ihn, schreibt der Bonner Kolumnist Walter Henkels nach dessen Tod, sei Schickedanz »in eine einzigartige Kommunikation mit den Massen getreten«. Seit dem Herbst/ Winterangebot 1956 »grüßt« er seine Quelle-Kunden einige Jahre lang persönlich und »freundlich« mit einigen Zeilen, weist sie auf Besonderheiten des aktuellen Sortiments hin, gibt ihnen die eine oder andere Erkenntnis (»Wissenschaft und Technik verwandeln unsere Welt in immer rascherem Tempo«) mit auf den Weg und vergisst natürlich auch nicht ein ordentliches Lob auf sein Unternehmen: »Ein Glück, daß es die Quelle gibt!«

Vor allem aber weist Gustav Schickedanz seine Kunden immer wieder darauf hin, dass er kämpft – seit Jahrzehnten um die »günstigsten Preise«. Aber nicht nur die erwartet der Kunde ganz selbstverständlich von seiner Quelle, sondern auch die volle Preisgarantie für ein halbes Jahr, die zusehends beliebte Teilzahlung, die 1960 bei der Quelle bereits zwölf Prozent des Umsatzes ausmacht, aber zunehmend auch Sonderangebote, die im Laufe der Jahre zu einem festen Posten sowohl in den Katalogen als auch in Sonderaktionen werden. Angesichts der starken, mitunter sogar dominanten Position der Quelle bleiben solche Aktionen am Markt nicht ohne Wirkung: So sorgt die Preissenkung für Fernsehgeräte um bis zu 15 Prozent zum 1. Januar 1962 für eine neue Runde im ohnehin schon harten Konkurrenzkampf, zumal die großen Hersteller von Rundfunk- und Fernsehgeräten ihre Preise zur gleichen Zeit ein weiteres Mal erhöhen.

Einen mehr als symbolischen Schritt in diese Richtung hat im Herbst 1960 die Eröffnung des ersten sogenannten Quelle-marktes gebildet. Das in unmittelbarer Nähe des Versandgebäudes in Nürnberg eingerichtete Haus ist eine Kombination aus Kaufhaus, Supermarkt und Basementstore nach amerikanischem Vorbild. In diesem

Alles unter einem Dach: Der Nürnberger Quelle-markt ist Kaufhaus, Supermarkt und Basementstore und zieht schon am Tag der Eröffnung Hunderte an. Das Bild entstand an diesem 27. Oktober 1960.

Bereich werden ausschließlich reduzierte Rest- und Sonderposten angeboten, und zwar zu Preisen, die zunächst um 25 Prozent, zehn Tage später um ein Drittel und nach weiteren zehn Tagen um 50 Prozent unter dem Katalogpreis liegen. Der Supermarkt wiederum führt – auf 81 Metern Kühltheke und in 122 Quadratmetern Kühlraum – vor allem Lebensmittel, und das Kaufhaus schließlich bietet 8000 Artikel an. Die Ware ist im Wesentlichen mit dem Katalogangebot identisch.

Selbstredend ist der Quelle-markt mit einer Gesamtfläche von 7500 Quadratmetern, in dem 450 Mitarbeiter beschäftigt sind, auch technisch auf dem neuesten Stand: Im Selbstbedienungsbereich, in dem alleine 70 Mitarbeiter für die Kundschaft da sind, gibt es unter anderem eine Flaschen-Annahmemaschine, ein Förderband, das die Einkaufskorbwagen automatisch zur Sammelstelle zurückführt, durch magische Augen gesteuerte Transportbänder für die gekaufte Ware sowie zwölf Ausgangskassen mit Rückgeldverrechnung. Und natürlich haben die Planer bedacht, dass der Kunde im angebrochenen automobilen Zeitalter auch in dieser Hinsicht zufriedengestellt wird: Der Parkplatz ist für 150 PKWs ausgelegt, und an der angeschlossenen Tankstelle kann der Fahrer gleich für 50 Pfennig pro Liter Benzin nachfüllen.

Der Laden läuft so gut, dass seine Verkaufsfläche im Oktober 1967 auf 9000 Quadratmeter erweitert wird. 18 Millionen D-Mark hat Gustav Schickedanz dafür in die Hand genommen. Und auch die angeschlossene Tankstelle scheint sich zu rentieren: Zwölf Jahre später, im Sommer 1972, nimmt die Quelle an der Autobahn A3 Nürnberg–Würzburg ihre vierundzwanzigste Tankstelle in Betrieb und unterhält damit in der Bundesrepublik ein eigenes Netz. Allerdings gehört das Geschäft mit dem Treibstoff dann zu den Unternehmensbereichen, die nach dem Tod von Gustav Schickedanz abgestoßen werden: Am 1. März 1978 verkauft das Versandhaus Quelle seine inzwischen 25 Tankstellen an die amerikanische Conoco. Die Continental Oil Co. betreibt damals in der Bundesrepublik unter der Marke »Jet« ein Netz von 360 Tankstellen.

Mit der Eröffnung des Marktes der Superlative trägt Schickedanz einem seit Ende der fünfziger Jahre nicht mehr zu übersehenden Trend Rechnung: Der Versandhandel gerät zunehmend in die Defensive gegenüber dem stationären Geschäft. Dafür gibt es eine Reihe von Gründen. So ist der Versandhandel, wie der Wirtschaftsjournalist Hermann Bößenecker Mitte Februar 1962 für die *Welt* schreibt, namentlich in »Beamten- und Universitätsstädten« wie der Hauptstadt Bonn »immer noch nicht voll gesellschaftsfähig«: »›Man‹ kauft eben nicht beim Versender, wenn man dem Patenkind ein Geschenk macht.« Hinzu kommt, dass der Kunde die Ware häufig vor dem Kauf in Augenschein nehmen möchte, und natürlich weiß er Beratung und Service zu schätzen.

Für die Quelle im Besonderen ist bedenklich, dass ein anderer

diesem Bedürfnis von Anfang an und mit Erfolg Rechnung getragen
hat: Josef Neckermann stellt mit den Kaufhäusern gleichsam Schaufenster zur Verfügung, in denen seine Kunden auch die über den Versandhandel zu beziehende Ware vorab besichtigen können. Damit
hat der schärfste Konkurrent einen Vorteil, und das sorgt in Fürth für
Unmut. Wie alles, was mit den Frankfurtern zu tun hat.

Denn Schickedanz und Neckermann liefern sich in den späten
fünfziger Jahren einen »harten, unerbittlichen Wettbewerb«, wie
Werner Otto, der kommende Konkurrent beider, in seinen Lebenserinnerungen festgehalten hat. Sein Versand ist damals noch zu klein,
um daran teilnehmen zu können oder zu müssen. Aber der Hamburger Unternehmer beobachtet die Auseinandersetzung zwischen den
beiden Großen der Branche aufmerksam, lernt aus deren Fehlern
und Schwächen und überrundet seit den ausgehenden siebziger
Jahren schließlich beide. Zu seinen Vorteilen und Stärken gehört,
dass er in seinem Sohn einen Nachfolger hat, der das Unternehmen
1981 weiterführen kann und will.

Dass sich Neckermann und Schickedanz seit den ausgehenden
fünfziger Jahren eine erbitterte Schlacht liefern, hat mit offenen
Rechnungen aus vergangenen Zeiten, vor allem aber damit zu tun,
dass keiner von beiden Zweiter sein will – beziehungsweise von seinem Naturell her sein kann. Die Zeiten, in denen die neuen Kataloge
herauskommen, sind Zeiten höchster Anspannung. In Fürth wie in
Frankfurt. Da wird Seite für Seite des konkurrierenden Druckwerks
auf falsche Behauptungen hin geprüft, werden Detektive angesetzt
und Verfahren angestrengt. So erwirkt die Quelle im Juni 1955 beim
Landgericht Stuttgart eine einstweilige Verfügung: Weil sie nicht der
im Katalog beschriebenen Qualität genügen, dürfen fünf Artikel –
ein Schlafanzug, ein Paar Turnschuhe, ein Paar Damensandaletten,
ein Wandbild sowie ein Teppich – von Neckermann nicht mehr
vertrieben werden.

So bremst man sich gegenseitig aus. Und weil das allmählich

an die Substanz geht, weil der Wettbewerb immer öfter auf dem Rechtsweg ausgetragen wird und auch deshalb außer Kontrolle zu geraten droht, kommen die Kontrahenten 1961 zur Räson und legen die inzwischen zahlreichen Wettbewerbsstreitigkeiten in einem Generalvergleich bei. Teil des Arrangements ist auf Wunsch der Quelle übrigens auch die von Neckermann angestrengte Klage gegen jenen Anwalt, der Karl Joel, den vormaligen jüdischen Besitzer des Neckermann'schen Versandbetriebs, im Auftrag von Schickedanz beim Rückerstattungsverfahren gegen Neckermann unterstützt haben soll.

Aber natürlich ändert das nichts an der geschäftlichen Konkurrenzsituation zwischen Quelle und Neckermann, im Gegenteil. Die verschärft sich in den kommenden Jahren noch erheblich, zumal auch Neckermann stets neue Verkaufsmethoden und -wege findet. So hat der umtriebige Frankfurter Konkurrent Anfang der sechziger Jahre eine Arbeitsgemeinschaft mit der Lebensmittel-Großhandelsgemeinschaft REWE gegründet. 1961 sind schon 4200 REWE-Händler an dieser Zusammenarbeit beteiligt, und beide Seiten schließen nicht aus, dass das Kataloggeschäft auf alle 13 000 Händler ausgedehnt werden könnte.

Solche Aktivitäten sind ein Grund, wenn auch gewiss nicht der einzige, warum Schickedanz zur gleichen Zeit verstärkt auf den stationären Handel setzt. Der Nürnberger Quelle-markt ist der Einstieg in eine neue, in die Kaufhaus-Dimension. Allerdings fangen die Fürther hier nicht bei null an. Zum einen gibt es 1960 im Bundesgebiet schon 700 Kundendienststellen, die für Gewährleistungen, Reparaturen und ähnliche Dienstleitungen zuständig sind, und zum anderen hat sich allein in diesem Jahr die Zahl der inländischen Verkaufsagenturen um sechs auf 55 erhöht, Tendenz rasch steigend. Diese Verkaufsniederlassungen dienen der Unterstützung des zentral von Fürth beziehungsweise Nürnberg aus abgewickelten Versandhandels.

Schließlich hat Schickedanz auch das Ausland nicht aus dem Auge verloren. Schon weil er dort auf eine wachsende Kundschaft setzt, aber auch weil ein zunehmend großer Anteil der gelieferten Ware aus dem Ausland kommt, wird die Expansion konsequent, wenn auch nicht überstürzt vorangetrieben. 1960 gibt es neben der Niederlassung in New York jeweils eine im kanadischen Montreal, im schwedischen Malmö und in Österreich: 1959 ist die Firma Groß-versandhaus Quelle Gustav Schickedanz als Einzelfirma mit Sitz in Vöcklabruck gegründet worden, die einen eigenen Katalog heraus-gibt und bereits im ersten Jahr umgerechnet 16,5 Millionen D-Mark umsetzt.

Einen nicht zu unterschätzenden Anteil am Auslandsgeschäft nimmt der prestigeträchtige »Diplomaten-Dienst« ein, also die Ab-wicklung von Aufträgen deutscher und ausländischer Diplomaten aus allen Teilen der Welt: »So gehört es schon zur Routine, einen Kühlschrank per Luftfracht nach Kathmandu in Nepal zu expedieren oder eine Wohnzimmereinrichtung durch die UdSSR über Taschkent nach Kabul (Afghanistan) zu versenden!« Für die Fürther ist das ein weiterer Beleg, dass man »auch die Konkurrenz auf dem Weltmarkt nicht zu fürchten braucht«.

Tatsächlich erschließt sich die Quelle Anfang der sechziger Jahre gerade dort, und nicht zuletzt in Asien, gänzlich neue Horizonte. Mit der Eröffnung eines eigenen Einkaufbüros in Hongkong gehört Schickedanz hier 1961 zu den Pionieren – jedenfalls auf längere Sicht. Kurzfristig hat man erst einmal mit einer Reihe von Problemen zu kämpfen, wie den unterschiedlichen Konfektionsgrößen: Die aus Asien gelieferten Kleidungsstücke lassen sich schlechterdings nicht an den deutschen Herrn oder die deutsche Dame bringen. Aber nachdem die Fürther diese Probleme geklärt haben, sind sie der Konkurrenz hier um Jahre voraus.

Später führen Insider den Sieg im Wettlauf mit Neckermann auf die Preisvorteile zurück, die sich Quelle durch den Einkauf in der britischen Kronkolonie verschafft, und es ist Grete Schickedanz, die seit ihrem ersten Besuch in Hongkong Anfang Oktober 1962 diese wichtige Geschäftsbeziehung mit regelmäßigen Besuchen pflegt. Schon während ihrer Reise schreibt sie dem daheim gebliebenen Gatten, »daß es sehr nötig war[,] alles kennen zu lernen«, und sie ist überzeugt, dass man bereits für das kommende Jahr »bessere Einkaufserfolge ... erzielen« werde.

Während seine Frau in Asien neue Horizonte erkundet, treibt Gustav Schickedanz das Auslandsgeschäft vom heimischen Fürth aus voran. Wenn ihn etwa aus fernen Ländern die Bitte erreicht, ihre Interessen im Frankenland wahrzunehmen, verschließt er sich nicht. So ist er schon einmal von März 1942 bis Juli 1945 als königlich ungarischer Honorarkonsul in Nürnberg für die linksrheinische Pfalz sowie Mittel- und Oberfranken tätig gewesen. Auch als jetzt aus Griechenland eine entsprechende Anfrage in Fürth eintrifft, akzeptiert er im März 1961 schon mit Blick auf die zahlreichen griechischen Gastarbeiter in seinen Betrieben das Amt des königlich griechischen Wahlkonsuls in Nürnberg.

Die Tätigkeit eines Honorarkonsuls hat den Vorteil, dass man sie zu Hause wahrnehmen kann. Nicht dass er das Reisen scheute. »Nur«, sagt er im Winter 1963 in einem Interview mit der Illustrierten *Quick*, »– wo immer ich auch sein würde, ich hätte keine ruhige Minute, wenn ich an die Firma denke. Ich komme von der ›Quelle‹ einfach nicht los. Gott sei Dank ist meine Frau sehr reiselustig. Sie war in Japan, in Hongkong, in Süd- und Nordamerika. Sie erschließt immer neue Einkaufsmöglichkeiten und kommt mit vielen neuen Ideen zurück. So hat wenigstens einer von uns beiden die Welt gesehen.«

Also bleibt Gustav Schickedanz, von Urlaubsreisen abgesehen, lieber zu Hause – weil ihn die Firma nicht loslässt, aber auch weil er im eigentlichen Sinne des Wortes bodenständig ist, weil mit zunehmendem Alter die Gesundheit nicht mehr so mitspielt wie in

den vergangenen 15 Jahren und weil er im Januar 1960 seinen Fünfundsechzigsten gefeiert hat. Zwar ist das, wie er an diesem Tag sagt,
»im allgemeinen der Zeitpunkt, an dem man vom Beruf Abschied
nimmt. Ich kann es nicht tun. Unsere Betriebe erfordern auch weiterhin den ganzen Einsatz meiner Kraft.«

Er kann es nicht tun. Eine klare Aussage – und eine bezeichnende
Selbsteinschätzung. Einige Jahre später, in besagtem Interview mit
Quick, antwortet Gustav Schickedanz auf die Frage, was er für seinen
»größten Fehler« halte: »Was ich für falsch halte? … Um die Fünfzig
herum wollte ich eigentlich aufhören zu arbeiten. Ich wollte die Welt
sehen, Museen besuchen, das Leben genießen, wie man so sagt. Jetzt
bin ich 68 und weit von diesem Wunsch entfernt. Das halte ich für
falsch.«

Keine Frage, der Mann ist ehrlich – auch zu sich selbst. Keine Frage aber auch, er hält sich für unentbehrlich, und wahrscheinlich ist
er es auch, oder immer noch. Das Bedürfnis, alles selber zu machen,
ist kolossal und hat natürlich auch mit der Erkenntnis zu tun, dass
ihm bislang fast alles gelungen ist. Ob sich die weitreichenden strategischen Entscheidungen dieser Jahre auch in Zukunft als richtig
erweisen, wird man sehen. In seiner Lebenszeit jedenfalls wird die
zusehends komplexer und komplizierter werdende Konstruktion
tragen. Da ist sich Schickedanz sicher. Denn er traut seinem Instinkt
und seiner Phantasie.

Nicht dass Gustav Schickedanz beratungsresistent wäre. Weit rei-
chende Entscheidungen sind jedenfalls in dieser Zeit selten einsame
Entscheidungen. Der Quelle-Chef holt Rat und Meinungen ein, lässt
sich auch überstimmen. Das unterscheidet ihn von dem anderen
großen Fürther Unternehmer der Zeit, Max Grundig. Schickedanz
kann über seinen Schatten springen, kann über sich lachen und
ist nicht nachtragend. Das hilft seinen engsten Mitarbeitern, auch
dann mit seinen Entscheidungen zu leben, wenn sie die Lage anders
einschätzen als er. Denn dass er die letzte Entscheidung trifft, steht

Wirtschaftswundermänner unter sich: Die Fürther Max Grundig, Ludwig Erhard und Gustav Schickedanz Mitte der sechziger Jahre.

außer Frage – weil er am Ende die Verantwortung trägt und weil er in geschäftlichen Belangen niemandem ganz traut. Gustav Schickedanz will alles im Griff haben. Auch jetzt noch, als er fünfundsechzig wird.

Also bleibt er nicht nur an Bord, sondern hält weiterhin das Steuer fest in der Hand. Angesichts der Herausforderungen, vor denen das Unternehmen wie die Familie stehen, ist in der Tat ganzer Einsatz gefordert. Denn die ungestüme geschäftliche Expansion bindet nicht nur alle Kräfte, sie führt auch in einigen Unternehmensbereichen zu Neugründungen, erfordert in anderen eine neue Struktur und bringt nicht zuletzt Neuordnungen im Kreis der Gesellschafter mit sich. So wird zum 1. Oktober 1960 die 1922 gegründete, seit 1926 als »Gustav Schickedanz Kurz- & Wollwaren en gros« geführte Firma unter dem Namen »Gustav Schickedanz« in eine Kommanditgesellschaft umgewandelt. Gegenstand des Unternehmens ist die »Erzeugung von und der Groß- und Einzelhandel mit Waren aller Art«.

Persönlich haftender Gesellschafter ist Gustav Schickedanz. Zum Januar 1962 werden seine beiden Töchter, Louise Dedi und Madeleine Schickedanz, mit einer Einlage von je zwei Millionen D-Mark als Kommanditisten aufgenommen.

Als geschäftlich besonders folgenreich erweist sich die Gründung der Quelle Foto- und Filmdienst GmbH, Fürth. Zunächst hatte die Quelle, einem Kundenwunsch folgend, mit einem Vertragslabor einen eigenen Foto- und Filmdienst eingerichtet, dann im Herbst 1960 eine Fotoabteilung mit Entwicklungsdienst, Foto- und Filmversand eröffnet. Der vorerst letzte Schritt ist die Errichtung einer eigenen Firma und ihre Ausgründung aus dem Versandhaus als »Foto-Quelle GmbH« zum 1. September 1961. Der Erfolg ist enorm. Schon im ersten Jahr ihres Bestehens setzt der Foto- und Filmdienst rund 30 Millionen D-Mark um und nähert sich damit einem etablierten Fachgeschäft wie Photo-Porst, das auf 55 Millionen D-Mark kommt. 1963 sind es schon 40 Millionen D-Mark, und im kommenden Jahr werden mit dem Verkauf unter anderem von 1,2 Millionen »Revue«-Filmen und 21 000 Kleinbildkameras gut 47 Millionen D-Mark umgesetzt. Es dauert nicht lange, bis die Foto-Quelle eines der größten Spezial-Versandunternehmen Europas ist.

Die Gründung der Firma ist nicht zuletzt eine Reaktion auf die Weigerung der beiden namhaften Fotofirmen Kodak und Agfa, den Versandhandel zu beliefern. Bei diesen und insbesondere bei dem von ihnen belieferten Fachgeschäften grassiert die Sorge, die Versender könnten das Preisgefüge unterlaufen, überdies wegen der mangelnden fachlichen Beratung die Fotobranche insgesamt in einen schlechten Ruf bringen und dem mittelständischen Einzelhandel auf diese Weise noch größeren Schaden zufügen als ohnedies.

Der Einzelhandel fühlt sich nämlich inzwischen durch die zunehmende Konkurrenz der Versand- und der Warenhäuser in seiner Existenz bedroht. Dass es sich dabei nicht um vorgeschobene Argumente, sondern um tiefsitzende und in mancher Hinsicht

berechtigte Ängste handelt, weiß zum Beispiel auch der Wirtschaftsminister. Jedenfalls bittet Ludwig Erhard Anfang Januar 1961 Gustav
Schickedanz, »nicht zu vergessen, dass wir – Jeder an seinem Platz –
zugleich auch Diener an der Gemeinschaft unseres Volkes bleiben.
Dieses Bekenntnis ist frei von jeder Mahnung, denn ich glaube auch
um Ihren inneren Zwiespalt zu wissen, der Sie auf der einen Seite
drängt, die besten Dienste für unsere deutsche Volkswirtschaft und
den deutschen Verbraucher zu leisten und dennoch dem Verdacht
ausgesetzt zu sein, mittelständische Existenzen in ihrem Sein beeinträchtigen oder sie sogar vernichten zu wollen. Sie mögen einen Trost
darin finden, dass es mir kaum anders ergeht, denn wenn ich auf der
einen Seite auch darauf bedacht sein muss, einem breitgestreuten
Mittelstand zur Existenzsicherung zu verhelfen, so bleibt es doch
auch meine Pflicht, dem Verbraucher die besten Bezugsmöglich-
keiten zu eröffnen. In diesem Zwiespalt gibt es wahrscheinlich gar
keine optimale Lösung …«

So ist es. Und deshalb bewegen sich auch im Falle des Konflikts
zwischen der Quelle und den Fotofirmen beide Seiten aufeinander
zu. Nachdem sich das Bundeskartellamt in wesentlichen Punkten auf
die Seite des Versandhandels geschlagen hat, gibt zunächst Kodak im
Fall Quelle nach, zumal die Fürther mit ihrem Foto- und Filmdienst
ihrerseits den Fachfirmen entgegenkommen und zum Beispiel einen
eigenen Fachkatalog auflegen. Die damit in Aussicht gestellte fachge-
rechte Kundenbetreuung führt dazu, dass sich zum Jahresende 1961
auch die Adox Fotowerke Dr. C. Schleussener GmbH zur Lieferung
an Quelle bereitfinden.

Damit ist der Grundkonflikt vorerst entschärft. Aus der Welt ist
er nicht, im Gegenteil. Je erfolgreicher der Versandhandel und die
Warenhäuser um die Kundschaft werben, umso entschiedener versucht der stationäre Einzelhandel seine nach wie vor starke Stellung
auszunutzen und die Produzenten von deren Belieferung abzuhalten.
Dort wiederum zieht man aus der Geschäftspraxis der deutschen

Lieferanten die naheliegende Konsequenz und intensiviert die Zusammenarbeit mit japanischen Herstellern. Das gilt nicht nur für das Fotogeschäft, sondern beispielsweise auch für den Handel mit Porzellan-Ware.

Anfang April 1964 wendet sich Gustav Schickedanz brieflich mit der Bitte an Ludwig Erhard, sich bei Kurt Schmücker, dessen Nachfolger im Wirtschaftsministerium, für eine »Vergrößerung der Porzellan-Einfuhr aus Japan« zu verwenden. Erhard residiert nämlich inzwischen im Kanzleramt. Nachdem die Unionsparteien in den Wahlen vom 17. September 1961 ihre absolute Mehrheit im Bundestag verloren hatten und erneut auf die FDP als Koalitionspartner angewiesen waren, hatte Konrad Adenauer nicht zuletzt auf Druck der Liberalen zugesichert, rechtzeitig vor den nächsten Wahlen die Kanzlerschaft aufzugeben. So war Ludwig Erhard, der Inbegriff des deutschen Wirtschaftswunders, am 16. Oktober 1963 zum Kanzler gewählt worden.

Für Gustav Schickedanz ist sein Fürther Nachbar als Ansprechpartner damit eher noch interessanter als zuvor. Auch in der Frage der Einfuhr japanischen Porzellans. In Gesprächen, die Vertreter der Außenhandelsvereinigung des Deutschen Einzelhandels im Wirtschaftsministerium geführt hatten, war nämlich der Eindruck entstanden, der Bundeskanzler selbst wolle in der Sache entscheiden. Anlass für den Vorstoß des Fürther Unternehmers ist unter anderem eine Art Boykott, werden doch, so Schickedanz an Erhard, »sowohl die Versandhäuser als auch die Warenhäuser von ca. 75 % der deutschen Porzellan-Industrie überhaupt nicht beliefert. Aus diesem Grunde sind Versender und Warenhäuser darauf angewiesen, preisgünstige Qualitätsporzellane zu importieren, und es ist allgemein bekannt, daß am günstigsten aus Japan importiert werden kann.«

Und dann sagt Schickedanz auch noch, warum gerade die Versender unter der Situation leiden: »Wenn ich keine ausreichende Möglichkeit habe, auf den Import auszuweichen, werde ich, wie bisher, gezwungen, jede Preiserhöhung bei der deutschen Porzellan-Industrie zu akzeptieren. Dies trifft mich umsomehr, da meine Preise für die ganze Katalogdauer festliegen. Zur Zeit geht mein Katalog an 5 Mio. Haushaltungen in Deutschland.« Zwar hält sich Erhard selbst bedeckt, antwortet auch Schickedanz in dieser Angelegenheit nicht persönlich. Immerhin wird aber im Wirtschaftsministerium und im Zuge der ohnehin anstehenden deutsch-japanischen Verhandlungen an einer Lösung gearbeitet. Das Ergebnis bleibt wohl hinter den Erwartungen von Schickedanz zurück, der eine Erhöhung des »Einfuhr-Kontingent[s] für Porzellan ohne typisch japanisches Dekor – also das Porzellan, das in Konkurrenz zu deutschem Porzellan steht«, von 800 000 auf zwölf Millionen D-Mark gefordert hatte. Aber mit einer schrittweisen Erhöhung des Kontingents auf 4,5 Millionen D-Mark bis zum Jahr 1967 gibt es doch immerhin eine Bewegung.

Der Vorgang ist aufschlussreich, zeigt er doch, dass und wie sich Gustav Schickedanz auch in eher untergeordneten Fragen persönlich engagiert. Denn das Porzellan gehört ja nicht gerade zu den Rennern des Katalog-Angebots der Quelle; selbst das ursprünglich geforderte, nicht annähernd erreichte Import-Kontingent von zwölf Millionen D-Mark hätte gerade einmal drei Prozent der deutschen Porzellan-Produktion ausgemacht, und davon wiederum wäre ja nur ein Bruchteil auf die Quelle entfallen. Da bewegen sich andere Sparten der Quelle, auch junge, in ganz anderen Dimensionen. Zum Beispiel das Fotogeschäft.

Eigentümer der zum 1. September 1961 gegründeten Quelle Foto-und Filmdienst GmbH sind zu gleichen Teilen die neu formierte Firma Gustav Schickedanz KG sowie die Großversandhaus Quelle Gustav Schickedanz KG. Die juristische Trennung der beiden Betriebe erklärt sich aus ihrer Geschichte. Nicht nur sind der Groß- und der Versandhandel im Abstand einiger Jahre gegründet worden, sondern Gustav Schickedanz musste in den Jahren nach Gründung des Versandhandels auch sorgfältig darauf achten, die Kunden des Großhandels, namentlich den stationären Einzelhandel, nicht zu verprellen. Inzwischen bilden die beiden in Fürth ansässigen Firmen eine betriebliche Einheit. Und sie sind mit Abstand der wichtigste Umsatzträger, wenn auch natürlich nicht der einzige.

Denn das Schickedanz-Imperium ruht ja seit den dreißiger Jahren nicht nur auf dem Handel, sondern auch auf der industriellen Produktion und den Brauereien. Auch dieses Geschäft hat inzwischen neue Dimensionen angenommen. Neben dem Stammkapital der Brauerei Geismann hält Schickedanz 1961 die Aktienmehrheit der Lederer-Brauerei, die ihrerseits wiederum die Mehrheit an der Brauerei Joh. Humbser AG besitzt und im April 1962 von der Familie Humbser die verbliebenen Anteile kauft.

Wichtiger noch sind die Industriebetriebe, zu denen außer den Wäsche- und Kleiderfabriken – einschließlich einer eigenen Fabrik für Berufskleidung – eine Strickerei, eine Stickerei, eine Bettfedernfabrik, eine Fahrradfabrik sowie eine automatische Kaffee-Großrösterei gehören, die 1958 in Hamburg ihren Betrieb aufgenommen, sich dabei allerdings am deutschen Geschmack orientiert hat. Als der stolze Großrösterei-Besitzer dem Bürgermeister von Linz eine Tasse Kaffee aus eigener Produktion servieren lässt, kommt der zu einem wenig freundlichen Urteil: »Wissen's, Lungenentzündung könnt ich bekommen, Herzklopfen nicht.« Dass Gustav Schickedanz von der Reaktion nicht gerade erbaut ist, kann man verstehen; dem guten Verhältnis der beiden tut das aber keinen Abbruch. 1964 wird in Linz für die österreichische Quelle eine Zentrale errichtet.

Von besonderem Gewicht im wachsenden Industrieimperium von Schickedanz sind die drei Papierfabriken, die rund 5000 Mitarbeiter beschäftigen. In Stadtsteinach werden Feinpapiere wie Durchschlag- und Seidenpapiere hergestellt, in Forchheim lässt Schickedanz vor allem Wellpappenerzeugnisse und Packpapier produzieren, außerdem aushilfsweise auch »Tempo«-Tücher. Die Papiertaschentücher entwickeln sich in der auf Touren kommenden Konsumgesellschaft zum Kassenschlager. Eugen Roth, der seinerseits in dieser Zeit zu den populärsten deutschsprachigen Schriftstellern zählt, widmet ihm ein eigenes Gedicht. Das 1954 anonym erschienene, illustrierte, von »Tempo« verlegte »kleine Buch vom Taschentuch« endet natürlich mit einem Lob auf das Produkt aus dem Hause Schickedanz:

> Wenn Aug' und Nase sich bewässern,
> Sind Tempo-Tücher wohl die bessern.
> Man schneuzt sich einmal, aber gründlich
> Und wirft samt allem, was entzündlich –
> Statt Selbstansteckung, immer neuer –
> Das Tuch ins Wasser oder Feuer.

Die Geschäfte mit den stark saisonabhängigen Papiertüchern gehen so gut, dass sie inzwischen auf Vorrat produziert werden. Aber selbst diese Maßnahmen und die Verlagerung eines Teils der Produktion nach Forchheim reichen nicht aus, um die Nachfrage zu decken. Weil die Fertigungskapazitäten der Vereinigten Papierwerke in Heroldsberg, wo neben den »Tempo«-Tüchern vor allem die »Camelia«-Binden hergestellt werden, Anfang der sechziger Jahre an ihre Grenzen stoßen und wegen der vergleichsweise hohen Frachtintensität dieser Produkte, plant Schickedanz im rheinischen Neuß ein weiteres Werk.

Überdies fasst er 1962 die Papierproduktion in den jetzt sogenannten Vereinigten Papierwerken Schickedanz & Co. KG, Nürnberg, zusammen. Er selbst ist alleiniger Komplementär. Die Hälfte der Kommanditeinlage hält seine Frau, die andere Hälfte halten zu jeweils gleichen Teilen seine Töchter.

Genauso verfährt er bei der Quelle. Zum Januar 1962 tritt die »Großkaufmannstochter« Madeleine Schickedanz als Kommanditist

Genug gesagt zu seinem Lobe —
Am besten macht ihr eine Probe!

Taschentücher

»Am besten macht ihr eine Probe!« Das von Eugen Roth verfasste, 1954 anonym erschienene *kleine Buch vom Taschentuch* endet natürlich mit einem Lob auf das Produkt aus dem Hause Schickedanz.

in das Großversandhaus Quelle Gustav Schickedanz K.G. ein. Ihre Einlage beträgt zwei Millionen D-Mark. Auf ebendiesen Betrag wird jetzt auch die Einlage ihrer Halbschwester Louise Dedi angehoben. Damit sind die beiden ältesten Firmen von Gustav Schickedanz, der Groß- und der Versandhandel, gleich aufgestellt.

Offensichtlich sind der fünfundsechzigste Geburtstag des Quelle-Gründers und der bevorstehende achtzehnte Geburtstag seiner jüngeren Tochter Madeleine der Anlass, sein Haus zu bestellen. Nicht dass er ans Aufhören denkt, im Gegenteil gilt in dieser Hinsicht mehr denn je, was Gustav Schickedanz an seinem Geburtstag sagte: »Ich kann es nicht tun.« Seine Entscheidungen reflektieren vielmehr den im Alter noch stärker als vordem erkennbaren Wunsch, die Familie auch über das Unternehmen zusammenzuhalten. Selbstverständlich zählen auch die Zehnders, also die Schwestern seiner verstorbenen ersten Frau und deren Familien, zum engeren Kreis. Als eine Nichte aus diesem Familienstamm im Dezember 1961 heiratet, sagt er, was ihn bewegt: »Ich habe schon immer Wert darauf gelegt, daß unsere Familien zusammenhalten … Viele, sehr viele gehen auseinander und viele junge Menschen verlieren sich leichter[,] als dies in einer früheren Zeit der Fall war. So verblassen Heimat und Familie, denen sie zugehören.«

Keine Frage, die Neuordnung des Unternehmens, namentlich die verstärkte Beteiligung seiner Töchter, ist auch ein Schritt auf dem Weg, dieses als Familienunternehmen in die Zukunft zu führen. Nicht minder wichtig für die strategische Neuausrichtung sind die geschäftlichen Herausforderungen der Gegenwart wie der Zukunft. Gustav Schickedanz weiß, dass diese Herausforderungen in den kommenden, den sechziger Jahren eher noch größer werden, als sie in der Vergangenheit ohnehin schon gewesen sind. Denn auch die Konkurrenten, allen voran Josef Neckermann, schlafen ja nicht. Wer das Rennen macht und wer gegebenenfalls auf der Strecke bleibt, wird in den kommenden Jahren entschieden.

Nicht zuletzt im Sortiment. Der Wettlauf ist atemberaubend und hat, jedenfalls in der Rückschau, durchaus amüsante Aspekte. Kaum ist der eine, in der Regel ist es Schickedanz, mit einem neuen Produkt am Markt, folgt der andere ihm auf dem Fuße. Zum Beispiel bei den Urlaubsreisen. In den zurückliegenden fünf Jahren hat sich der Budgetanteil bundesdeutscher Haushalte für Ferien und Erholung glatt verdoppelt. Und während die meisten in den fünfziger Jahren ihren Urlaub an der Nord- oder an der Ostsee, im Schwarzwald oder in den Alpen verbrachten, reisen Anfang der siebziger Jahre erstmals mehr Bundesdeutsche ins Ausland als zu heimischen Zielen.

Bei der Quelle tauchen seit dem Frühjahrs/Sommerkatalog 1962 Urlaubsreisen auf: Für 337 D-Mark kann man eine Flugreise nach Mallorca mit vierzehntägiger Vollpension buchen. Im Mai 1962 starten die ersten 44 Quelle-Kunden an Bord einer Convair Metropolitan der Lufthansa-Tochter Condor-Flugdienste von Frankfurt am Main nach Palma de Mallorca. Der Erfolg übertrifft alle Erwartungen. Kein Wunder, dass sich Mallorca in ebendieser Zeit zu einem der Traumziele der Bundesbürger entwickelt.

Der Ansturm ist so groß, dass er den Anbieter immer wieder vor kaum lösbare Schwierigkeiten stellt. Allein bis September gehen in Fürth 12 000 Bestellungen ein, von denen die Hälfte wegen der engen Kapazitätsgrenzen nicht bestätigt werden kann. Hinzu kommen Unwägbarkeiten aller Art. So stellt der Konkurs einer großen Hotelanlage auf Mallorca die Quelle vor ein erhebliches Problem: Was macht man mit den in die Tausende gehenden Kunden, die das Hotel nach Katalog gebucht haben? Da Ausweichquartiere nicht zur Verfügung stehen und eine Stornierung für Schickedanz nicht in Frage kommt, entschließt man sich in Fürth zu einer radikalen Konsequenz: Von der Guardia Civil vor aufgebrachten Gläubigern geschützt, unterschreiben die kurzfristig eingeflogenen Emissäre aus Fürth, Franz Großbach und Alfred Gebauer, einen Kaufvertrag und übernehmen das Hotel. Die im März 1965 gegründete Quelle

Hotel S.A. mit Sitz in Porto Colom und einem Grundkapital von
35 Millionen Peseten, deren Aktionär die Gustav und Grete Schickedanz KG ist, hat den Bau und die Ausnutzung von Hotels aller
Art zum Gegenstand.

Natürlich zieht die Konkurrenz nach. Noch im Dezember 1962
bietet Neckermann in seinem neu eröffneten Münchener Kaufhaus
probeweise eine fünfzehntägige Flugreise nach Malaga an. Damit ist
der Wettlauf auch auf diesem Feld eröffnet. Schon seit 1966 haben die
Fürther eine kombinierte Kreuzfahrt in die Karibik im Programm,
unter anderem in Verbindung mit einem Flug via New York, den
Condor mit einer Boeing 707 (»Jet«) durchführt, und 1968 kann man
bei der Quelle für weniger als 900 D-Mark eine sechzehntägige Reise
in die ehemalige deutsche Kolonie Kamerun buchen. Die Angebote
sind bis zu einem Drittel günstiger als der Branchendurchschnitt.

Der Konkurrent wiederum tritt seit Frühjahr 1963 mit einem
sechsseitigen Faltblatt den Weg zum eigenständigen Reiseveranstal-
ter an: Im Februar 1965 wird die NUR, die Neckermann und Reisen
GmbH & Co. KG, eine hundertprozentige Tochter, selbständig; ein
Jahr später befördert die NUR 70 000 Passagiere und hat damit die
Nase eindeutig vor dem 1962 gegründeten Quelle-Reisedienst, der es
auf 43 000 Kunden bringt. Spitzenreiter ist übrigens mit knappem
Vorsprung die 1954 von dem Kaufmann Wilhelm Friedrich Karl
(»Willy«) Scharnow und anderen gegründete Scharnow-Reisen
GmbH, ein reiner Reiseveranstalter, der wiederum 1968 mit anderen
die TUI, die Touristik Union International, ins Leben ruft.

Ähnlich eng ist der Wettkampf um die Käufer von Fertighäusern,
den der Fürther und der Frankfurter Versender praktisch zeitgleich
aufnehmen. Aber während Neckermann im Sommer 1962 erst das
neue Modell eines Vierzimmerbungalows von 108 Quadratmetern
vorstellt, kann man bei der Quelle bereits über den Herbst/Winter-
Katalog 1962 das schlüsselfertige Haus beziehen, und zwar in drei
Varianten: Der günstigste Typ mit einer Nutzfläche von gut 51 Qua-

dratmetern ist bereits für 34 000 D-Mark zu haben, für den teuersten mit einer Fläche von beinahe 100 Quadratmetern sind fast 50 000 D-Mark zu berappen. Die Preise verstehen sich jeweils einschließlich Ölheizung und komplett eingerichtetem Bad, aber ohne Fundament und Transportkosten.

Die Planungen – einstweilen für 4000 bis 5000 Einheiten pro Jahr – reflektieren das gespaltene Verhältnis der Deutschen zu diesem Produkt. Zum einen machen Fertighäuser erst zwei Prozent aller Einfamilienhäuser in der Bundesrepublik aus – eine verglichen mit Schweden oder den USA geradezu verschwindend geringe Zahl; andererseits liegt aber gerade hier eine große Chance. Das glaubt man jedenfalls in Fürth, und irrt sich gewaltig. Die Deutschen lassen sich nicht bekehren, sondern bestehen auf der überkommenen, soliden Bauweise. So gehören die Fertighäuser am Ende zu den Fehlschlägen in der Quelle-Geschichte, obgleich potenziellen Käufern in den siebziger Jahren umfassende Serviceleistungen, wie zum Beispiel Hilfestellungen bei Behördengängen, bei der Finanzierung oder auch bei der Gartengestaltung, angeboten werden.

Besser läuft das Geschäft mit Goldschmuck, Edel- und Halbedelsteinen sowie Perlen, die mit dem Herbst/Winter-Katalog 1963 ins Programm genommen werden. Mit der eigenen Handelsmarke »Euroval« und mit Preisen, die sich zwischen zehn und 3700 D-Mark pro Stück bewegen, setzt die Quelle 1966 bereits 16 Millionen D-Mark um. Der Handel mit dem Schmuck floriert auch deshalb, weil sich der Konkurrent aus Frankfurt hier zurückhält. Anders als etwa beim Massenprodukt Autoreifen. Dort ist Neckermann im Sommer 1962 vorgeprescht und bringt Quelle in Zugzwang: Mit dem Herbst/Winter-Katalog 1962 unterbieten die Fürther selbstbewusst und »preisbrechend auf dem deutschen Markt« das ohnehin schon als sensationell geltende Angebot Neckermanns für Markenreifen.

So geht das Jahr für Jahr, Produkt für Produkt, Zahl für Zahl. Aber wie lange noch? Irgendwann, das weiß Gustav Schickedanz, erreicht jede Entwicklung, auch jede erfolgreiche Karriere, einen Höhepunkt, der in aller Regel auch ihr Scheitelpunkt ist. Anfang März 1963 sind erstmals Hinweise darauf zu vernehmen. Inzwischen setzt die Quelle mehr als 1,2 Milliarden D-Mark um, von denen der Versand mit 920 Millionen D-Mark nach wie vor den Löwenanteil auf sich vereint. Allerdings liegt der Zuwachs gegenüber dem Vorjahr bloß bei 16 Prozent, und im folgenden Jahr werden es sogar nur noch knapp elf Prozent sein; 1961 waren es noch 25 Prozent gewesen. Offenbar sind die Zeiten abnorm hoher Umsatzzuwächse vorüber, und nach der Einschätzung, die der Quelle-Gründer den versammelten Journalisten vorträgt, werden »sich die Umsätze im Versandhandel allmählich einer Spitze nähern, die eines Tages auch die Spitze bleiben wird«.

Wie gesagt, das sind Hinweise und Einschätzungen. Klagen sind es nicht. Dazu gibt es keinen Anlass. Denn die Geschäfte laufen glänzend, und das Unternehmen ist in ausgezeichneter Verfassung. Während sich andere, wie der Frankfurter Konkurrent, für eine Beteiligung ausländischer Investoren interessieren, um ihre Kapitalbasis zu verbreitern, dementiert Gustav Schickedanz solche Gerüchte für die Quelle entschieden: Sie habe keine stillen Teilhaber – vom Finanzamt einmal abgesehen. Das Eigenkapital der Quelle, gibt er Anfang März 1963 zu Protokoll, belaufe sich einschließlich Rücklagen auf 100 Millionen D-Mark; die Summe der Verbindlichkeiten liege unter diesem Betrag.

Aber natürlich ist das kein Grund für Selbstzufriedenheit. Gustav Schickedanz hat stets die Zeichen der Zeit erkannt. Das war Teil seines Erfolgsrezepts, und daran ändert sich auch jetzt nichts. Es ist ja kein Zufall, dass er auf der erwähnten Frühjahrspressekonferenz – vorsichtig, aber wiederholt – zu erkennen gibt, dass die Bezeichnung der Quelle als »Großversandhaus« eigentlich nicht mehr zutreffe. Zum einen sei sie weit in die Produktion hineingewachsen und beschäftige dort rund 2000 Mitarbeiter. Zum anderen wolle und werde er den Schwerpunkt der Entwicklung auf den Ausbau des stationären

Geschäfts legen. Etwa die Hälfte des Umsatzes soll dereinst durch die Kaufhäuser der Quelle erwirtschaftet werden. Alleine 1963 werden drei zu den bestehenden sieben hinzukommen. Im folgenden Jahr nimmt Schickedanz dann in Westberlin den Bau eines Kaufhauses mit einer Verkaufsfläche von 10 000 Quadratmetern in Angriff – und reagiert damit auf den Vorstoß von Neckermann, der dort bereits ein Haus ebendieser Größe im Bau und überhaupt bei den Kaufhäusern die Nase vorn hat: 24 sind es 1963, als Schickedanz zur Aufholjagd bläst.

Keine Frage, die Bundesrepublik einschließlich Westberlins ist nach wie vor ein attraktiver und zumal für das größte deutsche Versandhaus der mit Abstand wichtigste Markt. Aber sie ist nicht der einzige. Kein anderer Versender hat so frühzeitig das Ausland ins Auge gefasst wie die Quelle – zunächst und vor allem als Lieferanten: 1961 lag der Importanteil der angebotenen Artikel bei zehn Prozent, 1963 sind es bereits 15 und 1966 rund 25 Prozent. Dem ersten Einkaufskontor in Hongkong folgen 1963 zwei weitere in Italien und Japan.

Ähnlich konsequent werden die ausländischen Absatzmärkte erschlossen. Die Pakete aus Fürth beziehungsweise aus Nürnberg gehen inzwischen in rund 80 Länder der Erde. Dabei nimmt die österreichische Tochtergesellschaft mit einem Umsatz von inzwischen 66 Millionen D-Mark im Jahr 1963 eine Sonderstellung ein. In anderer Hinsicht von zukunftsweisender Bedeutung ist die Eröffnung einer Verkaufsniederlassung in Luxemburg. Denn mit ihr wird 1960 nicht nur der vorerst kleine Kreis der Niederlassungen in New York, Montreal und Malmö um eine vierte erweitert, sondern es ist auch die erste Gründung im Bereich des Gemeinsamen Marktes.

Gewiss ist dieser noch weit von den Dimensionen der späteren Europäischen Union entfernt. Das gilt für die Zahl seiner Mitglieder, es gilt für die Intensität der Integration, wie sie zum Beispiel im 21. Jahrhundert in einer gemeinsamen Währung zum Ausdruck kommt, und es gilt für den Abbau von Handelshemmnissen aller Art. Aber ein Anfang ist doch gemacht. Seit sich Frankreich, die Bundesrepublik Deutschland, Italien und die drei Benelux-Staaten im April 1951 zur Gründung der EGKS, der Europäischen Gemeinschaft für Kohle und Stahl, und damit für eine gemeinsame Kontrolle, Planung und Verwertung wichtiger Rohstoffe und Produkte entschieden haben, ist das Feld der Wirtschaft und des Handels das eigentliche und lange Zeit auch das einzige Gebiet, auf dem die Integration Europas substanzielle Fortschritte macht: Mit dem Vertrag über die EWG, die Europäische Wirtschaftsgemeinschaft, den sie im März 1957 gemeinsam mit einem Vertrag über eine Europäische Atomgemeinschaft unterzeichnen, streben die Sechs nicht weniger als einen Gemeinsamen Markt mit freiem Personen-, Dienstleistungs-, Waren- und Kapitalverkehr an.

Nun sind Ideen eine Sache, ihre Umsetzung ist eine andere. Zumal in einer Zeit, die sich erst langsam und mit zahlreichen Rückfällen aus der Epoche der Nationalstaaten zu lösen beginnt, und in einem Kreis von Teilnehmern, die sich noch ein gutes Jahrzehnt zuvor, und auch nicht zum ersten Mal, im Krieg miteinander befunden haben. Außerdem ist nicht zu übersehen, dass ein Grund für die europäischen Integrationsbemühungen in dem Versuch der Nachbarn Deutschlands zu suchen ist, dessen rasanten Wiederaufstieg eng zu beobachten und zu kontrollieren.

Dennoch bringen die Verträge bald Bewegung in die europäische Wirtschafts- und Handelspolitik: Zum 1. Januar 1958 wird mit dem Inkrafttreten der Verträge auch eine erste Zollsenkung von zehn Prozent wirksam, drei Jahre später kommt es zur ersten Teilangleichung der nationalen Zollsätze, und ebenfalls 1961 stellen Irland, Großbritannien und Dänemark Anträge auf einen Beitritt zur EWG. Das sind Anfänge, nicht weniger, aber auch nicht mehr. Von einer großzügigen Liberalisierung des Marktes ist man noch weit entfernt, von einer vollständigen gar nicht zu reden.

So darf die Quelle in ihrer neuen Luxemburger Niederlassung nur einen Teil ihres Sortiments verkaufen, namentlich Elektrogeräte. Und einer Erschließung des besonders attraktiven französischen Marktes stehen auch nach der Gründung einer Tochtergesellschaft mit Sitz in Orléans im September 1965 kaum zu überwindende Hindernisse im Weg. Dennoch sieht Gustav Schickedanz in der »Bildung eines europäischen Wirtschaftsraumes« einen Schritt von »wahrhaft geschichtlicher« Dimension, wie er Mitte Oktober 1963 an Ludwig Erhard anlässlich dessen Wahl zum Bundeskanzler schreibt. Auch deshalb und weil er im Gemeinsamen Markt gewisse Absatzreserven ausmacht, hatte er ja 1962 im rheinischen Neuß einen weiteren Standort für die Papierproduktion errichtet und macht sich jetzt, Anfang 1964, auf die Suche nach einem zweiten Standort für sein Versandgeschäft.

Allerdings ist der Wunsch, sich für künftige Märkte gut zu positionieren, nur ein Grund für die Suche und vorderhand sicher nicht der wichtigste. Kurzfristig und unmittelbar soll sie dem akuten Notstand bei den Arbeitskräften abhelfen. Denn im heimischen Franken und den angrenzenden Regionen sind die Möglichkeiten inzwischen weitgehend erschöpft. Bis tief in den Bayerischen Wald hinein hat Schickedanz seine Fühler auf der Suche nach Mitarbeitern ausgestreckt. Im Sommer 1962 beschreibt die Betriebszeitung, welcher Aufwand dabei getrieben wird – und was die Anreise für die Betroffenen bedeutet.

»Täglich fahren etwa 30 Busse, um unsere Stammarbeitskräfte, hauptsächlich Frauen, heimzubringen – bis nach Bayreuth, Bamberg, Schwandorf, Rothenburg! Und am Wochenende fahren unsere Mitarbeiter sogar bis in den Bayerischen Wald – nach Cham, nach Furth! Jeden Tag, morgens zwischen 4 und 5 Uhr sammeln diese Busse ihre ›Schäflein‹ wieder ein – in Rothenburg, Bamberg, Bayreuth – auf freier Strecke, irgendwo. Dort warten sie, oft nach einem 5 bis 7 km langen Fußmarsch – und fahren dann der Tagesarbeit ent-

Sportsmann: Gustav
Schickedanz – hier
1956 – fördert nicht nur
den Betriebssport, er hält
sich auch selbst durch
Tennis, Ski und
Wandern fit.

gegen zu einer Zeit, zu der wir in der Stadt dem Weckerläuten noch
entgegenschlummern! Tag für Tag. ... Um 4 Uhr aufstehen, um 10
Uhr abends, manchmal auch erst um 11 ins Bett. Der Haushalt muß
ja auch noch versorgt werden!«

Harte Arbeits- und Lebensbedingungen, gewiss. Dennoch sind
sie ganz offensichtlich nicht der Grund, warum die Quelle, zumal
in der Hauptsaison, stets mit akuten Personalengpässen zu kämpfen hat. Wer täglich solche Mühen wie die beschriebenen auf sich
nimmt, um zu seinem weit entfernten Arbeitsplatz zu kommen,
misst diesem einen hohen Wert zu, weiß zu schätzen, was der Arbeitgeber für ihn tut, was er ihm zu bieten hat. Neben einem guten Lohn
und einer hohen Gratifikation zählen dazu der günstige Einkauf

im Betrieb, schmackhafte und preiswerte Mahlzeiten, ein breites sportliches, kulturelles oder auch medizinisches Angebot: Die 1935 gegründete BSG, die Betriebssportgemeinschaft, umfasst nicht nur Abteilungen für Fuß-, Hand-, Faust- und Korbball, für Tennis und Tischtennis, sondern auch Kegelabteilungen für Damen und Herren und nicht zuletzt eine große Gymnastikabteilung; seit dem Sommer 1961 können die Mitarbeiter ihre »Sangesfreude« ausleben und sich – unter der Patenschaft von Grete Schickedanz und der künstlerischen Leitung von Richard Friedrich – im »Quelle-Chor« auf gemeinsame Auftritte vorbereiten; und natürlich steht den Mitarbeitern ein eigener werksärztlicher Dienst zur Verfügung.

Am breiten Angebot für die Mitarbeiter liegt es also nicht, wenn in Fürth Sommer für Sommer die verzweifelte Suche nach den gut 22 000 Arbeitskräften beginnt, die man Anfang der sechziger Jahre während der Hochsaison für die reibungslose Abwicklung des Weihnachtsgeschäfts braucht. Der Markt ist schlicht und einfach leergefegt. Schon die fast 14 000 Mitarbeiter, die fest bei der Quelle beschäftigt sind, gibt der regionale Markt kaum mehr her, und dann sind da ja auch noch die Papierwerke und die Brauereien.

Alle zusammen setzen 1964 rund zwei Milliarden D-Mark um, und damit ist keineswegs der Scheitelpunkt erreicht, im Gegenteil: Schickedanz expandiert weiter. Der Frühjahrs/Sommer-Katalog 1964, von dem mehr als fünf Millionen Exemplare gedruckt werden, weist auf 468 Seiten rund 24 000 Positionen aus – das Angebot des Spezialkatalogs der Foto-Quelle nicht mitgerechnet. Weil aber der Ausdehnung des Sortiments natürliche Grenzen gesetzt sind, sucht Schickedanz nach alternativen Wegen der Geschäftserweiterung. Einer besteht in der qualitativen Aufwertung des Sortiments, mit dem die Quelle dem Trend zu höherwertigen Produkten Rechnung trägt.

Ein anderer Weg besteht im Zukauf. Im Juni 1964 steigt die Quelle bei der »Textilmanufaktur Haagen Wilhelm Schöpflin« ein und kommt damit dem inzwischen rasch und offensiv expandierenden

Hamburger Konkurrenten Otto zuvor. Das im Badischen ansässige Versandhaus mit zwei Tochtergesellschaften sowie einer Reihe von Filialunternehmen in Süddeutschland war ursprünglich auf Textilien, vor allem auf Bettwäsche, spezialisiert und setzt rund 180 Millionen D-Mark um. Die von Quelle und Schöpflin gegründete gemeinsame Gesellschaft firmiert fortan als Großversandhaus Schöpflin GmbH und führt wie die Quelle ein umfassendes Sortiment, hat also kein eigenes Profil.

Die Idee, Schöpflin zu einem reinen Sammelbesteller auszubauen, findet bei Gustav Schickedanz keinen Gefallen, und so bleibt der zugekaufte Versender im Grunde eine Baustelle. Ein Vierteljahrhundert später ziehen die Nachfolger des »großen Gustav« die Konsequenz: Als der Anbieter von Wäsche, Mode und Heimtextilien bei einem Umsatz von rund 440 Millionen D-Mark einen Verlust von 50 Millionen D-Mark bilanziert, schließen sie 1999 den Standort Lörrach. Ob und seit wann das absehbar gewesen ist, sei dahingestellt. Hinterher ist man bekanntlich immer klüger. 1964 ist die Quelle jedenfalls dank Schöpflin, alle Aktivitäten eingerechnet, erst einmal das größte Versandhaus Europas. Und der Schöpfer des Ganzen wird siebzig.

Natürlich ist das ein Anlass, Bilanz zu ziehen – für Gustav Schickedanz und für andere. Was den Quelle-Gründer und sein Lebenswerk selbst angeht, spricht er anlässlich eines Besuchs des bayerischen Ministerpräsidenten Alfons Goppel im Juli 1964, also im Vorfeld seines Geburtstags, nicht ohne Stolz von einem »Handelsunternehmen, das … in seiner Organisation, in seiner Automatik und in seinen elektronischen Einrichtungen – ohne überheblich zu sein – seinesgleichen beispielgebend ist«. Und weil der Freistaat und seine Vertreter das nie anders gesehen haben, hat ihm Goppels Vorgänger Hans Ehard schon im Mai 1961 den Bayerischen Verdienstorden überreicht. Vier Jahre später und aus Anlass des Siebzigsten wird ihm auch das Große Verdienstkreuz mit Stern des Verdienstordens der Bundesrepublik Deutschland verliehen.

Im Übrigen ist der Geburtstag für Schickedanz Grund genug, endlich die schon länger geplante und nach ihm benannte Stiftung ins Leben zu rufen. Leicht fällt ihm das nicht. Nicht dass er geizig oder engherzig wäre; aber das Unternehmen saugt nun einmal »mitten im schwindelerregenden Wachstum« das für Investitionen »frisch gewonnene Kapital in jeder Menge wie ein Schwamm« auf. Allerdings habe er sich gesagt: »Ich bin alt, und ich wollte das mit den Stiftungen noch erleben.«

Die Gustav-Schickedanz-Stiftung, die jungen Menschen aus weniger vermögenden Familien eine Ausbildung ermöglichen soll, wird mit zwei Millionen D-Mark ausgestattet, verfügt aber dank der Spenden, die Geschäftsfreunde des Gründers aus Anlass seines Geburtstags einbringen, bald über 2,5 Millionen D-Mark. Den Anstoß haben seine Besuche im Kinderheim »Martinsruh« der Nürnberger Stadtmission gebildet. Mit seiner Stiftung will Gustav Schickedanz begabten jungen Menschen mit einem ähnlichen Schicksal eine Perspektive neben der »breiten Straße der Begabtenförderung« eröffnen.

Die Stiftung ist die bedeutendste Geste dieser Art, aber sie ist nicht die einzige. Längst ist der Fürther Unternehmer einer der gefragtesten Adressaten, wenn es um Hilfe und Unterstützung aller Art geht. So erreichen ihn auch anlässlich seines Geburtstages »unzählige Bittbriefe«, wie seine Schwester Anfang März 1965 in einem Schreiben an Ruth Fritzsche-Rilke, die Tochter des Dichters, zu berichten weiß. Liesl Kießling sagt bei dieser Gelegenheit auch, dass zum Siebzigsten ihres Bruders schätzungsweise »40 000 Glückwunschbriefe« in Fürth eingegangen sind. Kein Wunder, dass man dort auch zehn Wochen danach »mit der Beantwortung ... noch nicht ins Gleichgewicht gekommen« ist. Und einmal mehr ist es Liesl Kießling, die ihrem Bruder diese Arbeit abnimmt, wo immer es geht.

Alte Kameraden: Die Mitglieder des Kreises um den damaligen Polizeipräsidenten von Nürnberg, Benno Martin, bleiben auch nach dem Krieg eng verbunden. Die Aufnahme entstand 1955 anlässlich der Trauung Martins und seiner zweiten Frau (rechts im Bild) und zeigt von links nach rechts: Fritz Kempfler, den vormaligen Oberbürgermeister von Bayreuth, der jetzt in der CSU Karriere macht, Gustav Schickedanz und seine Schwester Liesl Kießling sowie Rudolf Kötter, den langjährigen Schriftleiter des *Fränkischen Kuriers*, der jetzt Schickedanz publizistisch unterstützt, mit seiner Frau.

Für Gustav Schickedanz ist der runde Geburtstag, so gesehen, Schwerstarbeit. Und nachdem er alles hinter sich gebracht hat, bricht er am 10. Januar erst einmal zu einer mehrwöchigen Reise nach Südamerika auf. Zwar ist er ein geselliger Mensch. Wenn er die Familie um sich hat, wenn er im Kreis seiner engen Mitarbeiter den Geschäften nachgehen kann, fühlt er sich wohl. Aber die Gratulationskuren und die großen Festakte, wie sie andere Unternehmerpersönlichkeiten der Region bei solchen Gelegenheiten zu zelebrieren pflegen, sind nicht seine Sache. Und die Zeiten, in denen man aus diesem oder anderem Anlass ein Fest im Kreis der Belegschaft ausrichten konnte, sind lange vorbei: Mit 30 000 Mitarbeitern, alle Unternehmen zusammengerechnet, hat sein Imperium längst den

Rahmen eines Familienunternehmens im engeren Sinne gesprengt. Das ist der Preis, den es für seinen beispiellosen geschäftlichen Erfolg zu zahlen hat.

Gustav Schickedanz weiß das, und er leidet darunter. Vergeblich hat er nach Wegen gesucht, um gleichwohl mit seinen Mitarbeitern in Verbindung zu treten oder zu bleiben. So zum Beispiel im Frühjahr 1962, als mit seiner tatkräftigen Unterstützung der *Quelle-Kreis* das Licht der Welt erblickt. »Die Betriebszeitung des Großversandhauses Quelle Fürth in Bayern« soll in den Worten des Chefs »ein Band werden, das uns alle verbindet«: »In früheren Jahren kannte ich jeden einzelnen Mitarbeiter und war jedem Mitarbeiter bekannt. Heute ist das – ich muß sagen leider – doch ganz anders geworden.« Also soll die Betriebszeitung »dazu beitragen, daß wir nicht aneinander vorbeileben, sondern uns immer wieder aufs neue bewußt werden, wie eng uns die Quelle umschließt«.

Dabei hilft ein Kreis fester und freier Mitarbeiter – unter ihnen auch der Journalist Rudolf Kötter, der dem Quelle-Gründer seit den Treffen im »Widerstands«-Kreis um den damaligen Polizeipräsidenten von Nürnberg, Benno Martin, verbunden ist und jetzt die Mitarbeiter seines Freundes und Weggefährten über die weltpolitischen Entwicklungen ins Bild setzt. Im Übrigen geht es natürlich um Fragen des täglichen Lebens – innerhalb und außerhalb der Arbeitswelt. Mal wird die Rolle der »Frau in der Quelle« porträtiert, mal geht es um die Anreise »mit dem Omnibus zur Arbeit«, mal stellt der Kantinenchef »unsere Küche« vor. Selbstverständlich wartet regelmäßig »unser Betriebsarzt« mit guten Ratschlägen auf, wird »Wichtiges aus der Personalabteilung« oder auch aus der »Lohn- und Gehaltsbuchhaltung« mitgeteilt, »spricht der Betriebsrat« zu den Mitarbeitern, wird der Toten und der Jubilare gedacht oder meldet sich die »Jugend der Quelle« zu Wort: Immerhin bietet das Unternehmen Anfang der sechziger Jahre »über 300 Lehrlingen eine gediegene berufliche Grundausbildung«.

Ein langes Leben ist dem *Quelle-Kreis* allerdings nicht beschieden. Waren ursprünglich vier Nummern jährlich geplant, erscheinen bereits im ersten Jahr nur drei. Im zweiten sieht es nicht besser aus, und 1964 gibt es dann nur noch eine reguläre Ausgabe – mit deutlich reduziertem redaktionellem und entsprechend aufgeblähtem Bildanteil – gefolgt von einer »Sondernummer«, mit der das Experiment im November eingestellt wird. Von anderen Gründen und Anlässen abgesehen, ist die Zeitung offensichtlich nicht geeignet, jenes »Band« zu bilden, »das uns alle verbindet«. Das Unternehmen mit seinen mehr als 150 Betriebsstätten und während der Hochsaison mehr als 20 000 Mitarbeitern ist inzwischen zu groß für das Gespräch in der Familie.

Eine »Sondernummer« des *Quelle-Kreises* erscheint wohl nicht zufällig am Vorabend des siebzigsten Geburtstags von Gustav Schickedanz, auch wenn das dort nicht ausdrücklich erwähnt ist. Einziges Thema des Heftes sind die »bisher schon vorbildlichen Sozialleistungen des Hauses«, die »hiermit bedeutend verbessert« werden, sich gegenüber dem Vorjahr mehr als verdoppeln und sich jetzt auf »jährlich über zehn Millionen DM« belaufen. Im Einzelnen geht es um die Weihnachtsgratifikation, um eine »Treueprämie« in Form einer vermögensbildenden Anlage sowie um eine »Anwesenheits-Förderungsprämie« in Höhe von 75 Prozent eines monatlichen Bruttogrundgehalts oder -lohnes, die Mitarbeitern ausgezahlt werden soll, »wenn sie während eines ganzen Jahres keinen Tag fehlen«. So erläutert Gustav Schickedanz in seinem Grußwort zur Sondernummer der Betriebszeitung sein »Sozialpaket«, und es steht außer Frage, dass diese erhebliche Anstrengung zur Stärkung der »Betriebsverbundenheit« unmittelbar mit dem bevorstehenden Siebzigsten zusammenhängen.

So ist der runde Geburtstag für Gustav Schickedanz vor allem ein Tag des Dankes – und der Besinnung: »Der Tag meines 70. Ge-

burtstages«, notiert er auf einem Zettel, »erfüllt mich mit tiefer
Dankbarkeit … in erster Linie Gott gegenüber, … der mir die Kraft
gegeben[,] bis zum heutigen Tag arbeiten zu können, der mir das
Glück geschenkt hat, soviel Freude mit meiner Familie zu erleben, u.
der mir die Augen gegeben, die Wunder der Natur u. die Schönheiten
der Künste zu sehen und zu schauen.« Tatsächlich sind das, auf den
Punkt gebracht, die Dinge, die Gustav Schickedanz zeitlebens geschätzt und gebraucht hat. Nicht mehr und nicht weniger. Und in
dieser Reihenfolge: die Arbeit, die Familie, die Natur und die Künste.

Die Künste. Sie rangieren am Ende der Liste. Aber sie gehören zu
den Prioritäten im Leben des Gustav Schickedanz. Seine Bibliothek,
seine Autographensammlung, seine Galerie mit Stichen und Gemälden sind seine Leidenschaft und dienen der Entspannung. Und dann
bietet die Kunst, bietet vor allem das Porträt auch eine Möglichkeit, Menschen in ihrer Zeit und ihrem Umfeld zu fixieren und für
kommende Generationen festzuhalten. Zum Beispiel herausragende
Persönlichkeiten des politischen, gesellschaftlichen oder auch des
wirtschaftlichen Lebens der Gegenwart. Auch Unternehmer.

Als er auf die Siebzig zugeht, denkt Gustav Schickedanz daran,
einen namhaften Künstler mit einem Porträt zu beauftragen. Nur
wen? Gewiss, er besitzt eine umfangreiche Sammlung solcher Bild-
nisse namentlich aus den Werkstätten der Gebrüder Schiestl. Aber
die leben nicht mehr, und zeitgenössische Kunst im engeren Sinne
sammelt er nicht. Da kommt ihm der Zufall zu Hilfe. Im Frühjahr
1964 stößt er bei der Lektüre der *Frankfurter Allgemeinen Zeitung* auf
das Foto einer Büste von der Hand des Bildhauers und Architekten
Arno Breker.

Breker, im Juli 1900 als Sohn eines Steinmetzmeisters in Elberfeld
geboren, hat im elterlichen Betrieb das Handwerk erlernt und dann
die Kunstgewerbeschule seiner Heimatstadt besucht. Als er 1920 das
Studium an der Kunstakademie in Düsseldorf aufnimmt – und es
dort auch fünf Jahre später abschließt –, kommt er in jene Stadt,

in der er den größten Teil seines Lebens verbringen wird. Nur zwei Städte ziehen ihn darüber hinaus in ihren Bann: Paris, wo er von 1927 bis 1933 lebt und wohin es ihn auch danach immer wieder ziehen wird, und Berlin. Hier gibt es nach der Machtübernahme durch die Nationalsozialisten für einen dem Realismus verpflichteten Bildhauer viel zu tun.

Zwar zählen die Nazis Breker zunächst zu den frankophilen und schon deshalb verdächtigen Künstlern, aber dann finden sie doch Gefallen an seinem Stil, und bald gehört Breker zu den gefragtesten Bildhauern in Berlin. Als er Ende 1938 den Auftrag erhält, zwei Großplastiken für die Neue Reichskanzlei zu schaffen, stehen ihm endgültig alle Türen offen, so zum Beispiel zu Albert Speer, Hitlers favorisiertem Architekten, und nicht zuletzt zum »Führer« selbst, von dem er 1938 eine Büste anfertigt. Allerdings ist Breker nicht in die Politik und Kriegführung oder gar in die rassenideologischen Vernichtungsfeldzüge der Zeit verwickelt, kann vielmehr dank seiner guten Beziehungen eine Reihe von Kollegen wie den Maler Pablo Picasso oder den Verleger Peter Suhrkamp vor der Deportation oder aus der Haft retten. Auch deshalb wird er im Entnazifizierungsverfahren als Mitläufer eingestuft, lässt sich 1949 erneut in Düsseldorf nieder und beginnt eine zweite Karriere.

Über Aufträge kann er sich nicht beklagen. Ganz gleich ob Maler, Schriftsteller oder Schauspieler wie Jean Cocteau, Salvador Dalí, Ernst Jünger, Jean Marais und Ezra Pound, Politiker wie Konrad Adenauer und Ludwig Erhard oder auch Unternehmer und Bankiers wie Hermann Josef Abs, Hugo Henkel, Rudolf-August Oetker oder Herbert Quandt – sie alle wünschen sich eine Büste von Arno Breker. Auch Gustav Schickedanz, nachdem er im Frühjahr 1964 in der *FAZ* auf den Bildhauer aufmerksam geworden ist und sich über die Redaktion dessen Adresse besorgt hat.

Am 30. April 1964 schreibt Betty Haas an Breker, dass »Herr Dr. Gustav Schickedanz sich mit dem Gedanken trägt, sich porträtieren

zu lassen. Auch seine Familie würde es gerne sehen … Ich erlaube
mir deshalb anzufragen, ob Sie eine Büste von ihm anfertigen würden, wann Sie dafür Zeit hätten, an welchem Ort es sein sollte (am
liebsten Fürth/Nürnberg) und welcher Preis in Betracht kommen
würde.« Breker will und kann. Jedenfalls grundsätzlich. Praktisch
gestaltet sich die Umsetzung des Vorhabens jedoch schwierig, denn
der Bildhauer ist ein gefragter Mann. Der Unternehmer sowieso.

So kommt es einstweilen zwar nicht zu einem Termin, wohl aber
zu einem Briefwechsel, bei dem die beiden ein gemeinsames Interesse entdecken: den Häuserbau. Breker nämlich hat sich nebenher
auch als Architekt versucht, hat zum Beispiel Speer gelegentlich
bei dessen Planungen für die Umgestaltung der Reichshauptstadt
beraten, nach dem Krieg unter anderem am Neubau der Konzernzentrale der Versicherungsgruppe Gerling in Köln mitgewirkt und
dann Gefallen am Konzept des Fertighauses gefunden. Als ihm Schickedanz den Katalog mit seinen Fertighäusern zuschickt, ist Breker
ausgesprochen angetan und schreibt dem Unternehmer Ende Juli
1964: »Merkwürdigerweise waren mir Ihre Bemühungen völlig unbekannt, obwohl ich mich seit langem mit diesem Thema beschäftige.
Ihr Haus ist ohne jeden Zweifel das rationellste und durchdachteste,
was es auf diesem Gebiet gibt.«

Nachdem schließlich am Buß- und Bettag, also Mitte November
1964, die lange geplante Sitzung in Dambach stattgefunden hat,
macht sich der Künstler ans Werk, braucht aber einen weiteren
Termin, um die Sache zum Abschluss zu bringen. Anfang September
1965 schreibt Breker an Schickedanz, dass die »Broncebüste der
ersten Fassung … seit langem in sehr wohl gelungener Ausführung
bereit« stehe. Auch »die zweite Fassung in natürlicher Größe« warte
auf die »allerletzte Korrektur«. Ob Schickedanz wohl die Zeit für
eine »kleine Reise nach Düsseldorf« finden könne? Der findet sie
nicht. Und auch Breker sieht, unter anderem wegen eines Kranken-
hausaufenthalts, keine Möglichkeit für eine Reise nach Fürth – bis es

gegen Ende des Jahres 1966 »schwierig« wird, »den Ton so lange zu konservieren«.

So gehen die Monate ins Land, und als schließlich das vierte Jahr seit der Auftragsvergabe angebrochen ist, nimmt Grete Schickedanz die Sache in die Hand, reist im Mai 1967 nach Düsseldorf und lässt sich von Arno Breker die erste Ausführung überreichen. Ein zweites Modell bleibt einstweilen im Atelier des Bildhauers und harrt dort letzter Korrekturen – anhand von Fotos, welche die Gattin des Unternehmers ausgesucht hat und an den Rhein schicken ließ. Inzwischen sind auch alle Rechnungen beglichen: 12 000 D-Mark waren für die erste Ausführung zu entrichten; noch einmal der gleiche Betrag wurde für die zweite gezahlt.

Offenbar hat es Gustav Schickedanz also in dieser Hinsicht nicht eilig; auch kennt seine Eitelkeit Grenzen. Zumal es Wichtigeres zu tun gibt. Mit dem runden Geburtstag steht ja auch erneut die Frage im Raum, wie lange er noch an der Spitze eines Unternehmens bleiben will, das täglich weiter expandiert und mit jedem Schritt in seinen Dimensionen komplexer und in seinen Strukturen komplizierter wird. Die Frage stellt sich jedenfalls für Außenstehende. Insider hingegen, wie Schwiegersohn Hans Dedi, den der Patriarch anlässlich seines Geburtstags ausdrücklich als seinen »Kronprinzen« präsentiert, wissen, dass die Frage falsch gestellt ist. Aus der Binnensicht nämlich ist eher zu fragen, wer denn außer Gustav Schickedanz das Ganze zusammen- und auf Kurs halten kann. Oder anders gewendet: Hat die Quelle und alles, was mit ihr zusammenhängt, ohne den Gründer eine Perspektive?

Weil das offenbar für viele Mitarbeiter und Weggefährten eine rhetorische Frage ist, von Schickedanz selbst gar nicht zu reden, bleibt er einstweilen da, wo er immer gewesen ist: an der Spitze. »Auch nach seinem Siebzigsten«, schreibt die *Süddeutsche Zeitung*, »will er sich nicht zurückziehen. Musen und Hobbys gäb's zwar genug. Doch das Geschäft läßt ihn nicht los. Wohl hat er es einmal als seinen größten Fehler bezeichnet, daß er nicht davon loskommt. Aber im Grunde will es Schickedanz nicht anders.«

Gleichwohl – oder eben deshalb – sieht er auch, dass sein Imperium neu geordnet und juristisch wie organisatorisch auf die Zukunft vorbereitet werden muss. Und so unternimmt Gustav Schickedanz wie schon im Umfeld seines fünfundsechzigsten auch anlässlich seines siebzigsten Geburtstags Schritte in diese Richtung. Im September 1964 wird die zur Schickedanz-Gruppe gehörende Hermes-Bekleidungsversand GmbH in die Hermes Investitions AG, Nürnberg, umgewandelt, deren Gegenstand der Erwerb von Grundbesitz und grundstücksgleichen Rechten, insbesondere Erbbaurechten, ist. Sie finanziert die aufgekauften oder in Erbpacht genommenen Grundstücke bei der Errichtung neuer Kaufhäuser. Außerdem erblickt ihre Tochter, die Hermes Anlagenverwaltungs-GmbH, Nürnberg, das Licht der Welt. Ihr Gegenstand sind Erwerb, Veräußerung, Verwaltung und Vermietung sowie die sonstige Nutzung von Maschinen und maschinellen Anlagen.

Nicht einmal anderthalb Jahre nach der Gründung der beiden Gesellschaften werden diese in »Quelle Investitions AG« beziehungsweise »Quelle-Anlagenverwaltungs-GmbH« umbenannt. Die Aktien der Investitions AG, deren Grundkapital sich Anfang 1966 auf 20 Millionen D-Mark beläuft, liegen allein beim Großversandhaus Quelle Gustav Schickedanz KG, Fürth. Dem Aufsichtsrat der Gesellschaft gehören unter anderem Gustav und Grete Schickedanz an, den Vorstand bilden Hanns Jüngling, Willi Laschet und Franz Großbach.

Die Zusammensetzung des Vorstands deutet darauf hin, dass Gustav Schickedanz auch auf dieser Ebene der Expansion seines Unternehmens und der ungebrochenen Erschließung neuer Geschäftsfelder Rechnung trägt. Die Etablierung eines engen Kreises vertrauenswürdiger Manager korrespondiert mit der sukzessiven Etablierung der Familienmitglieder als Miteigentümer des Familienunternehmens. So sind im Januar 1964 neben Franz Großbach und Willi Laschet auch Heinz Braun und Herbert Tomandl zu Direktoren ernannt worden. Dass Großbach darüber hinaus auch Generalvollmacht erhält, in die Geschäftsleitung der Quelle berufen wird und damit auf derselben Ebene wie das Schlachtross Jüngling operiert, zeugt von seiner besonderen Vertrauensstellung bei Gustav Schickedanz.

Jüngling und Großbach sind auch Geschäftsführer der wenige Monate später, im Oktober 1964, ins Leben gerufenen Schickedanz International Holding GmbH, in der man wohl den entscheidenden Schritt auf dem Weg zur noch zu schildernden Gründung des Familienvereins sehen darf. Auch in diesem Falle erfolgt der Schritt auf dem Weg der Umbenennung einer bereits bestehenden Gesellschaft, nämlich der Quelle-Fahrrad GmbH. Ausgestattet mit einem Stammkapital von zunächst fünf Millionen D-Mark, übernimmt die Holding die Überwachung und einheitliche Steuerung der ausländischen Konzernunternehmen in Österreich, der Schweiz, Luxemburg sowie dann auch der wenig später gegründeten Quelle S. A. in Frankreich.

Aber das ist, wenn man so will, nur der vordergründige Gegenstand der Holding. Eigentlicher Zweck des Unternehmens sind die Verwaltung von Beteiligungen, Verwaltungsaufgaben für abhängige oder befreundete Gesellschaften, Steuerung von Gesellschaften, Koordinierung von Einkauf, Produktion und Marketing, Finanzierungsaufgaben sowie die Überwachung der von der Konzernverwaltung aufgestellten Grundsätze der Unternehmenspolitik.

Dieser Konzentrations- und Harmonisierungsprozess ist auch die Antwort auf einen geschäftlichen Boom, der seinesgleichen sucht. Nie zuvor, und auch nie mehr danach, hat das Imperium des Gustav Schickedanz Vergleichbares erlebt. Gewiss, es hat stürmischere Zeiten gegeben, vor allem deutlich gefährlichere. Auch haben einzelne Unternehmensbereiche schon einmal größere Umsatzsprünge ver-

zeichnet. Aber dass die Gruppe – auf ganzer Front und in allen Bereichen – derart reüssiert, hat sich kaum jemand vorstellen können,
ausgenommen vielleicht Gustav Schickedanz selbst, der am Vorabend seines siebzigsten Geburtstags in einem Gespräch mit der
Süddeutschen Zeitung die Maxime eines langen Unternehmerlebens
auf den Punkt bringt: »Es gibt keine Utopie im Versandgeschäft. Es
gibt nichts[,] was nicht möglich wäre.«

Ob diese aus persönlicher Erfahrung gewonnene Maxime ge-
neralisierbar, ob sie übertragbar ist, sei dahingestellt. Die nackten
Daten und Zahlen scheinen jedenfalls Mitte der sechziger Jahre dafür
zu sprechen, dass alles möglich ist. Rund 2,5 Milliarden D-Mark,
satte 20 Prozent mehr als ein Jahr zuvor, setzt die Gruppe von Gustav
Schickedanz um. Rechnet man die Umsätze der Quelle, der österreichischen Tochter mit ihren beinahe 100 Millionen sowie des Versandhauses Schöpflin, das es auf knapp 190 Millionen bringt, zusammen,
hat allein der Handelsumsatz der Schickedanz-Gruppe bereits die
Zweimilliarden-Hürde genommen – und damit alle anderen, Josef
Neckermann eingeschlossen, weit hinter sich gelassen. Lediglich
beim relativen Anteil des Ladengeschäfts am Gesamtumsatz hat
der Frankfurter Konkurrent mit 60 Prozent noch die Nase vorn.
Schickedanz bringt es auf 34 Prozent und ist damit vom erklärten
Idealzustand von 50 Prozent noch einiges entfernt, behält dieses Ziel
allerdings fest im Blick: Ein Umsatzwachstum von sage und schreibe
44 Prozent beim stationären Handel und ein sensationeller Quadrat-
meterumsatz von mehr als 10 000 D-Mark sind starke Argumente,
um den inzwischen 13 Kaufhäusern, 95 Verkaufsagenturen und drei
Fotospezialgeschäften rasch weitere hinzuzufügen.

Aber natürlich bleibt das Versandgeschäft das Rückgrat des
Unternehmens – weil es der wichtigste Umsatzträger ist und bleiben
wird, und weil es hier »keine Utopie« gibt. Also wird der Versandhandel weiter ausgebaut, werden mehr als 50 Millionen D-Mark
in die Hand genommen und der bestehende Versandkomplex 1966

um 80 000 auf 210 000 Quadratmeter erweitert. Selbstredend wird
die räumliche Expansion von einer technologischen Innovation, in
diesem Falle der Installation eines neuen Rechenzentrums, begleitet.
Dafür bestellt die Quelle zwei sogenannte Real-Time-Anlagen vom
Typ Univac 494. Nach Einschätzung des Herstellers Remington Rand
wird das Unternehmen damit in einigen Jahren über die größte kom-
merzielle Datenverarbeitungsanlage in Europa verfügen. Allerdings
handelt es sich dann doch nur um eine Zwischenlösung auf dem Weg
zur Installierung einer noch leistungsfähigeren IBM-Anlage, die im
Sommer 1970 in Betrieb geht.

Wie stets verfolgt Schickedanz mit der Erweiterung und Modernisierung seiner Betriebe mehrere Ziele. So soll der neue Komplex
unter anderem die zentrale Auslieferung für die Kaufhäuser und
die Verkaufsagenturen beherbergen und so zu einer engeren Verzahnung von Versand und stationärem Handel beitragen, und die
neue Rechenanlage wiederum soll diesen sowie die ausländischen
Versandhandelskomplexe an die Fürther Zentrale anschließen. Ein
Grund für diesen Schritt ist die Rechnung, die Post und Bahn der
Quelle Jahr für Jahr aufmachen: Mehr als 90 Millionen D-Mark,
beinahe fünf Prozent des Handelsumsatzes der Quelle, sind 1965 an
die beiden Staatsunternehmen überwiesen worden.

Kein Wunder, dass jede Erhöhung der Bahn- und Postgebühren
ein Unternehmen wie die Quelle »ungeheuer« trifft und Anlass für
Überlegungen ist, wie man diese Kosten auffangen kann. Anfang der
sechziger Jahre war diese Kostenexplosion übrigens der eigentliche
Grund für die Einführung des »Betrieblichen Vorschlagswesens«.
»Wenn wir den preislichen Vorsprung, der zu dem stürmischen
Wachstum der Quelle beigetragen hat, nicht verlieren wollen«, hatte
der Chef seinen »Mitarbeiterinnen und Mitarbeitern« zum Jahresende 1962 und mit Blick auf die anstehenden Gebührenerhöhungen
geschrieben, »gibt es kein anderes Mittel, als sparsamer als bisher
zu wirtschaften. Darum appelliere ich heute an jeden einzelnen,

zu überlegen, wo nach seiner Meinung in unseren Betrieben mehr gespart und besser gewirtschaftet werden könnte. Jeder noch so unscheinbare Hinweis kann dazu beitragen, unsere Kosten zu senken. Ihr Hinweis wird objektiv geprüft und im Rahmen des betrieblichen Vorschlagswesens prämiert.«

Sicher, die »Größenvorstellung« des Quelle-Gründers »über den Erfolg« hat lange Zeit in dem Wunsch gegipfelt, wie er einige Monate später in einem Zeitungsgespräch erzählt, »einmal zu erleben, daß die Post zu mir kommt, um meine Pakete selbst abzuholen«. Aber nicht nur ist dieser Wunsch längst in Erfüllung gegangen, die Kosten dieses Erfolgs schlagen inzwischen in einem Maße zu Buche, das er sich damals nicht hat träumen lassen. Also muss an der Kostenschraube gedreht werden – sei es mit Hilfe des Betrieblichen Vorschlagswesens, sei es durch das Einschlagen neuer, anderer Wege des Versands. Als Schickedanz im Februar 1966 vor der Presse erklärt, dass die Post »nur das Monopol auf Briefe« habe, denkt er offenbar daran, den Paketversand teilweise oder auch ganz in eigener Regie zu betreiben. Auch deshalb macht die konsequente Erweiterung und Modernisierung des Betriebs Sinn.

Vor allem aber spricht das Konsumbedürfnis der Deutschen für diesen Schritt. Denn es scheint keine Grenzen zu kennen. Und weil es für Gustav Schickedanz im Versand »nichts« gibt, »was nicht möglich wäre«, wird alles verschickt, was der Kunde sich wünscht – einschließlich der mobilen Immobilie, in diesem Falle des Fertighauses, das allerdings bis Ende 1965 nur 1200 Interessenten gefunden hat. Das liegt an der bereits angedeuteten Skepsis der Deutschen gegenüber dem Produkt, und es liegt wohl auch am Preis: Eine Ware mit einem Wert von bis zu 50 000 D-Mark beim Versender zu bestellen, geht doch sehr weit. Andere Produkte haben es da leichter, allen voran Elektrogeräte. 100 000 Kühlschränke verkauft die Quelle alleine von Januar bis Juli 1964, von Januar bis Dezember des folgenden Jahres sind es mehr als 200 000.

Damit bleiben der Quelle-Katalog, der längst die Auflage von sechs Millionen hinter sich gelassen hat, und die an ihm orientierten Bestell- und Kaufgewohnheiten der Bundesbürger ein zuverlässiger Spiegel der deutschen Wohlstandsgesellschaft jener Jahre. Der Kühlschrank beispielsweise ist zunächst wegen seines hohen Kaufpreises von 500 bis 600 D-Mark nur für wenige erschwinglich. So ist er 1958 zwar in fast der Hälfte aller Haushalte von Selbständigen und Freiberuflern, aber gerade einmal in elf Prozent aller Arbeiterhaushalte und insgesamt in gut 20 Prozent der Haushalte in der Bonner Republik anzutreffen. Das ändert sich, nachdem die Konsumgenossenschaften während des Sommers 1957 damit begonnen haben, Kühlschränke deutlich unter den von den Herstellern festgelegten Preisen an die Kunden zu bringen: 1965 verfügen bereits 60, neun Jahre später sogar 95 Prozent aller Haushalte über ein solches Gerät. Und nicht wenige haben es von der Quelle bezogen.

Wie von der Konsumfreude profitiert der Fürther Versender auch von der Reise- und Freizeitsportlust der Deutschen. Immer häufiger folgt dem obligatorischen Sommer- ein zweiter, der Winterurlaub. Und so bringt die Quelle 1965 nicht nur 100 000 Paar Ski an den Mann, die Frau und das Kind, sondern auch die passenden Mitgliedschaften und Versicherungen: Für 17 D-Mark können Erwachsene in Fürth die Mitgliedschaft beim Deutschen Skiverband einschließlich Versicherungsschutz erwerben; Kinder sind schon für zehn D-Mark dabei.

Und was dem einen sein Ski-, ist dem anderen sein Campingurlaub. Folglich hat man in Fürth auch die rasch wachsende Zahl der Campingfreunde im Visier und bietet ihnen zum Beispiel eine elektrische Kühlbox für Zelt und Wohnwagen. Nicht nur, aber auch für den Camper eignen sich der 1965 neu ins Programm genommene tragbare Fernseher und der Gartenzaun aus Kunststoff. Wer lieber zu Hause bleibt oder Hand ans eigene Heim anlegen will, kann jetzt bei der Quelle ein Schwimmbecken oder einen Betonmischer beziehen.

Dem Automobilisten im Allgemeinen steht – für sensationelle 98 D-Mark und damit 50 Prozent unter dem bisher üblichen Preis – eine Transistor-Zündanlage zur Umrüstung aller gängigen PKW zur Verfügung, und für den VW-Fahrer im Besonderen lagern in Franken ein Satz Stoßdämpfer oder auch Stoßstangen aus rostfreiem Edelstahl abrufbereit.

Die Hausfrau wiederum kann sich darüber freuen, dass die Quelle mit dem Import japanischer Nähmaschinen einen »mörderischen Preiskampf« eröffnet, wie der Nähmaschinenfachhandel klagt. Eher klein, dafür aber fein und liquide ist der Kreis von Käufern, die sich für Schmuck- und Wertsachen wie die vierzehnkarätige Goldmünze mit geprägtem Tierkreiszeichen, den »halbkarätigen lupenreinen Brillant-Ring« oder einen der neuerdings äußerst populären Nerzmäntel entscheiden, für den immerhin 1975 D-Mark nach Fürth zu überweisen sind.

Gustav Schickedanz hat schon recht: Es gibt wirklich nichts, was es nicht gibt. Jedenfalls im Quelle-Katalog. Dass seit 1966 eine Unterwasserkamera angeboten wird, trägt einem typischen Trend der Wohlstandsgesellschaft Rechnung; dass die Quelle im gleichen Jahr mit der Aufnahme einer Haushaltsgeschirr-Spülmaschine für 598 D-Mark in ihr Programm einmal mehr als Marktöffner für ein neues Produkt fungiert, ist in der deutschen Konsumgüterwirtschaft inzwischen eine feste Regel; und dass die Fürther im gleichen Jahr eine Spiegelreflexkamera aus sowjetischer Produktion anbieten, zeigt nur, dass Grenzen auch in der Eiszeit des Kalten Krieges für einen Kaufmann lästige Hindernisse, aber keine unüberwindbaren Hürden sind.

Die werden gelegentlich eher von Konkurrenten errichtet, manchmal sogar von Unternehmern, mit denen man eigentlich keine betrieblichen Berührungs- und folglich auch keine geschäftlichen Streitpunkte hat. Das gilt grundsätzlich für die Quelle, Europas größtes Versandhaus für Waren aller Art, von Büchern im Wesentlichen abgesehen, auf der einen und für Bertelsmann, Europas größten Buchversand, auf der anderen Seite. Als dann aber die Fürther mit einer Bibel auf den Markt kommen wollen, wittern die Gütersloher, wie der *Spiegel* im November 1966 beobachtet, »eine Verletzung des Siebten Gebots«.

Die Quelle-Bibel im Format 20,5 mal 30 Zentimeter, von der jeweils gut 20 000 Exemplare in katholischer und evangelischer Lesart an den Christenmenschen gebracht werden sollen, ist prachtvoll ausgestattet: Roter Ledereinband mit Goldprägung, Goldschnitt, Kunstdrucke nach Gemälden alter Meister sowie ein Kartenanhang verleihen dem Ganzen bibliophiles Gewicht. Mit 98 D-Mark ist das Werk für den Quelle-Kunden zu haben – und damit rund 50 Mark günstiger als das vergleichbar ausgestattete Produkt des Bertelsmann-Buchversands und der Darmstädter Deutschen Buchgemeinschaft. Also gehen deren Bibelkäufer jetzt auf die Barrikaden und fordern ebenjene 50 D-Mark zurück.

Als daraufhin Buchversand und Buchgemeinschaft, um ihren Ruf und den Restbestand ihrer Bibeln besorgt, dem Südwest-Verlag, der die Quelle-Bibel herstellt, mit juristischen Schritten drohen und die Sache in eine für alle Beteiligten abträgliche Richtung driftet, kommt man zur Raison und schließt einen Vergleich, der auf eine etwas weniger aufwendige Ausstattung der noch nicht gedruckten Quelle-Bibel hinausläuft. »Es sollte«, hält Quelle-Justitiar Gebauer gegenüber Bertelsmann fest, »auch nicht gerade die Heilige Schrift sein, durch die zwei freundschaftlich verbundene Unternehmer in Streit geraten.«

So ist es, zumal sowohl Reinhard Mohn, der Eigentümer von Bertelsmann, als auch der deutlich ältere Gustav Schickedanz in diesen Jahren mit wichtigeren Themen beschäftigt sind, darunter der Frage, wie ihre Familienunternehmen in Zukunft aufgestellt sein sollen. Im Falle des Quelle-Gründers trägt seine jüngere Tochter einiges zur Antwort bei: Am 4. September 1965 heiratet die inzwischen ein-undzwanzigjährige Madeleine Schickedanz den dreiundzwanzigjäh-rigen Studenten Hans-Georg Mangold. Die beiden haben sich in der Tanzschule kennengelernt. Mangold ist ein Sprössling der Fürther Spielwarenfirma GAMA, Georg Adam Mangold, hat 1961 sein Abitur in Fürth gemacht und studiert zum Zeitpunkt der Eheschließung Wirtschaftswissenschaft an der Friedrich-Alexander-Universität Erlangen-Nürnberg, wo er 1968 mit einer Arbeit über die »Absatz-politik der deutschen Warenhausgesellschaften« promoviert wird. Der neue Schwiegersohn ist ein Mann nach dem Geschmack von Gustav und Grete Schickedanz, die einen nicht unerheblichen Anteil am Zustandekommen der Ehe haben und ihrer Tochter eine Hoch-zeit von »biblischem Zuschnitt« ausrichten. Findet jedenfalls der *Spiegel*. Aus der Ehe gehen zwei Kinder hervor. Hans-Peter Mangold erblickt am 24. Dezember 1966 das Licht der Welt, seine Schwester Daniela folgt ihm am 2. Oktober 1969.

Die Heirat von Madeleine Schickedanz ist dann auch für Gustav Schickedanz der letzte Anstoß, um sein Lebenswerk juristisch wie organisatorisch auf die Zukunft einzustellen. »Meine Vorstellung ist«, sagt er dazu Ende 1967, als die Bauarbeiten am Familien-unternehmen im Wesentlichen abgeschlossen sind, »daß die Quelle-Gruppe, die Handelsfirmen und die Produktion, als Unternehmen weiterbestehen und weiterwachsen kann, daß an der Spitze auch in kommenden Jahren und Jahrzehnten stets aktive und fähige Führungskräfte stehen, auch wenn meine Enkel oder Urenkel für den Versandhandel oder die Produktion einmal kein Geschick oder keine Lust haben sollten.«

Damit stellt der Patriarch klar, dass sein Unternehmen zwar in jedem Fall in Familienbesitz bleiben soll, aber nicht unbedingt von Familienmitgliedern geführt werden muss – jedenfalls in der Generation seiner Enkel und Urenkel. Im Umkehrschluss bedeutet das aber auch, dass er die nachfolgende Generation, also seine beiden

Lebenswerk: Die Nürnberger Versandanlage zwischen der Fürther Straße und dem Frankenschnellweg mit ihrem Wahrzeichen, dem 1966 fertiggestellten, achtzig Meter hohen Turm und der zum Kunden ausgestreckten Hand.

Töchter beziehungsweise seine Schwiegersöhne, durchaus in einer operativen Verantwortung beziehungsweise Mitverantwortung sieht.

Des Weiteren wird deutlich, dass Schickedanz alle Firmen, also das Handelsgeschäft und die Produktionsbetriebe, in die Neukonstruktion mit einbeziehen will. Lediglich die Brauereien – die Brauerei Joh. Humbser AG, die Lederer-Bräu AG und die Brauerei Geismann GmbH – bleiben einstweilen noch vor der Tür. Mit einem Ausstoß von rund 550 000 Hektolitern Bier sowie 40 000 Hektolitern alkoholfreier Getränke und einem Umsatz von rund 50 Millionen D-Mark im Geschäftsjahr 1965/66 bilden sie die kleinste Einheit im Imperium des Gustav Schickedanz, was allerdings nicht bedeutet, dass er sie vernachlässigt: Allein 1965 hat er in die Erweiterung von Humbser fast 7,5 Millionen D-Mark und damit deutlich mehr investiert, als das ganze Anlagevermögen 1964 bilanzierte. Über die Ergebnisse des Brauereigeschäfts schweigt sich Gustav Schickedanz in diesen Jahren grundsätzlich aus; erst im April 1969 wird anlässlich der Fünfhundertjahrfeier der Lederer Bräu AG erstmals ein Geschäftsbericht der gesamten Brauereisparte veröffentlicht.

Und schließlich weiß man 1966, welche Konstruktion Schickedanz gewählt hat, um sein Familienunternehmen für die Zukunft zu sichern – und welche nicht: Bei der Aktiengesellschaft ist der Bestand der Unternehmensgruppe als Familienbetrieb gerade nicht auf Dauer gesichert. Zu groß ist die Versuchung einzelner oder aller Mitglieder einer nachfolgenden Generation, ihre Anteile zu versilbern. Und auch das andere Extrem, eine Stiftung, kommt für Schickedanz nicht in Betracht. Denn sie lässt kaum einen Spielraum, um das Unternehmen rasch und flexibel an sich ändernde Verhältnisse anzupassen, und untersteht zudem auch noch behördlicher Aufsicht.

Bleibt der Verein. Der nämlich garantiert ähnlich wie die Stiftung den Erhalt der wirtschaftlichen Basis für die Unternehmensgruppe,

kann aber, anders als diese und darin den Vorzügen einer Kapitalge-
sellschaft vergleichbar, mit Mehrheitsbeschlüssen Anpassungen an
neue Verhältnisse vornehmen. Damit ist gesichert, was Gustav Schickedanz Ende 1967 als wichtigstes Ziel des Ganzen bezeichnet: »Ich
möchte gern, daß das, was ich mit Hilfe meiner Frau, meiner Familie
und meinen treuen Mitarbeitern aufgebaut habe, auch weiterhin
stark und lebensfähig bleibt.«

Im Januar 1966 ist der Familienverein Schickedanz e. V. ins Leben
gerufen worden. Ihm gehören sämtliche Familienmitglieder einschließlich der beiden Schwiegersöhne sowie Hanns Jüngling an,
der seit mehr als drei Jahrzehnten bei Schickedanz ist, die Papiergruppe aufgebaut hat und das volle Vertrauen der Familie genießt.
Der Familienverein hält sämtliche Anteile an der 1964 gegründeten
Schickedanz International Holding GmbH, deren Stammkapital Anfang 1967 auf 15 Millionen D-Mark erhöht wird und deren Zweck
nunmehr die Übernahme von und die Beteiligungen an Firmen ist,
die sich mit der Herstellung und dem Vertrieb von Konsumgütern
befassen.

Der Holding sind zunächst die Auslandsgesellschaften des
Konzerns zu 100 Prozent unterstellt. Am 1. Februar 1967 tritt die
Schickedanz International Holding GmbH sowohl in die 1960 umge-
gründete Gustav Schickedanz KG als auch in die Großversandhaus
Quelle Gustav Schickedanz KG, die Obergesellschaft der inländischen Handelsgruppe, ein und ist dort nunmehr mit 25 Prozent
neben Gustav Schickedanz zweiter Komplementär. Gleichzeitig tritt
die »Großkaufmannsgattin« Grete Schickedanz mit einer Einlage
von jeweils vier Millionen D-Mark als dritte Kommanditistin neben
den beiden Töchtern des Firmengründers – Louise Dedi und Madeleine Mangold-Schickedanz – in die Gustav Schickedanz KG und die
Großversandhaus Quelle Gustav Schickedanz KG ein. Die Gustav
Schickedanz KG wiederum hat inzwischen mit der Quelle Investitions AG einen Beherrschungs- und Teilgewinnabführungsvertrag

geschlossen, so dass ihr das volle Jahresergebnis der Investitions AG zufließt.

Analog zur Gustav Schickedanz KG ist die Konstruktion bei den Vereinigten Papierwerken Schickedanz & Co. KG, der Obergesellschaft für alle Töchter im Papierbereich, angelegt. Auch hier spielt die Holding die entscheidende Rolle. Wie bei der Obergesellschaft der inländischen Handelsgruppe ist sie mit 25 Prozent neben Gustav Schickedanz zweiter Komplementär. Die restlichen Kommanditanteile entfallen auf Familienmitglieder.

Diese können also über das von der Holding verwaltete, gebundene Vermögen als Einzelne gar nicht und als gesamte Familie nur indirekt, nämlich über den Familienverein, bestimmen, wenn auch nicht verfügen. Das unterscheidet dieses Vermögen von den Brauereien und den Kommanditanteilen an den beiden Obergesellschaften im Handels- und Papierbereich, das den Familienmitgliedern als freies Vermögen zur Verfügung steht.

Damit liegt die Führung der gesamten Unternehmensgruppe bei der Holding, und deren entscheidendes Gremium ist der Konzernbeirat. Ihm gehören an: *ad personam* Gustav und Grete Schickedanz sowie Hanns Jüngling, außerdem je ein Vertreter der Familien Dedi und Mangold, und zwar zu dieser Zeit die Schwiegersöhne von Gustav Schickedanz, schließlich drei »sonstige Personen«, nämlich Franz Großbach, Willi Laschet sowie der Münchener Wirtschaftsprüfer Gerhard Haas. Letzterer ist mithin das einzige Beiratsmitglied, das nicht auch im Konzern tätig ist. In der nächsten Generation soll es keine Beiratsmitglieder *ad personam* mehr geben, lediglich zwei der sieben bis neun Mitglieder kommen aus der Familie, die übrigen werden von den Mitgliedern einstimmig zugewählt.

Eine komplizierte, zugleich aber eine zukunftsweisende Konstruktion – finden nicht nur die Verantwortlichen in der Familie, sondern auch die Beobachter der Fachpresse. »Die historisch gewachsene Struktur«, bilanziert Gerd Materne in der *Frankfurter*

Allgemeinen Zeitung, »mußte modernisiert, die Organisation ge-
strafft werden. Gleichzeitig galt es, das Familienvermögen … gegen
zentrifugale Kräfte abzusichern, den Eintritt von Nicht-Fami-
lienmitgliedern in die Geschäftsleitung zu ermöglichen und eine
Sammelstation für Kapitalmarktgelder einzurichten, die außerhalb
des großen familiären Unternehmenskerns steht … Das Haus ist
bestellt.« Materne weiß, wovon er spricht. Er ist nicht nur einer
der besten Kenner der deutschen Unternehmenslandschaft; er hat
auch einen direkten und guten Draht zum Quelle-Gründer. »Bei
Gustav sitzt Dr. Materne«, schreibt Hans Dedi Anfang 1968 an seine
Schwiegermutter.

Aber nicht nur der *FAZ*-Korrespondent weiß der Konstruktion
etwas abzugewinnen. Werner Osel vom *Handelsblatt* empfiehlt sie
sogar als Modell »für die dauerhafte und beständige Organisation
eines Familienunternehmens … Teilung des gesamten Vermögens
in einen freien und gebundenen Teil, wobei der freie Teil mit wenig
Macht, aber einer angemessenen Rente ausgestattet wurde, während
das gebundene Vermögen von Repräsentanten der Familie zusammen mit Experten zum Wohle der Unternehmensgruppe verwaltet
wird, eben von jenem board-ähnlichen Konzernbeirat.«

Hier allerdings liegt auch einer der Schwachpunkte dieser Konstruktion. Denn vorderhand besteht nicht nur der Beirat der Holding aus Mitgliedern der Unternehmerfamilie beziehungsweise aus
langjährigen Mitarbeitern des Konzerns, die der Familie aufs Engste
verbunden und verpflichtet sind; auch die Fachbeiräte der Handels-
und der Papiergruppe sind zumeist mit den gleichen Leuten besetzt.
Das mag angehen, es mag funktionieren, solange der Gründer und
Lenker des Ganzen das Steuer noch fest in der Hand hält und – Beirat
hin oder her – nicht nur die Richtung vorgibt, sondern bis in einzelne
Entscheidungen hinein faktisch das letzte Wort hat. Und solange alle
anderen das tolerieren, wenn nicht gar wünschen.

Die juristische und organisatorische Rekonstruktion des Konzerns ist eine Antwort auf die Frage, wer nach dem Rückzug oder
dem Tod des Gründers das Sagen hat, und so gesehen eine weit-
sichtige Lösung. Andererseits ändert sich auch danach und auf eine
nicht vorhersehbare Zeit in einer Hinsicht wenig: Die Mitgliedschaft
im Beirat der Holding, von den übrigen Beiräten gar nicht zu reden,
ist nicht nur im Falle des Gründers, sondern auch im Falle seiner
deutlich jüngeren Frau Grete an die Person gebunden und damit
auf Lebenszeit. Damit stellt sich die Frage, ob Grete Schickedanz
nach dem Ausscheiden ihres Mannes dessen Position im Konzern
einnehmen will und ob sie diese ausfüllen kann.

Weil Gustav Schickedanz inzwischen die Siebzig hinter sich hat,
weil ihm zudem die Gesundheit immer stärker zu schaffen macht, ist
es eine Frage der Zeit, bis der Fall eintritt. Das weiß auch er. Deshalb
hat er den Konzern juristisch und organisatorisch neu aufgestellt,
deshalb hat er neben den Schwiegersöhnen, auf die er setzt, auch
familienfremde, aber der Familie eng verbundene Fachleute auf die
Leitungsebene gehoben, und deshalb lässt er seiner Frau in den kommenden Jahren zunehmend Spielraum. Einstweilen leitet sie, wie
der Chronist der *FAZ* beobachtet, »den Einkauf des großen Versandunternehmens mit männlicher Vitalität und weiblichem Geschick«.
Bald aber wird deutlich, dass auch für Grete Schickedanz gilt, was ihr
Mann Gustav für seine Person im März 1967 einmal mehr zu Protokoll gibt: »Man kann's nicht lassen.«

DER PATRIARCH
1966–1977

Das hat er nicht verdient. Sicher, er ist angeschlagen. Dass die
Bundesrepublik ausgerechnet zu einer Zeit wirtschafts- und finanz-
politische Schwächen erkennen lässt, als der populäre Vater des
deutschen Wirtschaftswunders im Kanzleramt residiert, ist misslich;
aber dass die eigenen Parteifreunde am 10. November 1966 einen
Nachfolger nominieren und damit Ludwig Erhards Vertreibung aus
dem Amt einläuten, bevor dieser seinen Rücktritt bekannt gibt, ist
schlicht unanständig. So empfindet das auch Gustav Schickedanz –
ein Mann, für den auch im öffentlichen Leben, im politischen wie im
geschäftlichen, Anstand eine Maxime ist.

Aber was zählt schon Anstand, wenn es um Macht geht? Und
es geht um die Macht. Genauer gesagt geht es für CDU und CSU
darum, dort zu bleiben, wo man seit dem Sommer 1949 ist: an der
Regierung. Das aber, glauben viele im engeren Führungszirkel der
beiden christlichen Volksparteien, ist mit dem amtierenden Kanzler
nicht zu machen. Dabei hatte der erst ein Jahr zuvor, bei den Bundes-
tagswahlen vom 19. September 1965, für die Unionsparteien gut 47
Prozent herausgeholt. Ein hervorragendes Ergebnis und, von der
Ausnahmewahl 1957 abgesehen, sogar das beste seit 1949. Aber dann
häufen sich die Probleme, und als Ludwig Erhard Ende September
1966 aus den USA zurückkehrt, zeichnet sich sein Schicksal ab. Denn
anders als erhofft, hatte ihm Präsident Lyndon B. Johnson keine

Entlastung bei den Ausgleichszahlungen für die in Deutschland stationierten amerikanischen Truppen in Aussicht gestellt, sondern vielmehr kompromisslos auf einer pünktlichen Überweisung bestanden. Damit deutet sich eine Verschärfung jener Lage ab, die seit dem Jahresende 1965 als »wirtschaftliche Rezession« firmiert.

Eine tiefgreifende Krise ist das dennoch nicht. Als Erhard aus Amerika zurückkehrt, stehen 100 000 Arbeitslosen 600 000 offene Stellen gegenüber, und die Zahl der sogenannten Gastarbeiter nähert sich der neuen Rekordmarke von anderthalb Millionen. Selbst das Bruttosozialprodukt wächst 1966 noch nominal wie real, wenn auch nicht mehr mit dem Tempo, das die Bundesbürger bislang gewohnt waren. Im kommenden Jahr sieht es dann weniger günstig aus, aber immer noch nicht katastrophal: Das Bruttosozialprodukt sinkt real um 0,2 Prozent, und die Arbeitslosigkeit erreicht 2,1 Prozent.

Aber natürlich weiß man nicht, ob und wann sich der Trend umkehren wird, und so reicht alleine diese Eintrübung der Konjunktur, um bei den gleichermaßen krisen- und inflationsgeschädigten wie eben auch konsum- und wachstumsverwöhnten Deutschen ein ungutes Gefühl keimen zu lassen, und das wiederum kommt denen zupass, die ohnehin den Sturz Erhards wollen. Allen voran der greise Altkanzler Adenauer, der seinerseits im Oktober 1963 seinen Hut hatte nehmen und das Kanzleramt ausgerechnet dem populären Erhard überlassen müssen.

Als der am 26. Oktober 1966 eingestehen muss, dass ein Haushaltsausgleich nur mit zusätzlichen Steuern und Abgaben zu finanzieren ist, riskiert er den Bruch der Koalition. Tatsächlich treten die vier FDP-Minister einen Tag später zurück und geben damit Erhards Gegnern und Kritikern in den eigenen Reihen die Steilvorlage, die sie brauchen, um den verdienten, aber mit dieser Situation überforderten Franken durch einen Mann zu ersetzen, auf den sie sich deshalb einigen können, weil sich die eigentlichen Favoriten gegenseitig neutralisieren: Kurt Georg Kiesinger, der seit Dezember

1958 als Ministerpräsident von Baden-Württemberg amtiert, gilt als
Mann des Übergangs, aber auch des Ausgleichs.

Jedenfalls ist er seitens der Unionsparteien der geeignete Mann,
um nach seiner Wahl zum Bundeskanzler am 1. Dezember 1966 eine
Koalition mit den Sozialdemokraten einzugehen. In deren Reihen
wiederum gibt es durchaus unterschiedliche Auffassungen über das
weitere Vorgehen. Die einen um den Regierenden Bürgermeister
von Berlin und wiederholt gescheiterten Kanzlerkandidaten Willy
Brandt wollen schon im Herbst 1966 eine Koalition mit der FDP;
die anderen um den einflussreichen stellvertretenden Fraktionsvor-
sitzenden der SPD Herbert Wehner wollen eine Große Koalition.
Nach 17 langen Jahren endlich an der Macht in Bonn teilhaben
wollen sie alle. Wehner glaubt, dass die Große Koalition seiner Partei
eine gute Möglichkeit bietet, als Juniorpartner in der Regierungsver-
antwortung das Laufen zu lernen, und setzt sich durch.

Die Kabinettsrunde, die Anfang Dezember 1966 im Kanzleramt
zusammentritt, hat es in sich, schon weil sich hier Männer mit sehr
unterschiedlichen Biographien gegenübersitzen – hier die ehemaligen Linkssozialisten beziehungsweise Kommunisten und Emigran-
ten Willy Brandt, der neue Außenminister, und Herbert Wehner,
der das Ministerium für gesamtdeutsche Fragen übernimmt, und
dort Kanzler Kiesinger, der vom März 1933 bis zum bitteren Ende
der NSDAP angehört hat, oder auch Franz Josef Strauß, Front-
offizier des Zweiten Weltkrieges, der bereits diverse Ministerposten
innehatte, 1962 über die sogenannte *Spiegel*-Affäre gestürzt ist und
jetzt ins Finanzministerium einzieht. So gesehen ist die Runde auch
ein Spiegel der deutschen Nachkriegsgesellschaft.

Andererseits oder vielleicht gerade deshalb bringt diese erste
Große Koalition in der Geschichte der Bundesrepublik einiges auf
die Beine. Vor allem Franz Josef Strauß und sein Pendant, Wirtschaftsminister Karl Schiller von der SPD, tragen mit einer Reihe
von Maßnahmen, Gesetzen und Programmen wie einem Kredit-

finanzierungsgesetz oder auch dem Umsatzsteuergesetz, mit dem eine Mehrwertsteuer von durchschnittlich zehn Prozent auf den Nettoproduktwert eingeführt wird, dazu bei, dass die Rezession ziemlich rasch überwunden werden kann. Ohnehin ist die Wirtschaft unterschiedlich stark betroffen gewesen. Während der Bergbau zusätzlich mit strukturellen Schwierigkeiten zu kämpfen hat, kommt der Versandhandel vergleichsweise glimpflich davon.

Die Quelle geht sogar »gestärkt« aus der Rezession hervor. »Wir haben das Schiff gut durch die Fährnisse des Jahres 1967 gesteuert«, sagt Gustav Schickedanz Mitte Februar 1968. Das gilt für die Wirtschaft, und es gilt für die Politik. Gewiss, die Art und Weise, wie man Ludwig Erhard aus dem Kanzleramt gejagt hat, war unanständig und daher für Gustav Schickedanz nicht akzeptabel. Aber natürlich geht für ihn damit die Welt nicht unter. Politik hat ihn nie sonderlich interessiert, und schon deshalb hat er sich parteipolitisch nie exponiert, wenn auch eine gewisse Sympathie für die christlichen Volksparteien nicht zu verkennen ist. Grundsätzlich kann er mit allen, und die meisten können mit ihm. Wenn es auch Grenzen gibt. Als die Demokratische Linke in Baden-Württemberg im Frühjahr 1968 behauptet, Schickedanz finanziere die NPD, die Nationaldemokratische Partei Deutschlands, erwirkt er eine einstweilige Verfügung.

Für die maßgeblichen politischen Kräfte im Lande ist sein Unternehmen nicht nur als regionaler Wirtschaftsfaktor viel zu wichtig, als dass man ihn ignorieren oder gar vor den Kopf stoßen wollte. So steht Gustav Schickedanz selbstverständlich auf der Gästeliste für ein Essen, das Kanzler Kiesinger Mitte Februar 1967 für führende Vertreter der deutschen Wirtschaft gibt. Franz Josef Strauß ist sowieso gelegentlich in Fürth zu Gast, und nicht erst seit er Finanzminister ist. Den temperamentgeladenen Vollblutpolitiker mit einem Hang zur Skrupellosigkeit und den zurückhaltenden, verantwortungsbewussten Geschäftsmann mit bibliophiler Neigung verbinden der

beiden eigene Pragmatismus und der Geschäftssinn. Von einem zeitweilig intensiven Gedankenaustausch wie im Falle Erhards kann hier
zwar keine Rede sein, wohl aber von einem zunehmenden Respekt
des bodenständigen Franken vor dem Tatendrang des umtriebigen
Bayern.

Anfänglich ist es eher umgekehrt. Es sei ihm »nicht unbekannt«,
schreibt Strauß im November 1960 nach seiner ersten offenbar ebenso kurzfristigen wie kurzen Visite in Dambach an den Quelle-Chef,
»dass Sie ein gewaltiges Arbeitsprogramm zu bewältigen haben und
deshalb Ihre Sonntagsruhe dringend benötigen«, bittet ergebenst,
doch von einem Mitarbeiter »die Kataloge des Versandhauses Quelle
einschliesslich der Sonderkataloge« nach Bonn schicken zu lassen,
ist sich aber durchaus bewusst, dass man »grosse Leute nicht mit
kleinen Bitten unnötig belästigen« solle. Besuche sind denn auch
selten, und wenn, ist es Strauß, der sich auf den Weg macht.

Eher greift man zur Feder. Anlässe sind Geburtstage, das Weihnachtsfest oder auch Bitten um kleinere Gefälligkeiten wie das Schalten einer Anzeige der Quelle im *Bayernkurier*. Mitte der siebziger
Jahre lassen die schriftlichen Lebenszeichen des Fürther Unternehmers dann durchaus eine gewisse Bewunderung für den politischen
Tatendrang des Münchener Politikers erkennen, zumal Strauß sogar
noch die Zeit findet und Anfang 1975 von seinem vielbeachteten
Besuch in der Volksrepublik China einen Kartengruß nach Dambach
auf den Weg bringt. Aber natürlich ist Gustav Schickedanz zu sehr
Geschäftsmann, um es bei dem Dank für die Aufmerksamkeit zu
belassen. Vielmehr interessiert ihn zu erfahren, was man wohl tun
müsse, um in Maos Riesenreich »auf dem Weg des Versandes oder
durch ein geeignetes anderes System der Verteilung bis in die ent-
ferntesten Bezirke Ware bringen zu können«.

Solche Kontakte und Verbindungen sind nützlich, aber für einen
Unternehmer wie Gustav Schickedanz im Grunde verzichtbar. Eher

ist es so, dass die Politik die Verbindung sucht. Ein Unternehmen wie die Quelle kommt auch so gut über die Runden, jedenfalls solange Krisen so glimpflich verlaufen wie die Rezession des Jahres 1966/67. Immerhin schüttet die Quelle für ihre Mitarbeiter zum Weihnachtsfest 1967 eine höhere Gratifikation aus als ein Jahr zuvor – und sieht darin einen Beitrag zum Konjunkturaufschwung.

Nicht dass die Eintrübung der Konjunktur spurlos an dem führenden deutschen Versandhaus vorbeigegangen wäre, im Gegenteil: Bei den nackten Umsatzzahlen sieht es 1967 eher trist aus. Um gerade einmal 0,5 Prozent nimmt der Versandumsatz zu. Lediglich die österreichische und die junge französische Tochter hellen das Bild mit Zuwächsen von 23 beziehungsweise 91 Prozent ein wenig auf. Und was den Umsatzzuwachs beim stationären Handel angeht, so ist er fast ausschließlich der konsequenten Erweiterung der Verkaufsfläche zuzuschreiben. Um fast 20 Prozent auf jetzt 98 000 Quadratmeter legen die Verkaufsagenturen und Kaufhäuser allein 1967 zu. Kein Wunder, dass der Großteil der für 1968 geplanten Investitionen in Höhe von 40 Millionen Mark in den Ausbau des stationären Geschäfts geht – und damit ein potenzielles Problem der Unternehmenskonstruktion verschärft.

Nein, spurlos ist die Rezession an der Quelle wahrlich nicht vorbeigezogen. Dass der Chef dennoch eine positive Bilanz zieht, liegt an der wesentlichen Verbesserung der Rendite. Auch wenn Schickedanz dazu grundsätzlich keine konkreten Angaben macht, lässt er im Februar 1968 gegenüber der Presse doch durchblicken, dass die Ertragssteigerung jenseits von 15 Prozent liegt. »Ich könnte auch noch 25 Prozent sagen.« Eine stolze Bilanz, die sich mit dem Grundsatz dieses Unternehmers erklärt, an bewährten Prinzipien und Maximen auch dann festzuhalten, wenn sie Jahrzehnte zuvor entwickelt worden sind. Zu diesen zählt die Erfahrung, dass man aus Krisen gestärkt hervorgehen kann, falls man sie zu deuten und die richtigen Lehren aus ihnen zu ziehen versteht.

Ein Mann, ein Werk: Gustav Schickedanz durchschreitet Mitte der sechziger Jahre seine Versandanlage.

Wenn man wie Schickedanz die Rezession in erster Linie als Vertrauenskrise und damit als ein psychologisches Phänomen begreift, kommt es darauf an, dem Kunden Perspektiven zu eröffnen – zum Beispiel bei den Zahlungsmodalitäten, welche die hauseigene Bank anbietet. Die Noris Bank, getauft auf den allegorischen Namen der Stadt Nürnberg, hat 1954 als »Noris Kaufhilfe« das Licht der Welt erblickt. Der Name war Programm und signalisierte dem Kunden, dass er nicht nur seine Käufe bei der Quelle tätigen, sondern dabei auch Wege beschreiten konnte, die sich mit seinem Budget vereinbaren und damit zur Quelle zurückkehren ließen. Für Schickedanz bedeutete die Einrichtung der Kaufhilfe den Einstieg in den Dienstleistungssektor.

Wie bei den meisten Neuheiten, die der Quelle-Gründer auf den Weg bringt, ist der Erfolg auch hier durchschlagend. Bald hat man 5000 Kunden. Weil aber damit die Buchhaltung, in der immer noch Betty Haas die Regie führt, an ihre Grenzen stößt, schlägt Franz Großbach, einer der Protagonisten bei der Einführung und Modernisierung der Datenverarbeitung bei der Quelle, die Umstellung auf ein Lochkartensystem vor. Dies wiederum führt rasch zu der Erkenntnis, dass die Zahlungsmoral einer Reihe von Kunden zu wünschen übrig lässt, so dass eine grundsätzliche Entscheidung getroffen werden muss – selbstredend durch Gustav Schickedanz. Und der bleibt auch hier seinen Prinzipien treu. »Wir können doch nicht unsere Kunden verklagen«, sagt er zu Großbach. »Das geht doch nicht. Wir machen eine Bank.«

So wird am 4. Juni 1965 die Noris Kreditbank mit Sitz in Nürnberg gegründet. Der Erfolg gibt Schickedanz recht. Fünf Jahre später hat die Bank eine Bilanzsumme von 325 Millionen D-Mark, verfügt über ein haftendes Kapital von 35 Millionen D-Mark und unterhält 500 000 lebende Konten. Die Hausbank der Quelle ist damit das größte Institut ihrer Art in der Bundesrepublik. Drei Jahre später bietet sie über den Quelle-Katalog sogar Bundesschatzbriefe an – mit Laufzeiten von sechs und sieben Jahren und einer Verzinsung von bis zu neun Prozent.

Und natürlich war und ist die Bank für ihre Kunden auch in schlechten Zeiten da. Zum Beispiel in der Rezession der Jahre 1967/ 68. So haben die von der Noris Kreditbank offerierten Darlehen in Höhe von 3500 bis 40 000 D-Mark jetzt Tilgungszeiten von bis zu vier Jahren, und bei Krediten jenseits der 5000 D-Mark-Grenze betragen die monatlichen Tilgungsraten 0,35 Prozent. Selbstverständlich kommt die Quelle der verunsicherten Kundschaft auch mit einer konjunkturgerechten Anpassung des Sortiments entgegen. Wer in diesen Zeiten größere Ausgaben scheut, kann mit geringeren Kosten das gleiche Ziel erreichen. Die »Do-it-yourself«-Angebote, die jetzt deutlich zulegen, haben den Vorteil, zu einem günstigen Preis an praktisches Gerät zu kommen, mit dem man etwas tun kann – auch gegen das Stimmungstief: So ist bei der Quelle seit 1965 ein elektrischer Betonmischer zu haben, mit dem sich der Anbau oder die Garage gleichsam in Heimarbeit erstellen lassen.

Gustav Schickedanz ist lange genug im Geschäft, um etwa an ein Einfrieren oder gar eine Kürzung des Sortiments zu denken, im Gegenteil. Erstens gibt es auch in Krisenzeiten Kunden, die davon nicht berührt sind oder sich davon nicht berühren lassen; zweitens haben Krisen die Eigenschaft, vorüberzugehen – mit welchen Folgen und Kosten wird man sehen, wenn es so weit ist; und drittens sind Krisenzeiten Investitionszeiten. Jedenfalls für Gustav Schickedanz, der auch jetzt seiner Maxime treu bleibt und antizyklisch agiert. Deshalb und weil die Quelle 1967 ihren vierzigsten Geburtstag feiert, übertrifft auch der Herbst/Winterkatalog 1967 in Umfang und Angebot seine Vorgänger.

So richtig aus dem Vollen schöpfen sie in Fürth aber erst ein Jahr später, als die Rezession endgültig überwunden ist. Mit zusätzlichen 150 Seiten bringt es der Katalog jetzt auf insgesamt 736 Seiten; und mit einer Auflage von sagenhaften 6,45 Millionen Exemplaren ist der Quelle-Katalog uneinholbar der Bestseller in der Bundesrepublik. Nimmt man die gesamte Gruppe, also die Quelle mit ihren Töchtern in Österreich und Frankreich sowie Schöpflin, umfasst das Katalogangebot einschließlich der Beilagen knapp 1500 Seiten, und die Auflage überschreitet – erstmals bei einem europäischen Versandhaus-Unternehmen – die magische Hürde von zehn Millionen Exemplaren.

Selbstverständlich stehen die Neuheiten des Katalogs in einem angemessenen Verhältnis zu dessen erheblich gestiegenem Umfang. Das gilt für alle Bereiche, auch für den Haushalt. Inzwischen ist die Quelle der größte Nähmaschinenverkäufer der Republik, deutlich erweitert wird unter anderem das Angebot an den populären Geschirrspülmaschinen, und »völlig neu auf dem gesamten Markt« sind die Sichtfeuer-Öl- sowie die fahrbaren Keramik-Heizkamine. Beim Spielzeug können 75 Prozent der angebotenen Waren als Neuheiten bezeichnet werden, und für den Gourmet bietet die Quelle als bislang erstes und einziges Versandhaus der Welt das sogenannte TVP an, das Textured Vegetable Protein, ein Soja-Produkt, das alsbald unter dem Beinamen »Kunstfleisch« firmiert.

Wie eh und je besitzen Textilien, vor allem Kleidungsstücke, im Katalog des Fürther Versenders einen besonderen Stellenwert. Inzwischen hat sich die Quelle, unter der bestimmten Regie von Grete Schickedanz, auf diesem Terrain zu einer tonangebenden Institution der Branche entwickelt. Die Verbindung von klassisch anmutender Eleganz mit modebewusstem Design trifft offenbar den Zeitgeist. Dass die Modemacher der Quelle da keine Berührungsängste kennen, zeigt die Aufnahme eines Anzugs im Mao-Look in den Katalog für die Herbst- und Wintersaison 1968/69.

Die enge, hochgeschlossene Jackenform mit Stehbundkragen ist nach dem Vorsitzenden der Kommunistischen Partei der Volksrepublik China benannt. Der fünfundsiebzigjährige Mao Tse-tung ist damals gerade dabei, im Rahmen einer »Kulturrevolution« missliebige Gegner, allen voran die Intellektuellen des Landes, serienweise kaltzustellen und zu eliminieren. In Europa und namentlich in den Reihen der sogenannten Achtundsechziger-, aber auch der Hippie-Bewegung genießt er als Gegenspieler der Amerikaner in Vietnam und Verfechter eines agrarisch geprägten Kommunismus einige Popularität, und als ihm der amerikanische Präsident Nixon beziehungsweise dessen Sicherheitsberater Kissinger Anfang der siebziger Jahre den Hof machen, wird Mao im Westen salonfähig. Die Aufnahme von Artikeln mit Mao-Look in die Programme der Mode-, Kauf- und Versandhäuser zeigt sehr schön, wie konsequent und rasch die sich als alternativ verstehende Szene kommerzialisiert und vermarktet wird.

Das Schwergewicht des Modeprogramms der Quelle liegt freilich auf der Garderobe für die Dame. Mit dem Herbst/Winterkatalog

1968 kann sie jetzt ein Kostüm ordern, das mit einem RAL-Testat versehen ist. Insgesamt hat die Quelle 20 RAL-Artikel im Angebot und liegt damit in Deutschland eindeutig an der Spitze. Das ursprünglich 1952 vom (Reichs-)Ausschuss für Lieferbedingungen und Gütesicherung beim Deutschen Normen-Ausschuss in Frankfurt am Main eingeführte Gütesiegel bedeutet eine neue Form der informativen Warenkennzeichnung und dient der besseren Aufklärung der Verbraucher. Das Testat bildet einen weiteren Schritt auf dem Weg der Qualitätskontrolle, der 1955 eingeschlagen wurde, als die Quelle alle in ihren Katalogen angebotenen Textilwaren einer umfassenden Qualitätskontrolle durch das unabhängige Prüfungsinstitut Hohenstein unterwarf.

Jetzt wird er konsequent ausgebaut. Im Sommer 1968 tritt das neue Kontrollsystem, die QQN 2000, die Quelle-Qualitäts-Norm, in die Phase der praktischen Verwirklichung. Dahinter steckt die Strategie, einen Großteil der Qualitätsprüfung und damit der Verantwortung für die Ware auf den Lieferanten zu verlagern. Immerhin bezieht die Quelle ihre Waren von 5000 Lieferanten im In- und Ausland. Diese sind nunmehr angehalten, sich die entsprechenden Prüfmittel und -geräte zuzulegen. Das macht Sinn, weil die Entdeckung eines Fehlers am Ort der Fertigung preiswerter kommt als Prüfung, Rücknahme und Ersatz eines reklamierten Artikels.

Ein kleiner Stab von Außenprüfern der Quelle kann sich jederzeit Zutritt zu den Fabrikationsräumen eines Lieferanten verschaffen, und natürlich werden zuerst jene unter die Lupe genommen, die den Kunden im Auftrag des Versandhauses direkt beliefern. Weil dazu eine stetig wachsende Zahl ausländischer Lieferanten gehört, gehen die Prüfer der Quelle auch in Italien, Hongkong und selbst in der DDR ihrer Arbeit nach – dort freilich nur nach vorheriger Anmeldung und Genehmigung. Diese stichprobenartigen Kontrollen der laufenden Fertigung, deren Zahl jährlich in die Millionen geht, sind in erster Linie Identitätsprüfungen.

Die Typenprüfung, die der Aufnahme einer Ware in das Sortiment vorausgeht, betreibt die Quelle nach wie vor in eigener Regie.
Bei technischen Geräten kann sie bis zu einem Jahr dauern. Hat es
ein neues Produkt in den Katalog geschafft, behält sich die Quelle
grundsätzlich die Prüfung der ersten drei Lieferungen vor. Ein ge-
waltiger Aufwand, werden doch in den sechs Prüfstellen jährlich
bis zu 10 000 Prototypen kontrolliert. 110 Mitarbeiter – Techniker,
Ingenieure und Warenprüfer – sind alleine damit beschäftigt.

Parallel zum systematischen Ausbau der Qualitätskontrolle baut
die Quelle seit 1967 auch einen firmeneigenen Kundendienst auf. Anfang der siebziger Jahre wenden sie in Fürth dafür bis zu 50 Millionen
D-Mark jährlich auf. Rund 1650 Techniker rücken mit 1000 Fahr-
zeugen zu 1,2 Millionen Einsätzen aus und legen dabei 15 Millionen
Kilometer zurück. Der Aufwand ist so enorm, dass die Quelle inzwischen bei Waren unter einem Verkaufswert von 30 D-Mark den
Umtausch der Reparatur vorzieht. Aber er lohnt sich, geht doch der
monatliche Eingang von Beschwerdebriefen ebenso drastisch zurück
wie die Reklamationsquote, die 1971 noch bei 0,3 Prozent liegt.

Aber nicht nur bei der Qualitätsprüfung und beim Kundendienst
ist die Quelle einmal mehr Vorreiter. Auch beim Geschmack und
speziell bei der Mode setzt das Fürther Versandhaus neue Maß-
stäbe. Im Sommer 1967 hat die Quelle mit einem der bekanntesten
Modeschöpfer des Landes einen Beratervertrag geschlossen: Heinz
Oestergaard, der »Modekönig aus Berlin«, wie die Zeitungen ihn
nennen, wurde im August 1916, also mitten im Ersten Weltkrieg, in
der Reichshauptstadt geboren, absolvierte dort nach dem Besuch
des Gymnasiums eine umfassende Ausbildung unter anderem an
der Kunstschule von Professor Breuhaus und an der Berliner Zu-
schneide-Akademie, außerdem eine Lehre beim Konfektionsbetrieb
Schröder-Eggeringhaus, und fand 1938 beim Berliner Modehaus
Erich Vogel eine erste Anstellung als Konfektionär.

Nach Kriegsdienst und sowjetischer Gefangenschaft eröffnet Oestergaard 1946 – als jüngster Modeschöpfer Berlins und zunächst in seiner Wohnung – einen Modesalon, bevor er 1948 seine eigene Firma gründet. Fortan entwirft er nicht nur Exklusivmodelle für führende Modehäuser und prominente Persönlichkeiten von Bühne und Film, Rundfunk und Fernsehen wie Romy Schneider oder Zarah Leander, sondern berät auch Industrieunternehmen und unterstützt zum Beispiel die Firma Bayer bei der Einführung der neuen Synthetikfasern Cupresa und Cuprama.

Der einundfünfzigjährige Heinz Oestergaard steht also im Zenit seines Erfolgs, als er seine Firma aufgibt, sein Haus auf Sizilien verkauft und zur Quelle geht. Der Hausverkauf steht übrigens in unmittelbarem Zusammenhang mit dem neuen Arbeitsumfeld. Er habe zwar in Fürth »gut verdient«, erzählt Oestergaard fast drei Jahrzehnte später, »aber nicht so viel, daß ich mir so ein Haus als Luxus leisten konnte. Und dann hab ich auch gedacht: Ach, du erregst nur den Neid. Die Deutschen sind eine neidische Nation. Ich war ja Angestellter. Wenn du ein großes Haus hast, dann denken die, du verdienst so viel. Also weg damit. Und hab mir eine Einzimmerwohnung genommen ... Hab sie chick ausgelegt und wunderbar eingerichtet alles. In Fürth bei Nürnberg, bei ›Quelle‹.«

Einfach ist die neue Stellung nicht, schon weil Heinz Oestergaard sich mit Grete Schickedanz arrangieren muss, und die ist nicht nur die Chefin dieses wichtigen, wenn nicht wichtigsten Bereichs der Quelle, sie hat auch eine klare Vorstellung von dem, was Frauen in Deutschland mögen und tragen und was nicht. Aber sie ist lernfähig, und sie mag den Modeschöpfer. Das beruht auf Gegenseitigkeit. So kommen die beiden gut miteinander zurecht. »Ich mußte immer einen Schuß mehr an modischer Aktualität bieten, damit wir dann einen guten Kompromiß, nicht zuletzt auch mit der Chefin, schließen konnten. Sie achtete rigoros auf die Verkäuflichkeit, sie sah bei den Preisen auf den Pfennig.«

Im Dienste der Revolution: Seit 1967 prägt Heinz Oestergaard das modische Profil der Quelle und damit der Republik. Oben mit Grete Schickedanz. Unten präsentieren die Kandidatinnen für den Titel »Miss Germany 1973« einen Beitrag Oestergaards zur »Demokratisierung der Mode«.

Oestergaard begreift seine Rolle in Fürth nicht nur als weitere Stufe auf der Karriereleiter. Da hätte es andere Möglichkeiten gegeben. Nein, der Modemacher sieht in seiner neuen Aufgabe eine Herausforderung, eine Möglichkeit, die Mode zu demokratisieren, wie er das in seiner ersten Stellungnahme als Quelle-Berater vor der Presse nennt. »Ich glaube«, erläutert er den zahlreich erschienenen Journalisten am 9. August 1967, »daß der moderne Createur nicht mehr nur im Elfenbeinturm der reinen Haute Couture seine künstlerischen Gebilde für einen exklusiven, kapitalkräftigen Kreis von Menschen schaffen kann. Der Wandlungsprozeß liegt in der *Demokratisierung der Mode*. Das bedeutet: die Haute Couture unter Wahrung ihres individuellen, hochmodischen Charakters einer breiten Schicht zugänglich zu machen … Wichtig hierbei ist aber, daß der Eindruck des genormten Massenartikels vermieden wird und die individuelle Handschrift des Modeschöpfers erhalten bleibt.«

Keine Frage, da haben sich zwei gefunden. Der Kreative und der Revolutionär. »Das Großversandhaus Quelle«, sagt der eine über den anderen, »hat als erstes Unternehmen der Bundesrepublik eine revolutionäre Idee in die Tat umgesetzt: *Haute Couture zu erschwinglichen Preisen jeder Frau zugänglich zu machen.*« Als er das im Sommer 1967 zu Protokoll gibt, ahnt Heinz Oestergaard nicht, dass er fast 18 Jahre bleiben wird; als er 1985 geht, um sich fortan der Malerei, der Glaskunst und dem Teppichentwurf zu widmen, hat er die Mode und damit die Kultur der Bundesrepublik in diesen, ihren fetten Jahren geprägt wie kein Zweiter vor und kein anderer nach ihm – weil Oestergaard mit der Quelle und ihren Katalogen ein Forum zur Verfügung steht, wie es dann nur noch das Fernsehen bieten kann, und weil er in jenen Jahren ja auch nebenher für zahlreiche Berufe eine neue Kleidung entwirft: Krankenschwestern und Gärtner, ADAC-Helfer und katholische Priester, nicht zuletzt aber deutsche Polizisten schreiten fortan von Heinz Oestergaard gewandet durch ihren Berufsalltag.

Und die Chefin selbst? Trägt Grete Schickedanz Kleider aus der
eigenen Kollektion? Kein Wunder, dass sich die Öffentlichkeit, die ja
zu einem Gutteil aus Quelle-Kunden besteht, für diese Frage interessiert. Und die Frau an Gustavs, an »seiner Seite« ist klug genug,
dem Interesse Rechnung zu tragen. »Kleider nicht«, beantwortet
sie Anfang 1967 die Frage »Tragen Sie ›Quelle‹-Kleider?« und fügt
für die sie begleitende *Stern*-Reporterin hinzu: »Aber Strümpfe,
Wäsche und Pullover probiere ich schon aus.« Dabei bleibt es – bei
der Haltung der »Mode-Herrin« zu den Angeboten ihres Hauses
und beim Verständnis der Medien für diese Entscheidung. »Frau
Schickedanz«, heißt es in einem von Sympathie getragenen Bericht
über Grete Schickedanz, den Ursula von Kardorff sechs Jahre später
für die *Zeit* schreibt, »trägt keine Eigenproduktion. Ihre Garderobe,
meist Blau zum Blau der Augen, stammt von Pierre Balmain.« Wenn
sie sich nicht, wie auch der Gatte, vom Münchener Prominenten-
schneider Max Dietl einkleiden lässt.

Die Berichte spiegeln das zunehmende Interesse der Medien
an den »Reichen in Deutschland« wider. So titelt der *Spiegel* im
September und Oktober 1966 eine immerhin sechsteilige Serie zum
Thema und eröffnet sie mit der Frage: »Ruht der Klassenkampf in
Deutschland?« Schwer zu sagen, ob das Hamburger und andere
Magazine mit ihrer Berichterstattung die wachsende Neugier der
Deutschen am Leben der oberen Zehntausend bedienen oder ob sie
ihrerseits diese Neugier erst richtig wecken. Vermutlich bedingen
sich die beiden Trends gegenseitig. Sicher ist, dass sich »die Reichen«,
dass sich auch Gustav und Grete Schickedanz dieser Neugier weder
entziehen können – noch entziehen wollen.

In der Rückschau, angesichts des hemmungslosen Voyeurismus,
der nicht zuletzt dank dieser frühen Offenheit später Betroffener
große Teile der Berichterstattung dominiert, mutet das beinahe naiv
an. Allerdings sieht damals kaum jemand diese Entwicklung voraus,
weil der Neidkomplex im brummenden Wirtschaftswunderland der

sechziger Jahre noch nicht in dem Maße ausgeprägt ist wie in den kommenden Jahren und Jahrzehnten. Die oben zitierte Feststellung Heinz Oestergaards stammt ja aus den neunziger Jahren. Wer es zu Wohlstand gebracht hat, sieht einstweilen keine Veranlassung, ihn zu verbergen, denn »Wohlstand für Alle« ist nach wie vor ein, wenn nicht sogar das einzige gemeinsame Ziel, auf das sich die allermeisten Deutschen verständigen können.

Also gewähren auch Gustav und Grete Schickedanz, nicht ohne Stolz, gelegentlich einmal neugierigen Reportern Einblick in ihr Leben und öffnen ihnen sämtliche Türen, auch die ihres Dambacher Domizils. Was die Besucher dort zu sehen bekommen, ist bald in der ganzen Republik nachzulesen. So kann man der *Neuen Post* entnehmen, dass Gustav Schickedanz nach dem langen Arbeitstag »schon auf der breiten Auffahrt vor seinem Haus« von seinen beiden Pudeln »Conny« und »Struppi« begrüßt und dann von einem Heer guter Geister empfangen und betreut wird. »Pförtner, Diener in Livree, Gärtner, Chauffeur, Köchin, Hausdame und zwei Mädchen«, schreibt der *Stern*, »gehören zum Personal des Hauses, das wie ein französischer Landsitz wirkt. Neben dem Treppenaufgang hat der Gartenarchitekt der Natur ein Stück Symmetrie abgetrotzt – eine Idee von Versailles im Kleinformat.«

Aber natürlich bleibt es nicht bei einer Erkundung der Gartenanlagen und der Räumlichkeiten. Auch die Schränke und Vitrinen werden für die neugierigen Besucher geöffnet. Während Gustav Schickedanz Einblicke in seine Bücher-, Autographen- und Bildersammlungen gewährt, beantwortet seine Frau bereitwillig weitere Fragen nach ihrer Garderobe. »Wieviel Pelzmäntel« sie denn habe? »Oh, ich hab' schon etliche. Nerz, Ozelot, Breitschwanz.« Einen davon hatte sie übrigens, wie sich die *Stern*-Reporterin erinnert, auch am Morgen auf dem Betriebsgelände getragen: »… graue Breitschwanzjacke, packpapierdünn. Sie hat auch eine Serie von Abendkleidern, aber die hängen im Schrank. Keine Zeit.«

Des Pudels Ball:
Tierliebhaber Gustav
Schickedanz und einer
seiner Hunde im Garten
der Dambacher Villa,
Anfang der siebziger
Jahre. Inzwischen kann
man Kleinpudel auch bei
der Quelle per Katalog
beziehen.

Das besondere Interesse der Reporter gilt dem Personal, allen voran Diener Joseph Kranz, der die Besucher durch die Eingangshalle in den »überdimensionalen Wohnraum – dunkel getäfelt, mit Fenstern bis zur Erde« – geleitet, »sich im Laufe langer treuer Dienstjahre einen geschwinden Schritt zugelegt hat« und Gastgebern und Gästen Kaffee, Cognac und rumgetränkte Kartoffelnudeln serviert. So wird Joseph, das »Faktotum«, wie es 1973 im *Zeit-Magazin* heißt, den Deutschen ein Begriff. Für den *Spiegel* ist Joseph schon 1966 »mehr Bursche als Butler«, und sein »Herr« tut alles, zum Beispiel die Ausstattung mit einem »unauffällig mausgrauen Anzug …, um nicht dauernd den Lakaien in ihm sehen zu müssen«.

Wie überhaupt, glaubt man dem Hamburger Magazin, dieser

Typ des »gutbürgerlichen Patriarchen« nicht selten unter seinem Herrendasein zu leiden scheint: »Einen gesunden, kräftigen Mann ihre Schnürsenkel binden zu lassen, geht den Reichen gegen den Strich, und sie versuchen es auszugleichen durch eine große Jovialität. ›Der Joseph hat's gut‹, spaßt der weißhaarige Werkmeistersohn Gustav Schickedanz ...« Man spürt, wie der Chronist mit sich und seinem Gegenstand ringt. Gustav Schickedanz, so der Tenor, ist kein richtig guter Mensch, aber ein wirklich schlechter ist er nun auch wieder nicht. »Ganz ist es diesem protestantischen Firmenherrn bisher nicht gelungen, die besitzergreifende Fürsorglichkeit seiner Gründer-Natur abzukühlen, wie der Großbetrieb es gebietet.«

Keine Frage, hier klingen jene Töne an, die bald zum festen Repertoire der ressentimentgeladenen Berichterstattung über die »Reichen in Deutschland« gehören und dazu führen werden, dass diese die Türen erst einmal wieder fest verschließen, das Feld den Neureichen und anderen sogenannten Promis überlassen und damit erst recht zum publizistischen Angriff auf ihre Bastionen einladen. Keine Frage aber auch, dass jedenfalls die Reportagen über Gustav Schickedanz einen hohen Respekt vor dem Lebenswerk des Patriarchen, aber auch vor seiner Bereitschaft erkennen lassen, sich nicht zu verstecken, sondern die Öffentlichkeit Einblick in seine Welt, auch seine private, nehmen zu lassen.

Der Unternehmer und seine Frau haben eben nichts zu verbergen. Privat nicht und geschäftlich auch nicht. Kaum ein zweiter Unternehmer seines Kalibers hat sich – über Jahrzehnte hinweg und im wahrsten Sinne des Wortes bis zum letzten Atemzug – so regelmäßig und offen der Presse gestellt wie Gustav Schickedanz: In der Regel zweimal jährlich lädt er ihre Vertreter zum Stelldichein bei der Quelle. Dass er es mit seinem Privatleben ähnlich hält, wird durchweg honoriert und sorgt für einen Vertrauensvorschuss.

Der gediegene Wohlstand, in dem er und seine Frau leben, ist hart erarbeitet. Das gilt den meisten Berichterstattern als ausgemacht. Als

Schickedanz 1963 in einem Interview mit der Illustrierten *Quick* von seiner »Lebenserfahrung« spricht, »daß nur derjenige mehr erreicht als der Durchschnitt, der sich andauernd bemüht, von sich selbst das Letzte an Leistung zu verlangen«, übertreibt oder kokettiert er eben nicht. Und weil das alle wissen, gönnen ihm die meisten das, was er erreicht hat. Dass der »Patriarch« schließlich auch noch seinen Nachfolgern »das wohl funktionsfähigste Familien-Imperium der Bundesrepublik wohlbestallt« hinterlässt, wie der *Spiegel* im Juni 1977 schreibt, trägt das Seine dazu bei, dass sich am Ansehen des Gustav Schickedanz – in dieser Hinsicht und über seinen Tod hinaus – zunächst wenig ändert. Das unterscheidet sein Bild von dem seines »prominentesten Wettbewerbers« Josef Neckermann, der, so der *Spiegel*, 1976 »blank vor den Banken stand«.

Letzteres ist Mitte der sechziger Jahre freilich noch nicht absehbar. Im Gegenteil, die Konkurrenz bleibt am Ball. Kaum dass Schickedanz beispielsweise bei der Mode die Nase vorn hat, zwingt ihn Neckermann auf anderem Feld zur Reaktion. Die »Tiefkühlkost steht immer noch im Raume«, schreibt Hans Dedi im Januar 1968 an seine Schwiegermutter Grete Schickedanz und klagt über die »Preiskämpfe«. Als die Quelle am 13. Januar 1968 in Niedersachsen mit der Auslieferung des neuen Produkts beginnt, hat der Rivale aus Frankfurt gerade einen Kooperationsvertrag mit der Grönland GmbH & Co. KG, Deutschlands drittgrößtem Tiefkühlkostproduzenten nach Iglu und Findus, geschlossen. Schon 1968 sollen fünf Millionen Haushalte in den Genuss von Tiefkühlkostprodukten kommen, die unter dem Namen Neckermann vertrieben werden. Die Presse, die den Schlagabtausch zwischen Fürth und Frankfurt nach wie vor interessiert, mitunter auch fasziniert verfolgt, spricht vom »Kalten Krieg an der Tiefkühlfront«.

Das trifft den Nagel auf den Kopf. Tatsächlich ist es ein kalter Krieg, den sich die beiden deutschen Versandhausgiganten da leisten, und er hat durchaus Ähnlichkeit mit jenem Ost-West-Konflikt, den die Zeitgenossen als »Kalten Krieg« bezeichnen. Richtig ist, dass dieser aus den Konstellationen des Zweiten Weltkriegs entstandene Gegensatz zwischen den USA und ihren Verbündeten auf der einen und der Sowjetunion und deren Verbündeten auf der anderen Seite nicht heiß geführt worden ist, jedenfalls nicht auf der nördlichen Halbkugel; richtig ist aber auch, dass der Kalte Krieg in der Konsequenz für beide Seiten ruinös gewesen ist – für die Sowjetunion, weil sie ihn nicht überlebte, und für die USA, weil sie der Rolle als einzig verbliebene Supermacht nicht gewachsen sein konnte.

Ähnlich verhält es sich mit dem »Kalten Krieg« zwischen Quelle und Neckermann. Dass einer dem anderen ein Terrain überlässt, auf dem dieser nachhaltiger reüssiert, und sich stattdessen stärker in einem Bereich engagiert, in dem er selbst die besseren Karten hat, ist Ende der sechziger Jahre nicht vorstellbar. Koste es, was es wolle. Allerdings gehen die Kontrahenten, seit sie 1961 ihre zahlreichen Wettbewerbsstreitigkeiten in einem Generalvergleich beigelegt haben, neuerlichen juristischen Konfrontationen aus dem Weg. Zum Beispiel beim Diebstahl von Unterlagen, die zu den besonders sorgsam gehüteten Betriebsgeheimnissen zählen.

Als Ende November 1971 am Flughafen Zürich der »Angestellte S.« und der »Gebrauchtwagenhändler Sch.« festgenommen werden, kommt eine delikate Geschichte ans Licht der Öffentlichkeit. Offensichtlich haben die beiden versucht, für 120 000 D-Mark Kalkulationsunterlagen von Neckermann an den Konkurrenten in Fürth zu verkaufen. Der freilich hatte sich nicht darauf eingelassen. Vielmehr hatte Grete Schickedanz umgehend den betroffenen und betrogenen Josef Neckermann ins Bild gesetzt und mit diesem vereinbart, zum Schein auf das verlockende Angebot einzugehen, um die beiden Ganoven in die Falle zu locken, die dann auch in Zürich zuschnappte.

Wie sich der Frankfurter Konkurrent im umgekehrten Fall verhalten hätte, sei dahingestellt. Sicher ist, dass die Quelle ihrerseits ein gebranntes Kind ist, waren ihr doch kurz zuvor 329 000 Adressen von Sammelbestellern entwendet und für 165 000 D-Mark dem Pforzheimer Versandhaus Klingel verkauft worden. Ob dieser Konkurrent um die Herkunft des wertvollen Adressmaterials wusste, bleibt ebenfalls dahingestellt. Jedenfalls wurde man in Fürth erst durch ein drittes Konkurrenzunternehmen auf den Fall aufmerksam gemacht, konnte durch die Identifizierung von Schreibfehlern feststellen, dass es sich um eigene Adressen handelte, und so schließlich Klingel in einem Vergleich zur Zahlung von 400 000 D-Mark zuzüglich der Prozesskosten zwingen. Schon deshalb ist es nicht überraschend, dass Schickedanz den Konkurrenten aus Frankfurt am Main informiert, als er es mit einer solchen Geschichte zu tun bekommt.

So etwas ist für einen honorigen Geschäftsmann selbstverständlich – jenseits aller geschäftlichen Rivalität. Dass die zusehends ruinöse Züge annimmt, ist gleichwohl nicht zu übersehen. Zum Beispiel in der Reisebranche, wo Neckermann die Nase vorn hat. Dennoch oder ebendeshalb bläst Schickedanz 1967 zur Aufholjagd. Im Juni 1967 übernimmt die Quelle die Münchener Transeuropa Flug- und Schiffsreisen GmbH, ein Flugtouristikunternehmen mittlerer Größe, hinter dem die Fluggesellschaft Condor steht, und wenige Wochen später schließen sich die beiden, also Quelle und Transeuropa, mit der in Düsseldorf ansässigen Alpen-See-Reisen GmbH zu einem Reisepool zusammen, um ihren Kunden ein umfassendes Programm an Flug-, Schiffs- und Bahnreisen anbieten zu können.

Damit beginnt ein bemerkenswertes Kapitel in der Geschichte der Quelle. Denn im Reisebereich lässt sich Gustav Schickedanz erstmals auf eine Kooperation mit anderen ein. Im Mai 1970 fällt in Fürth die Entscheidung, der Essener Karstadt AG einen Anteil von 25 Prozent an der neu gegründeten Transeuropa-Reisen GmbH anzubieten. Diese ist aus der Transeuropa Flug- und Schiffsreisen GmbH hervorgegangen, deren Sitz Schickedanz mit der Umfirmierung von

München nach Nürnberg verlegt und in die er die Alpen-See-Reisen, vor allem aber die Quelle Reisen International eingebracht hat.

Diesem ersten folgt knapp zweieinhalb Jahre später ein nicht minder bedeutender zweiter Schritt: Mit Wirkung vom 1. November 1972 werden Quelle und Karstadt über eine gemeinsame Beteiligungsgesellschaft Teilhaber der TUI, jener Touristik Union International, die 1968 von Scharnow, Touropa, Hummel, Tigges und Airtours gegründet worden ist, und bringen Transeuropa in die TUI ein. Natürlich hat die Fusion einen Geburtshelfer: Neckermann. Das gilt für die Quelle, und es gilt für die TUI. Auch für diese liegen die Beweggründe für den Zusammenschluss nach Auffassung des Beobachters von der *FAZ* »auf der Hand: Die Markterfolge des Neckermann-Reiseunternehmens NUR und der Quelle haben hinlänglich bewiesen, daß Reisen nicht nur über den Fachhandel – sprich das Reisebüro – verkauft werden können. Es liegt also nahe, neben dem Weg über die Reisebüros auch den Vertriebsweg über die Warenhäuser und den Versandhandel zu erschließen, zumal da er allen Partnern Vorteile bringt.« Eben auch der Quelle. Immerhin haben die Reisebüros, in denen man jetzt auch Quelle- beziehungsweise Transeuropa-Produkte kaufen kann, einen Marktanteil von 30 Prozent – Tendenz steigend. Vor allem aber bilden die beiden Partner zusammen jetzt mit rund 1,8 Millionen verkaufter Reisen den größten Reisekonzern Europas – und lassen damit Neckermann weit hinter sich.

Für Gustav Schickedanz ist das ein schöner Erfolg; für seine engsten Mitarbeiter erst recht. Denn die Kooperation der Quelle mit Karstadt und TUI ist, wie gesagt, eine von wenigen Ausnahmen. Gustav Schickedanz will die Herausforderungen in aller Regel alleine angehen und meistern, will alles aus eigener Kraft und mit eigenen Mitteln stemmen, will um jeden Preis seine Unabhängigkeit wahren. Das war, sagen enge und treue Weggefährten später, »ein Schwachpunkt«. Dabei gibt es durchaus Angebote und Möglichkeiten einer

Kooperation, zum Beispiel einen Einstieg von Procter & Gamble, der den Papierfabriken womöglich eine Zukunft in der Regie von Schickedanz eröffnet und den Ausverkauf an den amerikanischen Konkurrenten, zu dem es dann 1994 kommt, unnötig gemacht hätte. Oder ein Zusammengehen mit Neckermann bei den Fertighäusern, das zu angemessenen Stückzahlen und damit zu einem profitablen Geschäft hätte führen können.

Gustav Schickedanz will von alledem nichts wissen, im Gegenteil, er setzt nicht nur weiterhin auf den Alleingang, sondern auch auf den konsequenten Ausbau des Sortiments und auf die Besetzung neuer Felder. Kann das gut gehen? In jedem Fall gilt Atemholen in diesem Geschäft als Stagnation und Stagnation als Rückschlag. Nicht nur fressen die Großen die Kleinen, vielmehr zeichnet sich in den ausgehenden sechziger und beginnenden siebziger Jahren ab, dass die Schnellen die Langsamen schlucken werden. Andererseits hängt bei der Quelle nach wie vor alles an einem Mann, und der blickt 1970 auf ein dreivierteljahrhundert langes Leben zurück.

Noch, so scheint es, hat der »Grandseigneur des deutschen Versandhandels« alles im Griff. Gustav Schickedanz, schreibt Gerd Materne in der *Frankfurter Allgemeinen Zeitung*, regiert sein Imperium, das inzwischen mehr als drei Milliarden D-Mark umsetzt, »keineswegs aus der Warte dessen, der nach getaner Arbeit mit ruhiger Zufriedenheit auf sein Werk blickt und nur ab und zu einmal nach dem Rechten schaut. Er ist immer noch rastlos tätig … Zähe Beharrlichkeit und eiserne Selbstdisziplin sind wohl nicht zuletzt die Eigenschaften, die auf den Weg des Erfolges geführt haben … Er ist ein Unternehmer konservativen Zuschnitts, aber mit sicherem Gespür für sich anbahnende Entwicklungen und durchaus aufgeschlossen für Neues.«

Im Übrigen feiert Gustav Schickedanz seinen Fünfundsiebzigsten so, wie er es mit allen runden oder halbrunden Geburtstagen getan hat: zurückhaltend und großzügig. Kein großer Empfang, sondern eine Feier im Kreise der Mitarbeiter im Quelle-Kasino. Als im Vorfeld die Idee aufkommt, den Repräsentanten des Fernostbüros im »schwarzen Festkimono« und in Begleitung der gleichfalls im »hübschen farbenfrohen Kimono« gewandeten Perlenverkäuferin von Euroval zur Gratulationskur antreten zu lassen, stellt die Leiterin der Presseabteilung klar: »Kein Festkimono[,] sondern europäischer Anzug. Keine Perlenverkäuferin von Euroval.« Unter den Gästen ist auch Bayerns Ministerpräsident Goppel, der dem Jubilar das Große Verdienstkreuz mit Stern und Schulterband des Verdienstordens der Bundesrepublik Deutschland überreicht.

Es ist nicht die letzte Auszeichnung, die Gustav Schickedanz erhält, und schon gar nicht die erste. Seit ihm im Juni 1953 das Verdienstkreuz des Verdienstordens verliehen worden ist, liefern sich die Bundesrepublik, der Freistaat Bayern und die Stadt Fürth förmlich einen Wettlauf um die Ehrung des Geschäftsmannes. Und natürlich wollen andere, wie das Bayerische Rote Kreuz oder der Turnverein Fürth, nicht nachstehen. Insgesamt aber halten sich die Auszeichnungen in einem vergleichsweise überschaubaren, angemessenen Rahmen, da es Schickedanz im Unterschied zu mancher anderen Unternehmerpersönlichkeit nicht darauf anlegt, sich durch eine gezielte Spendenpolitik in den Besitz einer üppigen Ordenssammlung zu bringen.

Dabei ist er durchaus generös. So spendet er anlässlich seines Fünfundsiebzigsten seiner Heimatstadt fünf Millionen D-Mark für den überfälligen Neubau des Heinrich-Schliemann-Gymnasiums. Da dieser in den kommenden Jahren nicht ins Werk gesetzt werden kann, verfügt der Stifter noch vor seinem Tod eine Teilung seiner Spende: Das Schliemann-Gymnasium wird erweitert, und die Finkenschlag-Schule sowie das Hardenberg-Gymnasium erhalten jeweils eine Turnhalle. Wenig später beschließt der Stadtrat die Umbenennung der Finkenschlag- in Gustav-Schickedanz-Schule.

Ein Herzensanliegen im wahrsten Sinne des Wortes ist Gustav

Schickedanz die Neuordnung des Altersversorgungswerkes, die er anlässlich seines Geburtstags auf den Weg bringt. Er hat eben nie vergessen, dass sein Imperium aus einer »verschworenen kleinen Gemeinschaft« hervorgegangen ist, wie er auch auf der Geburtstagsfeier im Kreis der Mitarbeiter wieder betont. Und schon weil die Quelle für ihren Gründer nach wie vor ein Familienunternehmen ist, gilt der Versorgung der Mitarbeiter – auch nach ihrem Ausscheiden – sein besonderes Augenmerk. Mehr als zehn Millionen D-Mark jährlich wendet die Unternehmensgruppe fortan für die »Aktion Abendsonne« auf, die damit zu den vorbildlichen Altersversorgungswerken in der Bundesrepublik zählt. Wer mindestens ein Drittel seines Arbeitslebens bei der Quelle verbracht hat, kann sich auf zusätzlich ein Prozent des rentenfähigen Einkommens für jedes Dienstjahr freuen.

Dabei hat der Spender vor allem die Frauen seines Unternehmens im Blick, die ja traditionell einen hohen Anteil an der Gesamtbelegschaft der Quelle stellen. Acht Jahre zuvor, im Frühjahr 1962, hatte die Betriebszeitung *Quelle-Kreis* einmal eine interessante Rechnung aufgemacht. Im Bundesdurchschnitt gilt damals, dass unter den 20 Millionen Beschäftigten 6,8 Millionen Frauen sind. »Das bedeutet: Dort, wo drei Männer arbeiten, arbeitet eine Frau mit!« Ganz anders, nämlich genau umgekehrt, stellt sich die Situation 1962 beim Fürther Versender dar: »Allein innerhalb der Bundesrepublik beschäftigt die Quelle 11 669 Menschen, davon 8696 Frauen! In der Quelle steht also neben drei Frauen ein Mann im täglichen Arbeitsrhythmus!« Vor allem bei ihnen will sich Gustav Schickedanz mit der »Aktion Abendsonne« bedanken: Scheidet eine Frau mit 55 aus dem aktiven Berufsleben aus, bleiben die betrieblichen Rentenansprüche bis zur Erreichung des Pensionsalters voll erhalten.

Eine erhebliche Verpflichtung. Immerhin beschäftigt die Unternehmensgruppe von Gustav Schickedanz im Jahr seines fünfundsiebzigsten Geburtstags rund 38 000 Mitarbeiter; Mitte der fünfziger Jahre waren es noch 5500 gewesen. So viele, genau genommen fast 6000, sind jetzt alleine in der Industriegruppe tätig, die meisten von ihnen in den Papierfabriken, die im Sommer 1968 durch den Kauf der sogenannten Zimmer-Gruppe weiter ausgebaut worden ist: Die Papierfabrik Dr. Zimmer & Cie. GmbH und die Westdeutsche Wellpappenfabrik GmbH, beide Düsseldorf, setzen jährlich rund 20 Millionen D-Mark um. Insgesamt hat die Unternehmensgruppe von Gustav Schickedanz 1969 3,5 Milliarden D-Mark umgesetzt – mehr als dreizehn Mal so viel wie 15 Jahre zuvor. Nicht mitgerechnet sind die Ergebnisse der Brauereien, die Ende der sechziger Jahre rund 600 000 Hektoliter ausstoßen und damit zu Bayerns größten Bierproduzenten zählen, und die hauseigene Bank.

Das ist eine stolze Bilanz – nicht zuletzt für Gustav Schickedanz, der zwar noch alles unter Kontrolle, aber inzwischen auch das Greisenalter erreicht hat. Wie lange geht das noch gut? Wie lange kann einer, dessen Kräfte naturgemäß schwinden, ein Unternehmen, das unaufhörlich und nach allen Seiten wächst, noch in und mit seiner Person zusammenhalten? An eine Atempause ist ja nicht zu denken: Die Expansion muss vorangetrieben werden. Das liegt in der Logik dieses Geschäfts.

Und dieses Geschäft besteht längst nicht mehr nur aus dem Versand, der Industriegruppe und den Brauereien. Es gibt die Bank, es gibt die Touristik, es gibt das Fotogeschäft, es gibt die Kaufhäuser, die jetzt Warenhäuser heißen, und es gibt das Auslandsgeschäft. Im Oktober 1969 eröffnet die Quelle in Essen auf den Grundstücken des ehemaligen Krupp-Kaufhauses ihr 23. und mit einer Verkaufsfläche von über 10 000 Quadratmetern zugleich größtes Warenhaus, in Österreich ist die Quelle innerhalb von zehn Jahren zum größten kombinierten Versandhandels- und Kaufhausunternehmen des Landes avanciert und mit ihren Waren in jedem zweiten Haushalt vertreten, und in Belgien hat die Quelle im Juli 1969 die nach Österreich und Frankreich dritte Auslandstochter gegründet. Um nur diese Beispiele zu nennen.

Bei alledem wächst das Sortiment – wird teils exklusiver, teils abwegiger und droht dabei sein spezifisches Profil zu verlieren. Gewiss, das Bandscheibenstützmieder für den Autofahrer und die Folie zum Beheizen von Autoheckfenstern, die Herrenarmband-uhr mit einem Versicherungszertifikat von Lloyd's in London und der Taschencomputer für alle vier Rechenarten, die weltweit erste tragbare Fernseh/Rundfunk-Kombination und die Blitzschutzmatte für Steilwandzelte, die Anfang der siebziger Jahre im Katalog auf-tauchen, würde man auch dort suchen. Aber wie ist es mit der finnischen Familiensauna, die im Herbst/Winterkatalog 1969 an-geboten wird, mit den Wohnwagen, die seit 1970 auftauchen, und mit den Zweirädern? Gut, die Fahrrad-Klappräder, die es seit 1969 gibt, passen irgendwie ins Programm. Doch was ist mit den Motorrädern der tschechischen Marke Jawa-CZ? Sicher stellen sie eine Ergänzung des 1970 aufgelegten Angebots an motorisierten Fortbewegungs-mitteln dar. Aber dass sie 1971 ganz kurzfristig und daher nur mit einem Faltblatt ins Programm genommen werden, hat offenbar vor allem einen Grund: Neckermann, der die tschechischen Motorräder seit 1967 vertreibt, hat das Lieferverhältnis beendet und konzentriert sich auf Maschinen aus Italien und der DDR.

Und müssen tatsächlich auch noch der Tierliebhaber und der Gartenfreund von Fürth aus bedient werden? Tatsächlich kann man seit dem Frühjahr 1970 bei der Quelle per Katalog sechs verschiedene Hunderassen, darunter einen Kleinpudel, beziehen – ausgerüstet mit Ahnentafel, internationalem Impfzertifikat sowie Lebens-versicherung und zu Preisen zwischen 148 und 345 D-Mark. Und dem Gartenfreund liefert die 1970 gegründete Garten-Quelle – seit dem Herbst des Jahres und als erstes Versandhaus überhaupt – voll bewurzelte Stauden in Spezialverpackung mit einem neu entwickel-ten Vegetativschaumstoff. Außerdem gibt es auf Blumenzwiebeln

und -knollen eine Blüten- und auf Baumschulpflanzen eine An-
wachsgarantie. Eigene Diplom- und Landschaftsgärtner sorgen auf
der Basis eingesandter Gartenunterlagen für die fachliche Beratung
des Gartenfreunds. Der Erfolg der Garten-Quelle scheint dem Gründer recht zu geben. Schon im folgenden Jahr erwirbt Schickedanz
Anteile an der Holstentor Pflanzenversand GmbH in Elmshorn,
und 1973/74, als man auch hier Marktführer in der Versandbranche
ist, nähert sich der Sonderkatalog einer Auflage von zwei Millionen
Exemplaren.

Wer weiß, ob die atemberaubende horizontale und vertikale Expansion nicht schon damals an ihre Grenzen gestoßen wäre, hätte
Schickedanz nicht parallel zur rasanten Ausweitung des Warensorti-
ments auch das Rationalisierungs- und Automatisierungsprogramm
konsequent weiterentwickelt. Hier bleiben die Fürther einstweilen
uneinholbar an der Spitze. Zum Beispiel bei der Logistik. So erfolgt
der Versand des Pflanzen- und des Blumenzwiebelsortiments direkt
vom Züchter in Schleswig-Holstein beziehungsweise in Holland.
Und seit dem Sommer 1970 kooperiert die Quelle über die Schickedanz International Holding GmbH mit der Presser-Transport-
Organisation, einem der fünf größten privaten Speditionsunter-
nehmen in der Bundesrepublik: Mit einem Aufwand von rund 20
Millionen D-Mark errichten die beiden Partner in Nürnberg, rund
drei Kilometer vom Großversandhaus entfernt und auf einer Fläche
von mehr als 80 000 Quadratmetern, das bis dahin größte Stückgut-
Terminal im deutschen Binnenland.

Weil aber die Quelle ihre Lieferungen nicht nur mit Hilfe einer
einzigen Transportorganisation, sondern auch mit einer hoch-
modernen elektronischen Datenverarbeitung abwickeln will, geht
gleichzeitig mit dem Stückgut-Terminal die neue IBM-Anlage in
Betrieb. Es ist die dritte Generation – nach der 1957 installierten
Standard-Elektrik-Anlage und dem 1966 in Betrieb genommenen
Univac-System von Remington Rand, das im Grunde eine Zwischen-

stufe dargestellt hat. Als ein Verpackungsingenieur von Montgomery Ward, einem Pionier und Giganten des amerikanischen Versandhandels, die neue Anlage zu Gesicht bekommt, gibt er im Fachblatt *Modern Materials Handling* zu Protokoll, er habe »ein System der Zukunft gesehen, das bereits heute verwirklicht und im Einsatz ist. Es ist die Auftragsabwicklung im Großversandhaus Quelle, dem größten Versandhaus Europas.«

Kein Wunder, dass der Herr des Hauses stolz auf seine Investition ist. »Was wir bei der Besichtigung der aufgebauten neuen Anlage zu sehen und zu hören bekamen, ist einmalig«, schreibt er Anfang November an seine in Hongkong weilende Frau. »Ich bin mir bewußt, daß dies alles sehr kostspielig ist; ich bin aber auch – ehrlich gesagt – etwas stolz, daß wir wiederum die Ersten in der Welt sind, die sich dieses Wunderwerk zunutze machen.«

Nicht nur der amerikanische, auch die europäischen und nicht zuletzt die deutschen Beobachter, wie der Berichterstatter des *Handelsblatts*, sind sich einig, dass »nur ein Haus, das bereits über eine lange Tradition in der elektronischen Datenverarbeitung über alle Computergenerationen hinweg verfügt, ... das Tor zur Zukunft ... aufstoßen« konnte: »Das Computer-Reich bei Quelle ist genau 18 000 qm groß und hat insgesamt 429 Mitarbeiter, davon 187 im eigentlichen Rechenzentrum. Das Herzstück der Anlage sind Großrechner IBM-360–65 mit ihren Ein- und Ausgabegeräten, mit Klarschriftlesern und Schnelldruckern. Die modernen Großrechner verarbeiten die eingegebenen Daten mit einer Geschwindigkeit von einer Viertelmillion verschiedener Operationen pro Sekunde nach fixierten gespeicherten Arbeitsanweisungen ... Rund 150 Systemanalytiker und Programmierer arbeiten bei der Quelle allein an der Entwicklung und Erprobung neuer Computerprogramme, die nur einem Zweck dienen sollen: den Kunden noch besser und individueller zu bedienen ... Jährlich dürften rund 12 Mill. Bestellungen nach Fürth flattern. So müssen an einem Tag mehr als 195 000 Postver-

sandformulare, 30 000 Frachtversandformulare, 150 000 Rechnungen
und die gleiche Anzahl neuer Bestellformulare geschrieben werden.«
Natürlich hat so etwas seine Risiken und seine Tücken. Zum
Beispiel den Preis, der bei rund 90 Millionen D-Mark liegt, und die
wollen erst einmal eingespielt werden. Auch ist die neue Technik
anfällig. So gibt die Anlage von Remington Rand ausgerechnet im
Weihnachtsgeschäft ihren Geist auf. Selbst ein Heer von Spezialisten
aus Deutschland, Frankreich, dann auch den USA kann den Fehler
zunächst nicht entdecken, bis schließlich einer von ihnen Fettabla-
gerungen auf den Kontakten entdeckt: Die Frischluftzufuhr für die
EDV-Anlage auf dem Dach des Versandgebäudes ist unmittelbar
neben dem Abzug der Kantinenküche platziert.

Und schließlich kann das Potenzial der IBM-Anlage nicht einmal
voll ausgeschöpft werden, weil einige, namentlich die Kunden und
die Bundespost, nicht mitspielen. So scheitert der Versuch, mit der
Beleglesemaschine auch die Eingabe jener Daten zu automatisieren,
die von den Kunden auf den Bestellzetteln einzutragen sind. Offenbar sind die noch nicht bereit, an der elektronischen Datenverarbeitung mitzuwirken. Und eine Übertragung der Quelle-Daten in das
Kaufhaus-Netz findet einstweilen an der Bundespost ihre Grenze.
Dabei ist die Quelle längst einer der besten Kunden dieses wie im
Übrigen auch des anderen Staatsunternehmens, der Bundesbahn.

Da aber nur die Post als Monopolist die entsprechende In-
frastruktur für die Datenübertragung bereitstellen und für diese
Leistung praktisch jeden Preis verlangen kann, sieht man in Fürth,
jedenfalls vorerst, von diesem Schritt ab. Erst ein Vierteljahrhundert
später kommt mit dem Privatfernsehen und dann vor allem mit
dem Internet Bewegung in die Sache. Im Falle der Quelle bricht die
neue Ära beinahe zwei Jahrzehnte nach dem Tod von Gustav Schickedanz an, als das Versandhaus und der Münchner Privatsender
Pro Sieben im Frühjahr 1995 den ersten sogenannten Teleshopping-
Kanal gründen.

Anfang der siebziger Jahre ist den Fürthern der Preis für einen Einstieg in die elektronische Datenfernübertragung mit Hilfe des Monopolisten von der Bundespost noch zu hoch – von der technischen Leistungsfähigkeit in diesem Bereich einmal abgesehen. Nicht dass man klamm wäre. Wer 90 Millionen D-Mark für eine neue Computergeneration zahlen kann und will, ist grundsätzlich auch in der Lage, das Kapital für diese zusätzliche Investition aufzubringen. Im Zweifelsfall gibt es ja den Gang an die Börse. Aber das ist nicht der eigentliche Grund, warum man seit 1970 bei der Quelle – und bei anderen Familienunternehmen der Region wie Diehl in Nürnberg und Grundig in Fürth – darüber nachdenkt, das Unternehmen in die Rechtsform einer Aktiengesellschaft zu überführen. Anlass für derartige Überlegungen ist das sogenannte Umwandlungsgesetz vom 14. August 1969, das eine solche Maßnahme steuerlich begünstigt.

Während zum Beispiel Max Grundig diesen Schritt zum 1. April 1971 plant, nehmen Karl Diehl und Gustav Schickedanz nach einiger Überlegung doch Abstand von der Umwandlung ihrer Unternehmen in eine Aktiengesellschaft. Dabei hatte es zunächst anders ausgesehen. Jedenfalls gibt Gustav Schickedanz auf der Pressekonferenz im Februar 1971 bekannt, dass die Grundsatzentscheidung gefallen sei und das Unternehmen bis Ende 1972 in eine Aktiengesellschaft umgewandelt werden solle. Eine solche sei flexibler als eine Personengesellschaft – sagt Hans Dedi, Generalbevollmächtigter der Schickedanz-Gruppe und Schwiegersohn des Gründers, bei dieser Gelegenheit.

Aber dann bläst die Geschäftsführung im Oktober 1972, also kurz vor Toresschluss, doch zum Rückzug. Vom Brauereigeschäft abgesehen, bleibt alles beim Alten. Und bei diesem bewegt sich Schickedanz auch nur deshalb, weil der Hamburger Zigarettenkonzern Reemtsma, der zugleich einer der größten deutschen Bierproduzenten ist, in den fränkischen Biermarkt drängt. Ein Zusammengehen der Brauereien des »Handelspatriarchen« mit den »fränkischen

Sudstätten der Bayerischen Hypotheken- und Wechsel-Bank (›Bayernhypo‹) des Münchner Bierbankiers Anton Ernstberger« soll die Schickedanz-Brauereien, so der *Spiegel*, zum »größten Braukonzern Bayerns neben Löwenbräu« machen.

Damit sind die Weichen gestellt, die mit Handelsregistereintrag vom 30. Mai 1972 zur Gründung der Großbrauerei Patrizier-Bräu AG mit Sitz in Nürnberg führen. In ihr sind Lederer-Bräu, Humbser-Geismann, die Sternbräu Dettelbach AG, die seit Januar 1970 zu Schickedanz gehört, die Fürther Grüner-Bräu AG, die mehrheitlich von der Hypo kontrolliert wird und an der Schickedanz mit knapp 31 Prozent beteiligt ist, sowie die Hypo-Brauereien Hofbräu AG Bamberg und die Würzburger Bürgerbräu AG zusammengeschlossen. Vorsitzender des Aufsichtsrats ist Gustav Schickedanz, sein Stellvertreter ist Wilhelm Arendts von der Bayern-Hypo. Die neue Aktiengesellschaft hat ein Stammkapital von 15 Millionen D-Mark. Gut 60 Prozent werden von Schickedanz, knapp 31 Prozent von der Bayern-Hypo gehalten, der Rest ist Streubesitz. Bei diesem Ausflug in die Gefilde der Aktiengesellschaft bleibt es. Und der ist auch nicht unbedingt überraschend, weil die Brauereien ohnehin immer eine Sonderstellung in der Unternehmensgruppe des Gustav Schickedanz hatten und weil sie ohnehin als AG geführt wurden.

Im Übrigen bleibt der Quelle-Gründer bei der Personengesellschaft. An der Begleiterscheinung der Publizitätspflicht, die eine Umwandlung in die AG mit sich bringt und die von Familienunternehmen eher gescheut wird, liegt es nicht, da die Quelle, wie die *FAZ* im November 1970 zutreffend festhält, »sowieso zu jenen Großunternehmen gehört, die bald ihre Abschlüsse vorlegen müssen. Zudem hat sie schon bisher eine beachtliche Publizitätsbereitschaft gezeigt.« Bekanntlich wird Gustav Schickedanz, der mindestens zweimal jährlich vor die Presse tritt, von deren Vertretern für den offenen Umgang geschätzt. 1971 wird er hierfür von der Münchner Wirtschaftspresse mit der »Gläsernen Leiter« ausgezeichnet.

Guter Ton: Wer es
wie Gustav und Grete
Schickedanz geschafft
hat, zeigt sich auf den
großen Festspielen. Hier
1971 mit Tochter Made-
leine, 27, in Bayreuth.

Auch braucht die Schickedanz-Gruppe, eine der sechs bedeutendsten deutschen Familiengesellschaften, offenbar kein frisches Fremd-
kapital: Die erstmals veröffentlichte Bilanz der Handelsgruppe zeigt
eine gesunde Struktur. Zwar liegt das Eigenkapital mit 30 Prozent
leicht unter dem Durchschnitt der deutschen Aktiengesellschaften,
es deckt aber voll das Anlagevermögen.

Nein, an diesen Themen scheitert die Umwandlung in eine Aktiengesellschaft nicht. Eher schon an den erheblichen Mehrbelastungen
durch abzuführende Vermögens- und Ertragssteuern, ein Befund, zu
dem die Geschäftsleitung nach eingehenden Recherchen gekommen
ist und den sie vor der Presse so kommentiert: »Wir waren selbst

erstaunt.« Aber auch das dürfte nicht der eigentliche Grund für den Rückzieher gewesen sein. Vielmehr ist es wohl so, dass die neue Rechtsform zwangsläufig auf eine Änderung der patriarchalischen Führungsstruktur des Konzerns hinausgelaufen wäre, und die ist mit Gustav Schickedanz nicht oder jedenfalls noch nicht zu machen. Offenbar sehen das aber im Hause Schickedanz nicht alle so. Jedenfalls lässt Hans Dedi, Mitglied der Geschäftsführung, General-bevollmächtigter, Kronprinz und Schwiegersohn, Mitte April 1973 den versammelten Journalisten großen Interpretationsspielraum. »Die AG«, so ist da zu hören, »wäre der beste Weg gewesen, das Fami-lienunternehmen, in dem nach wie vor allein das Wort des Gründers gilt, zu ›objektivieren‹. Die neue Rechtsform hätte als Vehikel einer Management-Reform mit dem Ziel einer allmählichen Wachab-lösung dienen können.« Eine unerhörte Feststellung, jedenfalls im Lichte der bisherigen Öffentlichkeitsarbeit des Hauses Schickedanz.

Sie findet sich in einem Artikel, den Hermann Bößenecker unter dem Titel »Der alte Mann und die Quelle« am 13. April 1973 in der *Zeit* veröffentlicht. Bößenecker hat gerade ein viel beachtetes Buch *Bayern, Bosse und Bilanzen. Hinter den Kulissen der weiß-blauen Wirtschaft* vorgelegt und gilt als einer der besten Kenner auch der Familienunternehmen im Freistaat. Sein Artikel, in dem es vor allem um den »längst fälligen Führungswechsel« in »Deutschlands größtem Versandhaus« geht, ist der erste in einem regionalen oder überregionalen Blatt überhaupt, der sich kritisch mit dem Mann und seinem Unternehmen beschäftigt. Das will einiges heißen, denn längst sind Gustav Schickedanz und seine Quelle ein gut und dicht dokumentiertes Thema der Berichterstattung.

Und auch Bößenecker hat keine Demontage oder gar Übleres im Sinn, im Gegenteil. Er weiß um die Verdienste des »Grandseigneurs des deutschen Versandhandels«, der aus dem »harten Holz der Grün-der geschnitzt« ist und, »obschon inzwischen 78, … noch immer auf der Kommando-Brücke des imposanten Quelle-Schiffes« steht. Aber eben hier liegt das Problem. Denn der »Alte von Dambach« kann und will das Ruder nicht aus der Hand geben, und auch »kritische«, allerdings nicht namentlich genannte »Quelle-Manager« kommen inzwischen zu dem Schluss, »daß eine Firmengruppe mit über 40 000 Beschäftigten und fünf Milliarden Mark Umsatz nicht mehr nach vorwiegend patriarchalischen Grundsätzen geführt werden kann«.

Gewiss, »ohne seine Art des Regierens gäbe es beispielsweise keine Photo-Quelle und keine Garten-Quelle«. Sagt Hans Dedi, der im Mittelpunkt des Artikels steht, und nennt damit zwei prominente Beispiele für die einsamen, aber goldrichtigen Entscheidungen des Patriarchen. Was im Umkehrschluss bedeutet, dass Fehlschläge oder auch die »weit mehr als 20 Millionen Mark Verluste, die seit 1962 die mißglückten Experimente der Fertighaus-GmbH und des Reisedienstes gekostet haben«, nicht auf das Konto des Chefs gehen können. »Hier hatten wir leider immer wieder die falschen Leute.« Sagt Dedi.

Das größte Problem aber sieht Bößenecker darin, dass Familie und Geschäft für Schickedanz »unauflöslich ineinander verwoben« sind: »Beobachter werten die immer noch nicht vollzogene Nachfolge inzwischen als ernste Belastung für das Milliarden-Unternehmen.« So ist es. Bei allem Respekt für die beeindruckende Persönlichkeit dieses Unternehmers und sein Lebenswerk muss man doch feststellen, dass auch er nicht loslassen kann. Er ist wahrlich nicht der Einzige. Aber das macht die Sache nicht besser. Gustav Schickedanz geht auf die Achtzig zu, und bei guter Gesundheit ist er auch nicht mehr. Alte Leiden, die in früheren Jahren leichter weggesteckt oder rascher kuriert werden konnten, machen ihm jetzt doch sehr zu schaffen, und dann zieht er sich 1973 nach einer Hüftoperation eine lebensbedrohliche Viruserkrankung zu, die ihn zu einem längeren Krankenhausaufenthalt zwingt. An sportlichen Ausgleich, an Ski und Tennis, ist ohnehin kaum mehr zu denken.

Aber natürlich gibt es immer Gründe – gute wie weniger gute –, warum ein Mann in einer solchen Situation nicht oder noch nicht von Deck gehen kann. Im Falle von Gustav Schickedanz ist die ungeklärte Nachfolge dafür verantwortlich, dass er seine eigentlich getroffene Entscheidung noch nicht umsetzen will, sich auf die Rolle des väterlich-kritischen Beraters zurückzuziehen und die Verantwortung für das operative Geschäft an seine Schwiegersöhne weiterzugeben.

Am 31. März 1973 scheidet Hans-Georg Mangold als Generalbevollmächtigter aus dem Unternehmen aus. Dabei hatte der Schwiegersohn dort gerade erst seine Karriere begonnen, hatte mit Jahresbeginn 1970, als Roland Haupt, Hermann Hirschmann und Herbert Hoffmann zu Direktoren des Großversandhauses ernannt worden waren, Prokura erhalten, war wenige Monate später als Familienmitglied in den Konzernbeirat der Schickedanz International Holding, das eigentliche Machtzentrum des Konzerns, aufgenommen und im Januar 1971 zum stellvertretenden Mitglied der Quelle-Geschäftsleitung bestellt worden.

Grund für seinen für die Öffentlichkeit unerwarteten Rückzug ist das Scheitern seiner Ehe mit Madeleine Schickedanz. Nicht dass gescheiterte Ehen oder Scheidungen etwas Ungewöhnliches wären. Dieser Fall allerdings liegt deshalb besonders, weil Gustav Schickedanz mit den Weichenstellungen der Jahre 1966/67 ja gerade eine enge Verzahnung von Unternehmen und Familie gewollt und dabei seinen Schwiegersöhnen eine entscheidende Rolle zugedacht hat. Außerdem hängt er – wie auch seine Frau Grete – sehr an Hans-Georg Mangold. Für den Familienmenschen Gustav Schickedanz ist die Scheidung eine Katastrophe, und offensichtlich hinterlässt diese im Familienverband ihre Spuren. Er sei, schreibt er Mitte November 1972 an seine Tochter, »nervlich ... auf dem Nullpunkt angelangt«, wolle sich »trotz Abraten der Ärzte« auf »die Reise nach dem Fernen Osten« machen und bitte sie inständig, vor allem an die Kinder zu denken: »Die Kinder in der Familie sind gewissermassen der Seismograph.«

Der Briefwechsel zwischen Vater und Tochter zeigt, wie stark und eng die Bindung ist. »Gerade wenn man in den Tiefen des Tals des Lebens wandern muß«, antwortet Madeleine ihrem Vater, »braucht man die Hilfe seiner Eltern am allernotwendigsten.« Und natürlich verweigern diese ihre Unterstützung nicht. »Falls« er wieder zurückkomme, was »in Gottes Hand« liege, schreibt der tiefdeprimierte Vater, werde er »wieder« für sie »da sein«. So geschieht es dann auch. Vater und Tochter finden zur alten Nähe zurück. Ein Jahr nach der schweren Krise dankt Madeleine dem Vater für alles, was er für sie und ihre Kinder getan habe, und im November 1975 schreibt Gustav Schickedanz sichtlich erleichtert an seine Frau nach Hongkong: »Ich habe wieder den Weg zu ihr – dem einst so braven und gutmütigen Kind, das mir damals in Hersbruck ein treuer Begleiter auf meinen Spaziergängen ... war – gefunden ... Du glaubst nicht, liebe Grete, wie glücklich ich dieserhalber ... wieder bin.«

Madeleine Schickedanz geht bald nach der Scheidung von ihrem ersten Mann eine neue Ehe ein: Am 1. Juni 1973 heiratet die Tochter des Quelle-Gründers Wolfgang Bühler. Es ist wohl die große Liebe. Um Bühlers willen hatte Madeleine ihren ersten Ehemann verlassen und auf ihre Kinder verzichtet, die bei ihrem Vater bleiben. Auch aus der neuen Ehe gehen zwei Kinder hervor: Matthias wird am 11. Februar 1975 geboren, und Caroline erblickt am 27. September 1977 das Licht der Welt.

Der promovierte Jurist Wolfgang Bühler, der im Oktober 1932 in Nürnberg geboren wurde, ist ein Sohn des AEG-Vorstandes und Aufsichtsrats Hans Bühler. Dort beginnt auch der Sohn seine Karriere, wird 1970 stellvertretendes, 1973 ordentliches Vorstandsmitglied und Leiter des Hausgerätewerks in Nürnberg, bevor er 1976 zur Schickedanz-Gruppe wechselt: Zum 1. April 1976 wird Wolfgang Bühler Generalbevollmächtigter des Großversandhauses Quelle und der

Gustav und Grete Schickedanz KG, wie das Unternehmen seit Ende
Oktober 1974 heißt. Wie immer sich der relativ späte Eintritt des
neuen Schwiegersohns in das Unternehmen erklärt, er bedeutet
auch, dass Gustav Schickedanz einen weiteren Grund hat, das Ruder
nicht aus der Hand zu geben.

Eine delikate Situation, auch wenn es nach außen so scheint,
als gehe alles seinen gewohnten Gang. Allen voran der Chef selbst,
an dessen Tagesablauf sich wenig ändert. Nachdem er, solange das
noch möglich ist, eine Viertelstunde lang seine Runden im heimischen Schwimmbad gedreht hat, nimmt er um 8.30 Uhr in der
Firma hinter seinem Schreibtisch Platz, unterzieht zunächst die
jüngsten Auftragseingänge und den Warenbestand einer kritischen
Prüfung, mahnt gegebenenfalls die angetretenen Einkäufer »Lassen
Sie da mal endlich Dampf rein« und widmet sich dann der Post. Das
Ende des Arbeitstages kommt selten vor 20 Uhr, und in der Regel
nimmt Gustav Schickedanz Unterlagen mit nach Hause. Grundsätzlich ändert sich an der Routine auch dann nichts, wenn er sich
in seinem Haus im spanischen Tarragona aufhält. Hier erreichen ihn
die Informationen per Telex, und wenn er es für nötig hält, greift der
Chef telefonisch in das Konzerngeschehen ein.

Immer mit von der Partie ist seine Frau, die man jetzt häufig
schon vor ihm in ihrem Büro antreffen kann. Grete Schickedanz ist
wie ihr Mann von der Arbeit im Unternehmen besessen, reist um
die Welt, überwacht die Gestaltung des Katalogs und kümmert sich
im Bereich der Mode um jedes Detail. Dass es dabei gelegentlich
zu Meinungsverschiedenheiten zwischen den Eheleuten kommt,
bleibt der Öffentlichkeit nicht verborgen. »Mit den Frauen ist es
immer ein kleines Kreuz«, bemerkt der Quelle-Chef im Oktober
1972 vor den versammelten Pressevertretern, spielt damit auf die
nicht immer einmütige Einschätzung des Verhältnisses von Umsatz,
Kosten und Rendite an, und fügt hinzu: »Ich komme vom Umsatz-
denken her.« Aber das sind Koketterien eines Paares, das auch nach

Jahrzehnten eng verbunden durchs Leben geht. Eher ist es so, dass sich Grete Schickedanz mit Fragen und Kritik auch da zurückhält, wo sie angebracht gewesen wären. Zu groß ist der Respekt vor dem Mann, dessen beruflichen Weg sie verfolgt, seit sie 1927 in die gerade gegründete Quelle eingetreten ist.

So aber werden keine Fragen gestellt, jedenfalls nicht im Beisein von Gustav Schickedanz, als die Quelle unter seiner Regie in eine neue Runde nicht nur der Expansion, sondern auch der Diversifikation geht. Der Mann kann einfach nicht anders. Und selbst wenn sich die Zielstrebigkeit, mit welcher der bald Achtzigjährige jetzt noch einmal Neues anfasst, aus der Erfahrung und Routine eines langen Unternehmerlebens erklärt – die Sicherheit und Selbstverständlichkeit, mit der Schickedanz seinen Weg auch noch im höchsten Alter weiterverfolgt, bleiben eindrucksvoll. Die Kontrolle über sich und sein Unternehmen hat er bis zuletzt nicht verloren. Es gibt nicht viele, von denen sich solches sagen lässt.

Dabei backt er nicht etwa kleine Brötchen. Wenn man auch die Auflage eines eigenen »Baby-Katalogs«, mit dem zum Winter 1973/74 von der Erstausstattung des Neugeborenen bis zu Kindermöbeln alles angeboten wird, was der Nachwuchs braucht, als Fingerübung eines versierten Versenders abhaken mag – so erkennt die Presse im Kauf des Nürnberger Möbelhauses Hess GmbH eine »sensationelle Umstrukturierung« des deutschen Möbelmarktes. Immerhin erwirbt die Quelle im Januar 1973 nicht nur die gesamte Verkaufsorganisation des Unternehmens, das 1972 rund 140 Millionen D-Mark umsetzt, sondern auch einen Großteil der 46 Einrichtungshäuser sowie die dazugehörigen Grundstücke. Bedenkt man, dass die Quelle zu diesem Zeitpunkt über 24 Warenhäuser und 117 Verkaufsstellen verfügt, dann besetzt sie mit dieser erheblichen Erweiterung den Spitzenplatz der stationären Handelsketten in Deutschland.

Der Kauf des Möbelhauses ist nicht die Aktion eines von eigen-

nützigen Beratern umgebenen alten Mannes; es ist der wohl über-
legte Schritt eines Vollblutunternehmers, und das heißt in seinem
Falle auch und vor allem: eines begnadeten Verkäufers. Der nämlich
ist Gustav Schickedanz zeitlebens gewesen, und daran hat sich nichts
geändert. Es gibt ein kleines Notizbuch im Format von sieben mal
zehn Zentimetern, das er in diesen Jahren stets bei sich trägt und in
dem er Zahlen, Daten, Namen, einzelne Wörter, manchmal auch Gedanken festhält. Offenbar ist es nicht für Einblicke anderer gedacht.

Im Umkreis des Erwerbs von Möbel Hess notiert er: »Möbel-
Hess ist mehr als Sie denken – Möbel-Hess will nicht nur verkaufen – Möbel-Hess bespricht alle Ihre Wünsche sorgfältig mit Ihnen[.]
Möbel-Hess plant mit Ihnen[,] Möbel-Hess richtet Sie nicht nur
ein[,] Möbel-Hess sorgt dafür, daß Sie [sich] mit Ihren neuen Mö-
beln wohl fühlen[,] Möbel-Hess kommt zu Ihnen[,] Möbel-Hess
nimmt Ihnen auch die Sorge der Bezahlung ab.« Keine Frage – der
Mann ist zwar bald achtzig, aber er ist nach wie vor die Seele seines
Unternehmens. Und natürlich weiß er das. Einige Seiten weiter und
wohl einige Wochen oder Monate später findet sich in seinem Notizbuch dieser Eintrag:

> Ich bin der Helle
> der gute Geist von Quelle.

Einen neuen Anlauf, oder in diesem Falle wohl richtiger eine Flucht
nach vorn, unternimmt Gustav Schickedanz auch noch einmal im
defizitären Fertighaus-Geschäft. Neu ist ein umfassendes Service-
angebot, das neben der Lieferung der Häuser alle einschlägigen Leistungen einschließt, so eine Unterstützung bei der Baugenehmigung
und der Finanzierung, der Gartengestaltung und der Inneneinrich-
tung oder auch bei der Bereitstellung des Grundstücks. Und damit
hier dem Kunden auch entsprechende Angebote gemacht werden
können, steigt die Quelle ins Immobiliengeschäft ein und sichert sich

quer durch die Republik Grundstücke. Schließlich tritt 1973 neben die Quelle Fertighaus GmbH die neu gegründete Quelle Bauherrengesellschaft, die als Muttergesellschaft der ersteren fungiert und die Regie für größere Baumaßnahmen, wie zum Beispiel Einkaufszentren, übernimmt.

Und als wäre er damit noch nicht ausgefüllt, eröffnet Gustav Schickedanz in dieser Zeit eine weitere Runde des Auslandsgeschäfts. Das hat weniger mit neu erwachter Abenteuerlust oder plötzlich einsetzender Risikobereitschaft jenseits des Vertretbaren als vielmehr mit der Erkenntnis zu tun, dass der deutsche wie der europäische Markt inzwischen einen hohen Sättigungsgrad an Konsumartikeln aller Art erreicht haben. Folglich richtet sich das Augenmerk auf neue, vor allem auf außereuropäische Märkte.

Im Sommer 1973 schließt die Quelle mit der japanischen Kaufhauskette Matsuzakaya Co., Tokio, einen Kooperationsvertrag. Danach werden die Japaner zunächst in vier ihrer Kaufhäuser eine sogenannte Quelle-Ecke einrichten, dort die Kataloge ihres Partners, selbstverständlich in japanischer Sprache, bereithalten und Aufträge entgegennehmen, die dann an die Fürther Exportabteilung weitergeleitet und dort abgewickelt werden. Genau genommen wird Matsuzakaya damit als Sammelbesteller für die Quelle tätig. Natürlich weiß man dort, dass in Japan mit elektronischen und technischen Waren kaum Geschäfte zu machen sind, stammt doch ein nicht geringer Teil des eigenen Sortiments aus japanischer Produktion. Gute Chancen rechnet man sich dafür im Textilbereich aus, wo die Quelle auf eine lange, freilich vor allem am deutschen beziehungsweise europäischen Geschmack orientierte Tradition zurückblicken kann.

Mit dem vollen Sortiment tritt man hingegen in Kuwait an. Die dort ansässige Electronic Appliances Corp., die man im Juni 1975 vertraglich an sich gebunden hat, steht dafür, dass der Kunde am Persischen Golf alle Produkte erwerben kann, die auch in den deutschen Warenhäusern des Fürther Versandunternehmens feilgeboten werden. Und dann ist dieses Engagement für die Leute von der Quelle auch ein erster Schritt zur Eroberung der arabischen Welt, in der man angesichts ihres Ölreichtums, aber auch ihres einstweiligen Nach- beziehungsweise Aufholbedarfs an Konsumgütern beste Absatzchancen sieht.

Das orientalische Experiment ist nicht ohne Risiko, aber es macht Sinn. Anders sieht es, jedenfalls auf den ersten Blick, mit einer Gegend der geteilten Welt aus, in der bislang kaum jemand potenzielle Käufer westlicher Konsumgüter ausgemacht hat. Mit gutem Grund. Denn die kommunistischen Regime in Europa und Asien haben ja nicht nur den marktwirtschaftlich orientierten Gesellschaften den Kampf angesagt, sie haben auch dafür gesorgt, dass es in ihrem Machtbereich fast keine kaufkräftige Klientel mehr gibt. Andererseits sind die Sowjetunion oder auch die Volksrepublik China so riesig und bevölkerungsreich, dass sich Abnehmer westlicher Konsumgüter auftreiben lassen sollten. Findet jedenfalls Gustav Schickedanz und macht sich ans Werk.

Die Situation ist günstig, hat der Westen doch soeben im Zuge der Entspannungspolitik einige Schritte auf die Machthaber in Moskau und Peking zugetan, auch die Bundesrepublik Deutschland, wo seit Oktober 1969 eine sozial-liberale Regierung amtiert. Zwar hat es in der Wahlnacht zunächst so ausgesehen, als könne sich Kanzler Kiesinger mit knapper Mehrheit im Amt behaupten; aber dann kommt es doch anders. Obgleich sie nur über einen hauchdünnen Vorsprung verfügen, verständigen sich der Sozialdemokrat Willy Brandt und der Liberale Walter Scheel auf eine Koalition und schlagen dann als Bundeskanzler und Außenminister auch gleich neue Wege ein.

In einer Reihe von Abkommen, allen voran einem schon im August 1970 unterzeichneten Vertrag mit der Sowjetunion, erklären sie sich bereit, die durch den Zweiten Weltkrieg geschaffenen Grenzen in Europa, die Deutschland teilende eingeschlossen, als unverletzlich anzuerkennen. Die Sowjets wissen das zu honorieren und kommen der Bundesrepublik in einer Reihe von Fragen entgegen, nicht zuletzt in solchen des Handels und der Wirtschaft. So wird bereits im Februar 1970 ein erstes deutsch-sowjetisches Abkommen unter anderem über langfristige sowjetische Erdgaslieferungen geschlossen, dem im Juli 1972 beziehungsweise im Oktober 1974 ein zweites und ein drittes folgen.

Diese sogenannte neue Ostpolitik fügt sich in den Rahmen einer allgemeinen weltpolitischen Entspannung, an der westlicherseits namentlich die Vereinigten Staaten ein herausragendes Interesse haben: Um aus dem verlustreichen Krieg in Vietnam herauszukommen, bedarf es guter Beziehungen zu den beiden wichtigsten Helfern des Kriegsgegners, also zur Sowjetunion und zur Volksrepublik China. 1972 werden diese durch Vereinbarungen mit den Führungen in Peking und Moskau hergestellt, und weil das im Falle der Volksrepublik China auf eine Aufnahme diplomatischer Beziehungen hinausläuft, steht auch den Verbündeten der USA das Tor für politische und wirtschaftliche Kontakte offen.

Gustav Schickedanz verfolgt das alles gelassen, aber interessiert. Nicht dass er ein Befürworter der neuen, sozialdemokratisch geführten Bundesregierung oder der von ihr betriebenen Ostpolitik wäre. Aber er erkennt die Chancen, die sich hier fürs Geschäft ergeben. Kontakte gibt es ja schon, hat die Quelle doch seit einiger Zeit Kameras aus sowjetischer Produktion im Programm: 1971 lieferten die Sowjets bereits drei Viertel aller von der Quelle verkauften Spiegelreflexkameras.

Jetzt soll die Einbahnstraße um eine Gegenfahrbahn erweitert werden: Seit dem Sommer 1975 kann man in der Sowjetunion den Quelle-Katalog beziehen – zwar nur in »Berjoska-Läden« und zu einem Preis von fünf Dollar, was etwa zwölf D-Mark entspricht, aber immerhin. Auch haben zu diesen Läden nur Ausländer und solche Sowjetbürger Zutritt, die in Devisen zahlen können, aber gerade die sind für die Quelle interessant. Grundlage für diese geschäftlichen Kontakte in das Mutterland des Kommunismus ist ein Abkommen mit der sowjetischen Handelsorganisation Vneshposyltorg.

Offensichtlich kommt der Katalog gut an. »Der ist besser als mein Paß«, sagt der für das Geschäft zuständige Quelle-Direktor Heinrich-Georg Franz und nimmt ihn gleich als Türöffner für einen noch größeren Markt: die Volksrepublik China. Auch sie ist bereits Lieferantin der Quelle. Die einäugige Spiegelreflexkamera »Seagull DF« mit Wechseloptik, Schlitzverschluss, Blitzsynchronisation und Selbstauslöser für 199 D-Mark ist ein Renner. »Wir könnten jährlich über 10 000 Stück verkaufen«, sagt der Chef der Foto-Quelle, Lothar Schmechtig, schon 1972. Aber »die Chinesen sind zur Zeit nicht lieferfähig«. Gerade einmal 500 »Kamera-Sensationen aus Maos Reich« kommen nach Fürth.

Ganz anders liegen die Dinge auf dem größten Markt der Erde. In Amerika braucht man auch keinen Türöffner wie den Katalog. Man braucht einen Partner. Oder auch zwei. Nachdem die Quelle schon über das in Hicksville, New York, ansässige, mittelgroße Versandunternehmen Unitey ihre Mode-Produkte in den USA anbietet, kommt es im Herbst 1975 zur »Liaison der Giganten«, wie die *Zeit* das Zusammengehen der Quelle mit Sears Roebuck nennt: Immerhin schließen sich damit das größte Versandhandelsunternehmen Europas und der größte Einzelhandels- und Versandhandelskonzern der Welt zusammen. Sears setzt in 13 Versand- und 851 Warenhäusern über 13 Milliarden Dollar um, das sind rund 30 Milliarden D-Mark. Auf der Basis des Vertrags, den für die Quelle Gustav Schickedanz persönlich unterzeichnet, kann das Fürther Versandhaus aus dem 100 000 Artikel umfassenden Sears-Angebot geeignete Waren aussuchen, sie unter den eigenen Handelsmarken führen und so das Katalogangebot von derzeit 42 000 Artikeln um attraktive Posten vor allem aus dem Bereich Freizeit ergänzen. Umgekehrt gilt das übrigens nicht.

Für diese Kooperation gibt es eine Reihe von Gründen. So lassen sich zahlreiche Produkte in den USA billiger herstellen als in der Bundesrepublik. Ein starkes Argument. Immerhin sind die Personalkosten der Quelle 1973 um beinahe 18 Prozent gestiegen, was einen Mehraufwand von 88 Millionen D-Mark bedeutet. In Verbindung mit einem hohen Sättigungsgrad der europäischen Märkte, auch und vor allem des deutschen, und einer konjunkturbedingten Abschwächung der Nachfrage sorgt nämlich die zusehends ungünstigere Kostenstruktur beim Personal, aber auch beim Einkauf, dafür, dass sich die Geschäfte zusehends zäher gestalten: Bei der Präsentation des Herbst/Winterkatalogs 1973/74 spricht die Quelle von der »schwierigsten Entwicklungsphase des deutschen Einzelhandels seit 1948« und begründet so die unumgänglichen Preiserhöhungen für einen Großteil des Sortiments.

Auslöser dieser Entwicklung ist die sogenannte Ölkrise des Herbstes 1973: Der insgesamt vierte Krieg zwischen Israel und seinen arabischen Nachbarn, der als Oktober- oder auch Jom-Kippur-Krieg in die Geschichte eingegangen ist, führt den automobilen Wohlstandsgesellschaften der westlichen Welt, auch der deutschen, erstmals ihre Grenzen vor Augen: Ein Lieferboykott der Erdöl exportierenden Staaten des Nahen Ostens, drastische Erhöhungen des Ölpreises und nicht zuletzt vier verordnete autofreie Sonntage zum Jahresende hinterlassen zunächst in der kollektiven Psyche und dann in der Wirtschaft der Bundesrepublik tiefe Spuren. 1974 muss Volkswagen, der Inbegriff der deutschen Automobilindustrie, 10 000 Mitarbeiter allein im Werk Wolfsburg entlassen und einen Umsatzverlust von fast einer Milliarde D-Mark verkraften. Die Industrieproduktion sinkt um 2,7 Prozent, die Inflation steigt auf 6,9 Prozent, und im Jahr darauf verdoppelt sich die Arbeitslosenquote auf knapp fünf Prozent, das entspricht einer Million Erwerbslosen.

Vor diesem Hintergrund spricht Willi Laschet, Mitglied der Quelle-Geschäftsleitung, im Sommer 1975 von einem grundlegend geänderten Konsumverhalten der Deutschen: »Der Verbraucher alten Stils gehört der Vergangenheit an.« Nicht nur habe sich das frei verfügbare Einkommen verringert, sondern der Verbraucher lege auch ein deutlich verfeinertes Preisbewusstsein an den Tag und habe außerdem das Sparen gelernt: »Liquidität ist beim Kunden genug vorhanden. Es fehlt nur der zündende Funke.« So ist das nun einmal in Zeiten der Rezession. Solche Zeiten sind Krisenzeiten – zumal für den Handel mit Konsumgütern: »Der Wind pfeift von allen Seiten.«

Was bleibt, ist, den Kunden zu pflegen und zu umwerben. Und darin ist die Quelle unschlagbar. Zum Beispiel mit Preissenkungen. Obgleich oder eben weil man bei Farbfernsehern wegen des geringen Sättigungsgrades gute Marktchancen sieht und mit Steigerungsraten von 50 Prozent kalkuliert, geht der Marktführer auf diesem Feld mit Preissenkungen für elf Geräte in die Wintersaison 1973/74. Wem der Preis für die Anschaffung immer noch zu hoch ist, kann seit Herbst 1973 bei der Quelle einen Fernseher der Eigenmarken »Universum« und »Senator« leasen. Das günstigste Gerät mit einem Kaufpreis von 1295 D-Mark ist für 49 D-Mark im Monat zu haben. Im Unterschied zu anderen Fernseh-Leasing-Unternehmen kann der Kunde das Gerät bereits nach sechs Monaten unter voller Anrechnung der bereits geleisteten Mietzahlungen erwerben. Im folgenden Jahr wird der Mietkauf auch bei Elektronikrechnern eingeführt. Für 30 D-Mark im Monat gibt's den Rechner zum Preis von 875 D-Mark.

Ergänzt beziehungsweise erweitert wird das Programm durch neue Serviceleistungen: Damit der Fan bei der mit großer Spannung erwarteten Fußballweltmeisterschaft im eigenen Land nicht etwa durch einen technischen Defekt seines Fernsehers Entscheidendes verpasst, starten die 80 Quelle-Kundendienststellen – die größte Kundendienstorganisation der Republik im Elektrobereich – im Mai 1974 die Aktion »bis 10 Uhr gebracht – bis 16 Uhr gemacht«. Seit dem Winter dieses Jahres kann sich der Kunde gegen einen – nach Typ gestaffelten – Jahresbeitrag einen kostenlosen Reparaturservice für die Zeit nach Ablauf der Garantie sichern; das gilt für Fernseher, aber auch für Elektro-Haushaltsgeräte. Und seit Herbst 1975 werden dem Kunden Reparaturen, die weniger als 15 Minuten in Anspruch nehmen, nicht mehr berechnet. Aufzukommen hat er lediglich für die Fahrtkosten der Monteure und gegebenenfalls für Ersatzteile.

In jeder Hinsicht weitreichender ist die Initiative, die Schickedanz gegenüber den Opfern der Wirtschaftskrise ergreift. »Wenn sich Ihr Einkommen«, heißt es Anfang des Jahres 1974 in einem Schreiben an die »lieben Kunden«, »durch Kurzarbeit oder Arbeitslosigkeit nennenswert verringern sollte, helfen wir Ihnen. Sie können dann mit der Bezahlung so lange aussetzen, bis sich Ihre wirtschaftlichen Verhältnisse wieder normalisiert haben – ohne zusätzliche Belastung.« Danach ist die Quelle bereit, bei Teilzahlungskäufen die Phase der Vorfinanzierung zu verlängern und auf zusätzliche Zinszahlungen zu verzichten. Das ist ein erhebliches Entgegenkommen. Und es ist nicht ohne Risiko. Immerhin haben die Fürther zu diesem Zeitpunkt Teilzahlungskredite über fast 240 Millionen D-Mark ausstehen. Das entspricht rund neun Prozent des Versandumsatzes der Handelsgruppe. Rechnet man die Barkredite von über 200 Millionen D-Mark und die Kreditspesen hinzu, kommt man auf rund eine halbe Milliarde an ausgereichten Darlehen.

Und natürlich bleibt man bei der Politik der Preissenkung. Obgleich die Gefahr der Inflation noch nicht gebannt und der wirtschaftliche Aufschwung noch nicht gesichert ist, kündigt Gustav Schickedanz Mitte Februar 1976 vor der versammelten Presse für den kommenden Sommer eine durchschnittliche Senkung des Preisniveaus der rund 40 000 Artikelpositionen des Quelle-Sortiments an. Natürlich ist sich der alte Hase auch hier des Risikos bewusst. »Es wird ein heißes Ringen werden«, kommentiert er die Aussichten für das vor der Quelle liegende Geschäftsjahr.

Es ist eine der letzten Pressekonferenzen, die der Patriarch bestreitet. Dabei hat er die Veranstaltung stets sichtlich genossen. Jetzt aber gilt es, kürzer zu treten. So musste im vergangenen Januar die Feier zu seinem Achtzigsten kurzfristig abgesagt werden. Herz-Kreislauf-Probleme zwangen zu diesem Schritt. Seither geht es mit der Gesundheit auf und ab. Das ist einer der Gründe, wenn auch nicht der einzige und schon gar nicht der wichtigste, warum Gustav Schickedanz anlässlich seines runden Geburtstags zum letzten Mal eine Änderung der vertraglichen Grundlagen seines Unternehmens vornimmt und damit sein Erbe regelt. Die Umstrukturierungen und die damit einhergehende Konsolidierung der Waren- und Versandhäuser liegt offensichtlich im Trend der Zeit. So übernimmt 1976 der Hamburger Otto-Versand die kleineren Konkurrenten Schwab in Hanau und Heine in Karlsruhe, und 1977 erwirbt Karstadt die Aktienmehrheit bei Neckermann.

Am 25. Oktober 1974 wird die Gustav und Grete Schickedanz KG ins Leben gerufen und am 19. Dezember ins Handelsregister beim Amtsgericht Fürth eingetragen. Die Kommanditgesellschaft übernimmt die Funktion der Schickedanz International Holding als persönlich haftender Gesellschafter der Großversandhaus Quelle Gustav Schickedanz KG, der Gustav Schickedanz KG sowie der Vereinigten Papierwerke Gustav Schickedanz & Co. Komplementäre und persönlich haftende Gesellschafter sind der »Großkaufmann« Gustav Schickedanz und die »Großkaufmannsehefrau« Grete Schickedanz. Kommanditistin mit einer Einlage von 20 Millionen D-Mark ist die Firma Schickedanz International Holding GmbH, die damit auf die Rolle einer reinen Vermögensverwaltungsgesellschaft zurückgeführt wird. So heißt sie dann auch nach der Umbenennung im Februar 1976. Gegenstand der Gustav und Grete Schickedanz KG ist der »Groß- u. Einzelhandel mit Waren aller Art u. Beteiligung an Unternehmen«. Im April 1976 übernimmt die Gustav und Grete Schickedanz KG auch die Aktienanteile der Großversandhaus Quelle

Gustav Schickedanz KG und der Gustav Schickedanz KG an der Patrizier-Bräu AG. Die Führungsorgane bleiben unverändert. Wichtig ist, dass die Schickedanz-Gruppe eine Personengesellschaft bleibt. So ist zum einen sichergestellt, dass die anstehende Ausweitung der betrieblichen Mitbestimmung keine Folgen zeitigt, dass sich also Gustav und Grete Schickedanz, wie die *Wirtschaftswoche* kommentiert, ihre »Entscheidungsbefugnis« nicht »mit irgendwelchen überbetrieblichen Gewerkschaftsfunktionären teilen« müssen. Zum anderen aber und vor allem bleibt die Quelle ein Familienunternehmen, »solange es überhaupt nur möglich ist« – sagt Gustav Schickedanz auf der Pressekonferenz vom Februar 1976 und in Anwesenheit von Ehefrau Grete und Hans Dedi, der soeben als dritter Komplementär neben seinen Schwiegereltern in die Obergesellschaft der Gruppe eingetreten ist.

Keine Frage, die Maßnahmen, die Gustav Schickedanz an seinem Lebensabend ergreift, dienen in erster Linie der Inthronisierung seiner deutlich jüngeren Frau Grete als unangefochtene Nachfolgerin und Sachwalterin seines Erbes und in zweiter Linie der festen Einbindung seiner Töchter beziehungsweise ihrer Ehemänner in das Unternehmen. Im Februar 1976 werden Louise Dedi und Madeleine Bühler mit einer Einlage von jeweils zehn Millionen D-Mark Kommanditistinnen der Gesellschaft, und wenig später tritt Wolfgang Bühler als Generalbevollmächtigter in diese ein. Damit ist das Erbe geregelt.

Die Quelle ist das Lebenswerk und der Lebensinhalt des Gustav Schickedanz. Der eine ist ohne die andere nicht denkbar: Ob das auch umgekehrt gilt, wird man sehen. »Bis zuletzt«, berichtet Hermann Bößenecker in der *Zeit*, »wollte er genau wissen, was in seinem Reich vorging. Wenn er daraufkam, daß man ihm mit Rücksicht auf seinen schlechten Gesundheitszustand Einzelheiten vorenthielt, um ihn damit nicht zu belasten, da konnte er noch in den letzten

Der alte Mann und die Natur: Schmetterlinge haben Gustav Schickedanz zeitlebens fasziniert.

Wochen sehr ärgerlich werden; auch seiner Frau gegenüber, selbst im Beisein Fremder. Gustav Schickedanz, der Herr über die Quelle, das größte europäische Versandhaus im fränkischen Fürth, verdrängte seine körperliche Hinfälligkeit mit dem gleichen unerschütterlichen Eigensinn, mit dem er sein Lebenswerk aufgebaut hatte. Rastlos, dynamisch, durch niemanden zu bremsen.«

Dass er in den letzten beiden Lebensjahren immer seltener in sein Büro an der Nürnberger Straße in Fürth gehen kann, bedrückt Gustav Schickedanz doch sehr. Zum Glück ist er zu Hause nicht vom Geschehen in seinem Unternehmen abgeschnitten, und dann gehört er zu den Unternehmern, die zwar im Geschäft aufgegangen, aber nicht untergegangen sind. Stets hat er sich einen Blick für anderes bewahrt – für Bilder und Grafiken, für Autographen und Bücher, aber natürlich auch für die Natur, namentlich für seine Gärten in Fürth, im spanischen Tarragona und nahe dem chilenischen Osorno. In der Nähe von Barcelona, wo die Familie seit Mitte der sechziger Jahre ein Gut besitzt, werden vor allem Kakteen gezüchtet, die später über den Katalog auch den Quelle-Kunden angeboten werden.

Und dann gibt es noch das 850 Hektar große Gut »La Poza«, das Gustav und Grete Schickedanz 1962 erwerben und das rund 1000 Kilometer südlich von Santiago de Chile liegt. Hans Dedi kennt die von deutschsprachigen Einwanderern geprägte Gegend, weil er dort gelegentlich zur Jagd gegangen ist und sich mit Land und Leuten angefreundet hat. Für Gustav Schickedanz allerdings spielen andere Erwägungen die entscheidende Rolle bei der Wahl dieser Weltgegend. Der Kauf des Anwesens ist auch eine Konsequenz aus den Erfahrungen zweier Weltkriege. Der Besitz gilt als Refugium für den Fall einer neuerlichen globalen Konfrontation, einer kommunistischen Machtübernahme auch westlich der Elbe oder anderer unwägbarer Entwicklungen. Dann ist an eine Flucht via Spanien gedacht – da man dorthin auf dem Landweg, gegebenenfalls auch zu Fuß, gelangen kann und Spanien in der Ära Franco die Gewähr für einen sicheren Transit nach Südamerika bietet.

Die Ironie des Schicksals fügt es dann allerdings, dass Schickedanz wie auch andere ausländische Eigentümer mit der Bodenreform der sozialistischen Unidad Popular in den frühen siebziger Jahren einen großen Teil seines Anwesens verliert. Allerdings hält der Quelle-Gründer an seinem Restbesitz fest, und nachdem sich mit dem Militärputsch und dem Sturz der Regierung Allende die Lage erneut geändert hat, kauft er wieder zu. Verantwortlich für die Verwaltung des Anwesens sind ein kaufmännischer sowie ein landwirtschaftlicher Leiter. Wie in anderen Fällen, etwa beim Bau der neuen Versandanlage, dem Aufbau seiner Kunstsammlung oder der Anlage der Gärten in Dambach und Hersbruck, betraut Gustav Schickedanz auch hier einen erfahrenen Spezialisten mit dieser Aufgabe: Reiner Schirmer, Jahrgang 1928, hatte nach einer landwirtschaftlichen Lehre und der Ausbildung zum Saatbautechniker erste Berufserfahrungen als Gutsverwalter in Niedersachsen gesammelt, bevor er 1956 nach Chile ausgewandert war. 1967 übernimmt er die landwirtschaftliche Leitung auf »La Poza« und gibt dem ständig erweiterten Besitz ein eigenes Profil, bis er sich 1989 aus gesundheitlichen Gründen zurückzieht.

Neben seinen Gärten sind es die Sammlungen, die Gustav Schickedanz in ihren Bann ziehen – wenn die Zeit und die Geschäfte es zulassen. »Offengestanden«, schreibt Liesl Kießling im März 1965, wenige Wochen nachdem ihr Bruder siebzig geworden ist, an Ruth Fritzsche-Rilke, »mir tut er manchesmal leid, wenn ich ihn so abgemüht und abgearbeitet an seinem Schreibtisch sitzen sehe. Viel schöner könnte es sein, wenn er sich seinen vielen Autographen, den herrlichen Stichen oder seiner Bildergalerie widmen könnte.«

In der Tat bilden die »vielen Autographen« einen Schwerpunkt seiner Sammlungen. Was Gustav Schickedanz hier über die Jahre und Jahrzehnte zusammengetragen hat, ist beachtlich. Grundsätzlich hat er alles erworben, was zu einem vernünftigen Preis zu kaufen oder zu ersteigern war: Der Instinkt und der kühle Verstand des Kaufmanns haben auch den Sammler nie im Stich gelassen. Schickedanz sammelt Autographen – Geschriebenes, Noten oder auch Zeichnungen – von Politikern und Militärs, Komponisten und Schriftstellern, Malern und Wissenschaftlern. Insgesamt sind Schriftstücke aller Art von rund 150 Verfassern in seiner Sammlung vertreten.

Zwei Autoren haben es Gustav Schickedanz besonders angetan. Wann und wodurch sein Interesse an Rainer Maria Rilke und Hermann Hesse geweckt worden ist und seit wann er sich verstärkt um Autographen oder – im Falle Hesses – auch um Aquarelle bemüht, ist nicht mehr sicher festzustellen. Fest steht, dass Rilke und Hesse künstlerisch wenig, biographisch hingegen manches verbindet. Nicht nur gehören sie der gleichen Generation an, ihre Lebensläufe weisen auch ungewöhnlich zahlreiche und tiefe Zäsuren und Brüche auf. Ihr Verhältnis zu den Frauen war kompliziert, zu einem Familienleben im engeren Sinne willens und fähig waren sie beide nicht. Rilke wie Hesse fanden schließlich in der Schweiz ihre Heimat, beide sind auch dort – an derselben Krankheit – gestorben und in der Alpenrepublik beigesetzt. Und dann haben beide ein auf seine Weise bedeutendes, jedenfalls breit rezipiertes Werk und nicht zuletzt eine umfangreiche Korrespondenz hinterlassen.

Zu den Verehrern Rainer Maria Rilkes gehören Gustav Schickedanz und seine Schwester Liesl Kießling. »Wir besitzen schon sehr viele Briefe, Fotos und große und kleine Bücher, die sich alle auf die Schriften etc. Ihres Herrn Vaters beziehen«, schreibt diese Anfang Dezember 1964 an Ruth Fritzsche-Rilke, die Tochter aus der nur ein gutes Jahr lang gelebten Ehe des Dichters mit der Bildhauerin und Malerin Clara Rilke-Westhoff. Die Tochter leitet gemeinsam mit ihrem Mann das private Rilke-Archiv im elterlichen Haus in Fischerhude bei Bremen, hat schon »wiederholt« mit Schickedanz korrespondiert, und der wiederum hat dem Archiv »Fotokopien seiner Rilke-Handschriften gegeben«.

Im Mittelpunkt der Korrespondenz zwischen Liesl Kießling und Ruth Fritzsche-Rilke vom Jahreswechsel 1964/65 stehen unter anderem drei Briefe Rilkes an den früh verstorbenen Schriftsteller Reinhard Sorge. Liesl Kießling hat sie bei Stargardt ersteigert, will sie ihrem Bruder, »Herrn Konsul Dr. Schickedanz, der ein großer Rilke-Anhänger ist, zu seinem 70. Geburtstag schenken« und bittet daher um Verständnis, Kopien dieser Briefe »erst nach der Geburtstagsfeier« in das Archiv geben zu können. Das geschieht dann auch, und weil man schon einmal im Gespräch ist, fragt die geschäftstüchtige Fürtherin auch gleich in Fischerhude an, was die Tochter so »alles in Ihrem Archiv von Ihren Eltern« führt: »Verkaufen Sie etwas

davon?« Das ist zwar nicht der Fall, treibt aber die Sammler nicht
zur Verzweiflung. Denn zum einen tauchen ja anderweitig immer
wieder einmal Stücke aus der Feder des eifrigen Briefeschreibers auf,
und zum Zweiten gibt es ja auch noch andere Autoren, für deren
Autographen man sich in Dambach interessiert.

Zum Beispiel Hermann Hesse. Auch für die Briefe und die Aquarelle aus seiner Feder, aber auch für Manuskripte und Zeitungsaus-
schnitte über ihn interessiert sich der Sammler Gustav Schickedanz.
Auch hier gilt, dass sich die Ursprünge dieser Passion nicht mehr
rekonstruieren lassen. Sicher ist, dass sie nichts mit der Konjunktur
zu tun haben, derer sich das Werk Hesses seit den späten sechziger
Jahren, ausgehend von der amerikanischen Hippie-Bewegung, er-
freut und die seinem Autor posthum einen spektakulären Verkaufs-
erfolg auch in seiner Muttersprache bescheren.

Bemerkenswert an diesem Kapitel der Autographen-Samm-
lung ist unter anderem ein Konvolut von Briefen, Postkarten und
Gedichten an Frau Dr. Emilie Weisschedel in Baden-Baden aus den
vierziger und frühen fünfziger Jahren, weil sich Hesse hier recht
offen über seine erste Frau Mia und seine drei Söhne, aber beispielsweise auch über sein Verhältnis zu Thomas Mann äußert und
zudem mit seiner Meinung zu Deutschland und den Deutschen
nicht hinter dem Berg hält. »Vor 25 und 30 Jahren«, schreibt Hesse
Anfang Oktober 1947 an seine vertraute Briefpartnerin, »standen
in fast jedem Lesebuch, wenigstens für die höhren Schulen, Sachen
von mir. Das deutsche Volk hat mich dann ausradiert und seine
teutschen [sic] Modedichter an die Stelle gesetzt, und ich werde nie
einen Finger rühren[,] um das zu ändern. Man hat mich bespuckt
und beschimpft, die Verwandten meiner Frau gefoltert und vergast,
mich um mein gesamtes Lebenswerk und um mein Brot gebracht,
und nun erwartet man, dass ich freundlich lächelnd sage: ›Kinder,
alles ist verziehen‹, und gar nich[t] darum ersuche, man möge mich
im Lesebuch nicht vergessen! Nein ...«

Refugium: In der Bibliothek seiner Dambacher Villa findet der Sammler und Bibliophile Gustav Schickedanz, hier 1975, Abstand zum Tagesgeschäft des Unternehmers.

Hinweise darauf, dass Gustav Schickedanz den Weg zu den Autographen über deren Inhalt gefunden hat, gibt es nicht. Er geht den klassischen Weg des Sammlers: Was ungewöhnlich, selten und zu einem räsonablen Preis erschwinglich ist, wird erworben und der Sammlung eingefügt. Gezielt geht er vor, wenn sich entweder – und mehr oder weniger zufällig – in der Sammlung ein Schwerpunkt gebildet hat, der dann mit Leidenschaft weiter ausgebaut wird, oder aber – und vor allem – wenn der Sammler zu den Verfassern der Schriftstücke, zum Beispiel zu Rainer Maria Rilke oder Hermann Hesse, eine innere Beziehung besitzt oder während des Sammelns entwickelt: Als Walter Henkels, ein Urgestein unter den Bonner Chronisten, den Unternehmer ein halbes Jahr vor dessen Tod in Dambach besuchte, wusste er nicht, wie ihm »geschah, als der alte

Herr buchstäblich aus dem Kopf und ohne auch nur eine Sekunde zu verhalten, ein Rilke-Gedicht, ›Der Panther‹[,] deklamierte«.

Und so haben Hermann Hesse und Rainer Maria Rilke, aber auch Jean Paul und Adalbert Stifter, Theodor Fontane und Gustav Freytag, Joseph Conrad und nicht zuletzt der stets griffbereite Charles Baudelaire ihren Platz in der Dambacher Bibliothek, die der Sammler, Liebhaber und Kenner über Jahrzehnte zusammengetragen hat. Sie enthält eine Fülle bibliophiler Kostbarkeiten und lässt neben den Klassikern eindeutige Vorlieben und Interessen erkennen. Dazu zählen Wiegen- und Frühdrucke, namentlich eine Kollektion fein illustrierter Stundenbücher, eine reiche Sammlung von Stammbüchern, ein sorgfältig zusammengestelltes Konvolut von Schriften der Reformation und Gegenreformation, darunter einige äußerst seltene Stücke zur legendenumwobenen Päpstin Johanna, oder auch eine beachtliche Reihe von Atlanten und Kartenwerken. Natürlich findet sich Erlesenes zu Nürnberg sowie aus der Feder von Nürnbergern, und geradezu selbstverständlich ist, dass sich der naturverbundene Sammler um außergewöhnliche Werke zur Flora und Fauna bemüht hat.

Auch die sehr umfangreiche Sammlung seiner Bilder und Grafiken lässt eindeutige Schwerpunkte erkennen. Das gilt für die Künstler, es gilt für die Motive, und es gilt für die Epochen. Bei der Malerei, sagt er 1963 in einem Zeitungsgespräch, reicht sein Interesse »nur bis zu den Impressionisten. Was jünger ist – na, ich bemühe mich da schon, aber weitaus lieber sind mir doch die alten Meister.« Zum Beispiel Peter Paul Rubens, Salomon van Ruysdael und Jan Bruegel, von denen er Bilder besitzt, oder Albrecht Dürer, Martin Schongauer und Rembrandt, deren Grafiken er in Mappen aufhebt.

Wenn es ein zentrales Motiv der Werke aller Art gibt, die Gustav Schickedanz im Laufe der Jahrzehnte zusammengetragen hat, dann ist es der Heimat- und Naturbezug. Er verbindet die Werke aus der Gotik, der Renaissance und der Romantik, er durchzieht die

Ölgemälde und Aquarelle, die Pastelle und Zeichnungen, die Kupfer-
stiche und Radierungen. Neben den Genannten oder auch dem
Kupferstecher Johann Adam Delsenbach, dem Landschafts- und
Architekturmaler Carl Hasenpflug, dem Landschaftsmaler Heinrich
Bürkel, dem Landschaftsmaler und Radierer Hermann Gradl, vor
allem auch dem in Nürnberg, später in München wirkenden Maler
und Grafiker Johann Adam Klein, dessen romantische Landschafts-
und Tiermotive Schickedanz schätzt und in großer Zahl sammelt,
sind es allen voran die Brüder Schiestl, deren Werke der Quelle-
Gründer mit Leidenschaft sammelt.

Die drei Söhne des Bildhauers Matthäus Schiestl des Älteren,
der am 5. August 1834 im Zillertal das Licht der Welt erblickt hatte,
1873 mit seiner Familie nach Würzburg gezogen und 1915 in Lohr
am Main verstorben war, wussten sich zeitlebens der bäuerlich-
handwerklichen Tradition verpflichtet, in der sie der Vater erzogen
hatte. Sowohl Heinz, der 1867 geborene Älteste, als auch seine beiden
jüngeren Brüder Matthäus der Jüngere und Rudolf Schiestl, die
1869 beziehungsweise 1878 geboren wurden, lernten in der Werkstatt
des Vaters das Handwerk und durchstreiften mit diesem auf aus-
gedehnten Wanderschaften das alte Würzburg und seine Umgebung.
Die höhere Ausbildung absolvierten sie in München, der Ältere an
der Schmid'schen Mal- und Zeichenschule, Matthäus und Rudolf an
der Kunstakademie, unter anderem als Schüler der Meisterklasse von
Akademiedirektor Ludwig von Löfftz.

Während Heinz Schiestl die väterliche Werkstatt in Würzburg
übernahm und Altäre und Kreuzwegstationen, aber auch Gedenk-
tafeln und Einzelfiguren entwarf, machten sich seine jüngeren Brüder als Grafiker und Maler einen über die Region hinausreichenden
Namen. Vielseitig interessiert und tätig blieben sie alle. So gestaltete
Matthäus in späteren Jahren die Wandfresken im Chor der Münchener Bennokirche, die Apsisgemälde in der Abteikirche in Neustadt
am Main oder die Altäre für die Bonner Elisabethkirche.

Es waren ihre Grafiken, mit denen Matthäus und Rudolf am Beginn des 20. Jahrhunderts fast zeitgleich bekannt wurden. Der Ältere schaffte den Durchbruch mit den Lithographien »Berggeist«, »St. Christophorus«, »Der Einsiedler«, »Erwin von Steinbach«, »Ullrich von Lichtenstein«, »Anbetung der Hirten« und »Das Almosen des Armen«; der Jüngere reüssierte mit den Lithographien »Antonius der Einsiedler«, »Spaziergang«, »Schäfer«, »Der Geigenspieler«, »Unser täglich Brot gib uns heute«.

Matthäus und Rudolf Schiestl waren Volkskünstler im eigentlichen und besten Sinne des Wortes. Mit ihren Grafiken und Gemälden erreichten sie nicht nur alle Schichten der Bevölkerung des ausgehenden Kaiserreichs, sie wurden auch, wie Hanswernfried Muth, einer ihrer Biographen, bemerkt hat, »zum künstlerischen Idol der Jugendbewegung …, die durch Wandern und durch das Erlebnis der Landschaft, durch die Suche nach dem ›einfachen Leben‹ ein freies, echtes und inniges Lebensgefühl zu gewinnen trachteten. Kaum waren die Schiestl einem größeren Publikum bekannt geworden, empfanden viele ihre Kunst, deren Bindung an die Tradition nicht übersehen wurde, dennoch als einen Aufbruch zu neuen Zielen, als eine Abkehr vom falschen Pathos der Gründerzeit.«

Zu ihnen gehört auch Gustav Schickedanz. Es ist nicht schwer zu ergründen, was ihn an den Arbeiten der Brüder fasziniert: Es sind die Landschaft und ihre Menschen, die fränkische Heimat und das Leben der Bauern im Wechsel der Jahreszeiten, ihre tiefe Verwurzelung in der Tradition, ihr gelebter Glaube, ihr Fleiß und ihre Hingabe, ihr Arrangement auch mit widrigen Verhältnissen. Es ist jenes Leben, das Gustav Schickedanz und seine Schwester als Kinder kennen- und lieben gelernt haben, als sie ihre Schulferien bei den Großeltern in Vestenbergsgreuth verbrachten.

Offenbar ist Schickedanz schon während des Ersten Weltkriegs auf die Brüder Schiestl gestoßen. Wann er die ersten Arbeiten erworben hat, lässt sich nicht mehr feststellen. Zu vermuten steht, dass die Annäherung während der zwanziger Jahre erfolgt. Sicher ist, dass er mit beiden in Kontakt steht. Den jüngeren, Rudolf Schiestl, der von 1910 bis zu seinem Tod Ende 1931 als Professor für Buchkunst und Graphik an der Kunstgewerbeschule in Nürnberg lehrt, sucht er gelegentlich auf und beobachtet ihn bei der Arbeit. Dessen Bruder Matthäus, der bis zu seinem Tod im Januar 1939 in München wohnt, besucht ihn ab und an in Dambach und freut sich über die gut gerahmten und gehängten Bilder aus seiner Werkstatt und der seines Bruders. Im Übrigen stehen Gustav Schickedanz und Matthäus Schiestl Mitte der dreißiger Jahre brieflich in Kontakt.

Die Kunst, die Bücher, die Autographen, sie sind die andere Seite, eine Parallelwelt zum Universum des Unternehmers. Für den Quelle-Gründer schließen sich die beiden Welten nicht aus. Sie ergänzen sich. Gustav Schickedanz lebt in beiden. So gesehen ist er, wie sich ein langjähriger Weggefährte erinnert, ein Epigone der großen Nürnberger oder Augsburger Kaufmannsgeschlechter. Dazu gehört, dass er seine Schätze anderen zugänglich macht. Lange Zeit sind diese anderen für den Sammler nur ein kleiner Kreis von Besuchern – Freunde, Geschäftspartner, Mitarbeiter, Journalisten. Wenn er in der rechten Stimmung ist, wenn er die nötige Muße hat und die Geschäfte nicht im Vordergrund stehen, führt er seine Gäste schon einmal in diese Welt ein, in die Welt der Bilder und der Grafiken, der Bücher und der Autographen. An seinem Lebensabend lässt Gustav Schickedanz dann auch die Bürger seiner Heimatstadt an seiner Welt, oder doch jedenfalls an einem wichtigen Bereich derselben, teilhaben. Im Dezember 1975, am Vorabend seines achtzigsten Geburtstags, schenkt er Fürth rund 100 Holzschnitte, Lithographien und Radierungen seiner Schiestl-Sammlung. Sie werden in Burgfarrnbach untergebracht.

Das Gros der Bildersammlung, die Bücher und die Autographen sowieso, bleiben in Dambach – weil sich der passionierte Sammler und Liebhaber nun einmal nicht von seinem Schatz trennen kann und weil dieser jetzt, da Gustav Schickedanz auf vieles andere, vor allem auf die Arbeit, sein Lebenselixier, weitgehend verzichten muss, noch wichtiger ist als vordem. Die andere Welt wird zur ersten, ist mehr noch als zuvor Entspannung, Freude und Trost. So war es damals, im Sommer 1929, in den schrecklichen Wochen und Monaten nach dem Verlust der Familie. So ist es jetzt, seit er achtzig ist und das Haus kaum mehr verlassen kann.

Wenn er es doch tut, dann zieht es ihn natürlich in die Firma. Im Januar 1977 spricht er noch einmal auf der Betriebsversammlung zu seinen Mitarbeitern, und am 9. März stellt er sich ein letztes Mal den Fragen von rund 200 Journalisten aus dem In- und Ausland, muss aber dann die Jahrespressekonferenz vorzeitig verlassen – gestützt auf seine Frau und offenkundig unter großen Schmerzen. Das fünfzigjährige Betriebsjubiläum, »seines, unseres Unternehmens« mit seinen Mitarbeitern zu feiern, ist dem »hochverehrten Chef« nicht mehr vergönnt, wie der Vorsitzende des Gesamtbetriebsrates auf der Trauerfeier sagt.

Am 27. März 1977, einem Sonntag, stirbt Gustav Schickedanz. Wenige Tage zuvor war er an seinem Schreibtisch in der Konzernzentrale zusammengebrochen und in das Fürther Krankenhaus eingeliefert worden. Dort hatten ihm die Ärzte noch einen Herzschrittmacher eingesetzt, damit aber den raschen Verfall seiner Kräfte nicht mehr aufhalten können. In der Nacht zum Montag erliegt der Quelle-Gründer den Folgen eines Kreislaufzusammenbruchs. Gustav Schickedanz wird 82 Jahre alt.

Drei Tage später haben die Bürger der Stadt und die Mitarbeiter des Unternehmens Gelegenheit, in der Fürther Kirche St. Paul Abschied zu nehmen. »In diesem Gotteshaus«, erinnert die Nürnberger *Abendzeitung* ihre Leser, »das von der Wiege bis zur Bahre Ort wesentlicher Stationen im Leben des gläubigen ›Quelle‹-Chefs war,

Abschied: Grete Schickedanz während des Trauergottesdienstes für ihren Mann Gustav. Neben ihr (links im Bild) die gemeinsame Tochter Madeleine mit ihrem zweiten Ehemann Wolfgang Bühler und Louise, die Tochter von Gustav Schickedanz und seiner tödlich verunglückten ersten Ehefrau Anna, mit ihrem Ehemann Hans Dedi.

wurde Gustav Schickedanz getauft, konfirmiert und getraut. Dort taufte er auch seine Kinder, dort suchte Schickedanz Zuflucht, als ihn das Schicksal grausam traf und er bei einem Verkehrsunfall seine erste Frau, seinen Sohn und seinen Vater verlor. In St. Paul wurden seine Töchter konfirmiert und getraut und seine sechs Enkel … getauft.«

Der Andrang ist überwältigend: Mehr als 25 000 Menschen, berichtet die *Nürnberger Zeitung*, bewiesen »ihre große Anteilnahme am Tod ihres weit über die Stadtgrenzen hinaus bekannten Mitbürgers, Dr. h. c. Gustav Schickedanz. Trotz schneidender Kälte harrten sie bis zu drei Stunden in langen Warteschlangen vor der St.-Pauls-Kirche aus, um dem dort aufgebahrten Toten die letzte Ehre zu erweisen. Ringsumher herrschte bedrücktes Schweigen, und vor allem die altgedienten Mitarbeiter des Hauses Schickedanz nahmen weinend Abschied. Noch in den frühen Nachmittagsstunden war ein Kondolenzbuch aufgelegt, in das aber später wegen der

Vielzahl der Trauernden keine Eintragungen mehr gemacht werden
konnten.«

Am 31. März 1977 findet am gleichen Ort die Trauerfeier statt.
Etwa 800 Trauergäste aus Stadt und Land, aus Politik und Wirt-
schaft und natürlich aus den Betrieben haben sich eingefunden,
unter ihnen Bayerns Ministerpräsident Alfons Goppel und die
Oberbürgermeister von Fürth und Nürnberg, Fürths andere große
Unternehmerpersönlichkeit Max Grundig – und nicht zuletzt: die
Konkurrenten Werner Otto und Josef Neckermann. »Ein großer
Mann ist von uns gegangen«, sagt sein wohl größter Rivale Ne-
ckermann zu *Bild*.

Die Abschiedsworte von Altlandesbischof Hermann Dietzfelbinger, Ministerpräsident Goppel, Vertretern des Unternehmens und
des Betriebsrates und anderen mehr werden musikalisch umrahmt
vom Schlusschoral aus der *Johannes-Passion* von Johann Sebastian
Bach, dem Largo aus dem Streichquartett D-Dur op. 76/5 von Josef
Haydn und dem Largo aus dem concerto grosso d-Moll von Antonio
Vivaldi. Der österreichische Drehbuchautor, Schauspieler und Re-
gisseur Veit Relin rezitiert Hermann Hesses Gedicht »Stufen«. Die
Beisetzung erfolgt auf dem Fürther Friedhof. An der Seite seiner
Mutter Elisabeth sowie seines Vaters Leonhard, seiner ersten Frau
Anna und seines einzigen Sohnes Leo, die bei dem tragischen Ver-
kehrsunfall im Juli 1929 ums Leben gekommen waren, findet Gustav
Schickedanz die letzte Ruhe.

EPILOG
DER SCHATTEN

Gustav Schickedanz hat den Versandhandel revolutioniert, der Konsumgesellschaft ihr Gesicht gegeben und das Bild des gleichermaßen erfolgreichen und verantwortlichen Unternehmers nachhaltig geprägt. Zu seinem Vermächtnis gehört das ordentlich bestellte Haus, das er seinen Nachfolgern hinterlässt – und der mächtige Schatten, in dem diese stehen, ob sie das wollen oder nicht.

Gut 8,3 Milliarden D-Mark setzt die Unternehmensgruppe im Jahr seines Todes um, davon rund 750 Millionen im Ausland. Mehr als 43 000 Menschen sind bei Schickedanz in Lohn und Brot, die allermeisten in der Handelsgruppe, die es auf einen Umsatz von gut 7,3 Milliarden D-Mark bringt. Mehr als 400 000 Aufträge erteilt die Quelle Jahr für Jahr an ihre rund 12 000 in- und ausländischen Lieferanten, allein 5000 selbständige Vertragsschneider sind für den Änderungsdienst des Versenders tätig, im technischen Kundendienst sind mehr als 2100 Fachleute im Einsatz, und mit jährlich fast 25 Millionen Päckchen und Paketen, die seit dem Sommer 1974 in eigener Regie postgerecht sortiert und in spezielle Container verladen werden, ist die Quelle der größte Einzelkunde der Bundespost. Jeder zweite Haushalt in der Bundesrepublik bezeichnet sich als Quelle-Kunde, und der rund 930 Seiten starke Jubiläumskatalog 1977 mit seinen 80 000 Artikeln erreicht eine Auflage von mehr als siebeneinhalb Millionen Exemplaren.

Auch in technischer Hinsicht sind die Betriebe auf die Zukunft vorbereitet. Das gilt vor allem für die Datenverarbeitung, für die das Unternehmen mit der Einführung der dritten Computergeneration 90 Millionen D-Mark aufgewendet hat. Unverzichtbar ist sie vor allem im Versand, der das Herzstück des Imperiums bleibt. Mit knapp fünf Milliarden D-Mark, das Auslandsgeschäft eingerechnet, steuert er den Löwenanteil zum Umsatz der Handelsgruppe und damit auch des Gesamtunternehmens bei. Davon wiederum entfällt gut die Hälfte auf die Hartwaren. Die Textilien, mit denen in den zwanziger Jahren alles begann, haben einen Anteil von mehr als 40 Prozent, mit weitem Abstand gefolgt von den Lebensmitteln, die es gerade einmal auf vier Prozent am Umsatz des Versandhandels bringen.

Mit gut 2,3 Milliarden D-Mark Umsatz belegt das stationäre Geschäft zwar einen respektablen zweiten Platz, doch bleiben die Verkaufsagenturen und Warenhäuser damit weit von jenem hochgesteckten Ziel der sechziger Jahre entfernt, das einen fünfzigprozentigen Anteil am Umsatz vorsah. Und auch die Zuwachsrate von nicht einmal fünf Prozent nimmt sich gegenüber den 14,5 Prozent des Versands eher bescheiden aus. Dass der Umsatz der Quelle-Warenhäuser etwa doppelt so hoch ausfällt wie der anderer großer Warenhauskonzerne, macht die Sache nicht besser. Damit bleiben sie in der anbrechenden neuen Zeit, was sie auch in der Ära des Gründers zumeist gewesen sind: Sorgenkinder.

Schließlich die Industriegruppe. Mit 995 Millionen D-Mark Umsatz, von denen wiederum knapp 80 Prozent auf das Papier entfallen, nähert sie sich der Milliardengrenze. Bemerkenswert ist, dass von den Verpackungsprodukten mit einem Umsatz von deutlich mehr als 100 Millionen D-Mark gerade einmal 15 Prozent von den Handelsbetrieben der Schickedanz-Gruppe abgenommen werden. Und für den Absatz der Hygiene-Artikel spielt die Verbindung zur Handelsgruppe überhaupt keine Rolle. Das Herzstück der Papier- und damit der Industriegruppe bleiben die Vereinigten Papierwerke mit einer

Reihe inländischer und zwei ausländischen Produktionsstätten: Mit »Tempo« und »Camelia«, Baby-Hygiene und Toilettenpapier sind sie der führende Hersteller von Hygiene-Papier in Europa.

Eine herausragende Bilanz. Kann man sie fortschreiben? Jedenfalls kann man es versuchen. Man muss es sogar versuchen – weil Stagnation nicht nur in diesem Geschäft über kurz oder lang Rückschritt oder Schlimmeres bedeutet und weil es ein Vermächtnis gibt. Gustav Schickedanz hatte ja das nach Einschätzung des *Spiegel* »wohl funktionsfähigste Familien-Imperium der Bundesrepublik« nicht auf- und ausgebaut, um es eines Tages mit ins Grab zu nehmen, sondern ganz im Gegenteil: Der Patriarch hatte sein Unternehmen so aufgestellt, dass es auch ohne ihn eine Zukunft haben kann. Dass es als Familienunternehmen fortgeführt werden und dass die operative Verantwortung jedenfalls bis zur Generation seiner Enkel bei den Mitgliedern der Familie liegen solle, war sein ausdrücklicher Wunsch.

So kommt es dann auch. Die Verantwortung für das Imperium liegt fortan bei einer »Familien-Troika«, wie die Zeitungen die Konstruktion nennen. Grete Schickedanz und der ältere Schwiegersohn Hans Dedi, der lange als »Kronprinz« gehandelt worden war und inzwischen 58 Jahre alt ist, sind persönlich haftende Gesellschafter der Gustav und Grete Schickedanz KG, also der obersten Holding der Gruppe. Der zweite Schwiegersohn Wolfgang Bühler ist Mitte vierzig, gehört wie auch seine Schwiegermutter und sein Schwager dem Konzernbeirat und damit dem wichtigsten Beschlussorgan der Gruppe an und ist überdies dort für die Industriegruppe sowie für die langfristige Planung zuständig. So weit, so gut. »Nach außen hin ist alles perfekt geregelt«, stellt mit Hermann Bößenecker ein langjähriger publizistischer Begleiter der Familie und zugleich einer ihrer besten außenstehenden Kenner wenige Tage nach dem Tod des »Selfmademan aus der Arbeiterstadt Fürth« in der *Zeit* fest.

»First Lady der deutschen Wirtschaft«: Bis ins hohe Alter gibt Grete Schickedanz die Marsch-
richtung der Quelle-Mode vor.

Doch der verhaltene Optimismus trägt nicht weit. Kaum dass
sich das Todesjahr von Gustav Schickedanz dem Ende zuneigt, stellt
Bößenecker, wiederum in der *Zeit*, die Frage »Bricht die Führungs-
troika auseinander?«. Mit seinem Bericht über die »Querelen im
Quelle-Clan« lenkt er den Blick der neugierigen Öffentlichkeit erstmals auf den tatsächlichen oder vermeintlichen, von diesen selbst
stets bestrittenen Konflikt zwischen den beiden Familienflügeln,
namentlich den beiden Schwiegersöhnen von Gustav Schickedanz.
Zwischen ihnen und zugleich im Mittelpunkt des Geschehens steht
die Witwe des Quelle-Gründers.

Die »gnädige Frau«, wie Grete Schickedanz bei den Mitarbeitern
und dann auch in den Zeitungen heißt, die »First Lady der deutschen
Wirtschaft«, wie Bundespräsident Richard von Weizsäcker sie einmal
nennt, ist 65, als sie das Ruder übernimmt, und damit in einem Alter,
in dem andere in den Ruhestand gehen. Erst ein knappes Jahr vor

ihrem Tod zieht sie sich aus allen Führungs- und Aufsichtsgremien zurück, bleibt aber persönlich haftende Gesellschafterin der Holding.

Als Grete Schickedanz am 23. Juli 1994 – wie ihr Mann im Alter von 82 Jahren – stirbt, ist sie nicht nur 67 Jahre in dem von ihrem Mann gegründeten Unternehmen tätig gewesen, und damit länger als dieser selbst, vielmehr war auch »noch nie eine Frau«, wie das *Handelsblatt* feststellt, so lange »in einer solch einflussreichen Führungsposition in einem deutschen Großkonzern«. Eine Alternative zur Übernahme der Verantwortung gab es für Grete Schickedanz nicht. Zum einen hatte ihr Mann es so gewollt und verfügt. Zum anderen ließ die Organisation des Unternehmens mit ihrem eigentlichen Entscheidungszentrum, der Konzernholding Gustav und Grete Schickedanz KG, kurzfristig gar keine andere Lösung zu als den Eintritt der Witwe in die vakante Führungsposition. Und schließlich sprachen die großen Herausforderungen der Gegenwart und der Zukunft für die Kontinuität an der Konzernspitze.

Zu den Herausforderungen der Gegenwart gehört die zweite sogenannte Ölkrise. Ausgelöst durch den Sturz des Schahregimes im Iran, den Einmarsch der Sowjets in Afghanistan und den Angriff Iraks auf den Iran in den Jahren 1979/80, kommt es im Verlauf des Jahres 1980 unter anderem zu einer Erhöhung der Ölpreise um das Zweieinhalbfache und mit ihr zu einem geänderten Konsumverhalten der Deutschen. Die Erhöhungen der Mehrwertsteuer um jeweils ein Prozent zum 1. Januar 1978 und zum 1. Juli 1979 und steigende Arbeitslosenzahlen tragen das Ihre dazu bei, dass der Inlandsumsatz der Quelle 1981 stagniert, 1982 um 4,2 Prozent einbricht und 1983 immer noch ein Minus von 2,4 Prozent aufweist.

Andererseits zeigen diese Krisenjahre aber auch, wie gut das Unternehmen von seinem Gründer aufgestellt worden ist: So wird für 1983 ein Jahresüberschuss von gut 70 Millionen D-Mark vor Steuern der Gesellschafter ausgewiesen, von denen 17 Millionen in das

Gesellschaftskapital fließen. Der Cashflow von 134 Millionen, von dem 20 Millionen den Pensionsrückstellungen zugeführt werden, bietet mit rund 100 Millionen D-Mark zudem eine gute Grundlage, um die für 1984 geplanten Investitionen in Höhe von 235 Millionen D-Mark zu stemmen.

Bei dieser Entwicklung bleibt es einstweilen – bei der gesunden Struktur des Unternehmens, aber auch bei dem negativen Geschäftstrend. Obgleich die Folgen der Ölkrise längst überwunden sind und die Konjunktur in der Republik wieder Tritt gefasst hat, schließt die Schickedanz-Gruppe beim Umsatz auch 1984 mit roten Zahlen ab. Damit wird für außenstehende Beobachter unübersehbar, was Insider seit einiger Zeit wissen und im April 1984 einmal mehr von Hermann Bößenecker in der *Zeit* auf den Punkt gebracht wird: Der »Clan« steckt »in der Krise«. »Das Quelle-Management hat nicht rechtzeitig auf die Rezession reagiert.«

Auch bei der Ursachenforschung wird Bößenecker rasch fündig: Die »*Grande Dame* des deutschen Versandhandels« ist mit großer, zu großer »Ämter- und Machtfülle« ausgestattet. Bei allem Respekt für die Leistung und den bedingungslosen Einsatz der inzwischen Zweiundsiebzigjährigen, den der Berichterstatter auch jetzt Grete Schickedanz nicht versagt, scheint diese den immensen Herausforderungen doch nicht mehr in allen Phasen und sämtlichen Bereichen gewachsen zu sein. Immerhin ist Grete Schickedanz nicht nur persönlich haftende Gesellschafterin in der Konzernobergesellschaft Gustav und Grete Schickedanz Holding KG. Sie ist auch erste stellvertretende Vorsitzende dieser Holding, an deren Spitze bis 1989 Hans Dedi, danach ihr zweiter Schwiegersohn Wolfgang Bühler stehen, außerdem Vorsitzende des Verwaltungsrates des Großversandhauses Quelle Gustav Schickedanz KG, also der wichtigsten operativen Firma des Konzerns, und nicht zuletzt auch noch Vorsitzende des Vorstands, kontrolliert sich also in maßgeblichen Bereichen des Konzerns selbst.

Und je offenkundiger Mitte der achtziger Jahre die »Krise« des »Clans« für die Öffentlichkeit wird, umso mehr glänzt der Stern des Gründers. »Wenn man sich erinnert, wie dynamisch Gustav Schickedanz selbst in schwierigen Zeiten agiert hat, dann scheint heute eher ein allzu statisches Element zu dominieren«, erinnert sich Bößenecker und gibt damit einmal mehr die Tonlage der Berichterstattung vor. »Wo früher ein an Charisma kaum zu übertreffender Gründer den ganzen Laden auf optimale Paßform getrimmt hatte«, schreibt die *Wirtschaftswoche* im Februar 1986, »stehen sich mit ihrem eigenen Mittelmaß hadernde Familienmitglieder selbst im Weg.«

Nun ist zwar richtig, dass derjenige, der den Schaden hat – und der Schaden der Quelle in ihren Bilanzen wie in der öffentlichen Wahrnehmung ist beträchtlich –, nicht für Hohn und Spott zu sorgen hat; richtig ist aber auch, dass der Schatten des »dynamischen«, »charismatischen« Gründers umso mächtiger ausfällt, je größer die tatsächliche oder vermeintliche »Krise« des »Clans« wird; richtig ist schließlich, dass die Familie, dass namentlich Grete Schickedanz versucht, sich aus diesem Schatten zu lösen, ohne dabei ihre Verbundenheit mit Gustav Schickedanz oder gar sein Erbe in Frage zu stellen. Eine schwierige, eine kaum lösbare Aufgabe.

So hatte sie schon im Sommer 1979 die »Gustav und Grete Schickedanz-Stiftung« ins Leben gerufen, die seither die Richtlinien der Unternehmenspolitik bestimmt und gleichzeitig für die Kontrolle der gesamten Gruppe zuständig ist. Die Stiftung ist eine von zwei Komplementärinnen der Konzernholding Gustav und Grete Schickedanz KG. Zweite Komplementärin dieser Kommanditgesellschaft ist und bleibt Grete Schickedanz, die zugleich einzige natürliche Person als persönlich haftende Gesellschafterin ist. Damit wird vorderhand ihre herausragende Stellung im Unternehmen noch weiter unterstrichen. Erst sieben Jahre später sind deutliche Anzeichen für einen geordneten Rückzug aus der ersten Reihe zu erkennen.

Inwieweit Grete Schickedanz das ganz oder weitgehend aus freiem Entschluss tut und damit auf die geschäftliche Situation der Quelle reagiert, sei dahingestellt. Sicher ist, dass sie reagiert. Zum 1. Februar 1987 gibt die Fünfundsiebzigjährige den Vorstandsvorsitz bei der Quelle an den einundvierzigjährigen Klaus Zumwinkel ab und zieht sich damit aus dem operativen Geschäft des Konzerns zurück.

Zumwinkel ist nicht nur der erste familienfremde Manager an der Spitze der Quelle, er bringt auch gute Voraussetzungen für den Posten mit. Zum einen kennt er den Betrieb, weil er für seine alte Firma, die Unternehmensberatung McKinsey, zunächst die Papierwerke, dann auch die Quelle auf mögliche Kosteneinsparungen hin durchleuchtet hatte und schon seit Juli 1985 im Vorstand des Versandhauses sitzt; zum anderen kennt er auch die Konkurrenten, gehörte er doch zuvor jenem McKinsey-Team an, das die Warenhäuser von Kaufhof einer genauen Kostenanalyse unterzogen hatte; und schließlich ist Zumwinkel finanziell unabhängig: Jahre zuvor hatte er die Konsequenzen aus dem sich abzeichnenden ruinösen Wettbewerb in diesem Bereich gezogen und die gemeinsam mit seinem Bruder geerbten Kaufhäuser und Discountläden des Vaters an die Rewe verkauft.

Gerade einmal zweieinhalb Jahre hält es den auch öffentlich selbstbewusst auftretenden Mann in Fürth, dann wirft er, für viele wenig überraschend, Ende Juni 1989 das Handtuch. Zwar hat er einiges erreicht und bewegt und vor allem den negativen Trend beim Umsatz wieder umgekehrt; zudem gab ihm, wie er noch Anfang 1988 wohlgemut und selbstgewiss formulierte, seine »pekuniäre Unabhängigkeit ... die Kraft, auch Kontroversen durchzustehen«. Und auch sein Arbeitgeber hatte an dem neuen Mann zunächst durchaus seine Freude. »Dr. Zu.«, berichtet Dedi Ende September 1986 über eine Pressekonferenz an seine Schwiegermutter, »hat gut geantwortet u. auch die Quelle Vorstände zu Wort kommen lassen.«

»Dr. Zu. hat gut geant-
wortet«: Zum 1. Februar
1987 übernimmt Klaus
Zumwinkel (rechts im
Bild) den Vorstandsvor-
sitz der Quelle von Grete
Schickedanz. Mit ihr ach-
ten die Schwiegersöhne
Hans Dedi (links im Bild)
und Wolfgang Bühler
darauf, dass der erste
familienfremde Manager
in der Geschichte des
Unternehmens unter
Kontrolle bleibt.

Aber dann wird es Zumwinkel doch zu anstrengend, und so
kommt er mit seinem Rückzug einem andernfalls drohenden Raus-
wurf zuvor. Offensichtlich können und wollen sich die Eigentümer
nicht auf die Kontrolle der Geschäfte beschränken, und nicht nur
dem Beobachter der *FAZ* drängt sich nach diesem »Intermezzo mit
Zumwinkel … der Eindruck auf, daß die Familie zwar die von ihm
eingeleiteten Ertragsverbesserungen zu schätzen weiß, ansonsten die
wesentlichen Entscheidungen aber doch lieber wieder selbst fällen
möchte«.

So ist es. Und weil es so ist, zieht es mit Zumwinkel in den
kommenden Wochen weitere Manager aus Fürth fort, darunter
die Finanz- und Technikvorstände der allerdings geschäftlich an-
geschlagenen Patrizier-Bräu und den Vorstandssprecher der Noris
Verbraucherbank. Und auch die Wahl von Zumwinkels Nachfolger

signalisiert, wo fortan wieder die Fäden des operativen Geschäfts zu-
sammenlaufen: Herbert Bittlinger, 1925 im schwäbischen Deggingen
geboren, war nach dem Studium der Wirtschaftswissenschaften bei
verschiedenen Firmen der Textil- und Versandbranche tätig, hat
auch berufliche Erfahrungen in Amerika gesammelt und ist 1971 zu
Schickedanz gekommen. Als langjähriger Einkaufschef der Quelle
und vertrauter Mitarbeiter von Grete Schickedanz war Bittlinger
schon in der ersten Runde als deren Nachfolger im Vorstandsvorsitz
der Quelle im Gespräch gewesen, dann aber krankheitsbedingt nicht
zum Zuge gekommen. Jetzt, da er sich der Pensionsgrenze nähert,
ist er am Ziel: Am 1. Juli 1989 tritt Herbert Bittlinger die Nachfolge
von Klaus Zumwinkel an und sorgt dafür, dass die Familie ihre Vorstellungen wieder ohne große Bedenken oder gar Widersprüche von
operativer Seite durchsetzen kann.

Auf deren Programm steht Ende der achtziger Jahre eine großzügige Einkaufstour, die schon 1984 begonnen hat und jetzt noch
einmal forciert wird. Dabei haben Grete Schickedanz, ihre Schwiegersöhne Hans Dedi und Wolfgang Bühler sowie jetzt auch Herbert
Bittlinger den Textileinzelhandel im Visier. Die Erwerbungen, die
sie in den kommenden Jahren tätigen, sind aufschlussreich. Zum
einen zeigen sie, dass die Quelle trotz der Rückschläge vergangener
Jahre durchaus gesund und liquide ist. Zum anderen dokumentieren
sie, dass namentlich die Chefin am Ursprungs- und Kerngeschäft
der Quelle, dem Handel mit Textilien, festhalten will. Dafür spricht
neben betriebswirtschaftlichen Erwägungen nicht zuletzt die von
Gustav Schickedanz geschaffene Tradition.

So erklärt sich zum Beispiel der Einstieg bei der Gold-Zack AG.
Der 1868 in Barmen als Gummiband-, Litzen- und Kordelfabrik
gegründete, inzwischen im rheinischen Mettmann ansässige Hersteller von textilen Kurzwaren hat bei den deutschen Verbrauchern
einen guten Ruf, der sich vor allem mit elastischen Artikeln wie
Gummibändern verbindet. 1984 erwirbt Schickedanz die Aktien-

Mehrheit an Gold-Zack, die 1971 mit jener Hüssy & Künzli AG fusionierte, in der Hans Dedi wie zuvor schon sein Vater einmal eine entscheidende Rolle gespielt hatte. Viel Freude haben die Fürther mit dieser Akquisition allerdings nicht, holen sie sich doch mit dem klingenden Namen auch erhebliche strukturelle Probleme ins Haus und bekommen diese nie wirklich in den Griff. Eigentlich wollen sie den Laden 1996 dichtmachen, als sich ein Investor findet, der dann den Strumpfhersteller in einen Finanzdienstleister umwandelt und im Sommer 2003 endgültig in den Konkurs treibt.

Andere Akquisitionen im Textilbereich scheinen sich zunächst besser anzulassen, selbst solche, die den Erwerb weiterer Warenhäuser einschließen. Dabei hatte nicht nur das unrühmliche Ende des alten Konkurrenten Neckermann die großen Probleme des stationären Handels offenkundig werden lassen; vielmehr hatte sich – unter anderem deshalb – auch der neue Konkurrent Otto schon frühzeitig von seinen Warenhäusern getrennt, den Vertrieb an Horten verkauft, die Immobilien allerdings gehalten. Bei Schickedanz wird man es nach der Jahrhundertwende genau umgekehrt handhaben.

Warnzeichen sind allerdings auch hier schon Mitte der achtziger Jahre nicht mehr zu übersehen. Selbst Grete Schickedanz gibt im November 1988 zu erkennen, dass wohl noch »harte Arbeit« auf das Unternehmen und die Familie zukomme, um den Trend bei den verlustträchtigen Häusern umzukehren. Zwei Jahre später sagt Bittlinger, dass man damals »stationär … im untersten Keller« gewesen sei. Um diesen so schnell wie möglich wieder verlassen zu können, denkt man in Fürth an dieses und jenes. Nur eine Aufgabe der Häuser ist einstweilen nicht im Gespräch. Zu allgegenwärtig ist das Vermächtnis von Gustav Schickedanz.

Also baut die Quelle, jedenfalls im Textilbereich, auch das stationäre Geschäft weiter aus. Schon am 1. Januar 1987 übernimmt Schickedanz von der Horten AG die in Winterbach bei Stuttgart ansässige und auf Mode aus Naturfasern spezialisierte Peter-Hahn-

Gruppe. Diese setzte 1986 im Versand sowie mit ihren 27 deutschen und sieben Schweizer Modehäusern insgesamt knapp 110 Millionen D-Mark um. In anderen Dimensionen bewegt man sich bei der Übernahme der Mehrheit beim Kölner Textilfilialisten Sinn AG am 1. September 1987, der 1988 700 Millionen D-Mark umsetzt und die Quelle-Gruppe damit über die magische Umsatzschwelle von zehn Milliarden D-Mark hievt. Schließlich Leffers. Nachdem das Kartellamt den Weg freigegeben hat, kann die Quelle Anfang 1990 das renommierte Bielefelder Textileinzelhandelsunternehmen mit seinen sieben Kaufhäusern und einem Jahresumsatz von gut 300 Millionen D-Mark übernehmen – und ist damit nach C&A und Karstadt der drittgrößte Textileinzelhändler in der Bundesrepublik.

Die Erwerbungen und Erweiterungen kosten Kräfte, Energien und Ressourcen – und sie liegen bereits im Schatten einer Entwicklung, die, bis es so weit ist, kaum jemand vorhersieht, die aber für die deutsche Wirtschaft, auch für den Handel, erhebliche mittelbare und unmittelbare Folgen haben wird.

Zwar hat Erich Honecker, Generalsekretär des Zentralkomitees der Sozialistischen Einheitspartei Deutschlands und Vorsitzender des Staatsrats der DDR, noch Anfang 1989 versichert, die Deutschland und Berlin teilende Mauer werde gegebenenfalls auch noch in hundert Jahren stehen. Aber dann kommt innerhalb nicht einmal eines Jahres alles ganz anders. Ausgelöst durch ein Reformprogramm des sowjetischen Präsidenten Michail Gorbatschow, das eigentlich dem Kommunismus nicht nur in seinem Land eine Zukunft eröffnen soll, drängen die Menschen der Sowjetunion und ihres Imperiums, schließlich auch die Bewohner der DDR, auf ein Ende der Zwangsherrschaft und versetzen damit den kommunistischen Regimen in Europa den Todesstoß.

Nachdem sich seit Ende Juni schon Zehntausende DDR-Bürger über Ungarn und die Tschechoslowakei in den Westen abgesetzt haben, wird schließlich in den ersten November-Tagen der Druck auf die Mauer der geteilten Stadt so groß, dass die verunsicherten Grenzsoldaten in der Nacht des 9. November 1989 die ersten Schlagbäume heben und damit eine noch Wochen zuvor unerhörte Entwicklung einleiten: Dass am 3. Oktober 1990 die Vereinigung der beiden deutschen Teilstaaten gefeiert werden kann, ist Teil eines vielschichtigen, nicht geplanten Prozesses, der ein Jahr später, Ende 1991, mit der Auflösung der Sowjetunion seinen Höhepunkt erlebt.

Die meisten Beobachter wissen nicht, wie sie die völlig neue Lage einschätzen sollen: Welche Risiken oder auch Chancen liegen in dem riesigen Vakuum, das die jahrzehntelange sowjetische Zwangsherrschaft in Mittel- und Osteuropa hinterlassen hat? Die Fragen stellen sich natürlich auch in den Reihen der Wirtschaft, auch bei der Konsumgüterindustrie und damit nicht zuletzt beim Versandhandel. Grundsätzlich handelt es sich ja bei den Gebieten östlich der Elbe und bis zum Ural um einen riesigen, im Wesentlichen unerschlossenen Markt. Man kann also gute Geschäfte machen. Man kann aber die Lage auch falsch einschätzen und sich übernehmen. Nicht wenigen geht es so, zum Beispiel dem Nürnberger Eiscremeproduzenten Theo Schöller, der wie Gustav und Grete Schickedanz zu den herausragenden Unternehmerpersönlichkeiten der Region zählt.

Auch die Quelle-Chefin fasst die neuen Märkte ins Visier. Schon bevor die Mauer in Berlin geöffnet wird, hat sie, nicht selten persönlich, in Polen, Bulgarien und Ungarn Kooperationsverträge geschlossen. Wie für andere Unternehmen spielt dabei Ungarn auch für die Quelle eine gewisse Vorreiterrolle. Nach ersten Erfahrungen mit einer Dependance der Foto-Quelle in Budapest hatte Grete Schickedanz am 1. Mai 1985 einen Kooperationsvertrag mit der ungarischen Außenhandelsstelle Hungarotex unterzeichnet, die unter dem Namen »Forras« eine Quelle-Tochter gründet. Das Kompensationsgeschäft, bei dem sich die Quelle zur Abnahme ungarischer Waren in einem definierten Umfang verpflichtet, hat unter anderem zur Folge, dass der Quelle-Katalog auch in Ungarn zum Bestseller wird.

Von größerem wirtschaftlichem Potenzial, in jedem Falle aber von größerer symbolischer Bedeutung ist die Gründung des deutsch-russischen Gemeinschaftsunternehmens Intermoda. Zur Unterzeichnung des Vertrags, der ja erste geschäftliche Verbindungen aus den siebziger Jahren fortschreibt, reist die Chefin Ende Oktober 1989 persönlich nach Moskau. Immerhin ist die Quelle damit das erste westliche Handelsunternehmen, das in der Sowjetunion einen eigenständigen Versand unterhält. »Quelle kleidet jetzt auch Russen ein« heißt es in der deutschen Presse. Dabei bleibt es: Die alten und neuen Staaten Mittel- und Osteuropas und nicht zuletzt Russland sind für die Quelle auch weit jenseits der Jahrhundertwende und damit zu einer Zeit ein zuverlässiger Wachstumsträger, als das Versandhaus nicht mehr von der Familie Schickedanz kontrolliert und gesteuert wird. Dass sich der Konkurrent Otto 2009 aus der Konkursmasse der Quelle auch das Russland-Geschäft sichert, bestätigt im Nachhinein die zwei Jahrzehnte zuvor getroffene Entscheidung.

Der für die Quelle wie für die meisten bundesdeutschen Unternehmen wichtigste Markt aber ist seit den frühen Morgenstunden des 10. November 1989 die DDR. Kaum dass die Mauer geöffnet ist, werden die grenznahen Quelle-Häuser förmlich überrannt. Das gilt zwar grundsätzlich auch für die Filialen anderer Firmen, aber nur die Quelle-Kunden haben gewissermaßen einen Führer durch das Angebot zur Hand: Der Katalog aus Fürth ist in Honeckers Reich seit Jahren ein Bestseller, für dessen Erwerb man stolze 20 Mark auf den Tisch legen musste: 97 Prozent der DDR-Bürger kennen das Fürther Versandhaus zumindest vom Hörensagen. Die neuen Kunden sind also bestens informiert, und so verzeichnen einzelne Häuser in den ersten Tagen nach dem Mauerfall zwei- bis dreifach steigende Umsätze, das Quelle-Warenhaus im grenznahen Hof fährt sogar an einem Tag fast den Umsatz einer ganzen Woche ein.

Bestseller: Bis zum Mauerfall wurde er für 20 D-Mark gehandelt. Jetzt können die Bewohner der DDR, wie hier eine Dresdner Familie, den Quelle-Katalog auch für Bestellungen nutzen.

Daher ist niemand überrascht, als Bittlinger auf der Pressekonferenz im Februar 1990 ankündigt, dass man den Versandhandel auf die DDR ausdehnen werde, sobald die Fragen der Gewerbe- und Niederlassungsfreiheit geklärt seien, und schon im Mai eröffnet die Quelle dort die ersten vier Bestellagenturen. Aber das ist erst der Anfang der Expansion in östliche Gefilde und des parallelen Abbaus an den alten Standorten, dem schließlich allein am Stammsitz rund 1000 Stellen zum Opfer fallen. Denn schon im Februar 1991 wird bekannt, dass die Fürther in den jetzt sogenannten Neuen Bundesländern die größte Investition in ihrer Unternehmensgeschichte planen. Für rund eine Milliarde D-Mark sollen in Leipzig ein komplett neues Versandzentrum, außerdem in Berlin, Brandenburg und Dresden neue Versandlager errichtet und damit 5000 neue Arbeitsplätze geschaffen werden – zusätzlich zu den bereits eingerichteten 2000.

Und natürlich hat die geschäftliche Entwicklung östlich der Elbe
einen erheblichen Anteil daran, dass die Geschäfte prächtig laufen.
»Die Umsätze sind erstaunlich gut gewachsen«, schreibt Hans Dedi
Mitte September 1990 an Grete Schickedanz, »so müssen auch die
Gewinne 90/91 gut werden.« Sie werden gut, und das Geschäftsjahr
1991 geht als eines der besten in die Geschichte des Unternehmens
ein: Um sagenhafte 2,5 Milliarden D-Mark oder gut 20 Prozent
legen die Handels- und Industrieumsätze zu und erreichen damit
die neue Rekordmarke von beinahe 15 Milliarden D-Mark. Das
verschafft Spielraum – zum Beispiel auch bei den Ausschüttungen
an die Holding, also die Gesellschafter, die mit 80 Millionen doppelt
so hoch ausfallen wie im Vorjahr, oder auch bei den Rückstellungen,
die jetzt um 120 Millionen auf eine runde Milliarde D-Mark zulegen.

Dass sich in dieser unerwartet erfreulichen Entwicklung nicht zuletzt
die »boomartig einsetzende Käuferkonjunktur« in den Neuen Bundesländern widerspiegelt, gibt auch der Vorstand zu Protokoll. Für
Herbert Bittlinger ist es eine der letzten Pressekonferenzen in dieser
Funktion – jedenfalls vorläufig. Zum 1. August 1991 wechselt der
Sechsundsechzigjährige in den Verwaltungsrat. Nachfolger im Vorstandsvorsitz der Quelle wird der schon seit Jahresbeginn beim Versandhaus Quelle tätige Klaus Mangold. Der 48 Jahre alte Namensvetter des vormaligen Schwiegersohns von Grete Schickedanz, aber
mit diesem weder verwandt noch verschwägert, ist promovierter
Jurist, hat seine berufliche Laufbahn beim Deutschen Industrie- und
Handelstag sowie als Assistent von Kurt Birrenbach in der Thyssen
Vermögensverwaltung begonnen und war zuletzt als Vorstands-
vorsitzender bei einem Chcmicfascr- und Zigarettenfilterhersteller
tätig.

Als Mangold zur Quelle kommt, sonnt sich diese gerade im
Vereinigungsboom. Wie gut es dem Unternehmen geht, schreibt
der neue Mann an seiner Spitze für die neuen Bundesbürger auf

und gibt damit nicht nur ihnen einen schönen Einblick in die Lage des deutschen Versandhandels im Allgemeinen und der Quelle im Besonderen: »Die alten Bundesländer sind ›Weltmeister‹ im Kauf per Post – trotz flächendeckenden Einzelhandels. Der Pro-Kopf-Verbrauch liegt bei über 400 DM – eine Spitzenstellung, der die Schweiz mit 310 DM, Schweden mit 240 DM, Österreich mit 215 DM, Frankreich und England mit 200 DM folgen.« Der Anteil des Versandhandels am Einzelhandel hat »auf mehr als 5 Prozent« zugelegt. »Wesentlichen Anteil an dieser Steigerung hatte die Quelle-Gruppe mit einem Versandzuwachs von 34 Prozent … Der Quelle-Katalog liegt heute in jedem zweiten Haushalt in Deutschland. Mit 11 Millionen Auflage … ist er ein gewichtiges Einkaufsbuch.«

Elf Millionen Kataloge. Eine stolze Zahl. Viel mehr erfährt man über den Katalog nicht – jetzt nicht und bei anderer Gelegenheit auch nicht. Hingegen fällt auf, dass dieser jahrzehntelang wichtigste Werbeträger der Quelle in der publizistischen Wahrnehmung kaum mehr eine Rolle spielt, schon weil er längst nicht mehr im Mittelpunkt der Fürther Pressekonferenzen steht. Ganz anders damals, in der Ära des Quelle-Gründers, als die zweimal jährlich zelebrierte Präsentation des neuen Katalogs ein Ereignis war, das seinesgleichen suchte: Was dort angekündigt wurde, war für die kommenden sechs Monate zentraler Bestandteil des Kultur- und Wirtschaftsprogramms der Republik. Davon kann Anfang der neunziger Jahre keine Rede mehr sein. Dass diese Entwicklung praktisch nicht zur Kenntnis genommen wird, hat auch damit zu tun, dass sie sich schleichend vollzieht und dass jetzt andere Themen wie die Begleiterscheinungen des Vereinigungsbooms die Frage nach den Neuigkeiten oder der Preisgestaltung des Quelle-Katalogs überlagern.

Denn nicht ein Mangel an Nachfrage ist das Problem, dem sich das neue Management in Fürth gegenübersieht, sondern das gerade Gegenteil. »Quelle droht am Umsatz zu ersticken« titelt das *Manager Magazin* im Mai 1992. Tatsächlich klagen die Kunden über zu lange

Lieferzeiten, über nicht mehr lieferbare Waren, über unzumutbare Wartezeiten beim Warenumtausch oder bei der Gutschrift des Kaufpreises. »Der Fall der Mauer«, so das Fazit, »hat dem Fürther Versandhaus binnen zwei Jahren zwar einen Umsatzschub um 40 Prozent gebracht, aber auch ein wahres Chaos angerichtet.« Und es gehen Jahre ins Land, bis das völlig überforderte Versandlager in Nürnberg durch das Versandzentrum in Leipzig entlastet werden kann, das derzeit auf 72 Hektar Fläche des ehemaligen Agrarflughafens Mockau errichtet wird. Wenn einmal alles fertig ist, wird es als eines der weltweit größten und modernsten seiner Art bis zu 25 Millionen Pakete pro Jahr ausstoßen und im Übrigen dafür sorgen, dass die Quelle mit jährlichen Portokosten von rund 700 Millionen D-Mark der größte Kunde der inzwischen privatisierten Post bleibt, an deren Spitze seit seinem Rückzug aus Fürth Klaus Zumwinkel steht. Als das Zentrum schließlich Mitte Mai 1995 in Anwesenheit von Bundeskanzler Helmut Kohl eingeweiht werden kann, ist auch Mangold nicht mehr bei der Quelle.

Mangold ist der zweite Mann an der operativen Spitze der Quelle, der nicht aus deren engstem Zirkel, sondern von außen gekommen ist. Zumwinkel hatte sich zweieinhalb Jahre gehalten. Mangold bleibt länger, immerhin gut drei Jahre. Dann verlässt auch er zum Jahresende 1994 Fürth und geht zu Daimler-Benz. Im einen wie im anderen Fall hat wohl auch die Herausforderung einer neuen Position eine nicht zu unterschätzende Rolle gespielt. Entscheidend aber war, dass sich die Vorstellungen der beiden nicht immer mit denen der Familie in Einklang bringen ließen. Ist es ein Zufall, dass wie schon beim Weggang von Zumwinkel auch jetzt weitere Vorstandsmitglieder, darunter diejenigen für das stationäre Geschäft sowie für Marketing und Vertrieb, ihre Sessel bei der Quelle räumen?

Einige Beobachter der Szene, wie die Auguren des *Capital*, hatten das schon bei der Ernennung Mangolds kommen sehen und von Wetten berichtet, wie lange es ihn wohl an der Spitze halten werde:

»Sollte Mangold im neuen Amt … auf mehr Macht spekulieren, wird ihn die ureigene Fürther Realität bald einholen … Am Ruf nach Fürth haftet … der Ruch eines Himmelfahrtskommandos.« Ganz so rasch kommt der Abgang dann zwar nicht, aber er kommt. Einmal mehr ist es der loyale Bittlinger, der in die Bresche springt, zum zweiten Mal den Vorsitz im Vorstand übernimmt und damit seit dem Tod von Gustav Schickedanz, also innerhalb von nicht einmal zwanzig Jahren, zugleich der fünfte auf diesem Posten ist.

Der Rückzug Mangolds fällt in eine Zeit des Umbruchs in der Geschichte der Familie Schickedanz und ihrer Unternehmen, und in der Rückschau muss man sagen, dass die Zäsur der frühen neunziger Jahre, denn eine solche ist es, durchaus derjenigen des Jahres 1977 vergleichbar ist. Am 23. Juli 1994 stirbt Grete Schickedanz im Alter von 82 Jahren. Zuletzt lebt sie, körperlich geschwächt und schließlich auch dement, zurückgezogen in der Dambacher Villa. Hier, inmitten der Lebenswelt ihres Mannes, lässt sie die gemeinsame Geschichte Revue passieren, liest auch noch einmal in den Briefen, die sie sich schrieben, als sie ihre Liebe noch geheim halten wollten. »Gustav's Briefchen«, vermerkt sie im Oktober 1991 auf den Umschlag, in dem sie das Konvolut verwahrt, »sehr gut bewahren, an diese langen vielen Jahre …«

Was immer über Grete Schickedanz gesagt werden muss, sicher ist, dass sie das Lebenswerk ihres Mannes nach bestem Wissen und Gewissen und mit ganzem Einsatz fortgeführt hat. Sie tat es auf ihre Weise, mit Instinkt und Intuition – und einige Zeit mit gutem Erfolg. Ob sie zu lange an ihren Positionen im Unternehmen festgehalten hat, ob ihre Entscheidungen immer die unter den gegebenen Umständen richtigen waren, sei dahingestellt. In keinem Falle konnte und wollte sie sich aus dem mächtigen Schatten ihres Mannes lösen, und in jedem Fall hat sie das Vermögen der Familie und die Substanz des Unternehmens gewahrt und gemehrt.

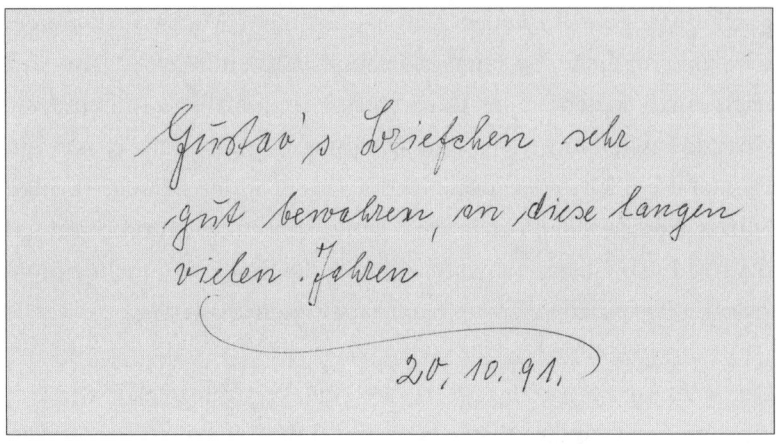

»Gustav's Briefchen«: In den letzten Lebensjahren liest Grete Schickedanz immer wieder einmal in der frühen Korrespondenz mit ihrem Mann. Im Oktober 1991 notiert sie auf dem Konvolut: »sehr gut bewahren«.

1990 listet das englische Magazin *Harper's and Queen* Grete Schickedanz als viertreichste Frau Europas – hinter Elisabeth II., der Königin von Großbritannien und Nordirland, Königin Beatrix, der Königin der Niederlande, und Johanna Quandt, der Witwe des deutschen Unternehmers Herbert Quandt. Fünf Jahre später schätzt das amerikanische Magazin *Forbes* das Vermögen der Familie Schickedanz auf fünf Milliarden Dollar und platziert diese damit auf gleichem Niveau wie die Familien Merck und Otto. Und auch bei den Unternehmensdaten sieht die Bilanz gut aus. Hatte die Unternehmensgruppe beim Tod von Gustav Schickedanz mit mehr als 43 000 Mitarbeitern 8,3 Milliarden D-Mark im Jahr umgesetzt, so erwirtschaften im Geschäftsjahr 1992/93 gut 45 000 Beschäftigte einen Umsatz von 17,6 Milliarden D-Mark, also mehr als das Doppelte.

Das ist die eine Seite der Bilanz. Es gibt eine andere. Zwar ist die Quelle nach wie vor Europas größtes Handelshaus, aber weltweit ist sie als deutscher Versender längst von ihrem neuen Konkurrenten abgehängt: Fast 24 Milliarden setzt die Hamburger Otto-Handelsgruppe 1993/94 um – Tendenz rasch steigend. Und Werner Otto, der

Gründer des Unternehmens, hat auch gezeigt, dass man sich nicht bis zuletzt an die Führungsposition im Unternehmen klammern muss, um es in der Erfolgsspur zu halten, im Gegenteil: Nach seinem Rückzug aus dem aktiven Geschäft war 1966 zunächst einmal ein familienfremder Manager zum Vorstandschef berufen worden. Sohn Michael konnte inzwischen zeigen, was in ihm steckt, war seit 1971 nicht nur als Vorstand Einkauf Textil für diesen traditionell zentralen Bereich des Versandhandels, sondern auch für eine Reihe von Weichenstellungen und Akquisitionen, wie die Übernahme der kleineren Konkurrenten Schwab und Heine, verantwortlich gewesen, als ihm Anfang März 1981 der Vorsitz übertragen wurde, während sein Vorgänger an die Spitze des Aufsichtsrats rückte und der Vater sich mit dem Titel eines Ehrenvorsitzenden dieses Gremiums auf Lebenszeit begnügte.

Kaum in der neuen Position, wagte der nicht einmal vierzigjährige Michael Otto den Sprung über den Atlantik und erwarb Anfang 1982 als erster europäischer Versender ein amerikanisches Unternehmen: Mit einem Umsatz von 385 Millionen Dollar und 3200 Beschäftigten war die in Chicago ansässige Firma Spiegel immerhin der viertgrößte Versender in den USA. Den Mut hatte Grete Schickedanz nicht. Einen entsprechenden Plan, nämlich eine Beteiligung am Chicagoer Versandhaus Aldens, legte die inzwischen Siebzigjährige im Mai 1982, also fast zeitgleich mit dem transatlantischen Coup ihres jungen Hamburger Konkurrenten, zu den Akten. Zehn Jahre später scheitert dann auch der Versuch der Quelle, die Versandhausaktivitäten der britischen Littlewoods-Organisation zu übernehmen und sich auf den Britischen Inseln, wo man bislang nicht tätig ist, einen Marktanteil von mehr als 25 Prozent zu sichern.

So ist Otto 1994 in 13 Ländern mit eigenständigen Auslandsgesellschaften vertreten und erwirtschaftet jenseits der deutschen Grenzen rund die Hälfte seines Umsatzes; die sechs Niederlassungen der Quelle in Frankreich, Belgien, Luxemburg, Österreich, der Schweiz,

Spanien und seit 1992 auch in Italien sind hingegen Dependancen der deutschen Zentrale, werden also von dort beliefert und bringen es gerade einmal auf zwölf Prozent des Erlöses.

Ganz überraschend kommen die Zurückhaltung und die Rückzieher der alten Dame übrigens nicht. Als Gustav Schickedanz zwei Jahre vor seinem Tod mit seiner Unterschrift eine Zusammenarbeit der Quelle mit dem amerikanischen Unternehmen Sears Roebuck, dem größten Einzelhandels- und Versandhandelskonzern der Welt, vereinbarte, hatte seine Frau, für die Öffentlichkeit nicht erkennbar, erhebliche Bedenken. Gewiss, als es seit den ausgehenden fünfziger Jahren darum ging, in fremden Ländern Verkaufs-, dann auch – beginnend mit Hongkong – Einkaufsagenturen zu gründen, war Grete Schickedanz sogar eine der treibenden Kräfte gewesen. Aber ein weitreichendes und unter Umständen riskantes Engagement im Ausland, um das es jetzt geht, ist etwas anderes. Das kann und will sie nicht verantworten, jedenfalls nicht in diesen Dimensionen. So ist Grete Schickedanz bei ihrem Tod zwar eine der erfolgreichsten und wohlhabendsten deutschen Geschäftsfrauen, aber die führende Position, die das von ihr bis zuletzt geführte Unternehmen siebzehn Jahre zuvor, beim Tod ihres Mannes, eingenommen hat, ist unwiderruflich verloren.

Wenige Wochen nach Grete Schickedanz, am 15. September 1994, stirbt ihre Stieftochter Louise Dedi. Die Tochter aus der ersten Ehe von Gustav Schickedanz wird 69 Jahre alt. Die beiden Frauen hat vieles verbunden, und auch wenn Grete Schickedanz wegen des vergleichsweise geringen Altersunterschieds nicht die Rolle einer Ersatzmutter im eigentlichen Sinne einnehmen konnte und wollte, war sie der Tochter der 1929 ums Leben gekommenen Anna Schickedanz doch eine enge und wichtige Freundin. Das beruhte später auf Gegenseitigkeit, und daran hat sich zeitlebens nichts geändert. Beide Frauen werden auf dem Fürther Friedhof beigesetzt.

Anders als ihre Stiefmutter war Louise Dedi in den Führungs-gremien des Familienunternehmens nicht vertreten, und auch in der Öffentlichkeit trat sie nur selten auf. Das gilt ebenso für ihre jüngere Halbschwester Madeleine Bühler, wenn sich diese auch gelegentlich in der Öffentlichkeit zeigt, zumal dann, wenn es um die von ihr 1990 ins Leben gerufene Madeleine Schickedanz-Kinderkrebs-Stiftung geht. Anlass für die Gründung war die Erkrankung ihrer jüngsten Tochter Caroline. Nachdem die Ärzte im Frühjahr 1982 bei dem Kind Leukämie diagnostiziert hatten, folgten sechs Jahre des Bangens und Hoffens und nach dem glücklichen Ausgang der Krankheit der Ent-schluss, die Stiftung ins Leben zu rufen.

Aber natürlich steht eine der reichsten Frauen und zugleich Trä-gerin eines der bekanntesten und populärsten Namen in Deutsch-land im Fokus des öffentlichen Interesses, ob sie das will oder nicht. Das gilt auch dann, wenn es sich um private Lebensentscheidungen handelt, wie im Mai 1995, als sich Madeleine Schickedanz von ihrem zweiten Ehemann Wolfgang Bühler trennt. »Quelle kommt nicht zur Ruhe«, schreibt das *Manager Magazin* und wirft die für das Un-ternehmen wichtige Frage auf, ob Bühler unter diesen Umständen an der Spitze der Konzernholding bleiben kann oder soll. Mit der Scheidung erübrigt sich die Antwort. Im Dezember 1996 nimmt Madeleine Schickedanz wieder ihren Mädchennamen an.

Das Schicksal will es, dass Madeleine Schickedanz wenige Mo-nate nach dem Tod der Mutter und der älteren Halbschwester im Mittelpunkt des Festaktes steht, den die Familie anlässlich des hun-dertsten Geburtstags ihres Patriarchen ausrichtet. Rund 600 Gäste haben sich am 11. Januar 1995 im prächtigen Saal des alten Fürther Stadttheaters versammelt, unter ihnen zahlreiche amtierende oder ehemalige Repräsentanten aus Politik und Wirtschaft. Die Bamber-ger Symphoniker spielen Mozart und Beethoven, Henry Kissinger, Ehrenbürger der Stadt Fürth, reflektiert über die Erfordernisse einer grundlegenden Neuordnung der Weltpolitik, ein Film lässt noch einmal das Leben von Gustav Schickedanz Revue passieren – und macht dabei deutlich, warum und wie sehr die Nachgeborenen und Nachfolger in seinem Schatten gestanden haben.

Zugleich und ebendamit markiert die Feier zu seinem Hundertsten aber auch den Scheitelpunkt jener Wendezeit in der Geschichte der Familie wie des Unternehmens Schickedanz. Der Tod seiner Frau und Nachfolgerin, der Tod seiner älteren und die Scheidung seiner jüngeren Tochter stehen ebenso für diese Zäsur wie die seit Anfang der neunziger Jahre vollzogenen oder eingeleiteten unternehmerischen Entscheidungen. Und dann werden der Quelle-Gründer und mit ihm sein Unternehmen und seine Familie im Jahr seines hundertsten Geburtstags erstmals handfest von der Geschichte eingeholt und seither nicht mehr von ihr losgelassen. »Günstling der Nazis oder Wohltäter?« überschreibt die *tageszeitung* ihren Bericht von der Festveranstaltung.

Als Familie und Firma in Fürth den hundertsten Geburtstag des Patriarchen feiern, haben sie sich bereits von einem Teil seines Lebenswerks getrennt und damit unter anderem auf die Rezession reagiert, die schon 1992/93 dem Vereinigungsboom den Garaus macht. Dass auf der Verkaufsliste auch die Warenhäuser und damit tragende Säulen des von Gustav Schickedanz errichteten Imperiums stehen, zeigt, wie schwierig die Lage ist – und wie sich der Schatten des Quelle-Gründers unter diesen Umständen aufzulösen beginnt.

Im stationären Bereich der Quelle herrscht seit Ende der achtziger Jahre das Chaos. Umstrukturierungen, Neuorientierungen oder auch Modernisierungen wechseln sich in rascher Taktfolge ab. Nachdem in der kurzen Ära Zumwinkel acht der ursprünglich 29 Warenhäuser verkauft und die übrigen sowie die 156 Verkaufsstellen auf den Weg zu sogenannten Fachcentern gebracht worden waren, hatte dessen Nachfolger Bittlinger das Steuer wieder umgelegt, mit einer »Rückführung« auch der bereits umgebauten Warenhäuser begonnen und dafür 70 Millionen D-Mark veranschlagt. Tatsächlich rangieren die Kaufhäuser der Quelle zu diesem Zeitpunkt abgeschlagen auf dem fünften Platz.

Also stellt Bittlingers Nachfolger Mangold die Frage »Was sollen wir mit gerade 20 Warenhäusern?« und macht sich an den Verkauf. Lediglich zwei bleiben bei der Quelle, für einige denkt man an »Einzellösungen«, also gegebenenfalls auch an eine Schließung. Der Rest einschließlich der Immobilien wechselt zum 1. März 1993 den Besitzer: Zehn gehen an Hertie, zwei an Wöhrl, je eines an Sinn und Leffers, die mehrheitlich zur Quelle gehören.

Und weil sie nun schon einmal dabei sind, trennen sich die Fürther nach einem Vierteljahrhundert auch von Möbel Hess und verkaufen die Tochtergesellschaft mit ihren acht Filialen an Möbel Lederle in Augsburg. Ein gutes Jahr später, im Herbst 1994, folgen schließlich die 15 Quelle-Häuser in Österreich. Elf gehen an die österreichische Tochter der deutschen F. W. Woolworth, die ihrerseits zur New Yorker Woolworth Corporation gehört. Die übrigen vier werden als technische Fachgeschäfte fortgeführt.

Die Trennung von den Kauf- beziehungsweise Warenhäusern ist, betriebswirtschaftlich gesehen, ein richtiger und notwendiger Schritt. Immerhin sind sie schon in der Ära des Quelle-Gründers häufig Sorgenkinder gewesen und haben zu keinem Zeitpunkt das erklärte Ziel erreicht, einmal die Hälfte zum Umsatz der Handelsgruppe beizutragen. Vor allem aber ist die aus dem 19. Jahrhundert stammende Idee der Kaufhäuser im aufziehenden 21. Jahrhundert offenkundig nicht mehr zeitgemäß. Der Trend geht hin zu Fachmärkten und Spezialgeschäften einerseits, zu Discountern andererseits und zieht den Konsumenten zudem in die großen Einkaufszentren, die zunächst vor allem an der Peripherie der Metropolen entstehen, bevor sie Einzug in die Innenstädte selbst kleinerer Gemeinden halten und dort in unmittelbare Konkurrenz zum klassischen Kaufhaus treten.

So gesehen handelt die Familie Schickedanz weitsichtig, als sie sich Anfang der neunziger Jahre von den Kaufhäusern trennt.

Natürlich fällt die Entscheidung schwer, sehr schwer sogar. Das gilt vor allem für Grete Schickedanz. Sie war ja dabei gewesen, als fast ein halbes Jahrhundert zuvor an der Fürther Freiheit das erste Kaufhaus der Quelle seine Tore öffnete. Stärker noch als ihr Mann, für den das Kaufhaus immer auch ein Posten im Konkurrenzkampf mit dem großen Rivalen Neckermann gewesen ist, hatte Grete Schickedanz in den Häusern ein tragendes Element des familiären Imperiums gesehen. Sie waren die Schaufenster, nicht zuletzt für die Mode der Quelle, und sie waren sichtbarer Ausdruck der Bodenständigkeit. Das unterschied sie vom flüchtigen Versandgeschäft. Kein Wunder, dass Grete Schickedanz die Tränen in den Augen stehen, als sie schließlich dem Verkauf der Häuser zustimmt.

Noch weiter als im stationären Bereich, den die Quelle ja noch nicht ganz aufgibt, gehen die Maßnahmen im Bereich der Industriegruppe, laufen sie doch praktisch auf deren Auflösung hinaus. Schickedanz hatte sie seit den dreißiger Jahren unter anderem deshalb konsequent auf- und ausgebaut, weil er sie für weniger krisenanfällig hielt als den besonders stark von Konjunkturschwankungen abhängigen Handel – im Übrigen eine Einschätzung, die sich auch in der ersten Hälfte der achtziger Jahre durchaus als richtig erwiesen hatte: Dass der Umsatzrückgang des Unternehmens zum Beispiel im Krisenjahr 1982 nicht noch stärker ausfiel als ohnedies, lag nicht zuletzt am guten Abschneiden der Industrieunternehmen. Andererseits hatten diese schon zu Zeiten ihres Gründers nie mehr als 13 Prozent zum Umsatz beigetragen.

Im Sommer 1994 werden die Aktien der Patrizier-Bräu mehrheitlich an den Münchner Unternehmer und Mitinhaber der Brauerei Augustiner Bräu, Hans Inselkammer, verkauft. Anfang 1995 folgt das Brauhaus Meiningen – einschließlich der fünfzigprozentigen Betei-

ligung an der Riebeck Brauerei in Gera –, das man erst drei Jahre zuvor von der Treuhand erworben hatte und jetzt an einen Koblenzer
Unternehmer weiterreicht. Damit endet nach über sechzig Jahren das
Engagement von Schickedanz im Brauerei-Geschäft. Nicht verkauft
wird übrigens die deutlich umsatzstärkere Nürnberger Südgetränke
GmbH, die unter anderem der zweitgrößte Coca-Cola-Konzessionär
in Deutschland ist.

Wie konsequent die Einschnitte in der Industriegruppe sind,
zeigt vor allem der finanziell lukrative wie unternehmensgeschicht-
lich symbolträchtige Verkauf der Vereinigten Papierwerke an
in- und ausländische Konkurrenten, allen voran an den amerikanischen Konsumgüterkonzern Procter & Gamble. Die 1837 von dem
Kerzenzieher William Procter und dem Seifensieder James Gamble
gegründete Firma hat sich durch die konsequente Nutzung von
Rundfunk- und Fernsehwerbung einen Namen gemacht und ist
seit 1960 in Deutschland mit einer Niederlassung, seit 1964 auch
mit einer eigenen Produktion vertreten. Vor allem seit den achtziger
Jahren versucht Procter & Gamble das eigene Produktprogramm,
zu dem seit Anfang der sechziger Jahre zum Beispiel die »Pampers«-
Windeln zählen, durch Zukäufe von Firmen und Markennamen zu
erweitern.

Weil ein Produkt wie »Tempo« ausgezeichnet ins Programm
passt, hatten sich die Amerikaner schon zu Lebzeiten von Gustav
Schickedanz an diesen gewandt und ihm einen Einstieg bei den
Vereinigten Papierwerken vorgeschlagen. Der aber hatte die Offerte
strikt abgelehnt und sich auch in diesem Fall an seine Maxime
gehalten, alles aus eigener Kraft und mit eigenen Mitteln zu stemmen – von bezeichnenden Ausnahmen wie dem Reisegeschäft einmal abgesehen. Jetzt, Anfang der neunziger Jahre, sieht es so aus, als
käme es doch zu einer solchen Kooperation – aber nicht mit Procter
& Gamble, sondern mit dem Europageschäft des amerikanischen
Konkurrenten Kimberly-Clark, der unter anderem »Kleenex«, ein

direktes Konkurrenzprodukt zu »Tempo«, fertigt. Als diese Pläne scheitern, obgleich die Schickedanz-Gruppe inzwischen – wie schon bei anderen Beteiligungen, namentlich im Reisesektor – sogar bereit ist, sich unter Umständen mit einer Minderheit zufriedenzugeben, wird der komplette Verkauf ins Auge gefasst.

Im Verlauf des Jahres 1994 wechseln die Vereinigten Papierwerke, die zuletzt mit rund 3400 Mitarbeitern etwa 1,4 Milliarden D-Mark umgesetzt haben, schließlich den Besitzer. Wegen eines Einspruchs der europäischen Wettbewerbsbehörde gehen sie allerdings nicht geschlossen an Procter & Gamble, die rund zwei Drittel des Unternehmens einschließlich »Tempo« erwerben. Das Geschäft mit Frauenhygiene, darunter die »Camelia«-Binde, geht an Kimberly-Clark, für den Rest, vor allem für die Fertigung der »Moltex«-Windeln, findet sich ein deutscher Käufer.

Natürlich versichern alle Beteiligten, den Ritualen bei solchen Transaktionen folgend, an Standorten und Mitarbeitern festhalten zu wollen. Im Falle von Kimberly-Clark geht es dabei vor allem um die Fabrik in Forchheim, also das Kernstück des vormals den Brüdern Ellern gehörenden, 1937 von Gustav Schickedanz beziehungsweise den Vereinigten Papierwerken erworbenen Unternehmens. Im Falle von Procter & Gamble stellt sich die Lage insofern anders dar, als das Stammwerk der Vereinigten Papierwerke in Heroldsberg schon seit den achtziger Jahren schrittweise zugunsten der Neußer Fabrik aufgegeben worden ist.

Mit dem Verkauf der Vereinigten Papierwerke, die Gustav Schickedanz 1934 von den Gebrüdern Rosenfelder erworben hatte und die sich wie keine zweite Transaktion jener Jahre mit dem Vorwurf der Arisierung verband, verabschieden sich die Familie und das Unternehmen Schickedanz von diesem Kapitel ihrer Geschichte, jedenfalls was das Eigentum an jenen Firmen angeht. Dass sie damit der Geschichte nicht entkommen können, wissen sie. Das weiß auch die Marktgemeinde Heroldsberg und findet eine salomonische

Lösung im Umgang mit dieser Etappe ihrer Historie: Nachdem die Fabrikgebäude 2007 abgerissen worden sind, um Platz für ein Neubaugebiet zu schaffen, beschließt der Gemeinderat von Heroldsberg im April des folgenden Jahres, zwei Straßen nach den langjährigen Unternehmern zu benennen. Fortan wird es sowohl eine »Oskar-Rosenfelder-« als auch eine »Dr.-Gustav-Schickedanz-Straße« geben.

Indem sich die Erben von Gustav Schickedanz zum Verkauf der Quelle-Warenhäuser in Deutschland und Österreich sowie von Möbel Hess einerseits, der Brauereien und vor allem der Papierfabriken andererseits entschließen, trennen sie sich von zwei wesentlichen Elementen seines Imperiums. Sie tun das, weil sie sich erklärtermaßen auf das »Kerngeschäft« konzentrieren wollen. Genau genommen handelt es sich um drei Kerngeschäfte, denen gemeinsam ist, dass sie alle auch Dienstleistungen im engeren oder weiteren Sinne anbieten. Das gilt für den Versandhandel, es gilt aber auch für die Touristik und für die jetzt sogenannten Finanzdienstleistungen. So gesehen bleiben also die Nachfolger des Quelle-Gründers durchaus seinem Erbe verpflichtet, denn sowohl das Reise- als auch das Finanzgeschäft sind seine Gründungen.

Der Tourismusbereich ist deshalb von besonderem Interesse, weil sich Gustav Schickedanz hier, und nur hier, auf eine Beteiligung eingelassen und – Ende 1972 und im Übrigen über eine gemeinsame Beteiligungsgesellschaft mit Karstadt – seine seit 1962 angebotenen Reisen in die TUI, die Touristik Union International, eingebracht hatte. Bei diesem Engagement bleibt es, wenn sich auch die Gesellschafterstruktur der TUI seither wiederholt geändert hat. Als sich die Gesellschafter des inzwischen größten europäischen Reiseveranstalters Mitte Oktober 1993 nach heftigen Auseinandersetzungen auf eine neue Konstruktion einigen, hält die Schickedanz-Gruppe 20 Prozent der Anteile. Wäre es nach ihr gegangen, hätte sie auf weitere Anteile zugegriffen. So aber schlägt sie einen Umweg ein und gründet 1994 gemeinsam mit TUI die Reise-Quelle GmbH mit Sitz in Fürth. Man ahnt, warum Gustav Schickedanz Beteiligungen ausgesprochen skeptisch gegenüberstand und es vorzog, Herr im eigenen Hause zu sein. Wie zum Beispiel im Finanzbereich.

Auch hier bleiben die Nachfolger auf seinem Kurs, intensivieren allerdings ihr Engagement beträchtlich. Dahinter steckt die Überlegung, den Adresspool der Quelle, traditionell ihr größtes Kapital, für zusätzliche Geschäfte zu nutzen. Seit 1988 bündelt die neue Schickedanz-Finanzdienstleistungsgesellschaft die Aktivitäten in den Bereichen Banken und Versicherungen. Kern des neuen Geschäftsfeldes ist die 1954 gegründete Noris-Kaufhilfe. Dreißig Jahre später läutet die Übernahme der Hamburger Verbraucherbank den Auf- und Ausbau dieses Bereichs ein, ebenfalls 1984 gefolgt vom Einstieg ins Versicherungsgeschäft. Weil man hier – und im Rahmen des Konzentrationsprozesses auch nur hier – neues Terrain betritt, holt man sich einen Partner ins Boot: Sowohl bei der »Quelle + Partner Lebensversicherung AG« als auch bei der »Quelle + Partner Versicherung AG«, die Unfall- und Sachversicherungen an den Kunden bringt, ist die Deutsche Beamten-Versicherung mit von der Partie.

Die Strategie scheint aufzugehen. Immerhin setzten die Finanzdienstleitungen – also die Noris Verbraucherbank GmbH, die Quelle Bank GmbH & Co., die Quelle Bauspar AG sowie die Quelle Versicherungen – schon 1992 zusammen an die sieben Milliarden D-Mark und damit fast halb so viel wie die Handelsgruppe um, die auf gut 15 Milliarden D-Mark kommt. An der Schwelle zum 21. Jahrhundert ist die Ende 1998 in eine Aktiengesellschaft umgewandelte Quelle Bank mit ihren mehr als 700 000 Kunden die größte Direktbank Deutschlands, und die Quelle-Versicherungsgruppe gilt mit weit mehr als anderthalb Millionen Kunden als der größte deutsche Direktversicherer. Dass die beiden ihre erfolgreichen Karrieren fortsetzen, nachdem sie verkauft worden sind, spricht für die Entscheidungen jener Jahre.

Haben sich die Nachfolger des »großen Gustav« mit der Trennung von der Industriegruppe und den Kaufhäusern sowie der damit einhergehenden »Konzentration« auf den Dienstleistungsbereich schon ein gutes Stück aus seinem mächtigen Schatten gelöst, ohne ihn ganz hinter sich zu lassen, gilt das erst recht für den Weg ihres Unternehmens in eine Aktiengesellschaft. Zwar war diese Option auch schon von Gustav Schickedanz wiederholt ventiliert, aber dann nicht zuletzt wegen der beträchtlichen steuerlichen Belastungen doch stets wieder verworfen worden. An diese Linie hatten sich auch seine Nachfolger zunächst gehalten und noch im Sommer 1991 entsprechende Gerüchte, die vor dem Hintergrund der enormen Investitionen in den Neuen Bundesländern aufgetaucht waren, entschieden dementiert. Aber schon im folgenden Frühjahr legen sie das Ruder um.

Im Februar 1992 tritt die Gustav Schickedanz KG als persönlich haftende Gesellschafterin in die Firma Großversandhaus Quelle Gustav Schickedanz KG ein; seit dem 28. April 1992 firmiert Erstere als Aktiengesellschaft. Somit bleibt die Quelle mit ihrer gesamten Unternehmenssubstanz bis auf weiteres eine Kommanditgesellschaft, wird aber jetzt von einer Aktiengesellschaft geführt, die als Komplementär firmiert und deren Anteilseigner die Gesellschafter sind.

Fortan segelt das Großversandhaus Quelle Gustav Schickedanz KG unter dem Logo »Quelle Schickedanz AG & Co.«. Die seltene Rechtsform der AG & Co. KG ist für ein Unternehmen dieser Größe angemessen, zugleich aber ein Zwischenschritt auf dem Weg zur reinen Aktiengesellschaft. So sind nach Aussage der Geschäftsführung die Voraussetzungen geschaffen, um die vollständige Unternehmenssubstanz in die Aktiengesellschaft einbringen zu können, »falls es die Geschäftspolitik erfordert«. Damit wiederum verbinden die Eigentümer nicht zuletzt die Absicht, die derzeit bei 20 Prozent liegende Eigenkapitalquote um bis zu zehn Prozent zu erhöhen.

Beobachter sehen in diesem Schritt aber auch einen Hinweis, dass in der Enkelgeneration von Gustav Schickedanz noch keine Führungspersönlichkeit erkennbar ist. Die Umwandlung in die AG trägt dem Rechnung, weil hier Besitz und Führung klarer zu trennen sind.

Die Beteiligten gehen also selbstverständlich davon aus, dass die Regie in der neuen Aktiengesellschaft bei der Quelle und damit bei der Familie Schickedanz liegen wird. Tatsächlich wird am 17. März 1999 die Quelle Aktiengesellschaft ins Handelsregister eingetragen, allerdings ist ihr nur eine kurze Lebensdauer als eigenständige Gesellschaft beschieden. Das liegt an der für viele Beobachter überraschenden Entscheidung, doch wieder ins Warenhausgeschäft einzusteigen und damit das eigene Schicksal an dasjenige eines Partners zu binden. Mit der Rückkehr zum Warenhaus treten die Nachfolger von Gustav Schickedanz endgültig in seinen Schatten zurück – und läuten damit den Anfang vom Ende seines Unternehmens ein. So jedenfalls stellt sich der Sachverhalt für den – natürlich stets klügeren – rückschauenden Betrachter dar.

Nachdem die Schickedanz Holding im August 1997 von der Commerzbank und der Deutschen Bank 20 Prozent der Karstadt AG übernommen hat, gewinnt die Fusion der beiden Handelshäuser Konturen. 1998 erwirbt die Schickedanz Holding für 1,8 Milliarden D-Mark sämtliche Karstadt-Aktien der Hertie-Stiftung und verfügt so zum Jahresende 1998 faktisch über die Mehrheit in der Hauptversammlung. Finanziert wird der Kauf mit einem Kredit der Dresdner Bank, der damaligen Hausbank, sowie aus Mitteln der Holding, die wenig zuvor durch den Verkauf des Coca-Cola-Geschäfts aufgestockt worden sind. Mitte April des kommenden Jahres geben die Karstadt AG und die Schickedanz Handelswerte KG die Einleitung des Verschmelzungsvorhabens bekannt.

Was das für die Fürther bedeutet, zeigt sich am 10. Juni 1999. Denn an diesem Tag übernimmt Karstadt im Zuge einer Kapitalerhöhung formal die Schickedanz Handelswerte KG; am 15. Oktober

1999 erfolgt der Eintrag ins Handelsregister beim Amtsgericht Essen. Zwar gehen die jungen Aktien als Gegenleistung für die Einbringung des Versandgeschäfts an die Familie Schickedanz, deren Anteil an dem jetzt gut 588 Millionen D-Mark betragenden Grundkapital des Gesamtunternehmens auf 47,7 Prozent zulegt. Doch ist das zugleich der Anfang vom Ende der Quelle als eigenständigem Unternehmen: Am 1. Januar 2001, rund ein Dreivierteljahrhundert nach der Gründung durch Gustav Schickedanz, tritt der Gewinnabführungsvertrag mit der Karstadt-Quelle AG als »herrschendem« Unternehmen in Kraft.

Mit dem Zusammenschluss von Europas größtem Warenhauskonzern und Europas zweitgrößtem Versandhaus hat die »Karstadt-Quelle AG«, wie das neue Unternehmen bis Anfang Juli 2007, bis zu seiner Umbenennung in »Arcandor AG«, heißen wird, das Licht der Welt erblickt. Die gut 116 000 Mitarbeiter des neuen Konzerns sollen fortan, wenn alles gut geht, einen Umsatz von mehr als 32 Milliarden D-Mark erzielen – die Touristiksparte, die gut neun Milliarden D-Mark umsetzt, nicht mitgerechnet.

Wenn alles gut geht. Gewiss, der Zusammenschluss liegt einerseits ganz im Trend der Zeit. Im Umkreis dieser »Elefantenhochzeit« kommt es zu rund einem Dutzend weiterer Unternehmensfusionen in Deutschland oder mit Beteiligung deutscher Firmen – darunter die Zusammenschlüsse von Daimler-Benz und Chrysler, von Hypobank und Bayerischer Vereinsbank, von Thyssen und Krupp oder auch von Viag und Veba. Andererseits sind die Prognosen im Falle von Karstadt-Quelle von Anfang an durchwachsen. So sehen nicht wenige Beobachter, wie der *Spiegel* bilanziert, in der Allianz »keine Traumhochzeit, sondern eine Fusion zweier Fußkranker«. Tatsächlich bleibt das Versandgeschäft des neuen Konzerns weit hinter dem der dynamisch vorwärts stürmenden Otto-Gruppe zurück, und auch im stationären Geschäft sind – zumal im Vergleich mit dem zweiten deutschen Handelsriesen, der Metro AG – die Defizite nicht zu übersehen. Nicht nur erzielen die Kölner Konkurrenten mehr als ein Drittel ihres Umsatzes außerhalb der deutschen Grenzen; sie sprechen auch mit aggressiv positionierten Fachmärkten wie Saturn oder Media Markt erfolgreich eine kaufwillige und kaufkräftige Kundschaft an.

Die Geschichte dieser Fusion hat eine Reihe delikater Aspekte. So hatte die Essener Karstadt AG – übrigens ähnlich wie die Kölner Kaufhof Holding AG – ihrerseits Anfang der neunziger Jahre die Übernahme der Quelle-Kaufhäuser abgelehnt und damit die Quelle veranlasst, ihre abgeschlagen auf dem fünften Platz rangierenden Warenhäuser an Hertie, Wöhrl, Woolworth und andere zu verkaufen. Dass sich die Quelle nur wenige Jahre nach diesem Verkauf ihrer defizitären Warenhäuser nun ausgerechnet bei einem Konzern einkauft, dessen Rückgrat das Warenhausgeschäft ist, dass die Familie also die Entscheidung von 1993 innerhalb weniger Jahre revidiert, überrascht viele Beobachter. Offenbar hat es nach dem Tod von Gustav Schickedanz, vor allem aber in den neunziger Jahren keine tragfähige, jedenfalls keine längerfristig tragende Unternehmensstrategie mehr gegeben – vielleicht auch gar nicht mehr geben können.

Und dann trifft die Quelle ein Vierteljahrhundert nach dem Tod ihres Gründers unter dem Dach der Karstadt AG ausgerechnet auf das Unternehmen, dessen Gründer fast dreißig Jahre lang der größte Konkurrent von Gustav Schickedanz gewesen war. Allerdings hatte Josef Neckermann die Flucht in die Arme des Karstadt-Konzerns schon zu Lebzeiten antreten müssen: Mit einem Rabatt von zehn Prozent auf alle Artikel, einem Kraftakt zum fünfundzwanzigsten Jubiläum seines Unternehmens, hatte Neckermann dieses endgültig in die Verlustzone manövriert; 1976 war Karstadt – im Zuge einer Kapitalerhöhung und mit der Option auf die Aktienmehrheit – bei Neckermann eingestiegen; 1984 war die Neckermann-Aktie vom Markt verschwunden.

Den Anfang vom Ende seines Widersachers hat Gustav Schickedanz noch erlebt. Dass sich seine Quelle ziemlich genau 25 Jahre später an der Seite von Neckermann unter fremdem Dach wiederfinden würde, hat er sich nicht vorstellen können. Gar nicht davon zu reden, dass sein Versandhaus gemeinsam mit dem des großen Rivalen zumindest zeitweilig auch noch zu den Verlustbringern der Karstadt-Quelle AG zählen und schließlich mit Karstadt untergehen würde.

So jedenfalls stellt sich die Entwicklung im Lichte jener Epoche dar, in der es mit Gustav Schickedanz, danach in gewisser Weise auch noch mit seiner Witwe eine, und eben nur eine bestimmende Kraft an der Spitze des Konzerns wie der Familie gab. Spätestens mit dem Tod von Grete Schickedanz hat sich das geändert, und vor diesem Hintergrund macht die Fusion von Quelle und Karstadt durchaus einigen Sinn, eröffnet sie doch die Möglichkeit einer Aufteilung des Erbes. Denn nunmehr verfügen die Gesellschafter erstmals über bewegliches, nämlich an der Börse realisierbares Vermögen und können darüber selbständig entscheiden. So gesehen handelt es sich um die Auflösung der Zwangsgemeinschaft, die ein Familienunternehmen nun einmal darstellt.

Die Sache hat jedoch einen Haken. Auch die neue Struktur verlangt eine starke und einheitliche Führung des Konzerns durch die Familie. Weil die aber wegen der zusehends auseinanderdriftenden Auffassungen über die richtige Geschäftspolitik kaum mehr gegeben ist, verständigen sich die Gesellschafter, für die Öffentlichkeit nicht erkennbar, schon im Umfeld der Fusion auf die Möglichkeit getrennter Wege für den Fall, dass einmal keine Einigung über die strategische Ausrichtung des Konzerns mehr möglich sein sollte. Die Situation ist günstig, weil der Kreis der Erben um die Jahrtausendwende klein und überschaubar ist. Von den nächsten Generationen lässt sich das nicht mehr sagen; außerdem treffen dort sehr unterschiedliche Charaktere, Interessen und Fähigkeiten aufeinander. Vorerst gehören dem engeren Gesellschafter-Kreis lediglich Madeleine Schickedanz, die jüngere Tochter von Gustav Schickedanz, sowie Margarete Riedel und Martin Dedi, die noch lebenden Kinder der 1994 verstorbenen älteren Tochter des Quelle-Gründers, an.

Um die Jahrtausendwende vereinbaren sie eine Realteilung. Möglich wird sie vor allem wegen der Erlöse aus dem Verkauf der seit 1999 als »Entrium« firmierenden Quelle-Bank an die italienische Bipop-Carire. Sie spülen nicht nur frisches Kapital in die Kasse der Holding, die nach dem Kauf der Karstadt-Aktien strapaziert ist, sondern beschleunigen auch die Abzahlung des bei der Dresdner Bank für den Aktienkauf aufgenommenen Kredits. Auf dieser Basis einigen sich die drei auf eine dem jeweiligen Gesellschafteranteil entsprechende Übertragung aller Aktiva und Passiva der Schickedanz-Holding auf die Madeleine Schickedanz Vermögensverwaltung, die Martin Dedi Vermögensverwaltung sowie die Riedel Holding. Ähnlich verfährt man mit der Schickedanz Beteiligungs-GmbH, der zweiten Dachgesellschaft des Konzerns, bei der ein guter Teil der Karstadt-Quelle Aktien liegt.

2001 verständigen sich Madeleine Schickedanz und Margarete Riedel auf die Modalitäten der Aufteilung jener Vermögenswerte, die von der Schickedanz Beteiligungs-GmbH gehalten werden. Für die Riedel Holding führt Ingo Riedel die Regie. Der promovierte Jurist, Jahrgang 1960 und seit 1986 mit Margarete Riedel, geborene Dedi, verheiratet, ist 1989 auf Wunsch seines Schwiegervaters Hans Dedi in die Schickedanz-Unternehmensgruppe eingetreten und hat dort seither zahlreiche führende Positionen bekleidet. Nach der Realteilung scheidet er wie auch Leo Herl aus der Schickedanz-Holding aus. Herl hat für die Madeleine Schickedanz Vermögensverwaltung die Verhandlungen geführt. Der gelernte Kaufmann, Jahrgang 1943, hat bei Quelle Karriere gemacht und ist seit Juli 1997 mit Madeleine Schickedanz verheiratet.

Fortan werden also auch die Karstadt-Quelle Aktienpakete se-

Sinkender Stern: Seit Juli 2007 firmiert Karstadt-Quelle als »Arcandor«. Zwei Jahre später stellt der Konzern, hier die Zentrale in Essen, den Antrag auf Eröffnung eines Planinsolvenzverfahrens.

parat gehalten, wobei allerdings Madeleine Schickedanz und Martin Dedi ihre Anteile poolen. Während sich Margarete Riedel wenig später von ihrem Anteil an Karstadt-Quelle und anderen Beteiligungen trennt und ihr Bruder zumindest sein privates Vermögen nicht zur Rettung des strauchelnden Konzerns einbringt, setzt Madeleine Schickedanz ohne Wenn und Aber auf Karstadt-Quelle, kauft nicht nur noch zu, sondern finanziert den Kauf weiterer Arcandor-Aktien mit Hilfe eines Kredits des Bankhauses Oppenheim – und verliert schließlich alles.

Denn zehn Jahre nach der Fusion von Karstadt und Quelle ist es so weit: Als Arcandor am 9. Juni 2009 den Antrag auf Eröffnung eines Planinsolvenzverfahrens stellt, ziehen die dort seit Anfang des Jahres Verantwortlichen die Konsequenz aus der Erkenntnis, dass die fällig werdenden Kreditlinien nicht zu verlängern, ja, dass nicht einmal mehr die Mieten für die Kaufhausimmobilien zu zahlen sind.

Die nämlich sind inzwischen nicht mehr im Besitz von Arcandor. 74 kleinere Warenhäuser waren 2005 ganz abgestoßen worden, hatten den Traditionsnamen »Hertie« angenommen und waren noch vor Arcandor pleitegegangen. Die großen Warenhausimmobilien, im Wesentlichen die Karstadt-Häuser, wurden 2006 an das Highstreet-Konsortium mit der Investmentbank Goldman Sachs und anderen verkauft – für schöne 4,3 Milliarden Euro, aber zugleich unter der Bedingung, dass sich Arcandor für lange Zeit durch hohe Mietzahlungen für diese Häuser an die Investoren und damit an seine Filialen band. »Wir haben«, berichtete Mitte August 2009 der Insolvenzverwalter, »mit der Lupe nach der Substanz in diesem Unternehmen gesucht, aber wir haben nichts Nennenswertes gefunden. In diesem Hause gibt es wirklich nichts, was nicht anderen Leuten gehört.« Die wirkliche Geschichte dieser Immobiliengeschäfte und der hinter ihrem Verkauf stehenden Interessen ist noch nicht geschrieben.

Mit dem Erlös aus dem Immobilienverkauf wurden dann der Erwerb der bei der Lufthansa liegenden Anteile am gemeinsamen Reiseunternehmen Thomas Cook und dessen Fusion mit dem britischen Reiseveranstalter MyTravel finanziert – und »dem Unternehmen weitere Substanz entzogen, die dann für die Sanierung der Handelsbereiche … fehlte«. So der Insolvenzverwalter im Rückblick. Auf den Punkt gebracht heißt das nichts anderes, als dass die ohnehin nicht in Bestform befindliche Quelle über die Jahre hinweg systematisch ausgesaugt und dabei sehenden Auges trockengelegt wurde, um andere Teile des Konzerns, wie die Kaufhäuser, mit einer Art Dauerinfusion künstlich am Leben zu halten. Am Ende war die Quelle versiegt.

Als im September 2008 ein Teil der Thomas-Cook-Aktien verpfändet werden muss, um an die dringend benötigten Kredite zu kommen, als das Bankhaus Oppenheim als neuer Großaktionär bei Arcandor einsteigt, um sein eigenes Engagement zu retten, wird endgültig klar, dass der Konzern in Flammen steht. Am Ende ist es die größte Unternehmensinsolvenz in der Geschichte der Bundesrepublik, und der Ausverkauf, der seit dem 1. November 2009 mit fast 4300 Mitarbeitern bei der Quelle abgewickelt wird, ist der größte im deutschen Einzelhandel. Mit Arcandor melden nicht weniger als 39 Einzelgesellschaften Insolvenz an; die Liste der Gläubiger umfasst rund 50 000 – in insgesamt 37 Verfahren; die Summe ihrer Forderungen liegt bei rund 19 Milliarden Euro; größter Gläubiger der Holding, auf die mit 15 Milliarden Euro das Gros der Forderungen entfällt, sind die Finanzbehörden, die Bundesanstalt für Arbeit und die Sozialkasssen.

Zu den Firmen, die direkt oder indirekt vom Ende der Quelle betroffen sind, gehören unter anderem die Deutsche Post und das Bankhaus Oppenheim. Bei der DHL, der Logistiksparte der Post, hatten rund 3000 Mitarbeiter Waren für Arcandor gelagert, umgeschlagen und transportiert. Viele dieser Arbeitsplätze fallen nach dem Aus der Quelle fort. Noch härter trifft es das traditionsreiche Bankhaus Oppenheim, das sich – immerhin unter Beibehaltung seines Namens – bis Mitte März 2010 unter das Dach der Deutschen Bank rettet und damit nach mehr als 220 Jahren seine Selbständigkeit verliert, wenn auch das Engagement bei Schickedanz nicht die einzige und schon gar nicht die eigentliche Ursache dieser Entwicklung ist.

Dabei hatte es zunächst noch Hoffnung gegeben, dass sich das Debakel abwenden, dass sich nicht nur die Filetstücke wie der knapp vierundvierzigprozentige Anteil an Thomas Cook verkaufen lassen könnten. Vorübergehend entsteht sogar der Eindruck, als könne selbst die seit einigen Jahren unter dem abwegigen Namen »Primondo« segelnde Versandgruppe mit ihrem Herzstück, der Quelle, noch gerettet werden. Aber dann stellt sich heraus, dass der im Juli

im Wesentlichen vom wahlkämpfenden bayerischen Ministerpräsidenten Horst Seehofer durchgeboxte Massekredit in Höhe von 50
Millionen Euro zwar die Drucklegung des Hauptkatalogs erwirken,
nicht aber die zusehends skeptische Kundschaft zur Bestellung bewegen kann. Vor allem jedoch findet sich keiner der angesprochenen 32
beziehungsweise der vier ernsthaft interessierten Investoren bereit,
den desolaten Versand zu übernehmen – nicht einmal zum Nulltarif
oder sogar darunter, also zu einem »negativen Kaufpreis«.

Und so gibt der Insolvenzverwalter am 20. Oktober 2009, es ist
der sechsundsechzigste Geburtstag von Madeleine Schickedanz, den
Tod der Quelle bekannt. Mitte November folgt ihr mit der österreichischen Tochter die größte Auslandsgesellschaft. Wie ihr Gründer
Gustav Schickedanz und seine Frau und Nachfolgerin an der Spitze
des Konzerns, Grete Schickedanz, wird auch ihre Quelle 82 Jahre alt.
Was bleibt, ist der Name. Ein guter Name, ein Name mit Strahlkraft,
auch drei Jahrzehnte nach dem Tod des Namensgebers und selbst im
Moment des Untergangs. Dass sich am Ende der große Konkurrent
Otto aus der Konkursmasse die Rechte an der Marke Quelle sichert,
ist mehr als eine Fußnote der Geschichte.

Wie überhaupt einige gut eingeführte Firmen der Primondo-
Gruppe einen Käufer finden, darunter Profectis, der technische
Kundendienstleister für Geräte der Quelle-Marken Privileg und Universum, die Foto-Quelle und die Küchen-Quelle. Auch sie überleben
den Zusammenbruch dank ihres Rufs, und so können insgesamt
rund 2000 der vormals 10 000 Stellen des Versandkomplexes gerettet
werden – nicht weniger, aber eben auch nicht mehr.

Das Debakel hat viele Ursachen. Vor allem ist die Zeit über das
traditionelle Kaufhaus und den klassischen Versandhandel hinweg-
gegangen. Der konzertierte Angriff von Fachmärkten, Spezialgeschäften und Einkaufszentren einerseits, des Fernsehens und vor
allem des Internets andererseits war kaum zu überstehen – jedenfalls

Das Ende: Am 20. Oktober 2009, es ist der sechsundsechzigste Geburtstag von Madeleine Schickedanz, steht fest, dass die Quelle nicht zu retten ist.

nicht für ein traditionell aufgestelltes Unternehmen wie das der Familie Schickedanz.

Der Konkurrent Otto, der die Zeichen der Zeit frühzeitig erkannte, hatte da bessere Karten. Zum einen trennte sich Werner Otto nicht nur rechtzeitig vom Warenhausvertrieb, sondern er formte nach seinem Rückzug aus der operativen Verantwortung für den Versand mit der zunächst als »Werner Otto Vermögensverwaltung G.m.b.H.« firmierenden, heutigen ECE Projektmanagement auch ein alternatives Standbein. Das Unternehmen entwickelt, realisiert, vermietet und betreibt gewerbliche Großimmobilien. Dazu gehörten von Anfang an innerstädtische Shopping-Center.

Diese Gemeinschaftswarenhäuser, wie sie anfänglich noch hießen, waren nach amerikanischen Vorbildern überdacht und klimatisiert und boten nicht nur dem Kunden, sondern auch dem Händler besondere Anreize – ein Motiv, das den Ottos, die sich stets als

»Händler« verstanden haben, besonders wichtig war: So hatte jeder Einzelhändler seinen eigenen Ladeneingang und sein eigenes Schaufenster, firmierte unter seinem Namen und konnte auf diese Weise seine Leistungsfähigkeit in der direkten Konkurrenz mit anderen unter Beweis stellen. Dass Otto Ende Oktober 1969 sein erstes Center ausgerechnet in Nürnberg-Langwasser, also vor der Haustür des großen Konkurrenten Schickedanz, eröffnete, wirkt in der Rückschau wie ein Fanal.

Nicht minder konsequent war der Gang der Ottos ins Internet. Schon bevor dieses seine Karriere begann, hatte Michael Otto in den USA mit dem interaktiven Fernsehen experimentiert, das es dem Kunden ermöglichte, zu dem ihm genehmen Zeitpunkt das Produkt seiner Wahl zu ordern und nicht, wie im überkommenen Teleshopping, zu warten, ob dieses gerade angeboten wurde, während er fernsah. Mit dem Durchbruch des Internets wurde das Experiment eingestellt, aber natürlich halfen die dort gesammelten Erfahrungen bei der systematischen Eroberung des neuen Mediums durch die Otto Group.

Die Hamburger begreifen, dass der traditionelle Katalog und das Internet nur schwer miteinander vereinbar sind. Der Katalogkunde verlässt sich darauf, dass der Preis der Ware während der Laufzeit des Katalogs stabil bleiben wird. Das war schon 1927 eines der stärksten Argumente von Gustav Schickedanz gewesen. Der Internetkunde setzt auf den günstigen Tagespreis. Daraus zieht Otto die – in ihrer Zeit und für den überkommenen Versandhandel – revolutionäre Konsequenz, vom Internet her zu denken und das traditionelle Katalogformat diesem schnellen Medium anzupassen: So erlauben die im Monatsrhythmus erscheinenden Mode- oder Technikkataloge eine höhere Flexibilität und tragen das Ihre dazu bei, dass sich Katalog und Internet nicht ausschließen, sondern im Idealfall ergänzen, und dass der traditionsreiche Distanzhandel, wie er jetzt heißt, dank seines guten Namens den Angriff von allen Seiten erfolgreich abwehren kann. Denn im Internet kämpft ja nicht mehr nur der klassische Versandhandel um den Kunden, sondern auch der gesamte stationäre Einzelhandel. Genau genommen ist nun jedes Unternehmen, das im Netz Distanzhandel betreibt, ein Versender und damit ein Konkurrent.

Die Versuche der Quelle, diesen konzentrierten Angriff der Konkurrenz mit punktuellen Modernisierungsmaßnahmen wie dem begleitenden Gang ins Internet zu parieren, kamen zu spät, waren halbherzig und schon deshalb zum Scheitern verurteilt, weil der Konkurrent aus Hamburg rascher, flexibler und couragierter reagierte. So hatte Otto wie schon beim Gang ins Ausland auch hier die Nase vorn. Der einstige Revolutionär des Versandhandels hatte endgültig seinen Meister gefunden, war zur Reaktion verdammt – und damit ohne Zukunft.

Aber das alleine erklärt den Niedergang nicht. Mindestens so entscheidend waren das Versagen, die Überheblichkeit und Selbstgefälligkeit, wohl auch die Gier jener Manager, die seit dem Tod von Grete Schickedanz an der Spitze von Karstadt-Quelle beziehungsweise Arcandor gestanden haben. Allen voran, so die *Süddeutsche Zeitung* am Tag nach dem Ableben der Quelle, der »Geldjongleur Thomas Middelhoff«, ein »smarte[r] Großmanager, dem die sensiblen Bertelsmänner in Gütersloh misstraut hatten, je größer das Rad geworden war, das er drehte. Madeleine Schickedanz war das keine Warnung, sie machte den geschassten Medienmanager zum großen Bellheim; sie gab ihm alle Freiheiten und hielt fest zu ihm, auch dann noch, als klar war, dass er nicht der Richtige war.«

Dass sich die Tochter von Gustav und Grete Schickedanz nie um das operative Geschäft gekümmert hat, dass sie sich damit überfordert fühlte, dass sie das Geschäft in die Hände hoch bezahlter Manager legte – das alles wird man ihr nicht zum Vorwurf machen können, im Gegenteil. Die Geschichte der familiengeführten Unternehmen in Deutschland ist ja unter anderem auch eine Geschichte von ehrgeizgetriebenen Eigentümern bedeutender Vermögen und überforderten Nachkommen übermächtiger Patriarchen. Zu ihnen hat Madeleine Schickedanz nie gehört. Aber dass sie mit einer nachgerade erstaunlichen Konsequenz auf die falschen Leute gesetzt und deren Irrfahrten nicht erkannt hat, bleibt ihre Verantwortung, zu der sie sich allerdings immer bekannt hat.

Wie sich Madeleine Schickedanz ja überhaupt nie aus der Verantwortung gestohlen, sondern mit letzter Konsequenz, nämlich der Haftung ihres gesamten Vermögens, »stets zum Unternehmen gestanden« und ihm »auch in schwierigsten Zeiten die Treue gehalten« hat. In diesem Sinne gibt Madeleine Schickedanz Mitte Juli 2009 in einem Interview mit *Bild am Sonntag* zu Protokoll: »Ich hafte mit meinem gesamten Vermögen und meinen Immobilien, mit allem, was auf meinen Namen eingetragen ist … Mein Karstadt/Quelle-Aktienpaket war in der Spitze drei Milliarden Euro wert. Heute sind es gerade noch 27 Millionen Euro. Auf dem Papier haben wir somit drei Milliarden verloren.«

Hinzu, so Madeleine Schickedanz, kommen »170 Millionen Euro Verlust aus meinem Privatvermögen für eine Kapitalerhöhung bei Arcandor im Jahr 2004 und noch zusätzlich ein dreistelliger Millionenbetrag, um das Unternehmen danach zu stabilisieren … Ich bekäme mit meinen 65 Jahren noch nicht einmal Rente.« Tatsächlich ist das Gros ihres Privatvermögens verpfändet. 215 Millionen Euro Grundschuld hat alleine das Bankhaus Oppenheim in die Grundbücher der Anwesen von Madeleine Schickedanz eintragen lassen.

So ist am Ende alles, oder doch fast alles, verloren. Seit wann das vorhersehbar war, und ob es überhaupt vorhersehbar gewesen ist, sei dahingestellt. Aber abgezeichnet hatte sich der Niedergang nicht erst mit der Insolvenz. Vielmehr hatte sich die Quelle schon Jahre zuvor von ihren Wurzeln gelöst. Auch optisch. Auch symbolisch: Die Nürnberger Versandanlage, in den fünfziger und sechziger Jahren die spektakulärste ihrer Art in der Welt, und der sie beherbergende Komplex, seinerzeit ein Musterbeispiel moderner Industriearchitektur, verkamen nach dem Tod von Grete Schickedanz und mit der Verlagerung des Versandgeschäfts nach Leipzig; das Arbeitszimmer des Quelle-Gründers in seinem Versandzentrum, das jahrzehntelang im Originalzustand belassen worden war, wurde nach der Jahrhundertwende demontiert. Der 1966 errichtete achtzig Meter hohe Turm auf dem Werksgelände an der Grenze zwischen den Städten Nürnberg und Fürth, der den Reisenden auf den parallel verlaufenden Autobahnen und Eisenbahnlinien signalisierte, wen und was sie da gerade passierten, steht zwar noch, aber er hat sein Gesicht verloren: Die ausgestreckte Hand, der Inbegriff der Verbundenheit des Unternehmers mit seinem Kunden, wurde 2006 durch das @-Zeichen einer neuen Zeit ersetzt.

Diese neue Zeit ist aus dem mächtigen Schatten des Gustav Schickedanz herausgetreten. Sie ist nicht seine Zeit. Sie kann es nicht sein. Wie alle, die Ungewöhnliches geleistet haben, war auch dieser Mann auf die Gunst der Stunde angewiesen. Herausragende Zeitgenossen erkennen – und nutzen sie. Das zeichnet sie aus, das macht sie zu Revolutionären. Gustav Schickedanz war so einer, auch wenn er seine erste Rolle im Fürther Arbeiter- und Soldatenrat nicht gesucht, sondern sich unversehens in ihr wiedergefunden hat. Da ging es ihm wie vielen in dieser unübersichtlichen Zeit am Ende des Ersten Weltkriegs.

Aber was dann kam, war gesucht und gewollt – die Rolle des Preisbrechers, die er erstmals in der großen Wirtschaftskrise zu Beginn der dreißiger Jahre und seither immer wieder gespielt hat; die »einzigartige Kommunikation«, die er – nach einer schönen Formulierung von Walter Henkels – über seine Kataloge »mit den Massen« geführt hat; die diskrete, aber ungemein wirkungsvolle Art und Weise, auf die er damit den Geschmack und den Habitus seiner Landsleute weit über den Bereich der Mode hinaus geprägt hat; die bahnbrechende Integration von Automatisierung und elektronischer Datenverarbeitung in die Handelsabläufe, die er im Vertrauen auf die Möglichkeiten wie im Wissen um die Grenzen des technisch Machbaren forciert hat; und nicht zuletzt das Festhalten an den Maximen des Anstandes und der Redlichkeit in einer Zeit, als diese für die Mehrheit seines Berufsstandes außer Kraft gesetzt waren.

Weil er das Potenzial erkannte, das in seiner Zeit lag, und weil er den Instinkt, die Fähigkeit und den Mut besaß, diese Zeit in einem entscheidenden Punkt mit zu gestalten, hat Gustav Schickedanz nicht nur den Versandhandel und mit ihm den Handel in Deutschland insgesamt revolutioniert. Gustav Schickedanz hat auch die deutsche Nachkriegsgesellschaft in einem Maße nachhaltig beeinflusst und verändert, das erst aus der größeren Distanz der Nachlebenden erkennbar ist.

Das war nicht wiederholbar, es war nicht kopierbar und es war auch nicht fortsetzbar. Revolutionäre lassen sich weder imitieren, noch sind sie zu ersetzen. Sie sind ganz und gar Kinder ihrer Zeit. So gesehen hatten die Nachfolger des Gustav Schickedanz – bei allem guten Willen, trotz vieler Fähigkeiten und unbeschadet mancher guter Ideen – keine Chance, im Gegenteil: Missmanagement, häufige Wechsel in der Führung, auch Unfähigkeit wogen doppelt schwer, und falsche Entscheidungen des Quelle-Gründers, die es natürlich auch gegeben hat, wuchsen sich in einer anderen Zeit zu kaum mehr lösbaren Problemen aus.

Es ist wohl so, dass Gustav Schickedanz und seine Quelle für ihre Zeit gemacht gewesen sind – und nur für diese. Die Zeit des Wirtschaftswunders, diese Zeit der aufbrechenden Konsum- und sich dabei nivellierenden Mittelstandsgesellschaft, hat offenbar auf einen wie diesen Gustav Schickedanz und seine Quelle gewartet. Weder vorher noch nachher hätten die beiden eine vergleichbare Erfolgsgeschichte schreiben können.

ANHANG
ZUR QUELLENLAGE

Gustav Schickedanz gehörte zu den herausragenden Unternehmer-persönlichkeiten der alten Bundesrepublik, und er wusste das. Aufhebens hat er davon nicht gemacht, und offensichtlich hat es ihn auch wenig interessiert, welches Bild später einmal von ihm gezeichnet werden würde. Dass es aufs Engste mit der Zukunft seines Lebenswerks, allen voran seiner Quelle, verbunden sein würde, war ihm bewusst. An die Aufzeichnung von Lebenserinnerungen hat er – schon deshalb – nicht gedacht. Das unterscheidet ihn von Werner Otto und Josef Neckermann, die 1983 beziehungsweise 1990 ihre Memoiren veröffentlichten.

Nicht einmal Initiativen zur Sicherung oder Ordnung seines Nachlasses hat Gustav Schickedanz ergriffen. Andererseits ist es ihm auch nicht in den Sinn gekommen, seine Papiere durchzusehen und zu lichten. Dafür fehlten ihm zum einen die Zeit und zum anderen das schlechte Gewissen, das ja nicht selten der Antrieb für solche Aktionen ist. Der Mann war mit sich im Reinen – in jeder Hinsicht. Und weil das offenbar auch für seine Familie galt und gilt, gibt es – ursprünglich nicht geordnet, aber im Zuge der Arbeit an dieser Biographie in Ordnung gebracht – einen schriftlichen Nachlass, der nach der Sichtung, Ordnung und Ergänzung durch das Zentrum für Angewandte Geschichte (ZAG) der Universität Erlangen diesen Namen verdient.

Aufgehoben wird er im Dambacher Haus der Familie Schickedanz. Dort finden sich auch die Autographen-, Bücher- und Kunst-
sammlungen des Quelle-Gründers sowie eine Schmetterlingssamm-
lung, die Schwager Daniel Kießling hinterlassen hat. Daneben gibt es
eine Fülle dreidimensionaler Gegenstände aller Art, wie zum Beispiel
große Teile der vormaligen Büroausstattung des Quelle-Gründers
und seiner Frau, oder auch eine Kollektion mehr oder weniger ge-
schmackvoller Geschenke, die Schickedanz und seiner Familie im
Laufe der Jahrzehnte gemacht worden sind. Bemerkenswert ist ein
beachtlicher, kaum geordneter Fundus von Fotos sowie qualitativ
hochwertigen Filmen, die der Gründer der Foto-Quelle zum Teil
schon in den zwanziger und dreißiger Jahren gedreht hat.

Vor allem aber wird in Dambach sein schriftlicher Nachlass verwahrt. Darin finden sich zum einen Unterlagen juristischer oder
auch im weiteren Sinne politischer Natur, die sich auf die Ent-
nazifizierungs- und Rückerstattungsverfahren der Jahre 1945–1953
beziehen. Sodann enthält der Nachlass natürlich geschäftliche Papiere aller Art, wobei, wie die Terminkalender aus den fünfziger und
sechziger Jahren zeigen, im Falle eines Mannes, der die Zügel seines
Unternehmens fast ein halbes Jahrhundert fest im Griff gehalten
hat, das Geschäftliche nicht immer und eindeutig vom Privaten zu
trennen ist.

Da ist zum Beispiel ein kleines Notizbuch, das der Unternehmer
während der siebziger Jahre stets mit sich führte und in das er Zahlen,
Daten, Namen, einzelne Wörter oder auch Gedanken eintrug, die
mal geschäftlicher, mal privater Natur sind. Eigentlich geschäftlicher,
aber eben auch privater Natur sind einige Briefwechsel wie jener
zwischen Gustav Schickedanz und dem Bildhauer und Architekten
Arno Breker, in dem es Mitte der sechziger Jahre ursprünglich um
eine Büste des Unternehmers Schickedanz ging, der sich aber dann
nicht zuletzt um eines der Quelle-Angebote, nämlich das Fertighaus,
drehte.

Selbst die Korrespondenz zwischen Gustav Schickedanz und Mitgliedern seiner Familie, wie seinen Schwiegersöhnen, seinen Töchtern und – allen voran – seiner Frau Grete, ist nicht ausschließlich
privater Natur. Der erste Brief an seine spätere zweite Frau datiert
vom 19. Oktober 1931, dem Vorabend von Gretes zwanzigstem Geburtstag. Das letzte Schreiben, ein neunseitiger Brief an seine in
Hongkong weilende Frau, stammt vom November 1975. Zumindest
die Briefe von Gustav Schickedanz sind offenbar lückenlos erhalten,
weil seine Frau sie aufgehoben und wohl immer wieder einmal angeschaut hat. »Gustav's Briefchen«, notierte sie 15 Jahre nach dem
Tod ihres Mannes, »sehr gut bewahren«. Der Briefwechsel bildet eine
herausragende Quelle, insbesondere natürlich für die Beziehung von
Gustav und Grete Schickedanz, aber eben auch für die geschäftlichen
Aktivitäten des Unternehmers.

So unverzichtbar der Nachlass für dessen Biographie ist, so wichtig
sind auch in diesem Falle die Bestände anderer privater und öffentlicher Einrichtungen, die allerdings zum Teil nur mit Zustimmung
der Familie eingesehen werden können. Weil sie seit dem Herzug
von Gustavs Großvater hier gelebt und gearbeitet haben, lassen sich
ohne die Bestände der lokalen Archive weder die Geschichte der
Familie Schickedanz beziehungsweise »Schicketanz«, wie sie sich
ursprünglich nannte, noch die Kindheit und Jugend des späteren
Quelle-Gründers nachzeichnen.

Das gilt insbesondere für die Unterlagen der Meldebehörden, der
Kirchengemeinden und der Schulen, die im Leben von Gustav Schickedanz und seiner Vorfahren eine Rolle gespielt haben. Sie sind teils
im Landeskirchlichen Archiv Nürnberg, teils – wie die Adressbücher,
die Personenstands- und Einwohnermelderegister oder die Nieder-
lassungs- und Gewerbeakten – in den Stadtarchiven Fürths und
Nürnbergs einsehbar. Die Jahresberichte der Schulen finden sich im
Fürther Stadtarchiv beziehungsweise im Staatsarchiv Nürnberg, und

die Unterlagen der von Gustav Schickedanz besuchten Königlich Bayerischen Realschule mit Handelsabteilung werden im heutigen Hardenberg-Gymnasium der Stadt Fürth aufbewahrt. Ausnahmen bilden lediglich die späten siebziger und frühen achtziger Jahre des 19. Jahrhunderts, als sich der Großvater, der Vater sowie ein Onkel des Quelle-Gründers in Furth im Wald als Unternehmer versuchten, sowie die rund fünfjährige Militär- und Kriegsdienstzeit, die Gustav Schickedanz zu einem großen Teil außerhalb seiner Heimatstadt verbrachte. Für die gescheiterte geschäftliche Exkursion der Vorfahren in die Oberpfalz sind die Bau- und andere Akten des Stadtarchivs Furth im Wald beziehungsweise die Katasterakten dieser Gemeinde von Interesse, die im Staatsarchiv Amberg gelagert sind, für die Militärzeit des jungen Gustav Schickedanz die Akten des Kriegsarchivs im Bayerischen Hauptstaatsarchiv in München, insbesondere der Personalakt.

Einen Sonderfall stellt die gut zweijährige Lehrzeit dar, die Gustav Schickedanz seit dem Sommer 1911 bei dem Nürnberger Spielehersteller J.W. Spear & Söhne absolviert hat. Offenbar ist das Archiv der Firma, von zufällig erhaltenen, einzelnen Schriftstücken abgesehen, ihrer oben beschriebenen, wechselvollen Geschichte zum Opfer gefallen. Durch eine Mitteilung der heute in England lebenden Nachkommen dieser Unternehmerfamilie konnte die Lücke zwar nicht geschlossen, aber doch überbrückt werden.

Dem sich weitenden Horizont des selbständigen Unternehmers folgend, muss auch der auf seinen Spuren wandelnde Forscher den Raum Fürth-Nürnberg verlassen. Für die Tätigkeit und die Aktivitäten des Quelle-Gründers während der zwanziger, dreißiger und frühen vierziger Jahre entscheidend sind die Bestände des Bundesarchivs in Berlin beziehungsweise Freiburg im Breisgau. Neben den Akten des Reichswirtschaftsministeriums namentlich zum Komplex Einzel- und Versandhandel, in denen die Aktivitäten des Versandhandels dokumentiert sind, ist die Sammlung von Geschäftsberichten der von Gustav Schickedanz kontrollierten Aktiengesellschaften, wie der Vereinigten Papierwerke oder der Brauerei Geismann, von erheblichem Interesse, allerdings durch andere Quellen wie die Handbücher der deutschen Aktiengesellschaften zu ergänzen.

Darüber hinaus sind im Bundesarchiv die Bestände der Wirtschaftsgruppen Bekleidungsindustrie, Brauereien und Mälzereien, Papier-, Pappen- und Holzstofferzeugung sowie Papierverarbeitung und Einzelhandel von einiger Relevanz, außerdem die Akten der Reichsstelle für Kleidung und verwandte Gebiete, für Papier, für Verpackungswesen und für Textilwesen sowie schließlich die Kriegstagebücher unter anderem des Rüstungskommandos beziehungsweise der Rüstungsinspektion Nürnberg, deren Durchsicht deshalb aufschlussreich ist, weil sie im Wesentlichen ohne Ergebnis bleibt. Im Zusammenhang mit den gleichfalls äußerst dürren Resultaten, welche die Sichtung der Bestände des bayerischen Wirtschaftsministeriums zutage fördert, die im Bayerischen Hauptstaatsarchiv München einzusehen sind, bestätigen sie die Aussage des Quelle-Chefs aus den Wochen und Monaten nach dem Krieg, dass er sich geweigert habe, seine Betriebe auf Rüstungsproduktion umzustellen.

So wichtig die überregionalen Archive sind, wenn es um die Karriere des Unternehmers Gustav Schickedanz geht, so sehr bleibt man auch hier in mancher Hinsicht auf die Bestände der regionalen Archive angewiesen. Interesse dürfen neben den wichtigen Handelsregistereinträgen der Amtsgerichte die Akten der Regierung von Ober- und Mittelfranken zu den Bereichen Einzel- und Versandhandel sowie Preisüberwachung beanspruchen, die im Staatsarchiv Nürnberg aufgehoben werden, außerdem die im Fürther Stadtarchiv einsehbaren, allerdings nur als Ergebnisprotokolle vorliegenden Sitzungsunterlagen des Stadtrats, dem Schickedanz seit dem Herbst 1935 angehörte. Gänzlich unverzichtbar sind die regionalen Archive für die Spruchkammer- und Wiedergutmachungsverfahren der Nachkriegszeit.

Die Tatsache, dass jedenfalls in Bayern kaum ein zweiter Fall so gründlich und umfassend untersucht worden ist wie derjenige des Gustav Schickedanz, erklärt den ungewöhnlichen Umfang der zum größten Teil im Staatsarchiv Nürnberg aufbewahrten Akten. Neben den Unterlagen des Spruchkammerverfahrens gegen Gustav Schickedanz sowie der Wiedergutmachungsverfahren werden dort unter anderem die Akten des Bayerischen Landesamtes für Vermögensverwaltung und Wiedergutmachung, Außenstelle Nürnberg, aufbewahrt, das einschlägige Dokumente zu dem unter Vermögenskontrolle stehenden Besitz des Unternehmers und seiner Betriebe enthält. Die Akten der Oberfinanzdirektion Nürnberg runden das Bild ab, weil sie die Sicht der »Devisenstelle« des damaligen Landesfinanzamtes während der dreißiger Jahre reflektieren.

An den diversen Verfahren, an der Vermögenskontrolle wie auch an der Verwaltung seiner Betriebe während der laufenden Untersuchungen waren zahlreiche Personen beteiligt – Ermittler, Kläger, Gutachter, Zeugen, Treuhänder, Mitglieder der Spruch- sowie der Wiedergutmachungskammern. Will man ein umfassendes Bild der Verfahren und ihrer Ergebnisse gewinnen, muss man sich auch mit den Biographien dieser Männer befassen. Das ist möglich, weil die entsprechenden Personalakten unter anderem im Staatsarchiv Nürnberg sowie im Bayerischen Hauptstaatsarchiv München einsehbar sind.

So unverzichtbar die allgemein zugänglichen Akten sind, wenn man die Tätigkeiten und Aktivitäten – oder auch die Tatenlosigkeit – des Unternehmers Schickedanz im Dritten Reich in allen Facetten erfassen will, so wenig lässt sich auf ihrer Basis das ganze Bild zeichnen. Dafür müssen zum einen die entsprechenden, der Öffentlichkeit nicht zugänglichen Bestände der Dresdner Bank, der wichtigsten Kreditgeberin Schickedanz' und zugleich Initiatorin einiger seiner Unternehmenskäufe, und zum anderen die im Nachlass aufgehobenen Dokumente eingesehen werden. Eben weil Gustav Schickedanz jahrelang seine Betriebe nicht betreten durfte und weil die Verfahren der Jahre 1945 bis 1953 für ihn – schon deshalb – so wichtig waren, hat er nichts weggegeben oder gar vernichtet, so dass sich in seinem Nachlass auch Dokumente finden, die in den öffentlich zugänglichen Akten nicht oder nicht mehr greifbar sind. Das gilt natürlich auch für die Korrespondenz mit seinen Anwälten.

Aus ebendiesem Grund bildet der persönliche Nachlass auch die mit Abstand wichtigste Grundlage für die Erforschung der Nachkriegskarriere – dies umso mehr, als das Unternehmensarchiv der Quelle schon vor der Insolvenz in einem derart verwahrlosten Zustand war, dass es schlechterdings diesen Namen nicht verdient. Das gilt jedenfalls für die in einem engeren Sinne für die Biographie des Unternehmensgründers relevanten Teile, deren Durchsicht, soweit sie möglich war, das sich aus dem Studium des Nachlasses ergebende Bild bestätigt und in Nuancen abrundet.

Ähnlich steht es um ergänzende Informationen, die sich aus der Sichtung von Beständen einiger Behörden, wie des Bundesministeriums für Wirtschaft, oder der Nachlässe namhafter Zeitgenossen von Schickedanz wie Franz Josef Strauß oder vor allem Ludwig Erhard gewinnen lassen.

Nicht minder wichtig sind die Aussagen und Einschätzungen von Weggefährten und Zeitgenossen, die für ein oder auch mehrere Interviews zur Verfügung standen. Das gilt für Mitglieder seiner Familie, es gilt für Manager oder auch Konkurrenten des Quelle-Gründers, die seinen Lebensweg oder den seiner Familie gekreuzt haben, und es gilt für langjährige Mitarbeiter, obgleich einige von ihnen inzwischen ein biblisches Alter erreicht haben.

Und dann ist ein Unternehmer wie Gustav Schickedanz natürlich ein Mann des öffentlichen Interesses. Wenn man mit Konsumartikeln aller Art handelt, dabei jeden zweiten Haushalt zu seinen Kunden rechnet und dann auch noch mit diesen Kunden über den Katalog die Kommunikation sucht und pflegt, scheut man die Öffentlichkeit nicht. Man lebt von ihr, mit ihr und in ihr. Da die Karriere von Gustav Schickedanz und seiner Frau Grete zu einer Zeit stattfand, als die öffentliche und vor allem die veröffentlichte Meinung noch nicht dem hemmungslosen Voyeurismus späterer Jahre frönte, hatten die beiden auch keine Scheu, der Öffentlichkeit, die sich ja nicht zuletzt aus ihrer Kundschaft zusammensetzte, Einblicke in ihr Leben, auch ihr privates, zu geben. In der Regel nutzten sie dafür die Massenblätter jener Zeit, wie *Quick, Neue Revue* oder *Für Sie* – sehr selten, und vor allem in späten Jahren, auch das Fernsehen.

Und natürlich nahm auch die seriöse Presse spätestens seit Mitte der fünfziger Jahre von dem Unternehmer, seinen geschäftlichen Großtaten, aber auch seinem Bemühen Notiz, das Familienunternehmen für die Zukunft aufzustellen. Dabei hatten Blätter wie die *Frankfurter Allgemeine Zeitung*, die *Süddeutsche Zeitung*, die *Frankfurter Rundschau*, das *Handelsblatt*, aber natürlich auch die *Zeit* oder der *Spiegel* insofern ein leichtes Geschäft, als Schickedanz auch in diesem Falle keine Berührungsängste kannte, sondern ihre Vertreter regelmäßig, mindestens aber zwei Mal im Jahr, zur Pressekonferenz nach Fürth lud. Entsprechend lückenlos und aufs Ganze gesehen zutreffend ist das Bild, das sich aus der Presselektüre ergibt, zumal einige Journalisten den Unternehmer, seine Firmen und seine Familie über viele Jahre eng begleitet haben, wie Gerd Materne für die *FAZ* und Hermann Bößenecker für die *Zeit*.

Insofern überrascht es nicht, dass sich bislang vor allem Journalisten biographisch mit dem Quelle-Gründer, seinem Lebenswerk und seiner Familie beschäftigt haben, allen voran Theo Reubel-Ciani. Der 1921 in Nürnberg geborene Sohn eines Studienrats hatte nach

Kriegsdienst, amerikanischer Gefangenschaft und Studium in Erlangen und München früh zum Journalismus gefunden, war zudem als Übersetzer und nicht zuletzt als Autor zahlreicher Bücher tätig, darunter alleine 41 Bände der Kriminalreihe »Inspektor Collins«. Mitte der achtziger Jahre wurde er dann von der Familie Schickedanz engagiert.

Am Anfang der Trilogie, die aus dieser Zusammenarbeit erwuchs, stand eine Biographie von Grete Schickedanz, die 1986 anlässlich des fünfundsiebzigsten Geburtstags der Quelle-Chefin erschien, 1991 gefolgt von einer Monographie über *Konsumkultur, Zeitgeist und Zeitgeschichte im Spiegel der Quelle-Kataloge* und 1995 abgeschlossen mit einer biographischen Dokumentation über *Gustav Schickedanz und sein Jahrhundert*, die Reubel-Ciani aus Anlass des hundertsten Geburtstags des Quelle-Gründers vorlegte. Gemeinsam ist den drei Monographien die große Nähe zu den Auftraggebern und die weitgehende Ausklammerung brisanter Kapitel der Familien- und Firmengeschichte. Gemeinsam ist ihnen aber auch die gute Lesbarkeit, die vorzügliche Quellenbasis, hatte Reubel-Ciani doch uneingeschränkten Zugang zu den Papieren wie zu den Akteuren, und die sich ebenfalls so erklärende ausgezeichnete Bebilderung.

Von der Biographie, die der Journalist Christian Böhmer 1996 unter dem Titel *Grete Schickedanz. Vom Lehrmädchen zur Versandhauskönigin* vorlegte und hinter der sich im Grunde ein Porträt des Quelle-Gründers und seines Versandhauses verbirgt, lässt sich das nur bedingt sagen. Böhmer bezog sich im Wesentlichen auf gedruckte Materialien, allen voran die Presseberichterstattung sowie die Bücher von Reubel-Ciani, allerdings auch auf eine Serie von Interviews, die er mit Zeitzeugen und Weggefährten aus dem Kreis der Mitarbeiter und der Familie führen konnte. Weder einen Zugang zu Zeitzeugen und Weggefährten noch zur Familie und ihrem Archiv, wohl aber zu einigen Beständen des Quelle-Archivs wie namentlich den Katalogen hatten Rüdiger Dingemann und Renate Lüdde. Ihr

2007 unter dem Titel *Die Quelle Story* vorgelegter Bildbericht über *Ein deutsches Unternehmen im Spiegel der Zeit* lebt in der Sache sowohl von Reubel-Ciani als auch von Böhmer, setzt im Übrigen auf die gut gewählte üppige Bebilderung und sieht Arcandor auf dem richtigen Weg.

Dass Gustav Schickedanz und seine Quelle das Interesse der an der Geschichte der Region interessierten Historiker gefunden haben, liegt nahe. Legten 1986 beziehungsweise 2000 Jürgen Schneider und Klaus Schardt im Rahmen der *Fränkischen Lebensbilder* beziehungsweise der Schriftenreihe *Frankens große Namen* lesenswerte biographische Porträts vor, wurden die Forschungen in diesem Rahmen jüngst auch auf eine breitere wissenschaftliche Grundlage gestellt. So hat Claus W. Schäfer 2007 unter dem Titel »Die Quelle des Wohlstandes. Gustav Schickedanz und Fürth« in den *Fürther Geschichtsblättern* dokumentiert, zu welchen Ergebnissen die Auswertung der lokalen gedruckten wie ungedruckten Quellen führen kann.

Wissenschaftliche Annäherungen sind seit einigen Jahren auch auf überregionaler Ebene zu erkennen. Das gilt für die 2000 erschienene Biographie des Präsidenten der württembergischen Wirtschaftskammer und Mitglieds im »Freundeskreis Reichsführer-SS« Fritz Kiehn von Hartmut Berghoff und Cornelia Rauh-Kühne, und es gilt für die von Klaus-Dietmar Henke herausgegebene vierbändige Dokumentation der *Dresdner Bank im Dritten Reich*, die 2006 erschienen ist. Zwar sind Gustav Schickedanz und seine Quelle nicht das eigentliche Thema dieser Untersuchungen, doch werfen sie ein neues Licht auf die Rolle des Fürther Unternehmers im »Arisierungswettlauf« der dreißiger Jahre.

Insgesamt aber spielen Gustav Schickedanz und seine Quelle in der wissenschaftlichen wie der publizistischen Beschäftigung mit der alten Bundesrepublik eher eine marginale Rolle. Selbst in dezidiert kultur- und konsumgeschichtlichen Untersuchungen kommen sie allenfalls am Rande vor. Und in den monumentalen Monographien zur Geschichte der Republik von ihrer Gründung bis zur Gegenwart, die seit 1999 in immer dichterer Folge erschienen sind, tauchen weder die Quelle noch ihr Gründer auf. Das muss erstaunen. Denn ohne den Quelle-Katalog lässt sich die deutsche Nachkriegsgeschichte nicht erzählen. Aber vielleicht wird gerade hier das eigentliche Erfolgsrezept des Mannes fassbar: Gustav Schickedanz und seine Quelle haben die Republik so konsequent, so nachhaltig und so diskret geprägt, dass keiner es gemerkt hat.

ABKÜRZUNGSVERZEICHNIS

AEG	Allgemeine Electrizitäts-Gesellschaft
AG	Aktiengesellschaft
BLVW	Bayerisches Landesamt für Vermögensverwaltung und Wiedergutmachung
BSG	Betriebssportgemeinschaft
Co./ Cie.	Compagnie/Company
Corp.	Corporation
DAF	Deutsche Arbeitsfront
Datag	Deutsche Allgemeine Treuhandgesellschaft
EDV	Elektronische Datenverarbeitung
e.V.	eingetragener Verein
EWG	Europäische Wirtschaftsgemeinschaft
Fa.	Firma
FAZ	Frankfurter Allgemeine Zeitung
Gestapo	Geheime Staatspolizei
GmbH	Gesellschaft mit beschränkter Haftung
IBM	International Business Machines Corporation
IHK	Industrie- und Handelskammer
IRSO	Jewish Restitution Successor Organization
KG	Kommanditgesellschaft
Ltd.	Limited
NSDAP	Nationalsozialistische Deutsche Arbeiterpartei

NS-Hago	Nationalsozialistische Handwerks-, Handels- und Gewerbeorganisation
NSV	Nationalsozialistische Volkswohlfahrt
OHG	Offene Handelsgesellschaft
QQN 2000	Quelle-Qualitäts-Norm 2000
RAL	Reichsausschuß für Lieferbedingungen und Gütesicherung
S.A.	Société anonyme
SD	Sicherheitsdienst des Reichsführers SS
SEL	Standard Elektrik AG
SS	Schutzstaffel
STAM	St. Andrew Mills Ltd.
TUI	Touristik Union International
VP	Vereinigte Papierwerke AG

BILDNACHWEIS

AP: S. 433; dpa: S 347 (oben und unten), 389, 411; Stadtarchiv Nürnberg: S 285; Süddeutscher Verlag: S 395, 405. Alle übrigen: privat. Bei einigen Abbildungen konnten die Urheber nicht ermittelt werden. Rechteinhaber mögen sich bitte an den Verlag wenden.

PERSONENREGISTER